银行信贷风险管理

黄名剑　张文婷　张兆林　编著

责任编辑：肖丽敏
责任校对：刘　明
责任印制：丁淮宾

图书在版编目（CIP）数据

银行信贷风险管理/黄名剑，张文婷，张兆林编著. —北京：中国金融出版社，2022.9

ISBN 978－7－5220－1733－4

Ⅰ.①银… Ⅱ.①黄…②张…③张… Ⅲ.①银行业务—信贷管理—风险管理 Ⅳ.①F830.51

中国版本图书馆 CIP 数据核字（2022）第 157110 号

银行信贷风险管理
YINHANG XINDAI FENGXIAN GUANLI

出版发行　中国金融出版社

社址　北京市丰台区益泽路 2 号
市场开发部　（010）66024766，63805472，63439533（传真）
网上书店　www.cfph.cn
　　　　　（010）66024766，63372837（传真）
读者服务部　（010）66070833，62568380
邮编　100071
经销　新华书店
印刷　河北松源印刷有限公司
尺寸　185 毫米×260 毫米
印张　32.25
字数　590 千
版次　2022 年 9 月第 1 版
印次　2022 年 9 月第 1 次印刷
定价　128.00 元
ISBN 978－7－5220－1733－4
如出现印装错误本社负责调换　联系电话（010）63263947

序 言

　　银行信贷风险管理是银行为减少经营管理活动中可能遭受的风险而进行的管理活动，其目标是寻求最小风险下的最大盈利。随着银行业务规模的日益扩大，银行业对整个宏观经济的重要性日益提高，银行的风险也逐渐体现出全局性的特征。银行的风险管理已经越来越引起人们的关注，投资者在关心银行经营业绩的同时，也更加关注银行持续经营的能力，监管部门也积极借鉴巴塞尔协议倡导的风险管理基本原则，对银行的风险管理提出了越来越严格的要求。银行的稳定经营更多的是依靠公众对银行信誉的认可。仅从其本身的资产负债率来看，银行的负债率远高于其他类型的企业。银行自身高负债、低资本的特点决定了银行的高风险性。在银行的经营中，高风险未必意味着高收益，高风险有可能带来的是高损失。只有依靠高效的风险管理理念和方法，才能确保银行的发展是可持续的、是审慎稳健的。因此，银行的风险管理就显得尤为重要。银行实行全面风险管理，可以防范控制风险，维护公众的信心，进而维护金融秩序和社会的稳定。

　　银行面临的风险是多种多样的，其中信贷风险是最重要的风险。为了更好地提升银行信贷风险管理水平、熟知银行信贷风险知识、规范银行信贷风险管理、控制信贷风险操作、增加经营收入、壮大银行实力，我们从银行风险管理、信贷风险管理和银行风险监管的实际问题出发，以满足银行工作人员渴望全面了解银行信贷风险知识和掌握实际风险管控能力的需求，编写了《银行信贷风险管理》一书。本书通过我们多年来从事金融风险研究工作和长期从事商业银行的信贷经营管理及实际风险管控的工作经验，对银行信贷风险理论进行了有益探讨。我们曾参与了银行的经营管理和风险管理工作，为银行起草、修改和制定了大量的银行信贷业务管理规章制度、实施细则和操作规程，编写了银行信贷风险方面的业务培训教材，积累了大量的有关银行信贷风险管理资料。我们把研究的成果、积累的工作经验和银行信贷风险资料编写成书，呈献给从事银行工作的人员和广大读者。

《银行信贷风险管理》一书主要依据银行信贷风险管理的相关规章制度和巴塞尔协议及工作实践，全面系统阐述了银行信贷风险管理和风险监管的政策规定，以问答的形式对风险知识和巴塞尔协议进行了详细解读，形成了较为完整的银行信贷风险管理体系。全书分为三大部分共28章193节1573个问答。第一部分，银行风险管理篇，主要内容包括银行风险管理、全面风险管理、银行市场风险管理、银行信用风险管理、银行操作风险管理、银行道德风险管理、银行流动性风险管理、银行账簿利率风险管理、银行合规风险管理、银行声誉风险管理、银行信息科技风险管理。第二部分，信贷风险管理篇，主要内容包括信贷风险管理、信贷全流程风险管理、信贷风险组织与职责管理、个人贷款风险管理、企业贷款风险管理、银行互联网贷款风险管理、并购贷款风险管理、集团客户授信风险管理、贷款风险分类管理、信贷风险预警管理、信贷业务违规风险管理、不良贷款风险管理、贷款风险责任追究管理。第三部分，银行风险监管篇，主要内容包括银行风险核心指标监管、银行监管评级、巴塞尔协议与银行风险监管、银行信息科技外包风险监管。

本书是银行信贷风险管理方面条理清晰、内容翔实、体系完整、便于操作的实用工具书，读者无须通读全书，针对问题查询即可答疑，通俗易懂。本书具有三大功能：既是一册风险管理手册，也是一本风险知识问答，又是一部风险培训教材。本书具有三大特点：一是规范性，为银行信贷管理提供风险规范诠释；二是知识性，为银行工作人员提供风险知识读本；三是实用性，为银行业务工作提供风险实用手册。本书具有三大特色：第一，章节式编排，利于银行信贷风险管理归类；第二，问答式体例，利于读者针对问题查询答疑；第三，工作式手册，利于银行工作人员业务操作。本书具有三大特征：一是知识全面，内容翔实，易于掌握；二是内涵丰富，条理清晰，体系完整；三是问题解答，简单明了，通俗易懂。为此，我们希望本书可作为银行信贷风险管理方面的

序 言

风险管理手册、风险知识问答和风险培训教材，推荐给银行的工作人员和广大读者阅读。

我们编写这本书，动力来自对金融风险的研究探讨、长期从事银行信贷业务经营管理和专职风险管理工作的情感，以及朋友同事的鼓励。加之我们在讲授风险管理课程时和工作探讨中，一些同事提出可否把风险管理整理成册，便于学习掌握。于是，我们便想把它整理出来，希望对银行信贷风险管理有些帮助，供各位关心、关注风险管理和巴塞尔协议的银行业同仁们参考。

本书在编写过程中，参考和引用了国家有关银行信贷风险管理和风险监管的现行规章制度和政策规定及网站上的相关资料，在此谨向有关单位和作者表示感谢！本书的编写出版，得到了银行同仁、有关领导和中国金融出版社的大力支持，受到了他们的肯定和好评。非常感谢中国金融出版社副总编辑董迪斌亲自审阅了本书，高度评价"本书对银行风险管理进行了全面的介绍，通过问答形式，对银行信贷风险管理的诸多方面进行解读，简练易懂，可以帮助读者全面了解这方面的知识"，并进行了认真详细的修改和审核。特别感谢编辑部主任肖丽敏给予的大力支持和通力合作。同时，感谢我的老伴高彩霞多年来给予我们生活上的关照和工作上的支持！

我们真心期望这本书能够为广大读者提供一些帮助。由于各家银行对银行信贷风险管理的要求和风险管控的做法不尽一致，存在一定差异，加之我们风险理论和工作实践的局限，不足之处在所难免，如有疏漏和错误，应以各家银行的规章制度为准。本书难免出现重复和谬误，欢迎各位读者、专家批评指正！

2022 年 9 月 1 日于北京

目 录

第一部分 银行风险管理篇

第一章 银行风险管理 … 3
第一节 银行风险管理的概念 … 3
1. 什么是风险 … 3
2. 什么是银行风险 … 3
3. 银行风险最显著的经营特点是什么 … 3
4. 银行风险有哪些独特的特点 … 4
5. 什么是银行风险管理 … 4
6. 银行风险管理的内容有哪些 … 4
7. 什么是风险识别 … 4
8. 什么是风险分析与评价 … 4
9. 什么是风险控制 … 4
10. 什么是风险决策 … 4

第二节 银行风险的主要风险 … 5
11. 银行风险有哪些种类 … 5
12. 什么是信用风险 … 5
13. 信用风险有哪些特征 … 5
14. 信用风险有哪些特点 … 5
15. 什么是市场风险 … 6
16. 什么是操作风险 … 6
17. 操作风险有哪些特点 … 6
18. 操作风险有哪些特征 … 6
19. 操作风险有哪几种表现形式 … 7

20. 操作风险为什么受到高度重视 7
21. 什么是流动性风险 7
22. 什么是资产流动性风险 7
23. 什么是负债流动性风险 7
24. 流动性风险主要产生于什么 8
25. 流动性风险有哪些特点 8
26. 流动性风险有哪些特征 8
27. 什么是国家风险 9
28. 国家风险分为哪几类 9
29. 国家风险有什么特点 9
30. 国家风险有哪几种违约情况 9
31. 什么是声誉风险 9
32. 什么是声誉事件 10
33. 声誉风险是如何产生的 10
34. 声誉风险为什么被列为第二支柱 10
35. 声誉风险产生的原因是什么 10
36. 什么是法律风险 11
37. 法律风险由哪些要素构成 11
38. 法律风险有哪些表现 11
39. 法律风险包括哪些风险敞口 11
40. 什么是战略风险 11
41. 战略风险主要体现在哪些方面 12
42. 战略风险如何考虑风险偏好 12

第三节 银行风险的其他风险 12

43. 银行风险的其他风险还有哪些 12
44. 什么是经营风险 12
45. 什么是管理风险 12
46. 什么是利率风险 13
47. 利率风险包括哪些风险 13
48. 什么是重新定价风险 13
49. 什么是收益率曲线风险 13

目 录

　　50. 什么是基准风险 ·· 13

　　51. 什么是期权性风险 ·· 13

　　52. 什么是汇率风险 ··· 13

　　53. 什么是外汇交易风险 ·· 14

　　54. 什么是外汇结构性风险 ·· 14

　　55. 什么是竞争风险 ··· 14

　　56. 什么是担保风险 ··· 14

　　57. 什么是道德风险 ··· 14

　　58. 什么是系统性风险 ·· 14

　　59. 什么是业务风险 ··· 14

　　60. 什么是合规风险 ··· 14

　　61. 什么是非法拆借风险 ·· 15

　　62. 什么是非法集资风险 ·· 15

　　63. 什么是金融诈骗风险 ·· 15

　第四节　银行风险管理流程 ··· 15

　　64. 银行风险管理有哪几道防线 ·· 15

　　65. 银行风险管理流程有哪些 ·· 15

　　66. 如何进行风险识别 ·· 16

　　67. 如何进行风险计量 ·· 16

　　68. 什么是风险评估 ··· 16

　　69. 风险评估主要考虑哪些因素 ·· 16

　　70. 如何进行风险审核 ·· 16

　第五节　银行风险管理的手段与工具 ·· 16

　　71. 银行风险管理有哪些手段 ·· 16

　　72. 如何避免风险 ·· 17

　　73. 如何接受风险 ·· 17

　　74. 如何缓释风险 ·· 17

　　75. 如何转移风险 ·· 17

　　76. 银行风险管理有哪些工具 ·· 17

　　77. 什么是风险承担 ··· 17

　　78. 什么是风险规避 ··· 17

3

79. 什么是风险转移 …………………………………………………… 17
80. 什么是风险转换 …………………………………………………… 18
81. 什么是风险对冲 …………………………………………………… 18
82. 什么是风险补偿 …………………………………………………… 18

第六节 银行风险管理的目标和意义 …………………………………… 18
83. 银行风险管理的目标是什么 ……………………………………… 18
84. 银行风险管理目标如何实现 ……………………………………… 18
85. 银行风险管理具有什么意义 ……………………………………… 19

第七节 银行风险管理的实施 …………………………………………… 20
86. 银行风险管理实施的内容有什么 ………………………………… 20
87. 银行风险管理有哪些对策 ………………………………………… 20

第二章 全面风险管理 ……………………………………………………… 22

第一节 全面风险管理的依据和原则 …………………………………… 22
1. 全面风险管理的依据是什么 ……………………………………… 22
2. 如何建立全面风险管理体系 ……………………………………… 22
3. 全面风险管理包括哪些风险 ……………………………………… 22
4. 全面风险管理应当遵循什么原则 ………………………………… 22
5. 全面风险管理体系应当包括哪些要素 …………………………… 23
6. 银行机构如何推行稳健的风险文化 ……………………………… 23
7. 银行机构如何承担全面风险管理的主体责任 …………………… 23
8. 如何对银行机构全面风险管理进行监管 ………………………… 23

第二节 全面风险管理的组织架构与职责 ……………………………… 24
9. 如何建立全面风险管理组织架构 ………………………………… 24
10. 银行董事会履行哪些职责 ………………………………………… 24
11. 银行应建立哪些沟通机制的委员会 ……………………………… 24
12. 银行监事会承担什么责任 ………………………………………… 24
13. 银行高级管理层履行哪些职责 …………………………………… 25
14. 银行设立的风险总监（首席风险官）负有什么职责 …………… 25
15. 银行业务条线承担什么责任 ……………………………………… 25
16. 银行风险管理部门履行哪些职责 ………………………………… 25

17. 如何保证全面风险管理得到理解与执行 …………………… 26
18. 如何满足履行风险管理职责的需要 …………………………… 26

第三节　风险管理策略、风险偏好和风险限额 ………………… 26

19. 如何制定风险管理策略 ………………………………………… 26
20. 如何制定风险偏好 ……………………………………………… 26
21. 制定风险偏好应包括哪些内容 ………………………………… 27
22. 如何建立监测分析风险偏好 …………………………………… 27
23. 如何调整风险偏好 ……………………………………………… 27
24. 如何制定风险限额管理制度 …………………………………… 27

第四节　全面风险管理政策和程序 ……………………………… 28

25. 制定风险管理政策和程序有哪些内容 ………………………… 28
26. 如何确保相关风险得到有效管理 ……………………………… 28
27. 如何统一全面风险管理 ………………………………………… 28
28. 如何建立风险加总的政策和程序 ……………………………… 29
29. 如何采用内部模型计量风险 …………………………………… 29
30. 全面风险管理报告应包括哪些内容 …………………………… 29
31. 银行机构如何进行压力测试 …………………………………… 29
32. 如何建立风险的政策和流程 …………………………………… 29
33. 如何评估资本和流动性风险 …………………………………… 29
34. 如何制订应急计划 ……………………………………………… 30
35. 如何稳定银行机构正常运营 …………………………………… 30
36. 如何保持风险管理的一致性和有效性 ………………………… 30
37. 如何制定外包风险管理制度 …………………………………… 30
38. 如何有效实施风险管理 ………………………………………… 30
39. 如何建立风险文档记录 ………………………………………… 31

第五节　风险管理信息系统和数据质量 ………………………… 31

40. 如何完善风险管理信息系统 …………………………………… 31
41. 风险管理信息系统应当具备哪些功能 ………………………… 31
42. 如何建立风险信息和数据质量控制机制 ……………………… 31

第六节　风险内部控制和审计 …………………………………… 32

43. 如何做好风险内部控制 ………………………………………… 32

44. 如何做好内部风险审计 …… 32

第七节 全面风险管理监管 …… 32
45. 如何报送全面风险管理报告 …… 32
46. 银行监督管理机构如何监管风险 …… 32
47. 银行监督管理机构有哪些监管方式 …… 32
48. 风险监管情况如何沟通 …… 33
49. 如何处理未达要求的银行机构全面风险管理 …… 33

第三章 银行市场风险管理 …… 34
第一节 市场风险管理的依据和目标 …… 34
1. 什么是市场风险 …… 34
2. 市场风险可分为哪些风险 …… 34
3. 市场风险管理的依据是什么 …… 34
4. 市场风险管理的目标是什么 …… 34
5. 如何实施市场风险管理 …… 35
6. 监管机构如何实施市场风险管理的监管 …… 35

第二节 市场风险管理组织架构与职责 …… 35
7. 如何建立市场风险管理体系 …… 35
8. 实施市场风险管理应考虑哪些风险类别 …… 35
9. 董事会和高级管理层如何监控市场风险管理 …… 36
10. 如何明确负责市场风险管理部门 …… 36
11. 市场风险管理部门履行哪些职责 …… 36
12. 业务经营部门如何承担市场风险的责任 …… 37

第三节 市场风险管理政策和程序 …… 37
13. 如何制定市场风险管理政策和程序 …… 37
14. 新产品和新业务如何通过风险管理程序的审核认可 …… 38
15. 市场风险管理政策和程序如何适用于附属机构 …… 38
16. 如何划分银行账户和交易账户 …… 38
17. 如何针对不同市场风险制定管理政策和程序 …… 39
18. 银行的表内外资产可分为哪几类 …… 39
19. 什么是交易账户记录 …… 39

20. 什么是头寸 … 39
21. 记入交易账户的头寸应当满足哪些要求 … 39
22. 什么是交易账户定价 … 39
23. 什么是模型定价 … 40
24. 账户划分包括哪些内容 … 40

第四节 市场风险的识别、计量、监测和控制 … 40

25. 如何识别市场风险 … 40
26. 如何计量市场风险 … 40
27. 市场风险的计量方式有哪些 … 40
28. 什么是缺口分析 … 41
29. 什么是久期分析 … 41
30. 什么是外汇敞口分析 … 41
31. 什么是敏感性分析 … 41
32. 什么是情景分析 … 41
33. 如何了解市场风险 … 41
34. 利率风险分为哪几种风险 … 42
35. 什么是重新定价风险 … 42
36. 什么是收益率曲线风险 … 42
37. 什么是基准风险 … 42
38. 什么是期权性风险 … 42
39. 如何确保市场风险计量的合理准确 … 42
40. 如何重估市场风险计量 … 43
41. 如何计量风险价值 … 43
42. 如何采用市场风险内部模型 … 43
43. 如何事后检验市场风险计量方法或模型 … 43
44. 如何对市场风险进行压力测试 … 44
45. 如何对市场风险实施限额管理 … 44
46. 市场风险限额包括哪些限额 … 44
47. 什么是交易限额 … 44
48. 什么是风险限额 … 45
49. 什么是止损限额 … 45

50. 设计市场风险限额应考虑哪些因素 …… 45
51. 如何管理市场风险限额 …… 45
52. 如何建立市场风险管理信息系统 …… 46
53. 如何制订市场风险应急处理方案 …… 46
54. 如何报告市场风险情况 …… 46
55. 市场风险情况报告包括哪些内容 …… 46

第五节 市场风险内部控制和内外部审计 …… 47

56. 如何建立市场风险管理内部控制体系 …… 47
57. 如何控制市场风险管理内部 …… 47
58. 如何避免薪酬制度与市场风险管理的利益冲突 …… 47
59. 市场风险管理如何进行内部审计 …… 48
60. 市场风险管理内部审计包括哪些内容 …… 48
61. 什么情况下应扩大市场风险内部审计的范围 …… 48
62. 内部审计人员应当具备什么能力 …… 48
63. 市场风险管理如何进行外部审计 …… 49
64. 如何提取市场风险资本 …… 49

第六节 市场风险监管 …… 49

65. 如何上报市场风险报告 …… 49
66. 哪些事项应当及时向银保监会报告 …… 49
67. 监管机构现场检查哪些内容 …… 50
68. 如何处理监管中发现的问题 …… 50
69. 市场风险状况的信息如何披露及内容有哪些 …… 50

第四章 银行信用风险管理 …… 52

第一节 信用风险管理目标和范围 …… 52

1. 什么是信用风险 …… 52
2. 什么是信用风险管理 …… 52
3. 信用风险管理的目标是什么 …… 52
4. 信用风险管理适用于哪些资产 …… 52
5. 信用风险管理的原则是什么 …… 52

第二节 信用风险管理组织架构和职责 …… 53

- 6. 董事会职责是什么 ………………………………………………… 53
- 7. 董事会风险与关联交易监控委员会职责有哪些 ………………… 53
- 8. 高级管理层职责是什么 ………………………………………… 53
- 9. 风险管理委员会职责有哪些 …………………………………… 53
- 10. 信用风险管理部门职责有哪些 ………………………………… 54
- 11. 各业务经办机构职责有哪些 …………………………………… 54
- 12. 各部门、经办机构负责人和人员职责是什么 ………………… 54
- 13. 如何完善信用风险管理架构和职责 …………………………… 54

第三节 信用风险识别与计量

- 14. 什么是信用风险识别 …………………………………………… 55
- 15. 信用风险识别的关键步骤是什么 ……………………………… 55
- 16. 信用风险识别关注的重点内容有哪些 ………………………… 55
- 17. 如何对信用风险充分重新识别 ………………………………… 55
- 18. 什么是信用风险计量 …………………………………………… 56
- 19. 如何提升信用风险计量水平 …………………………………… 56

第四节 信用风险监测与报告

- 20. 什么是信用风险监测 …………………………………………… 56
- 21. 信用风险监测哪些内容 ………………………………………… 56
- 22. 如何建立信用风险信号处置机制 ……………………………… 57
- 23. 信用风险评估分为几个层次 …………………………………… 57
- 24. 信用风险监测运用的形式有哪些 ……………………………… 57
- 25. 信用风险报告形式和内容是什么 ……………………………… 57
- 26. 信用风险报告的线路是什么 …………………………………… 57
- 27. 信用风险信息披露有什么要求 ………………………………… 58

第五节 信用风险缓释

- 28. 什么是信用风险缓释 …………………………………………… 58
- 29. 信用风险缓释的覆盖范围有哪些 ……………………………… 58
- 30. 如何确保信用风险缓释工具的发挥 …………………………… 58
- 31. 如何管理信用风险抵(质)押品 ……………………………… 58
- 32. 如何管理信用风险保证 ………………………………………… 58

第六节 资产风险分类与不良资产处置管理 ……………………… 59

33. 如何严格信贷资产风险分类 …………………………………… 59
34. 如何实施信贷资产风险分类管理 ……………………………… 59
35. 如何管理非信贷资产分类 ……………………………………… 59
36. 如何管理不良资产处置 ………………………………………… 59

第七节　信用风险内部监控与审计 …………………………………… 60

37. 如何管理信用风险内控 ………………………………………… 60
38. 信用风险内控重点是什么 ……………………………………… 60
39. 信用风险内控要求有哪些 ……………………………………… 60
40. 如何对信贷品种进行单项管理 ………………………………… 61
41. 如何考评信用风险管理 ………………………………………… 61
42. 如何建立信贷风险责任制 ……………………………………… 61
43. 如何管理信用风险文档 ………………………………………… 61
44. 信用风险管理如何开展内部审计 ……………………………… 61
45. 如何检查信用风险管理 ………………………………………… 61

第五章　银行操作风险管理 ………………………………………… 62

第一节　操作风险管理的依据和目的 ………………………………… 62

1. 什么是操作风险 ………………………………………………… 62
2. 操作风险管理的依据是什么 …………………………………… 62
3. 操作风险管理的目的是什么 …………………………………… 62
4. 什么是操作风险事件 …………………………………………… 62

第二节　操作风险管理的分类和目标 ………………………………… 63

5. 操作风险如何分类 ……………………………………………… 63
6. 人员因素如何引起操作风险 …………………………………… 63
7. 内部流程因素如何引起操作风险 ……………………………… 63
8. 系统缺陷如何引发操作风险 …………………………………… 63
9. 外部事件如何引发操作风险 …………………………………… 63
10. 操作风险管理的目标是什么 …………………………………… 64

第三节　操作风险管理组织架构和职责 ……………………………… 64

11. 如何建立操作风险管理体系 …………………………………… 64
12. 操作风险管理组织架构的原则是什么 ………………………… 65

13. 董事会及其风险管理委员会负有哪些职责 ………………… 65
14. 高级管理层负有哪些职责 ……………………………………… 66
15. 分行管理层负有哪些职责 ……………………………………… 67
16. 风险管理部门负有哪些职责 …………………………………… 67
17. 各业务条线和职能部门负有哪些职责 ………………………… 67
18. 法律合规、运营管理、信息科技、安全保卫、人力资源等部门负有哪些职责 ……………………………………………………… 68
19. 内部审计部门和纪检监察部门负有哪些职责 ………………… 68

第四节 操作风险管理政策制度

20. 如何制定银行操作风险管理政策 ……………………………… 69
21. 什么是操作风险管理制度 ……………………………………… 69
22. 如何规范银行操作风险管理制度体系 ………………………… 69
23. 如何制定操作风险管理政策 …………………………………… 70
24. 如何制定操作风险管理基本制度 ……………………………… 70
25. 如何制定内部控制制度 ………………………………………… 70
26. 如何制定紧急事故应急处理制度 ……………………………… 70
27. 如何制定业务操作风险管理细则 ……………………………… 71
28. 分支行业务操作风险管理细则如何制定 ……………………… 71

第五节 操作风险的识别与评估

29. 什么是操作风险识别 …………………………………………… 71
30. 如何建立操作风险识别制度和机制 …………………………… 72
31. 什么是操作风险评估 …………………………………………… 72
32. 操作风险评估有哪些原则 ……………………………………… 72
33. 操作风险评估分几个阶段 ……………………………………… 73
34. 操作风险评估有什么价值 ……………………………………… 73
35. 操作风险的常用工具是什么 …………………………………… 73
36. 如何建立操作风险控制自我评估制度 ………………………… 74

第六节 操作风险的监测和报告

37. 什么是操作风险监测 …………………………………………… 74
38. 如何建立操作风险预警机制 …………………………………… 74
39. 关键风险指标选择应遵循哪些原则 …………………………… 74

40. 如何报送操作风险报告 …………………………………… 75
　　41. 如何反映或举报操作风险事件 ……………………………… 75
　第七节　操作风险管理的方法和措施 ………………………………… 75
　　42. 操作风险管理有哪些方法 …………………………………… 75
　　43. 操作风险管理的方式有哪些 ………………………………… 76
　　44. 如何防范业务外包风险 ……………………………………… 76
　　45. 如何选择购买保险缓释操作风险 …………………………… 76
　　46. 操作风险管理的内部措施有哪些 …………………………… 76
　第八节　操作风险管理系统和资本管理 ……………………………… 77
　　47. 如何建设操作风险管理IT系统 ……………………………… 77
　　48. 如何建立操作风险管理信息系统 …………………………… 77
　　49. 如何提取操作风险监管资本 ………………………………… 78
　　50. 如何管理操作风险资本 ……………………………………… 78
　第九节　操作风险管理文化 …………………………………………… 78
　　51. 操作风险管理文化的内容有哪些 …………………………… 78
　　52. 如何提升风险管理文化 ……………………………………… 78
　　53. 如何对员工开展业务培训 …………………………………… 79
　　54. 对操作风险管理人员如何培训 ……………………………… 79
　　55. 如何进行全员操作风险管理培训 …………………………… 79
　　56. 操作风险管理如何考核及奖惩 ……………………………… 79
　第十节　操作风险监管 ………………………………………………… 80
　　57. 如何报告操作风险管理 ……………………………………… 80
　　58. 哪些操作风险事件应及时报告 ……………………………… 80
　　59. 监管机构检查评估的内容有哪些 …………………………… 80
　　60. 对监管发现的问题如何整改 ………………………………… 81

第六章　银行道德风险管理 ……………………………………………… 82
　第一节　银行道德风险管理的概念 …………………………………… 82
　　1. 什么是道德 …………………………………………………… 82
　　2. 什么是道德风险 ……………………………………………… 82
　　3. 什么是银行道德风险 ………………………………………… 82

4. 什么是信贷道德风险 ··· 82

第二节　银行道德风险分类与特征 ··· 83

5. 如何分类银行道德风险 ··· 83
6. 银行道德风险的特征是什么 ··· 83
7. 银行道德风险有哪些主要特征 ·· 83
8. 影响银行道德风险的因素有哪些 ··· 84

第三节　银行员工需求与道德风险行为 ······································ 85

9. 银行员工有什么需要 ··· 85
10. 银行员工的生存需要是什么 ··· 85
11. 银行无法满足员工生存需要会出现什么行为 ································ 86
12. 银行员工的发展需要是什么 ··· 86
13. 银行员工发展需要无法满足会出现什么行为 ································ 87

第四节　信贷道德风险层次与形式 ··· 87

14. 信贷道德风险存在于哪几个层次 ·· 87
15. 信贷决策层的道德风险有哪些表现形式 ······································· 87
16. 信贷管理层的道德风险有哪些表现形式 ······································· 88
17. 信贷经营层的道德风险有哪些表现形式 ······································· 88

第五节　银行道德风险的成因与表现 ··· 88

18. 银行道德风险形成的原因有哪些 ·· 88
19. 银行经营目标有哪些不确定性 ·· 88
20. 银行的绩效考评是否恰当 ·· 89
21. 银行同业的不当竞争是如何造成的 ··· 89
22. 银行员工职业操守有哪些不足 ·· 89
23. 信贷道德风险涉及哪些方面 ··· 89
24. 信贷道德风险有哪些表现形式 ·· 89
25. 不良资产处置中的道德风险有哪些表现 ······································· 90

第六节　银行道德风险的控制 ·· 91

26. 银行道德风险如何回避 ··· 91
27. 银行内部道德风险如何控制 ··· 92
28. 如何加强对员工的政治思想教育 ·· 93
29. 如何建立健全各项规章制度 ··· 93

30. 如何建立真正的现代企业制度 …… 93
31. 如何建立充分的信息披露制度 …… 93
32. 如何完善人事管理制度 …… 94
33. 如何下达合理的考核指标 …… 94
34. 如何建立合理的奖惩制度并严格执行 …… 94
35. 如何加强内部审计 …… 94

第七章 银行流动性风险管理 …… 95

第一节 流动性风险管理的依据和体系 …… 95
1. 什么是流动性风险 …… 95
2. 流动性风险管理的依据是什么 …… 95
3. 银行如何对流动性风险进行管理 …… 95
4. 监管机构如何对流动性风险进行监管 …… 95
5. 流动性风险管理体系如何建立 …… 95

第二节 流动性风险管理治理结构及职责 …… 96
6. 流动性风险管理治理结构如何建立 …… 96
7. 董事会履行哪些职责 …… 96
8. 高级管理层履行哪些职责 …… 96
9. 风险管理部门履行哪些职能 …… 97
10. 银行应在哪些方面考虑流动性风险因素 …… 97
11. 监事会如何监督评价 …… 97
12. 如何建立内部控制体系 …… 97
13. 流动性风险管理如何进行内部审计 …… 98
14. 流动性风险管理的内部审计报告如何提交 …… 98

第三节 流动性风险管理策略、政策和程序 …… 98
15. 如何确定流动性风险偏好 …… 98
16. 如何制定流动性风险管理策略、政策和程序 …… 98
17. 如何完善相应的风险管理政策和程序 …… 99
18. 如何评估流动性风险管理策略、政策和程序 …… 99

第四节 流动性风险识别、计量、监测和控制 …… 99
19. 如何对流动性风险进行分析和监测 …… 99

20. 如何对现金流测算和分析 ·· 100
21. 监测流动性风险可参考哪些情景或事件 ································ 100
22. 如何管理流动性风险限额 ·· 101
23. 融资管理应当符合哪些要求 ··· 101
24. 如何加强融资抵（质）押品管理 ··· 101
25. 如何加强日间流动性风险管理 ·· 102
26. 如何管理同业业务流动性风险 ·· 102
27. 流动性风险如何进行压力测试 ·· 102
28. 如何制订有效的流动性风险应急计划 ··································· 103
29. 如何持有优质流动性资产 ·· 103
30. 如何考虑对流动性风险实施并表管理 ··································· 104
31. 流动性风险按照什么币种进行识别、计量和监控 ···················· 104
32. 哪些风险对流动性风险有影响 ·· 104

第五节　流动性风险管理信息系统 ·· 104

33. 流动性风险管理信息系统有哪些功能 ··································· 104
34. 如何了解流动性风险管理状况 ·· 105

第六节　流动性风险监管 ··· 105

35. 流动性风险监管有哪些指标 ··· 105
36. 什么是流动性覆盖率监管指标 ·· 105
37. 什么是净稳定资金比例监管指标 ··· 106
38. 什么是流动性比例监管指标 ··· 106
39. 什么是流动性匹配率监管指标 ·· 106
40. 什么是流动性资产充足率监管指标 ······································ 106
41. 如何计算流动性风险监管指标 ·· 106
42. 监管机构如何对流动性风险进行分析和监测 ························· 107
43. 监管机构如何定期监测流动性风险 ······································ 107
44. 监管机构根据哪些因素对流动性风险进行单独监测 ················ 108
45. 监管机构如何分析银行体系流动性的影响 ···························· 108
46. 监管机构如何监测银行存贷比情况 ······································ 108
47. 监管机构如何增设流动性风险指标 ······································ 108
48. 流动性风险监管采取哪些方式方法 ······································ 108

49. 如何报送流动性风险监管指标 ………………………………………… 109
50. 如何报送流动性风险压力测试报告 …………………………………… 109
51. 流动性风险监管采取哪些措施 ………………………………………… 109
52. 风险监管指标发生哪些变化应及时上报 ……………………………… 110
53. 如何确定流动性风险现场检查 ………………………………………… 110
54. 银行如何定期披露流动性风险信息 …………………………………… 110
55. 对未遵守流动性风险监管指标的如何处理 …………………………… 110
56. 对流动性风险管理存在缺陷的采取哪些措施 ………………………… 111
57. 对流动性风险报表报告未上报的如何处理 …………………………… 111
58. 如何制定和启动流动性风险监管应急预案 …………………………… 112

第八章 银行账簿利率风险管理 ………………………………………… 113

第一节 利率风险管理的概念和依据 …………………………………… 113

1. 什么是银行账簿利率风险 ……………………………………………… 113
2. 什么是缺口风险 ………………………………………………………… 113
3. 什么是基准风险 ………………………………………………………… 113
4. 什么是期权性风险 ……………………………………………………… 113
5. 自动利率期权风险来源于什么 ………………………………………… 114
6. 客户行为性期权风险来源于什么 ……………………………………… 114
7. 银行账簿信用利差风险是什么 ………………………………………… 114
8. 基于经济价值的计量方法是什么 ……………………………………… 114
9. 基于收益的计量方法是什么 …………………………………………… 114
10. 账簿利率风险如何纳入全面风险管理框架 …………………………… 114
11. 银行账簿利率风险管理依据是什么 …………………………………… 115
12. 如何实施银行账簿利率风险管理 ……………………………………… 115
13. 如何监管银行账簿利率风险 …………………………………………… 115

第二节 利率风险治理架构与职责 ……………………………………… 115

14. 如何建立银行账簿利率风险治理架构 ………………………………… 115
15. 银行董事会有哪些职责 ………………………………………………… 115
16. 银行高级管理层有哪些职责 …………………………………………… 116
17. 银行专门部门职责是什么 ……………………………………………… 116

18. 制定银行账簿利率风险管理策略应考虑什么因素 …………… 116
19. 如何制定银行账簿利率风险偏好 …………………………… 116
20. 银行账簿利率风险限额管理实施应考虑哪些因素 …………… 116
21. 开展新业务如何确保其与风险偏好一致 …………………… 117
22. 如何健全内部控制体系 …………………………………… 117
23. 银行账簿利率风险如何纳入内部审计 ……………………… 117

第三节 利率风险计量和压力测试 …………………………… 117

24. 如何计量银行账簿利率风险 ……………………………… 117
25. 银行账簿利率风险计量项目包括哪些内容 ………………… 118
26. 银行账簿利率风险计量有哪些步骤 ………………………… 118
27. 完全标准化头寸包括哪两类 ……………………………… 118
28. 什么是半标准化头寸 ……………………………………… 119
29. 非标准化头寸包括哪些存款 ……………………………… 119
30. 计量账簿利率风险应考虑哪些利率冲击情景 ……………… 119
31. 确定利率冲击情景和压力情景应结合什么因素 …………… 119
32. 利率冲击情景设计应考虑哪些内容 ………………………… 119
33. 具有期权性条款的金融产品有哪些 ………………………… 120
34. 确定客户行为性期权风险假设时应考虑哪些因素 ………… 120
35. 如何评估客户行为假设 …………………………………… 121
36. 如何实施银行账簿利率风险压力测试 ……………………… 121

第四节 利率风险计量系统和模型管理 ……………………… 121

37. 如何建立银行账簿利率风险计量系统 ……………………… 121
38. 银行账簿利率风险模型管理有什么要求 …………………… 122
39. 银行账簿利率风险计量的文档记录哪些信息 ……………… 123

第五节 利率风险计量结果应用和信息披露 ………………… 123

40. 如何应用利率风险计量结果 ……………………………… 123
41. 利率风险管理报告包括哪些内容 ………………………… 123
42. 如何评估资本充足性 ……………………………………… 123
43. 如何控制银行账簿利率风险 ……………………………… 124
44. 如何缓释银行账簿利率风险 ……………………………… 124
45. 如何披露银行账簿利率风险 ……………………………… 124

第六节 利率风险监督管理 ······ 124
- 46. 银行账簿利率风险监管什么内容 ······ 124
- 47. 如何报送银行账簿利率风险管理材料信息 ······ 124
- 48. 监管银行账簿利率风险有哪些要求 ······ 124
- 49. 评估银行账簿利率风险包括哪些内容 ······ 125
- 50. 银行账簿利率风险评估考虑哪些因素 ······ 125
- 51. 银行账簿利率风险管理的监管措施是什么 ······ 125

第九章 银行合规风险管理 ······ 126

第一节 合规风险管理的概念和目标 ······ 126
- 1. 什么是合规 ······ 126
- 2. 什么是合规风险 ······ 126
- 3. 什么是合规管理部门 ······ 126
- 4. 什么是合规管理 ······ 126
- 5. 法律、规则和准则指什么 ······ 126
- 6. 合规风险管理的目的和依据是什么 ······ 127
- 7. 合规风险管理的目标是什么 ······ 127
- 8. 如何做好合规风险管理 ······ 127

第二节 合规风险管理组织架构与职责 ······ 127
- 9. 如何建立合规风险管理体系 ······ 127
- 10. 风险合规管理职能应包括哪些事项 ······ 128
- 11. 董事会对合规管理履行哪些职责 ······ 128
- 12. 风险、审计或合规委员会负有什么职责 ······ 128
- 13. 监事会对合规管理负有什么职责 ······ 128
- 14. 高级管理层对合规管理履行哪些职责 ······ 129
- 15. 合规负责人负有什么职责 ······ 129
- 16. 合规风险评估报告包括哪些内容 ······ 129
- 17. 如何建立绩效考核、合规问责和举报制度 ······ 129

第三节 合规风险管理部门职责 ······ 130
- 18. 合规管理部门履行哪些职责 ······ 130
- 19. 如何提高合规管理人员素质 ······ 131

20. 各业务条线和分支机构负有什么职责 ……………………………………… 131
21. 银行各部门机构如何协调配合 …………………………………………… 131
22. 合规管理部门的工作如何外包 …………………………………………… 132

第四节 合规风险监管 …………………………………………………………… 132
23. 如何向监管机构报告合规风险管理情况 ………………………………… 132
24. 银保监会如何对银行合规风险管理进行评价和检查 …………………… 132
25. 银保监会对银行合规风险管理检查哪些内容 …………………………… 132

第十章 银行声誉风险管理 …………………………………………………………… 133

第一节 银行声誉风险管理依据和原则 …………………………………………… 133
1. 什么是声誉风险 …………………………………………………………… 133
2. 什么是声誉事件 …………………………………………………………… 133
3. 声誉风险管理的目的和依据是什么 ……………………………………… 133
4. 声誉风险管理应遵循哪些原则 …………………………………………… 133
5. 如何划分声誉风险管理的责任 …………………………………………… 134

第二节 声誉风险管理治理架构与职责 …………………………………………… 134
6. 党建如何统领声誉风险管理 ……………………………………………… 134
7. 如何构建声誉风险管理治理架构 ………………………………………… 134
8. 银行"两会一层"承担声誉风险管理的哪些责任 ……………………… 134
9. 银行相关部门及机构负有哪些职责 ……………………………………… 135

第三节 声誉风险全流程管理 ……………………………………………………… 135
10. 如何建立声誉风险评估机制 ……………………………………………… 135
11. 如何建立声誉风险监测机制 ……………………………………………… 136
12. 如何建立声誉事件分级机制 ……………………………………………… 136
13. 声誉风险应对措施有哪些 ………………………………………………… 136
14. 如何建立声誉事件报告机制 ……………………………………………… 136
15. 声誉风险如何考核问责 …………………………………………………… 137
16. 如何开展全流程评估工作 ………………………………………………… 137

第四节 声誉风险管理常态化建设 ………………………………………………… 137
17. 如何排查声誉风险隐患 …………………………………………………… 137
18. 如何检视声誉风险 ………………………………………………………… 137

19. 如何防范声誉风险 …… 137
20. 如何避免声誉风险 …… 137
21. 如何积累声誉资本 …… 138
22. 声誉风险管理内部审计哪些内容 …… 138
23. 如何共同维护银行业整体声誉 …… 138

第五节 声誉风险监管 …… 138
24. 声誉风险监管机构负有哪些责任 …… 138
25. 监管声誉风险管理状况有哪些方式 …… 138
26. 对声誉风险问题采取哪些措施 …… 138
27. 银行业协会如何维护行业声誉 …… 139
28. 如何保护金融消费者合法权益 …… 139

第十一章 银行信息科技风险管理 …… 140
第一节 信息科技风险管理的依据和目标 …… 140
1. 什么是信息科技 …… 140
2. 什么是信息科技风险 …… 140
3. 信息科技风险管理的依据是什么 …… 140
4. 信息科技风险管理的目标是什么 …… 140

第二节 信息科技风险管理架构及职责 …… 141
5. 如何构建信息科技风险管理组织 …… 141
6. 银行法定代表人职责是什么 …… 141
7. 银行董事会的职责有哪些 …… 141
8. 银行首席信息官职责有哪些 …… 142
9. 银行信息科技部门职责有哪些 …… 142
10. 信息科技相关人员风险防范有哪些措施 …… 143
11. 内部审计部门职责是什么 …… 143
12. 如何制定信息科技知识产权保护制度 …… 143
13. 如何规范披露信息科技风险状况 …… 143

第三节 信息科技风险管理策略和措施 …… 144
14. 如何制定信息科技规划 …… 144
15. 如何制定信息科技风险管理策略 …… 144

目录

16. 如何制定信息科技风险识别和评估流程 ……………………………… 144
17. 信息科技风险防范有哪些措施 ………………………………………… 144
18. 如何建立信息科技风险计量和监测机制 ……………………………… 145

第四节 信息安全管理 ………………………………………………………… 145

19. 如何建立和实施信息分类和保护体系 ………………………………… 145
20. 信息安全管理包括哪些职能 …………………………………………… 145
21. 如何建立管理用户认证和访问控制的流程 …………………………… 146
22. 如何设立物理安全保护区域 …………………………………………… 146
23. 如何划分信息安全网络 ………………………………………………… 146
24. 计算机操作系统和系统软件安全措施有哪些 ………………………… 147
25. 信息系统安全措施有哪些 ……………………………………………… 147
26. 如何管理信息日志 ……………………………………………………… 147
27. 如何管理信息密码设备 ………………………………………………… 148
28. 如何管理信息设备安全 ………………………………………………… 148
29. 如何管理客户信息 ……………………………………………………… 148
30. 如何进行信息科技风险管理培训 ……………………………………… 148

第五节 信息系统开发、测试和维护 ………………………………………… 149

31. 如何管理信息科技项目 ………………………………………………… 149
32. 如何控制信息科技项目风险 …………………………………………… 149
33. 如何控制信息系统的生命周期 ………………………………………… 149
34. 控制信息系统变更有哪些要求 ………………………………………… 149
35. 如何确保信息系统数据完整实用 ……………………………………… 150
36. 如何建立问题管理流程 ………………………………………………… 150
37. 如何控制系统升级过程 ………………………………………………… 150

第六节 信息科技运行 ………………………………………………………… 150

38. 数据中心应在什么位置 ………………………………………………… 150
39. 如何管理信息科技安全区域 …………………………………………… 150
40. 如何分离信息科技运行与系统开发和维护 …………………………… 151
41. 如何保存交易记录 ……………………………………………………… 151
42. 如何制定信息科技运行操作说明 ……………………………………… 151
43. 如何建立事故管理及处置机制 ………………………………………… 151

21

44. 如何考核信息科技运行 ··· 151
45. 如何建立监控信息系统程序 ··· 151
46. 如何制定容量规划 ··· 151
47. 如何维护系统升级 ··· 152
48. 如何制定变更管理流程 ·· 152

第七节　业务连续性管理 ··· 152
49. 如何制定业务连续性规划 ·· 152
50. 如何评估意外事件对业务运行的影响 ······································· 152
51. 如何降低业务中断的可能性 ··· 152
52. 如何建立业务运营连续性策略文档 ··· 153
53. 如何确认业务连续性计划和年度应急演练结果 ························· 153

第八节　信息科技外包管理 ·· 153
54. 信息科技管理责任不得外包 ··· 153
55. 监管机构对信息科技外包有什么要求 ······································· 153
56. 如何做好信息科技外包相关准备 ·· 153
57. 外包谈判应考虑哪些因素 ··· 154
58. 实施及起草外包协议应考虑哪些因素 ······································· 154
59. 信息科技外包管理采取哪些措施 ·· 155
60. 如何建立外包应急措施 ·· 155
61. 如何审核信息科技外包合同 ·· 155

第九节　信息科技内外部审计 ·· 155
62. 信息科技如何内部审计 ·· 155
63. 内部信息科技审计的责任包括哪些 ·· 155
64. 信息科技内部审计的范围和频率如何 ······································· 156
65. 哪些部门应参与信息科技系统开发 ·· 156
66. 信息科技如何委托外部审计 ·· 156
67. 委托审计有什么要求 ··· 156
68. 监管机构如何指定外部审计机构 ··· 156
69. 如何签订外部审计保密协议 ·· 157
70. 外部审计报告有什么效力 ··· 157

第二部分 信贷风险管理篇

第十二章 信贷风险管理 ……………………………………… 161
第一节 信贷风险管理的概念 …………………………………… 161
1. 什么是信贷 …………………………………………………… 161
2. 什么是广义的信贷 …………………………………………… 161
3. 什么是狭义的信贷 …………………………………………… 161
4. 什么是银行信贷 ……………………………………………… 161
5. 信贷为什么以银行为中介 …………………………………… 162
6. 信贷为什么以偿还计息为条件 ……………………………… 162
7. 信贷为什么以货币借贷 ……………………………………… 162
8. 什么是风险 …………………………………………………… 162
9. 什么是风控 …………………………………………………… 162
10. 什么是信贷风险 ……………………………………………… 162
11. 什么是信贷风险管理 ………………………………………… 163
12. 什么是预期风险管理 ………………………………………… 163
13. 什么是事实风险管理 ………………………………………… 163
14. 信贷风险管理的流程是什么 ………………………………… 163

第二节 信贷风险的特征与表现 ………………………………… 163
15. 信贷风险有哪些特征 ………………………………………… 163
16. 信贷风险的主要表现 ………………………………………… 164
17. 为什么要借新还旧贷款 ……………………………………… 164
18. 为什么要还旧借新贷款 ……………………………………… 165
19. 为什么要借用他人之名贷款 ………………………………… 165
20. 为什么要冒用他人之名贷款 ………………………………… 165
21. 为什么要超权限发放贷款 …………………………………… 165
22. 为什么要近亲属多人贷款 …………………………………… 165
23. 为什么要以贷还贷发放贷款 ………………………………… 165
24. 为什么要化整为零发放贷款 ………………………………… 165
25. 为什么抵押物足值变现难 …………………………………… 166

26. 为什么保证担保能力不足 …………………………………………… 166
27. 为什么要旧债新借贷款 ……………………………………………… 166
28. 为什么要延长贷款期限 ……………………………………………… 166

第三节 信贷风险管理的原则、目标与意义 …………………………… 167
29. 信贷风险管理的原则是什么 ………………………………………… 167
30. 信贷风险管理的目标是什么 ………………………………………… 167
31. 信贷风险管理的现实意义有哪些 …………………………………… 168

第四节 信贷风险管理方式与方法 ………………………………………… 169
32. 信贷风险管理的方式是什么 ………………………………………… 169
33. 信贷风险管理的方法是什么 ………………………………………… 170

第五节 信贷风险管理的主要风险与对策 ……………………………… 171
34. 信贷风险管理的主要风险有哪些 …………………………………… 171
35. 什么是操作风险 ……………………………………………………… 171
36. 什么是失误风险 ……………………………………………………… 171
37. 什么是策略风险 ……………………………………………………… 171
38. 什么是担保风险 ……………………………………………………… 171
39. 什么是抵押担保 ……………………………………………………… 171
40. 什么是质押担保 ……………………………………………………… 171
41. 什么是保证担保 ……………………………………………………… 172
42. 银行对信贷担保有什么误识 ………………………………………… 172
43. 什么是道德风险 ……………………………………………………… 172
44. 道德风险有哪些特点 ………………………………………………… 172
45. 道德风险有哪些层次表现 …………………………………………… 172
46. 操作风险管理有哪些防范对策 ……………………………………… 173
47. 担保风险管理有哪些防范对策 ……………………………………… 174
48. 道德风险管理有哪些防范对策 ……………………………………… 174

第六节 信贷风险管理的策略 ……………………………………………… 174
49. 信贷风险管理的基本策略是什么 …………………………………… 174
50. 如何回避信贷风险 …………………………………………………… 174
51. 如何转嫁信贷风险 …………………………………………………… 175
52. 如何分散信贷风险 …………………………………………………… 175

53. 信贷风险如何自留与补偿 …………………………………………… 175

第七节　信贷风险管理的环节与系统 ………………………………… 175

54. 信贷风险管理包括哪些环节 …………………………………………… 175
55. 正常风险管理的内容有哪些 …………………………………………… 176
56. 补救性风险管理包括什么 ……………………………………………… 176
57. 组织与人员管理的内容有哪些 ………………………………………… 176
58. 什么是信贷风险管理系统 ……………………………………………… 176
59. 信贷风险管理系统由哪些内容组成 …………………………………… 176

第八节　信贷风险管理的风险意识 …………………………………… 177

60. 什么是风险意识 ………………………………………………………… 177
61. 风险意识淡薄有哪些主要表现 ………………………………………… 177
62. 信贷风险意识如何提高 ………………………………………………… 178

第九节　信贷风险管理的问题与措施 ………………………………… 179

63. 信贷风险管理存在的主要问题有哪些 ………………………………… 179
64. 银行信贷投放集中在哪些行业和领域 ………………………………… 180
65. 为什么对于信贷违约风险出现的概率缺乏准确估计 ………………… 180
66. 如何对资产负债比例进行管理 ………………………………………… 180
67. 为什么贷后基础管理工作薄弱 ………………………………………… 180
68. 贷款"三查"制度不落实的主要表现是什么 ………………………… 181
69. 为何忽视对信贷管理者的管理 ………………………………………… 181
70. 信贷风险管理应采取哪些措施 ………………………………………… 181
71. 如何建立信贷风险内部控制制度 ……………………………………… 181
72. 如何充分发挥内部审计在信贷风险管理中的作用 …………………… 182
73. 如何加强对客户基本情况的审查 ……………………………………… 182
74. 如何准确认定信贷资产的质量形态 …………………………………… 183
75. 如何确保各项信贷管理制度的贯彻落实 ……………………………… 183
76. 如何加强预警监测 ……………………………………………………… 183
77. 如何加快信用调整 ……………………………………………………… 184
78. 如何加强贷后管理 ……………………………………………………… 184
79. 如何加大对员工的培训力度 …………………………………………… 184

第十三章　信贷全流程风险管理 ………………………………… 185

第一节　信贷全流程风险管理的概念和目标 ………………… 185
1. 什么是信贷全流程风险管理 ………………………………… 185
2. 信贷全流程风险管理的基本内涵是什么 …………………… 185
3. 信贷全流程风险管理的目标是什么 ………………………… 185
4. 如何有效识别风险隐患 ……………………………………… 186
5. 如何确保信贷操作合法合规 ………………………………… 186
6. 如何确保信贷执行完美 ……………………………………… 186
7. 如何确保科学的流程设计 …………………………………… 186

第二节　信贷全流程风险管理的对象、特点和手段 ………… 186
8. 信贷全流程风险管理的对象是什么 ………………………… 186
9. 如何对员工及其行为进行管理 ……………………………… 186
10. 如何对借款人进行管理 ……………………………………… 187
11. 如何对资金进行管理 ………………………………………… 187
12. 信贷全流程风险管理有哪些特点 …………………………… 187
13. 信贷全流程风险管理的手段有哪些 ………………………… 188

第三节　信贷全流程风险管理的流程 ………………………… 189
14. 信贷全流程风险管理包括哪些环节 ………………………… 189
15. 信贷全流程风险管理的基本流程有哪些 …………………… 189
16. 信贷全流程风险管理的流程图 ……………………………… 189
17. 如何做好贷前尽职调查 ……………………………………… 189
18. 如何做好贷中尽职控制 ……………………………………… 190
19. 如何做好贷后尽职管理 ……………………………………… 191

第四节　信贷全流程风险管理的原则 ………………………… 192
20. 信贷全流程风险管理的原则有哪些 ………………………… 192
21. 什么是全流程管理原则 ……………………………………… 193
22. 什么是诚信申贷原则 ………………………………………… 193
23. 什么是协议承诺原则 ………………………………………… 193
24. 什么是贷放分控原则 ………………………………………… 193
25. 什么是实贷实付原则 ………………………………………… 193
26. 什么是贷后管理原则 ………………………………………… 194

27. 什么是罚则约束原则 ·· 194

第五节 信贷全流程风险管理的核心环节 ·································· 194
28. 信贷全流程风险管理有哪些核心环节 ································ 194
29. 什么是贷款准入管理 ·· 195
30. 什么是抵（质）押品管理 ··· 195
31. 什么是授信执行管理 ·· 195
32. 什么是贷款资金管理 ·· 195
33. 什么是到期收回管理 ·· 195

第六节 信贷全流程风险管理的意义 ·· 196
34. 实施信贷全流程风险管理有哪些重要意义 ························· 196
35. 为何是防范化解信贷风险的现实要求 ································ 196
36. 为何是提升银行核心竞争力的重要引擎 ····························· 196
37. 为何是支持实体经济和保护金融消费者权益的重要举措 ········· 197
38. 为何是提升银行信贷资产精细化管理的最好路径 ················· 197
39. 为何是建设流程银行的重要实践 ···································· 197
40. 为何是适应外部监管的需要 ·· 197

第七节 信贷全流程风险管理的策略 ·· 197
41. 实施信贷全流程风险管理的策略选择严把哪几关 ················· 197
42. 如何严把贷款准入管理关 ··· 198
43. 如何严把抵（质）押品管理关 ······································· 198
44. 如何严把授信执行管理关 ··· 198
45. 如何严把贷款资金监管关 ··· 199
46. 如何严把贷款到期收回关 ··· 199

第十四章 信贷风险组织与职责管理 ·· 201
第一节 风险组织架构的设计原则 ·· 201
1. 风险组织架构的设计原则是什么 ·· 201
2. 什么是风险机构统一管理的原则 ·· 201
3. 什么是风险管理自成体系的原则 ·· 201
4. 什么是职能部门职责明确的原则 ·· 201

第二节 风险管理组织架构 ··· 202

    5. 总行风险管理有哪些相关委员会 …………………………………… 202
    6. 总行风险管理有哪些相关部门 ……………………………………… 202
    7. 分行风险管理有哪些相关部门 ……………………………………… 203
    8. 支行风险管理有哪些相关部门 ……………………………………… 203
    9. 风险管理组织架构图 ………………………………………………… 204

第三节　总行各委员会的职能与职责 ……………………………………… 205
    10. 总行董事会风险管理委员会的职能与职责是什么 ……………… 205
    11. 总行董事会审计与关联交易控制委员会的职能与职责是什么 … 205
    12. 总行风险控制委员会的职能与职责是什么 ……………………… 205
    13. 总行资产负债管理委员会的职能与职责是什么 ………………… 206
    14. 总行内部审计管理委员会的职能与职责是什么 ………………… 206
    15. 总行内控状况评审委员会的职能与职责是什么 ………………… 207
    16. 总行信贷审批委员会的职能与职责是什么 ……………………… 207

第四节　总行各部门的职能与职责 ………………………………………… 207
    17. 总行信贷风险管理部门的职能与职责是什么 …………………… 207
    18. 总行信贷风险经营部门的职责是什么 …………………………… 209
    19. 总行信贷风险监督部门的职能与职责是什么 …………………… 209

第五节　分行部门职能与职责 ……………………………………………… 210
    20. 分行信贷风险管理部门的职能与职责是什么 …………………… 210
    21. 分行信贷风险经营部门的职责是什么 …………………………… 211
    22. 分行信贷风险监督部门的职能与职责是什么 …………………… 211

第六节　支行（部门）职能与职责 ………………………………………… 213
    23. 支行信贷风险管理部门的职能与职责是什么 …………………… 213
    24. 支行信贷风险经营部门的职能与职责是什么 …………………… 214
    25. 支行信贷风险监督的职责是什么 ………………………………… 214

第十五章　个人贷款风险管理 ……………………………………………… 215
第一节　个人贷款风险管理的依据和原则 ………………………………… 215
    1. 什么是个人贷款风险 ………………………………………………… 215
    2. 个人贷款风险管理的目的和依据是什么 …………………………… 215
    3. 个人贷款风险管理的范围是什么 …………………………………… 215

4. 个人贷款业务应遵循什么原则	215

第二节　个人贷款风险管理的部门与职责 …… 216

- 5. 经营部门有哪些职责 …… 216
- 6. 信贷管理部门有哪些职责 …… 216
- 7. 风险合规部门有哪些职责 …… 216
- 8. 财务会计部门有哪些职责 …… 216
- 9. 营业网点有哪些职责 …… 216
- 10. 信贷审批委员会有哪些职责 …… 216

第三节　个人授信风险管理 …… 216

- 11. 什么是授信 …… 216
- 12. 什么是个人授信 …… 217
- 13. 什么是个人授信风险管理 …… 217
- 14. 个人授信业务应遵守什么原则 …… 217
- 15. 个人贷款授信的方式有哪几种 …… 217

第四节　个人贷款调查环节的风险防范 …… 217

- 16. 个人贷款为什么要做贷前调查 …… 217
- 17. 个人贷款贷前调查的主要手段有哪些 …… 218
- 18. 个人贷款贷前调查主要包括哪些内容 …… 218
- 19. 如何撰写个人贷款调查报告 …… 219
- 20. 个人贷款调查报告完成后如何处理 …… 219

第五节　个人贷款审批环节的风险防范 …… 219

- 21. 如何对个人贷款进行审核 …… 219
- 22. 个人贷款审核哪些内容 …… 219
- 23. 个人贷款审核完毕后如何处理 …… 220
- 24. 谁负责个人贷款业务的审批工作 …… 220
- 25. 个人贷款业务的审批方式有哪些 …… 220
- 26. 个人贷款审批有哪些要求 …… 220
- 27. 审批人应对哪些主要内容进行审查 …… 220
- 28. 个人贷款审批结论有几种 …… 221
- 29. 个人贷款审批结束后如何处理 …… 221

第六节　个人贷款发放环节的风险控制 …… 221

30. 个人贷款发放包括几个步骤 ………………………………………… 221
31. 如何签订个人贷款合同 ……………………………………………… 221
32. 如何落实个人贷款发放条件 ………………………………………… 222
33. 个人贷款如何发放 …………………………………………………… 222
34. 个人贷款发放后如何进行台账登记 ………………………………… 223

第七节 个人贷款的贷后管理 …………………………………………… 223
35. 贷款发放后如何进行检查和分析 …………………………………… 223
36. 贷后检查和分析的重点是什么 ……………………………………… 223
37. 客户经理应关注借款人哪些动态并采取措施防范风险 …………… 223
38. 客户经理如何进行贷后管理评估 …………………………………… 224
39. 如何维护银行债权 …………………………………………………… 224
40. 对借款人不能按约偿还借款本息如何处理 ………………………… 224
41. 贷款形成不良的如何处置 …………………………………………… 224
42. 无法收回的不良贷款如何处置 ……………………………………… 224

第八节 个人贷款的主要风险 …………………………………………… 224
43. 个人贷款主要有哪些风险 …………………………………………… 224
44. 什么是客户信用风险 ………………………………………………… 225
45. 什么是征信风险 ……………………………………………………… 225
46. 什么是担保风险 ……………………………………………………… 225
47. 什么是超额度风险 …………………………………………………… 225
48. 什么是借款用途风险 ………………………………………………… 226
49. 什么是操作风险 ……………………………………………………… 226
50. 什么是多头贷款风险 ………………………………………………… 226
51. 什么是客户经营风险 ………………………………………………… 226
52. 什么是贷款挪用风险 ………………………………………………… 226
53. 什么是市场风险 ……………………………………………………… 227
54. 什么是合作机构风险 ………………………………………………… 227
55. 什么是银行管理风险 ………………………………………………… 227

第九节 个人贷款风险的控制措施 ……………………………………… 227
56. 控制个人贷款风险可采取哪些措施 ………………………………… 227
57. 如何强化审慎经营理念 ……………………………………………… 228

58. 如何严控客户准入关 …………………………………………… 228
59. 如何注重第一还款能力调查 …………………………………… 228
60. 如何科学设计信贷产品 ………………………………………… 228
61. 如何尽职调查客户准入资格 …………………………………… 228
62. 如何全面审查评估贷款风险 …………………………………… 229
63. 如何切实规范签约和支付管理 ………………………………… 229
64. 如何加强贷款用途检查和监督 ………………………………… 229
65. 如何合理确定授信额度 ………………………………………… 229
66. 如何加强对抵押物和保证人的审查 …………………………… 230
67. 如何完善绩效考核机制 ………………………………………… 230

第十节　个人贷款风险管理罚则 ………………………………… 230
68. 如何建设高效的惩戒体系 ……………………………………… 230
69. 如何对经办机构及相关人员追究责任 ………………………… 230
70. 如何对相关单位和当事人追究责任 …………………………… 231

第十六章　企业贷款风险管理 …………………………………… 232
第一节　企业贷款风险管理的目的和意义 ……………………… 232
1. 什么是企业贷款风险 …………………………………………… 232
2. 什么是企业贷款风险管理 ……………………………………… 232
3. 企业贷款风险管理的目的和依据是什么 ……………………… 232
4. 企业贷款业务遵循什么原则 …………………………………… 232
5. 企业贷款风险管理的意义是什么 ……………………………… 233

第二节　企业授信风险管理 ……………………………………… 233
6. 什么是授信风险 ………………………………………………… 233
7. 银行授信风险主要来自哪个方面 ……………………………… 233
8. 如何建立授信风险控制体系 …………………………………… 234
9. 如何建立授信运作机制 ………………………………………… 234
10. 企业授信的原则是什么 ………………………………………… 234
11. 如何核定企业授信的风险限额 ………………………………… 234
12. 授信贷款用途有哪些 …………………………………………… 235
13. 授信贷款期限有多长 …………………………………………… 235

第三节　企业贷款调查评价 ………………………………………… 235
14. 如何进行调查评价 ………………………………………………… 235
15. 如何进行调查评价和撰写报告 …………………………………… 235
16. 调查评价阶段完成后如何移交 …………………………………… 236
17. 如何审定评价报告 ………………………………………………… 236
18. 如何进行信用等级审定 …………………………………………… 237
19. 哪些客户不必审定信用等级 ……………………………………… 237
20. 如何申报审批 ……………………………………………………… 237

第四节　企业贷款审批风险控制 …………………………………… 238
21. 企业贷款按照什么规定受理审批 ………………………………… 238
22. 如何进行合规性审查 ……………………………………………… 238
23. 审批方式有哪些 …………………………………………………… 238
24. 如何进行审批 ……………………………………………………… 238
25. 如何做出审批结论 ………………………………………………… 238
26. 审批结论如何反馈 ………………………………………………… 239

第五节　企业贷款发放风险控制 …………………………………… 239
27. 企业贷款发放有几个步骤 ………………………………………… 239
28. 如何落实贷前条件 ………………………………………………… 239
29. 如何签订合同 ……………………………………………………… 240
30. 如何落实用款条件 ………………………………………………… 240
31. 贷款如何支用 ……………………………………………………… 240
32. 如何进行贷款登记 ………………………………………………… 241

第六节　企业贷款贷后管理 ………………………………………… 241
33. 贷后管理包括哪些内容 …………………………………………… 241
34. 贷后管理存在哪些问题 …………………………………………… 241
35. 如何审查贷款资金使用 …………………………………………… 241
36. 如何确定贷后检查 ………………………………………………… 242
37. 首次检查有哪些要求 ……………………………………………… 242
38. 日常检查有什么要求 ……………………………………………… 242
39. 贷后检查要对哪些方面进行检查 ………………………………… 242
40. 贷后检查应重点检查哪些情况 …………………………………… 242

41. 发生什么情况时应及时进行贷后检查 …… 243
42. 如何与借款人保持沟通 …… 243
43. 如何确认贷后检查报告 …… 243
44. 何时提醒借款人还款 …… 243
45. 不良贷款何时上报 …… 243
46. 如何发送逾期贷款催收通知 …… 244
47. 发现借款人逃废债行为时如何清收 …… 244
48. 对于未及时处置的不良贷款应如何处理 …… 244

第七节 企业贷款风险类型及种类

49. 企业贷款风险有哪些类型 …… 244
50. 按风险性质不同分类有哪些风险 …… 244
51. 按风险产生的破坏力不同分类有哪些风险 …… 244
52. 按贷款期限及币种不同分类有哪些风险 …… 245
53. 按资金偿还不同分类有哪些风险 …… 245
54. 按贷款流程的不同阶段分类有哪些风险 …… 245
55. 中小企业贷款风险有哪些 …… 245
56. 关联企业贷款风险有哪些 …… 246
57. 信用膨胀风险有什么表现 …… 246
58. 资金挪用风险有什么表现 …… 246
59. 资本抽逃风险有什么表现 …… 246
60. 信息虚假风险有什么表现 …… 246
61. 担保虚化风险有什么表现 …… 247
62. 道德缺失风险有什么表现 …… 247

第八节 企业贷款风险分析与评估

63. 企业贷款风险主要源自什么风险 …… 247
64. 企业贷款风险对借款人评估涉及哪些方面 …… 247
65. 如何评价借款人经营实力 …… 247
66. 如何评估借款人经营环境 …… 248
67. 如何评估借款人管理能力 …… 248
68. 如何评估借款人财务状况 …… 248
69. 如何识别关联企业贷款风险 …… 249

70. 如何识别中小企业贷款风险 …… 249

第九节 企业贷款风险预警与持续监测 …… 250
71. 如何进行风险预警 …… 250
72. 防范风险应采取哪些措施 …… 250
73. 如何监控出现行业风险 …… 250
74. 企业贷款何时录入信贷查询系统 …… 250

第十节 企业贷款风险定价 …… 251
75. 风险定价的原则是什么 …… 251
76. 贷款利率浮动应参考哪些指标 …… 251
77. 如何定价贷款利率 …… 251
78. 如何执行企业贷款利率 …… 251

第十一节 企业贷款违约信息通报 …… 252
79. 哪些违约信息可以予其通报 …… 252
80. 违约通报哪些信息内容 …… 252

第十二节 企业贷款风险控制 …… 252
81. 如何做好企业贷款风险控制工作 …… 252
82. 如何防控中小企业贷款的风险 …… 252
83. 如何防范关联企业贷款风险 …… 253
84. 如何对集团客户实行统一授信 …… 253
85. 如何解决银企信息不对称问题 …… 253
86. 如何掌握企业关联交易 …… 254
87. 如何做好贷前调查 …… 254
88. 如何选择合适的贷款主体 …… 254
89. 如何选择担保方式 …… 254
90. 如何提高风险预警和防范能力 …… 255
91. 如何提前收回贷款或追究违约责任 …… 255

第十七章 银行互联网贷款风险管理 …… 256
第一节 互联网贷款风险管理的依据和原则 …… 256
1. 什么是互联网贷款 …… 256
2. 什么是风险数据 …… 256

3. 什么是风险模型 ································ 256
4. 什么是合作机构 ································ 256
5. 互联网贷款风险管理的依据是什么 ················ 257
6. 哪些贷款不属于互联网贷款 ······················ 257
7. 互联网贷款应当遵循什么原则 ···················· 257
8. 银行如何对互联网贷款进行管理 ·················· 257
9. 地方法人银行开展互联网贷款业务范围如何规定 ···· 257
10. 如何保护借款人权益 ··························· 258
11. 谁对银行互联网贷款业务进行监管 ··············· 258

第二节　互联网贷款风险管理体系 ··················· 258
12. 如何架构互联网贷款风险管理 ··················· 258
13. 董事会应履行哪些职责 ························· 258
14. 高级管理层应履行哪些职责 ····················· 258
15. 如何有效开展互联网贷款风险管理 ··············· 259
16. 互联网贷款风险管理制度应当涵盖哪些方面 ······· 259
17. 如何开展互联网贷款营销 ······················· 259
18. 如何获得借款人的身份数据 ····················· 259
19. 如何保障信贷资金安全 ························· 260
20. 如何获得借款人的信息 ························· 260
21. 如何加强互联网贷款的授信管理 ················· 260
22. 为何建立人工复核验证机制 ····················· 260
23. 如何签订借款合同 ····························· 260
24. 贷款资金不得用于哪些事项 ····················· 260
25. 如何保存相关数据 ····························· 261
26. 如何及时获取借款人信用状况 ··················· 261
27. 如何管控贷款资金的支付 ······················· 261
28. 如何确定差异化的受托支付限额 ················· 261
29. 如何对借款人的情况进行监测 ··················· 261
30. 如何对贷款用途进行监测 ······················· 261
31. 如何对互联网贷款进行专项审计 ················· 262
32. 互联网贷款形成不良的如何处置 ················· 262

第三节　互联网贷款风险数据和模型管理 ………………………… 262

33. 如何获取借款人风险数据 ………………………………………… 262
34. 借款人风险数据的收集使用原则是什么 ………………………… 262
35. 如何管理风险数据安全 …………………………………………… 262
36. 风险模型对风险数据有哪些要求 ………………………………… 263
37. 如何管理风险模型 ………………………………………………… 263
38. 如何构建风险模型 ………………………………………………… 263
39. 风险模型如何评审 ………………………………………………… 263
40. 如何监测风险模型 ………………………………………………… 263
41. 为何建立风险模型退出处置机制 ………………………………… 263
42. 如何记录风险模型 ………………………………………………… 263

第四节　互联网贷款信息科技风险管理 ………………………… 264

43. 如何满足互联网贷款风险管理需要 ……………………………… 264
44. 如何确保互联网贷款信息系统安全运营 ………………………… 264
45. 如何有效防范网络攻击 …………………………………………… 264
46. 如何保障互联网贷款信息系统客户端程序安全 ………………… 264
47. 如何保障借款人数据安全 ………………………………………… 264
48. 如何评估信息科技风险 …………………………………………… 264

第五节　互联网贷款合作管理 ……………………………………… 265

49. 如何管理互联网贷款合作机构 …………………………………… 265
50. 如何确定互联网贷款合作机构 …………………………………… 265
51. 银行与合作机构如何签订书面合作协议 ………………………… 265
52. 银行应在线上相关页面披露和提示哪些内容 …………………… 266
53. 对银行与机构合作发放互联网贷款的如何管理 ………………… 266
54. 对银行与合作机构发放的贷款如何进行风险管理 ……………… 266
55. 如何管控担保增信 ………………………………………………… 266
56. 什么情况下银行不得委托第三方机构进行贷款清收 …………… 267
57. 银行如何持续对合作机构进行管理 ……………………………… 267

第六节　互联网贷款监督管理 ……………………………………… 267

58. 互联网贷款监管报告内容及如何上报 …………………………… 267
59. 监督机构如何评估互联网贷款报告 ……………………………… 268

60. 互联网贷款年度评估报告内容及如何上报 …………………………………… 268
61. 互联网贷款的事项调整如何报告 ……………………………………………… 268
62. 监管机构如何提出监管要求 …………………………………………………… 268
63. 监管机构通过什么方式监管互联网贷款业务 ………………………………… 269
64. 违反互联网贷款规定的如何处理 ……………………………………………… 269

第十八章 并购贷款风险管理 …………………………………………………… 270

第一节 并购贷款风险管理的依据和原则 ……………………………………… 270

1. 什么是并购 ……………………………………………………………………… 270
2. 什么是并购贷款 ………………………………………………………………… 270
3. 银行并购贷款风险管理的目的是什么 ………………………………………… 270
4. 并购贷款风险管理的依据是什么 ……………………………………………… 270
5. 开办并购贷款业务应符合哪些条件 …………………………………………… 271
6. 开办并购贷款业务前后有什么要求 …………………………………………… 271
7. 开办并购贷款业务应当遵循什么原则 ………………………………………… 271
8. 制定并购贷款业务发展策略应考虑哪些风险特征 …………………………… 271
9. 如何建立相应的并购贷款管理制度 …………………………………………… 271
10. 监管机构如何对并购贷款业务实施监管 …………………………………… 271

第二节 并购贷款风险评估 ……………………………………………………… 272

11. 如何评估并购贷款风险 ……………………………………………………… 272
12. 评估战略风险分析哪些内容 ………………………………………………… 272
13. 评估法律与合规风险分析哪些内容 ………………………………………… 272
14. 评估整合风险分析哪些内容 ………………………………………………… 272
15. 评估经营及财务风险分析哪些内容 ………………………………………… 273
16. 如何建立审慎的财务模型 …………………………………………………… 273
17. 对并购贷款风险的不利情形有哪些 ………………………………………… 273
18. 如何确认并购交易的真实性 ………………………………………………… 274

第三节 并购贷款风险管理 ……………………………………………………… 274

19. 并购贷款余额占一级资本净额的比例是多少 ……………………………… 274
20. 如何对并购贷款集中度建立相应的限额控制体系 ………………………… 274
21. 单一借款人的并购贷款余额占一级资本净额的比例是多少 ……………… 274

22. 并购交易价款中并购贷款所占比例是多少 …………………………… 274
23. 并购贷款期限多长 ……………………………………………………… 274
24. 并购贷款业务专业人员应具有什么知识 ……………………………… 275
25. 如何组织并购贷款尽职调查和风险评估的专业团队 ………………… 275
26. 并购贷款业务应在哪些环节加强管理 ………………………………… 275
27. 受理并购贷款申请应符合哪些条件 …………………………………… 275
28. 并购贷款业务调查如何与中介机构合作 ……………………………… 275
29. 如何加强贷前调查 ……………………………………………………… 275
30. 如何做好并购贷款风险的担保 ………………………………………… 276
31. 如何审慎确定借款合同 ………………………………………………… 276
32. 如何保护贷款人利益 …………………………………………………… 276
33. 并购双方出现什么情形时可采取风险控制措施 ……………………… 276
34. 如何加强对贷款资金的提款和支付管理 ……………………………… 277
35. 如何约定贷款人需要的相关资料 ……………………………………… 277
36. 如何加强贷后管理 ……………………………………………………… 277
37. 如何做好并购贷款业务内部报告、检查和评估 ……………………… 277
38. 并购不良贷款上升时如何加强报告、检查和评估 …………………… 277

第十九章 集团客户授信风险管理 ………………………………………… 279
第一节 集团客户授信风险管理的原则和标准 ………………………… 279
1. 什么是集团客户 ………………………………………………………… 279
2. 什么是授信 ……………………………………………………………… 279
3. 哪些债券资产纳入风险管理 …………………………………………… 279
4. 什么是集团客户授信业务风险 ………………………………………… 279
5. 集团客户授信有哪些特征对象 ………………………………………… 280
6. 集团客户授信业务风险管理的目的是什么 …………………………… 280
7. 集团客户授信业务风险管理的依据是什么 …………………………… 280
8. 集团客户授信原则是什么 ……………………………………………… 280
9. 集团客户认定标准有哪些 ……………………………………………… 280
10. 集团客户类型有几种 …………………………………………………… 282
第二节 集团客户授信风险管理机构与职责 …………………………… 282

目录

11. 如何制定授信风险管理制度 ··· 282
12. 如何建立授信风险管理机制 ··· 282
13. 如何设置集团客户授信主管机构 ·· 283
14. 集团客户授信何人负责日常管理工作 ······································· 283
15. 如何管理集团客户授信风险 ··· 283
16. 什么是主办行 ··· 283
17. 主办行主要职责有哪些 ·· 283
18. 什么是协办行 ··· 284
19. 协办行主要职责有哪些 ·· 284
20. 信贷管理部门主要职责有哪些 ·· 284
21. 总行风险管理部门主要职责有哪些 ··· 285
22. 管辖分支行公司业务部职责有哪些 ··· 285

第三节 集团客户的识别和认定 ··· 285

23. 集团客户如何识别和认定 ·· 285
24. 集团客户识别主要收集哪些材料 ·· 285
25. 客户关联关系识别有哪些手段 ·· 285
26. 如何认定集团客户 ·· 286
27. 集团客户初始认定的情况和流程是什么 ··································· 286
28. 集团客户动态调整的认定和流程是什么 ··································· 286
29. 集团客户业务台账如何管理 ··· 287

第四节 集团客户的评级授信管理 ··· 287

30. 集团客户评级方式有几种 ·· 287
31. 有合并报表的集团客户如何评级 ·· 287
32. 无合并报表集团如何评级 ·· 287
33. 什么是集团客户授信风险 ·· 287
34. 如何管理集团客户授信权限 ··· 288
35. 集团客户的准入有哪些限制 ··· 288
36. 集团客户授信应提供哪些信息资料 ··· 288
37. 集团客户授信如何尽职调查 ··· 288
38. 如何调查跨国集团客户授信 ··· 289
39. 集团客户授信应提供哪些关联交易情况 ··································· 289

40. 集团客户授信有哪些方法 ………………………………………… 289
41. 如何办理集团客户评级授信流程 …………………………………… 289
42. 如何管理集团客户授信额度 ………………………………………… 289
43. 核定授信额度考虑哪些状况 ………………………………………… 290
44. 如何调剂集团客户授信额度 ………………………………………… 290
45. 如何调整集团客户授信额度 ………………………………………… 291
46. 如何约定集团客户授信贷款合同 …………………………………… 291

第五节 集团客户的担保管理 ……………………………………… 291
47. 如何控制客户相互担保风险 ………………………………………… 291
48. 如何测算关联担保比例 ……………………………………………… 292
49. 如何管理关联保证担保超额度 ……………………………………… 292

第六节 集团客户信息管理和风险预警 …………………………… 292
50. 信息管理系统如何建立 ……………………………………………… 292
51. 如何防止对集团客户过度授信 ……………………………………… 292
52. 如何登记集团客户信息 ……………………………………………… 292
53. 如何建立风险监控和预警机制 ……………………………………… 292
54. 如何识别集团客户风险预警信号 …………………………………… 293
55. 如何报告集团客户风险预警 ………………………………………… 294
56. 如何处置集团客户授信风险 ………………………………………… 294
57. 银行同业如何合作 …………………………………………………… 294
58. 银行与中介如何合作 ………………………………………………… 294

第七节 集团客户的贷后检查和责任追究 ………………………… 294
59. 集团客户贷后如何检查 ……………………………………………… 294
60. 集团客户贷后检查哪些内容 ………………………………………… 294
61. 集团客户办理行如何报送贷后检查情况 …………………………… 295
62. 如何制定集团客户贷后管理方案 …………………………………… 295
63. 如何建立集团客户整体评价机制 …………………………………… 295
64. 如何组织集团客户联席协调会议 …………………………………… 295
65. 如何处理违法违规行为 ……………………………………………… 295
66. 集团客户授信业务违规行为包括哪些方面 ………………………… 296
67. 银行可对哪些机构和人员进行表彰奖励 …………………………… 296

第八节　集团客户授信风险监管 ·· 296
 68. 集团客户授信风险管理制度如何报备 ································ 296
 69. 集团客户授信风险监管如何分析通报 ································ 296
 70. 集团客户授信风险评估如何报告 ···································· 297
 71. 集团客户授信风险如何监管检查 ···································· 297

第二十章　贷款风险分类管理 ··· 298
第一节　贷款风险分类管理的目标和原则 ································ 298
 1. 什么是贷款风险分类 ·· 298
 2. 贷款风险分类的目标是什么 ·· 298
 3. 贷款风险分类应遵循什么原则 ······································ 298
 4. 在贷款分类中应当做哪些工作 ······································ 299
 5. 如何制定贷款风险分类制度 ·· 299
 6. 为什么把贷款分类纳入日常的贷款管理 ······························ 299
 7. 银保监部门通过什么方式对贷款分类进行监管 ························ 299
 8. 银行应向银保监部门报送贷款分类的资料吗 ·························· 299
第二节　贷款风险分类的标准及特征 ···································· 300
 9. 银行如何披露贷款分类信息 ·· 300
 10. 贷款风险分类应划分为几类 ······································· 300
 11. 贷款风险分类应考虑哪些因素 ····································· 300
 12. 贷款风险分类要以什么为核心 ····································· 300
 13. 什么是贷款风险分类的重要参考指标 ······························· 300
 14. 什么是正常贷款 ··· 301
 15. 正常贷款有哪些主要特征 ··· 301
 16. 什么是关注贷款 ··· 301
 17. 关注贷款有哪些主要特征 ··· 301
 18. 什么是次级贷款 ··· 302
 19. 次级贷款有哪些主要特征 ··· 302
 20. 什么是可疑贷款 ··· 302
 21. 可疑贷款有哪些主要特征 ··· 302
 22. 什么是损失贷款 ··· 303

23. 损失贷款有哪些主要特征 …………………………………………… 303

第三节 贷款风险分类的特别规定 …………………………………… 304

24. 哪些贷款应归为关注类 ………………………………………………… 304
25. 哪些贷款应归为次级类 ………………………………………………… 304
26. 哪些重组的贷款应归为次级类 ………………………………………… 304
27. 对零售贷款如何划分风险类别 ………………………………………… 305
28. 同一笔贷款可否拆分分类 ……………………………………………… 305
29. 如何进行贷款风险分类 ………………………………………………… 305
30. 什么时间对贷款进行分类 ……………………………………………… 305
31. 如何对贷款以外的各类资产分类 ……………………………………… 305
32. 什么是贷款风险分类的客观标准 ……………………………………… 305
33. 如何确定贷款风险分类结果 …………………………………………… 306
34. 贷款本息逾期时间未达标准如何分类 ………………………………… 306
35. 贷款符合多项类别的如何分类 ………………………………………… 306
36. 重组贷款如何分类 ……………………………………………………… 306
37. 违反规定发放的贷款如何分类 ………………………………………… 306
38. 恶意逃废债务的贷款如何分类 ………………………………………… 306
39. 非银行意愿的贷款如何分类 …………………………………………… 306
40. 信用贷款和保证贷款如何分类 ………………………………………… 307
41. 同一借款人有多笔贷款的如何分类 …………………………………… 307
42. 低风险贷款如何分类 …………………………………………………… 307
43. 自然人和企业贷款如何分类 …………………………………………… 307

第四节 贷款风险分类的基本流程 …………………………………… 307

44. 贷款风险分类的基本流程分为几个阶段 ……………………………… 307
45. 如何做好分类准备 ……………………………………………………… 308
46. 如何做好初步分类 ……………………………………………………… 308
47. 如何做好分类认定 ……………………………………………………… 308
48. 如何做好分类结果审批 ………………………………………………… 308
49. 如何提出改进意见 ……………………………………………………… 308

第五节 贷款风险分类的操作方法 …………………………………… 308

50. 为保证分类准确如何阅读和收集信息 ………………………………… 308

51. 贷款风险分类应了解哪些信贷资料 …………………………………… 308
52. 贷款风险分类应分析哪些因素 ………………………………………… 309
53. 贷款风险分类应按什么原则进行 ……………………………………… 310
54. 贷款风险分类时对哪些贷款可分别进行捆绑处理 …………………… 310
55. 哪些贷款分类不能通过捆绑处理 ……………………………………… 310
56. 贷款分类每次清分时应填写哪些汇总表 ……………………………… 310
57. 如何计提贷款损失准备 ………………………………………………… 311

第六节 贷款风险分类审批 ……………………………………………… 311
58. 贷款风险分类要按照什么制度进行审批 ……………………………… 311
59. 谁负责贷款风险初步分类和认定工作 ………………………………… 311
60. 谁负责贷款风险分类管理和审批工作 ………………………………… 311

第七节 贷款风险分类的部门及职责 …………………………………… 311
61. 贷款风险分类工作涉及银行哪些部门 ………………………………… 311
62. 分支机构主要职责是什么 ……………………………………………… 312
63. 信贷管理部门的主要职责是什么 ……………………………………… 312
64. 风险合规部门的主要职责是什么 ……………………………………… 312
65. 会计财务部门的主要职责是什么 ……………………………………… 312

第八节 贷款风险分类的管理 …………………………………………… 313
66. 贷款风险分类结果纳入银行的考核吗 ………………………………… 313
67. 贷款风险分类后的管理措施有哪些 …………………………………… 313
68. 如何对贷款风险分类进行检查和评估 ………………………………… 313
69. 贷款风险分类后的检查内容有哪些 …………………………………… 313
70. 如何对贷款风险分类的责任进行认定 ………………………………… 314
71. 如何做好贷款风险分类材料的档案管理 ……………………………… 314

第二十一章 信贷风险预警管理 …………………………………………… 315
第一节 信贷风险预警管理的概念 ……………………………………… 315
1. 什么是信贷风险预警 …………………………………………………… 315
2. 什么是风险预警信号 …………………………………………………… 315
3. 什么是风险调整 ………………………………………………………… 315
4. 什么是风险减持 ………………………………………………………… 315

5. 如何主动清户退出 …… 315
6. 信贷风险预警管理的目的是什么 …… 316
7. 信贷风险预警应遵守什么原则 …… 316
8. 如何建立信贷风险预警报告制度 …… 316
9. 信贷风险预警适用范围是什么 …… 316

第二节 信贷风险预警管理职责分工 …… 316
10. 银行机构管理层负有哪些职责 …… 316
11. 综合业务部门负有哪些职责 …… 316
12. 风险合规部门和贷款审查委员会负有哪些职责 …… 317

第三节 信贷风险预警信号 …… 317
13. 什么是信贷风险预警信号 …… 317
14. 信贷风险预警包括哪些信号 …… 317
15. 客户品质信号有哪些 …… 317
16. 客户及主要股东信号有哪些 …… 318
17. 客户银行账户变化信号有哪些 …… 318
18. 客户管理层及关键技术人员变化信号有哪些 …… 319
19. 业务运营环境变化的信号有哪些 …… 319
20. 财务状况变化信号有哪些 …… 319
21. 客户履约能力变化信号有哪些 …… 320
22. 哪些信息应纳入风险监控范围 …… 320

第四节 信贷风险预警信号处理 …… 320
23. 出现哪些预警信号应及时分析调整处理 …… 320
24. 出现哪些预警信号应及时分析提出处理措施 …… 321
25. 预警信号处理程序 …… 322
26. 信贷风险预警报告包括哪些内容 …… 323

第五节 信贷风险预警信号的解除 …… 323
27. 信贷风险预警信号如何解除 …… 323
28. 信贷风险预警解除报告包括哪些内容 …… 323
29. 谁负责监督检查信贷风险预警管理情况 …… 323
30. 监督检查包括哪些内容 …… 323
31. 如何对信贷风险预警管理工作进行奖罚 …… 324

第二十二章　信贷业务违规风险管理 ……… 325

第一节　信贷业务违规风险管理的目的和原则 ……… 325

1. 信贷业务违规风险管理的目的和依据是什么 ……… 325
2. 信贷业务违规管理适用哪些范围 ……… 325
3. 贷款责任人有哪些 ……… 325
4. 违规行为如何认定 ……… 325
5. 责任认定与处理的基本原则是什么 ……… 326
6. 责任认定及处理的基本程序是什么 ……… 326
7. 违规行为如何处理和处罚 ……… 326

第二节　受理环节违规行为处理 ……… 326

8. 未准确地向客户介绍贷款产品造成不良影响和后果的如何处理 ……… 326
9. 贷款资料收集不齐全的如何处理 ……… 327
10. 未确保留存复印件与原件一致的如何处理 ……… 327

第三节　调查环节违规行为处理 ……… 327

11. 贷款受理资料交接缺少的如何处理 ……… 327
12. 未按贷前双人尽职调查的如何处理 ……… 327
13. 未对客户贷款用途的真实性进行调查核实的如何处理 ……… 327
14. 未对客户异常情况进行调查反映的如何处理 ……… 328
15. 未按规定调查保证人或抵（质）押物的如何处理 ……… 328
16. 未对集团客户及关联客户的相关信息进行调查的如何处理 ……… 328
17. 未按规定撰写贷前调查报告或撰写虚假调查报告的如何处理 ……… 328
18. 贷前调查相关资料缺失或因重要关联信息出现遗漏或错误的如何处理 ……… 328
19. 隐瞒重大问题或真实情况的如何处理 ……… 328
20. 对客户信息资料不核准就录入信贷管理系统的如何处理 ……… 329
21. 其他贷前调查环节失职或违规行为如何处理 ……… 329

第四节　审核环节违规行为处理 ……… 329

22. 未认真审核信贷资料的如何处理 ……… 329
23. 审核中发现上报材料错误不规范更改的如何处理 ……… 329
24. 未签字盖章或不规范的如何处理 ……… 329
25. 审核意见不明确的如何处理 ……… 330

26. 审核通过抵（质）押品不符合规定的如何处理 330
27. 审核未审核出调查环节问题的如何处理 330
28. 其他审核环节中的失职或违规行为如何处理 330

第五节 审批环节违规行为处理 330

29. 在审批受理中未按规定审查的如何处理 330
30. 审批受理中对需补齐没有补齐手续的如何处理 331
31. 审批受理时发现或未发现伪造虚假资料的如何处理 331
32. 审批受理中发现较大隐患而隐瞒不报的如何处理 331
33. 未建立审批受理台账造成一定影响的如何处理 331
34. 其他审批受理中的失职违规行为如何处理 331
35. 超越权限或变相越权审批信贷业务的如何处理 331
36. 不符合贷审会议事项规则行为的如何处理 331
37. 未按有关规定和程序审批信贷业务的如何处理 332
38. 审批不符合信贷业务发放条件的如何处理 332
39. 审批签署与审议结果不符的如何处理 332
40. 违规审批发放异地贷款的如何处理 332
41. 违反规定审批贷款的如何处理 332
42. 不按规定权限审批核销呆账贷款的如何处理 332
43. 其他审批环节的失职或违规行为如何处理 333

第六节 发放环节违规行为处理 333

44. 未按规定执行贷款面签制度的如何处理 333
45. 借款借据要素填写不齐全的如何处理 333
46. 未按规定审核担保和前提条件未落实而核准放款的如何处理 333
47. 未经有权人审批而发放贷款的如何处理 333
48. 未办理抵押登记手续而擅自审批发放贷款的如何处理 334
49. 抵（质）押物的期限未涵盖贷款期限的如何处理 334
50. 未按审批意见和程序发放贷款的如何处理 334
51. 未按照规定进行贷款支付的如何处理 334
52. 未按规范业务操作而发放贷款的如何处理 334
53. 未按合同文本要求填写的如何处理 334
54. 未按规定签订借款合同或擅自变更合同的如何处理 335

55. 只凭借款借据发放贷款的如何处理 …………………………………… 335

56. 未按规定或按领导授意发放贷款的如何处理 ……………………… 335

57. 当天还款当天发放贷款的如何处理 …………………………………… 335

58. 发放假名贷款或以贷收贷的如何处理 ………………………………… 335

59. 发放关联贷款的如何处理 ……………………………………………… 335

60. 向有风险贷款或保证人发放贷款的如何处理 ……………………… 336

61. 其他放款审核环节的失职或违规行为如何处理 …………………… 336

第七节 贷后管理环节违规行为处理 ………………………………… 336

62. 未建贷款台账或不规范的如何处理 …………………………………… 336

63. 未建抵（质）押物台账或不真实的如何处理 ……………………… 336

64. 随意涂改或销毁重制原始凭据的如何处理 ………………………… 336

65. 在贷款发放中存在吃拿卡要现象的如何处理 ……………………… 336

66. 未按规定对信贷档案资料管理的如何处理 ………………………… 337

67. 未按规定保管信贷资料的如何处理 …………………………………… 337

68. 未按规定进行贷后检查或检查时发现问题未纠正的如何处理 …… 337

69. 未对信贷资金使用进行监测或借款人改变借款用途知情不报的
如何处理 ………………………………………………………………… 337

70. 对到期贷款催收不力的如何处理 ……………………………………… 337

71. 对逾期贷款未按规定办理其他催款手续的如何处理 ……………… 338

72. 未按时进行贷款五级分类的如何处理 ………………………………… 338

73. 在处置抵债资产过程中有哪些情形需要处理 ……………………… 338

74. 违规办理解抵（质）押手续的如何处理 …………………………… 338

75. 检查人员未检查出而被外部机构检查出的问题如何处理 ………… 338

第八节 处罚的管理 ……………………………………………………… 339

76. 按规定给予处罚的如何处理 ………………………………………… 339

77. 作出处罚决定之前如何处理 ………………………………………… 339

78. 被处罚责任人提出陈述如何处理 …………………………………… 339

79. 银行对贷款的责任人认定实行什么原则 …………………………… 339

80. 哪些违规情况应从重处罚 …………………………………………… 340

81. 哪些违规情况应从轻处罚 …………………………………………… 340

82. 处罚意见如何执行 …………………………………………………… 340

83. 信贷业务违规处罚款如何管理 …………………………………… 340

84. 被处罚者如何交纳罚款 …………………………………………… 340

85. 经济处罚额度如何掌握 …………………………………………… 340

第二十三章　不良贷款风险管理 ………………………………………… 341

第一节　不良贷款管理的目的和原则 ……………………………… 341

1. 什么是不良贷款 ………………………………………………… 341
2. 不良贷款管理的目的是什么 …………………………………… 341
3. 不良贷款管理应遵循哪些原则 ………………………………… 341

第二节　不良贷款的管理职责 ……………………………………… 342

4. 不良贷款管理工作应由谁负责 ………………………………… 342
5. 什么是清收责任人 ……………………………………………… 342
6. 清收责任人履行哪些职责 ……………………………………… 342
7. 信贷主管履行哪些职责 ………………………………………… 343
8. 支行行长履行什么职责 ………………………………………… 343
9. 风险管理部门履行哪些职责 …………………………………… 343

第三节　个人类不良贷款的划分标准 ……………………………… 344

10. 什么是个人类不良贷款 ………………………………………… 344
11. 个人类不良贷款如何划分 ……………………………………… 344
12. 什么是次级贷款 ………………………………………………… 344
13. 什么是可疑贷款 ………………………………………………… 344
14. 什么是损失贷款 ………………………………………………… 344
15. 自然人次级贷款的划分标准是什么 …………………………… 345
16. 自然人可疑贷款的划分标准是什么 …………………………… 345
17. 自然人损失贷款的划分标准是什么 …………………………… 345
18. 农户不良贷款如何分类 ………………………………………… 346
19. 农户信用评定等级为优秀档次的如何分类 …………………… 346
20. 农户信用评定等级为较好档次的如何分类 …………………… 346
21. 农户信用评定等级为一般或未参加农户信用等级评定的如何
    分类 ……………………………………………………………… 347
22. 分期还款的个人消费贷款如何分类 …………………………… 347

第四节　企业类不良贷款的划分标准 ……………………………………… 347
23. 什么是企业类不良贷款 …………………………………………… 347
24. 什么是信贷资产 …………………………………………………… 347
25. 企业类不良贷款如何划分 ………………………………………… 348
26. 企业类信贷资产风险分类应考虑哪些因素 ……………………… 348
27. 依据什么判定信贷资产风险类别 ………………………………… 348
28. 什么是财务状况的评估 …………………………………………… 348
29. 什么是现金流量分析 ……………………………………………… 349
30. 什么是担保分析 …………………………………………………… 349
31. 什么是非财务因素分析 …………………………………………… 349
32. 信贷资产风险十级分类有哪些类别 ……………………………… 349
33. 十级分类与五级分类如何对应 …………………………………… 349
34. 十级分类的核心定义是什么 ……………………………………… 350
35. 一般企业信贷资产分类标准是什么 ……………………………… 350
36. 小企业信贷资产分类标准是什么 ………………………………… 354
37. 企业信贷资产分类有哪些特别规定 ……………………………… 355
38. 如何掌握以合同风险分类 ………………………………………… 357
39. 什么是风险分类的重要参考指标 ………………………………… 358

第五节　不良贷款的认定 ………………………………………………… 358
40. 不良贷款如何认定 ………………………………………………… 358
41. 不良贷款认定应遵循什么原则 …………………………………… 358
42. 不良贷款的认定程序是什么 ……………………………………… 358
43. 支行提出分类认定申请时应提供哪些资料 ……………………… 358
44. 损失类贷款的认定应提供哪些资料 ……………………………… 359
45. 如何执行不良贷款的认定及调整 ………………………………… 359
46. 对不良贷款认定情况检查哪些内容 ……………………………… 359

第六节　不良贷款的保全、清收与盘活 ………………………………… 359
47. 如何保全不良贷款 ………………………………………………… 359
48. 不良贷款的保全方式有哪些 ……………………………………… 360
49. 如何进行现金清收 ………………………………………………… 360
50. 如何进行重组转化 ………………………………………………… 360

51. 如何进行以物抵债 …………………………………………… 360

52. 如何进行呆账核销 …………………………………………… 360

53. 不良贷款实行什么管理模式 ………………………………… 360

54. 如何保全诉讼时效 …………………………………………… 361

55. 如何清收盘活不良贷款 ……………………………………… 361

56. 贷款借新还旧如何办理 ……………………………………… 361

57. 到期贷款如何展期 …………………………………………… 361

58. 难以偿还的贷款如何变更债务主体 ………………………… 362

第七节 不良贷款的处置 …………………………………………… 362

59. 不良贷款的处置方式有哪些 ………………………………… 362

60. 如何进行催收 ………………………………………………… 362

61. 如何对不良贷款重组 ………………………………………… 363

62. 如何对抵（质）押物处置 …………………………………… 363

63. 如何对单户债权转让 ………………………………………… 363

64. 如何采取其他处置方式 ……………………………………… 363

65. 如何制订处置计划 …………………………………………… 363

66. 处置方案如何申报与审批 …………………………………… 364

67. 处置方案如何执行 …………………………………………… 364

第八节 不良贷款的核销与账务处理 ……………………………… 365

68. 不良贷款如何核销 …………………………………………… 365

69. 不良贷款核销应提供哪些材料 ……………………………… 365

70. 不良贷款的核销如何按程序操作 …………………………… 366

71. 如何加强对不良贷款核销的管理 …………………………… 367

72. 不良贷款的账务如何处理 …………………………………… 367

第九节 不良贷款的考核与奖惩 …………………………………… 367

73. 不良贷款如何考核 …………………………………………… 367

74. 对总分行和支行如何考核与奖惩 …………………………… 367

75. 对员工个人如何考核与奖励 ………………………………… 368

第十节 不良贷款的统计、监测与分析 …………………………… 368

76. 不良贷款的统计监测与分析的目的是什么 ………………… 368

77. 支行如何统计和上报不良贷款 ……………………………… 368

78. 总分行如何对统计数据进行检查 ··· 368
79. 不良贷款真实程度如何划分 ··· 368
80. 如何对不良贷款进行重点监测 ··· 369
81. 不良贷款主要通过哪些指标监测 ··· 369
82. 不良贷款分析报告主要包括哪些内容 ····································· 370
83. 不良贷款统计报表与分析报告何时上报 ··································· 371
84. 不良贷款统计监测与分析结果如何披露 ··································· 371

第十一节　信贷风险准备金 ··· 371
85. 建立信贷风险准备金的目的是什么 ······································· 371
86. 信贷风险准备金如何构成 ··· 371
87. 什么是贷款损失准备金 ··· 371
88. 如何提取信贷从业人员贷款损失准备金 ··································· 372
89. 贷款损失准备金的计提方法和比例是多少 ································· 372
90. 信贷风险准备金有哪些用途 ··· 372
91. 信贷风险准备金使用的先后顺序 ··· 372
92. 信贷风险准备金如何偿还 ··· 372
93. 如何补充信贷从业人员风险基金 ··· 373
94. 信贷风险准备金如何管理使用 ··· 373

第十二节　不良贷款的责任追究 ··· 373
95. 如何对不良贷款责任人进行责任追究 ····································· 373
96. 如何对不良贷款责任人进行责任认定 ····································· 373
97. 对不按规定进行不良贷款划分和认定的如何处理 ··························· 373
98. 对未落实不良贷款清收管理责任和清收管理措施的如何处理 ················· 374
99. 对虚假清收盘活的如何处理 ··· 374
100. 对不按规定进行贷款核销的如何处理 ···································· 374
101. 对不良贷款统计监测和分析不真实的如何处理 ···························· 374
102. 对未经允许扩大信息披露范围的如何处理 ································ 374

第二十四章　贷款风险责任追究管理 ··· 375
第一节　贷款责任追究的目的和方式 ··· 375
1. 贷款责任追究的目的是什么 ··· 375

2. 什么是信贷人员 …………………………………………………… 375
3. 什么是信贷业务 …………………………………………………… 375
4. 什么是贷款责任 …………………………………………………… 375
5. 贷款责任追究哪些范围 …………………………………………… 376
6. 贷款责任追究的方式有哪些 ……………………………………… 376
7. 贷款责任追究领导小组由哪些人员组成 ………………………… 376

第二节 贷款责任追究原则 …………………………………………… 376

8. 贷款责任追究的原则是什么 ……………………………………… 376
9. 什么是尽职免责原则 ……………………………………………… 376
10. 什么是追本溯源原则 …………………………………………… 376
11. 什么是违法违规严惩原则 ……………………………………… 377
12. 什么是既往从宽、现在从严原则 ……………………………… 377
13. 什么是积极处置从轻、消极对待从重原则 …………………… 377
14. 什么是违规积分、经济处罚、经济赔偿、纪律处分相结合原则 … 377

第三节 贷款责任追究范围 …………………………………………… 377

15. 贷款责任包括哪些责任 ………………………………………… 377
16. 什么是工作职责 ………………………………………………… 377
17. 什么是过失责任 ………………………………………………… 377
18. 什么是违规违法责任 …………………………………………… 378
19. 什么是冒名贷款 ………………………………………………… 378
20. 什么是借名贷款 ………………………………………………… 378
21. 什么是假名贷款 ………………………………………………… 379
22. 什么是超权限贷款 ……………………………………………… 379
23. 什么是一户多名贷款 …………………………………………… 379
24. 什么是以贷还贷贷款 …………………………………………… 379
25. 什么是化整为零贷款 …………………………………………… 379
26. 什么是个人借款企业用贷款 …………………………………… 380
27. 什么是夫妻父子保贷款 ………………………………………… 380
28. 什么是违反面谈面签贷款 ……………………………………… 380
29. 什么是故意编造虚假信息贷款 ………………………………… 380
30. 什么是重大失职贷款 …………………………………………… 380

31. 什么是其他违规贷款 …………………………………………………… 380
32. 认定为责任贷款的如何追责 …………………………………………… 380
33. 认定为非责任贷款的如何追责 ………………………………………… 381
34. 未按要求发放与支付贷款的如何追责 ………………………………… 381
35. 柜员未按受托支付要求支付贷款的如何追责 ………………………… 381

第四节　责任承担及经济赔偿 ……………………………………………… 381
36. 贷款责任如何承担 ……………………………………………………… 381
37. 过失责任人如何承担责任 ……………………………………………… 381
38. 违规责任人如何承担责任 ……………………………………………… 382
39. 如何对贷款损失进行经济赔偿 ………………………………………… 382
40. 预赔款如何管理 ………………………………………………………… 383
41. 违法违规贷款责任如何确认 …………………………………………… 383
42. 过失贷款责任如何确认 ………………………………………………… 383

第五节　贷款责任追究处罚 ………………………………………………… 384
43. 贷款责任追究有哪些处罚方式 ………………………………………… 384
44. 如何进行经济责任追究 ………………………………………………… 384
45. 如何进行行政责任及其他责任追究 …………………………………… 385
46. 如何进行刑事责任追究 ………………………………………………… 385

第六节　贷款责任追究程序 ………………………………………………… 385
47. 不良贷款责任追究有哪些程序 ………………………………………… 385
48. 贷款收回如何退还赔偿金 ……………………………………………… 386

第三部分　银行风险监管篇

第二十五章　银行风险核心指标监管 ……………………………………… 389
第一节　银行风险核心指标监管的目的和依据 …………………………… 389
1. 什么是银行风险监管核心指标 ………………………………………… 389
2. 银行风险监管核心指标的目的是什么 ………………………………… 389
3. 银行风险监管核心指标的依据是什么 ………………………………… 389
4. 风险监管核心指标如何计算 …………………………………………… 389
5. 风险监管核心指标如何监管 …………………………………………… 389

第二节 银行风险监管核心指标 ··· 390

    6. 银行风险监管核心指标分为几个层次 ······························· 390
    7. 风险水平类指标是什么 ··· 390
    8. 什么是流动性风险指标 ··· 390
    9. 什么是流动性比例 ··· 390
    10. 什么是核心负债比例 ··· 390
    11. 什么是流动性缺口率 ··· 391
    12. 什么是信用风险指标 ··· 391
    13. 什么是不良资产率 ··· 391
    14. 什么是单一集团客户授信集中度 ······································· 392
    15. 什么是全部关联度 ··· 392
    16. 什么是市场风险指标 ··· 392
    17. 什么是累计外汇敞口头寸比例 ··· 392
    18. 什么是利率风险敏感度 ··· 393
    19. 什么是操作风险指标 ··· 393
    20. 风险迁徙类指标是什么 ··· 393
    21. 什么是正常贷款迁徙率 ··· 393
    22. 什么是正常类贷款迁徙率 ··· 394
    23. 什么是关注类贷款迁徙率 ··· 394
    24. 什么是不良贷款迁徙率 ··· 394
    25. 什么是次级类贷款迁徙率 ··· 395
    26. 什么是可疑类贷款迁徙率 ··· 395
    27. 风险抵补类指标是什么 ··· 395
    28. 什么是盈利能力指标 ··· 395
    29. 什么是成本收入比率 ··· 396
    30. 什么是资产利润率 ··· 396
    31. 什么是资本利润率 ··· 396
    32. 什么是准备金充足程度指标 ··· 396
    33. 什么是资产损失准备充足率 ··· 396
    34. 什么是贷款损失准备充足率 ··· 397
    35. 什么是资本充足程度指标 ··· 397

36. 什么是资本充足率 …………………………………………… 397

37. 什么是核心资本充足率 ………………………………………… 397

第三节 银行风险监管核心指标的检查监督 …………………… 398

38. 统计与信息系统如何建立 ……………………………………… 398

39. 非信贷资产如何分类 …………………………………………… 398

40. 各项指标如何体现 ……………………………………………… 398

41. 如何审查各项指标 ……………………………………………… 398

42. 如何进行非现场监管 …………………………………………… 398

43. 如何进行现场检查 ……………………………………………… 398

第二十六章 银行监管评级 …………………………………………… 399

第一节 银行监管评级的目的和范围 ……………………………… 399

1. 什么是银行监管评级 …………………………………………… 399

2. 银行监管评级的目的是什么 …………………………………… 399

3. 银行监管评级的依据是什么 …………………………………… 399

4. 银行监管评级的适用范围是什么 ……………………………… 399

5. 如何对商业银行监管评级 ……………………………………… 400

第二节 银行监管评级要素与评级方法 …………………………… 400

6. 银行监管评级包括哪些要素 …………………………………… 400

7. 银行监管评级的方法和内容是什么 …………………………… 400

8. 银行监管评级结果分为几级 …………………………………… 401

9. 什么情形下对监管评级进行调整 ……………………………… 401

第三节 银行监管评级程序 ………………………………………… 402

10. 银行监管评级的周期多长 …………………………………… 402

11. 银行监管评级程序包括哪些环节 …………………………… 402

12. 年度监管评级方案如何制订 ………………………………… 402

13. 如何收集监管评级相关的信息 ……………………………… 402

14. 初评结果如何形成 …………………………………………… 402

15. 复评结果如何形成 …………………………………………… 403

16. 如何确定监管评级最终结果 ………………………………… 403

17. 监管评级结果如何通报 ……………………………………… 403

18. 如何对监管评级结果进行动态调整 ………………………………… 403
19. 如何对监管评级工作及效果进行后评价 ……………………………… 403
20. 如何增强监管评级工作 ………………………………………………… 403

第四节 银行监管评级结果运用 ……………………………………… 404
21. 监管评级结果表示银行如何 …………………………………………… 404
22. 监管机构如何利用监管评级结果对银行进行监管 …………………… 404
23. 监管机构对单项要素问题采取什么监管措施和行动 ………………… 405
24. 监管机构对银行评级结果如何进行差异化监管 ……………………… 405

第五节 银行监管评级要求 …………………………………………… 406
25. 监管评级结果如何使用 ………………………………………………… 406
26. 监管评级结果如何保密 ………………………………………………… 406
27. 如遇突发事件影响监管评级如何处理 ………………………………… 406
28. 评级结果级别限制和动态调整机制如何实施 ………………………… 406

第二十七章　巴塞尔协议与银行风险监管 …………………………… 408

第一节 巴塞尔协议与巴塞尔委员会 ………………………………… 408
1. 什么是巴塞尔协议 ……………………………………………………… 408
2. 巴塞尔委员会如何设立 ………………………………………………… 408
3. 中国是何时加入巴塞尔委员会的 ……………………………………… 408
4. 巴塞尔委员会的主要职责是什么 ……………………………………… 409
5. 巴塞尔委员会的办公地点设在哪里 …………………………………… 409
6. 巴塞尔委员会的作用是什么 …………………………………………… 409
7. 巴塞尔协议的目的是什么 ……………………………………………… 409

第二节 巴塞尔协议的发展历程 ……………………………………… 410
8. 巴塞尔协议有几个版本 ………………………………………………… 410
9. 什么是《巴塞尔协议Ⅰ》 ……………………………………………… 410
10. 什么是《巴塞尔协议Ⅱ》 ……………………………………………… 410
11. 什么是《巴塞尔协议Ⅲ》 ……………………………………………… 411
12. 巴塞尔协议签订的背景 ………………………………………………… 411
13. 巴塞尔协议是如何发展演变的 ………………………………………… 412
14. 《巴塞尔协议》Ⅰ至Ⅲ的指导思想是什么 …………………………… 413

15. 巴塞尔协议签订的意义是什么 …………………………………………… 413

第三节　巴塞尔协议的内容 …………………………………………… 414

16. 《巴塞尔协议Ⅰ》的核心内容是什么 ………………………………… 414
17. 《巴塞尔协议Ⅱ》的核心内容是什么 ………………………………… 414
18. 《巴塞尔协议Ⅲ》的核心内容是什么 ………………………………… 415
19. 巴塞尔Ⅲ《最终方案》的核心内容是什么 …………………………… 415
20. 《巴塞尔协议Ⅰ》的主要内容是什么 ………………………………… 415
21. 《巴塞尔协议Ⅱ》的主要内容是什么 ………………………………… 416
22. 《巴塞尔协议Ⅲ》的主要内容是什么 ………………………………… 417
23. 巴塞尔Ⅲ《最终方案》的主要变化是什么 …………………………… 419
24. 《巴塞尔协议》的本质是什么 ………………………………………… 420
25. 三个巴塞尔协议有什么不同 …………………………………………… 421
26. 《巴塞尔协议Ⅲ》的实施意义是什么 ………………………………… 421

第四节　巴塞尔协议的特点 …………………………………………… 422

27. 《巴塞尔协议Ⅰ》主要有什么特点 …………………………………… 422
28. 《巴塞尔协议Ⅰ》有什么不足 ………………………………………… 422
29. 《巴塞尔资本协议Ⅱ》的特点是什么 ………………………………… 422
30. 《巴塞尔协议Ⅱ》由哪三大支柱组成 ………………………………… 423
31. 《巴塞尔协议Ⅱ》对三大支柱的要求是什么 ………………………… 424
32. 《巴塞尔协议Ⅱ》的主要目标是什么 ………………………………… 424
33. 《巴塞尔协议Ⅱ》有哪些不足 ………………………………………… 425
34. 《巴塞尔协议Ⅲ》主要有什么特点 …………………………………… 425
35. 《巴塞尔协议Ⅲ》创新之处有哪些 …………………………………… 427

第五节　巴塞尔协议对监管的影响 …………………………………… 428

36. 《巴塞尔协议Ⅲ》对银行业监管有何影响 …………………………… 428
37. 《巴塞尔协议Ⅲ》对银行业监管有什么积极影响 …………………… 428
38. 《巴塞尔协议Ⅲ》对银行业监管有什么消极影响 …………………… 429
39. 《巴塞尔协议Ⅲ》对银行业监管指标有什么影响 …………………… 429

第六节　银行风险监管 ………………………………………………… 430

40. 什么是银行业监管 ……………………………………………………… 430
41. 银行业监督管理的目标是什么 ………………………………………… 430

42. 银行业监督管理的目的是什么 ……………………………… 430
43. 银行业监督管理的原则是什么 ……………………………… 430
44. 风险监管标准由谁制定 ……………………………………… 432
45. 银行业监管的基本方法是什么 ……………………………… 432
46. 什么是中国特色的"CAMELs+"监管评级体系 ………… 432
47. 风险监管的作用有哪些 ……………………………………… 433
48. 银行风险管理的内容是什么 ………………………………… 433
49. 银行业风险监管的内容有哪些 ……………………………… 433
50. 商业银行风险管理的作用有哪些 …………………………… 433
51. 银行业监管体制可分为几种类型 …………………………… 434
52. 为什么要监管银行 …………………………………………… 434
53. 监管思想是如何转变的 ……………………………………… 435
54. 中国银行业风险监管是如何实施的 ………………………… 436

第二十八章 银行信息科技外包风险监管 ……………………… 438

第一节 信息科技外包的依据和原则 ……………………… 438
1. 什么是信息科技外包 ………………………………………… 438
2. 信息科技外包风险监管的依据是什么 ……………………… 438
3. 银行与其他第三方合作如何管理 …………………………… 438
4. 如何有效控制由于外包而引发的风险 ……………………… 438
5. 信息科技外包时应当坚持什么原则 ………………………… 438

第二节 信息科技外包治理 ………………………………… 439
6. 信息科技外包风险管理组织架构如何建立 ………………… 439
7. 董事会的职责是什么 ………………………………………… 439
8. 高级管理层的职责是什么 …………………………………… 439
9. 信息科技外包风险主管部门的职责是什么 ………………… 439
10. 信息科技外包执行团队及人员的职责是什么 …………… 440
11. 如何制定信息科技外包战略 ……………………………… 440
12. 哪些信息科技职能不能外包 ……………………………… 440
13. 信息科技外包如何分类管理 ……………………………… 440
14. 什么是咨询规划类 ………………………………………… 440

15. 什么是开发测试类 …………………………………………………… 441
16. 什么是运行维护类 …………………………………………………… 441
17. 什么是安全服务类 …………………………………………………… 441
18. 什么是业务支持类 …………………………………………………… 441
19. 信息科技重要外包有哪些 …………………………………………… 441
20. 如何明确外包终止退出策略 ………………………………………… 442

第三节 信息科技外包准入 …………………………………………… 442

21. 信息科技外包如何评估 ……………………………………………… 442
22. 如何明确服务提供商的准入标准 …………………………………… 442
23. 如何对备选服务提供商做好尽职调查 ……………………………… 442
24. 什么是非驻场外包 …………………………………………………… 443
25. 对于非驻场外包重点调查哪些内容 ………………………………… 443
26. 什么是跨境外包 ……………………………………………………… 443
27. 选择跨境外包时如何评估 …………………………………………… 443
28. 对于关联外包和同业外包有什么要求 ……………………………… 443
29. 什么是关联外包 ……………………………………………………… 443
30. 什么是同业外包 ……………………………………………………… 444
31. 信息科技外包合同应当明确哪些内容 ……………………………… 444
32. 涉及外包服务分包时有什么要求 …………………………………… 444

第四节 信息科技外包监控评价 ……………………………………… 445

33. 对外包服务过程如何监控 …………………………………………… 445
34. 如何确保监控信息和评价结果数据 ………………………………… 445
35. 信息科技外包服务监控指标有哪些 ………………………………… 445
36. 如何监控服务提供商 ………………………………………………… 445
37. 外包服务出现异常情况时如何处理 ………………………………… 446
38. 对于关联外包如何纳入业绩评价范围 ……………………………… 446
39. 外包服务到期前后如何评估和评价 ………………………………… 446

第五节 信息科技外包风险管理 ……………………………………… 446

40. 如何识别信息科技外包可能产生的风险 …………………………… 446
41. 如何建立风险控制、缓释或转移措施 ……………………………… 447
42. 如何制定和落实网络和信息安全管理措施 ………………………… 447

43. 如何降低外包服务集中度风险 …… 448
44. 如何对重要的非驻场外包服务进行检查 …… 448
45. 外包风险管理评估有何要求 …… 448
46. 如何开展外包及其风险管理的审计 …… 448

第六节　信息科技外包监管 …… 448

47. 如何向监管机构上报信息科技外包活动 …… 448
48. 信息科技外包监管报告的材料有哪些 …… 449
49. 发生哪些重大风险事件时应向监管机构报告 …… 449
50. 监管机构如何对外包风险进行监管 …… 450

第一部分

银行风险管理篇

第一章 银行风险管理

第一节 银行风险管理的概念

1. 什么是风险

风险是指在一定条件下和一定时期内,由于各种结果发生的不确定性而导致行为主体遭受损失的大小以及这种损失发生可能性的大小。

风险是一个二维概念,风险以损失发生的大小与损失发生的概率两个指标进行综合衡量,风险与收益往往紧紧相随。

2. 什么是银行风险

银行风险是指银行在经营过程中,由于各种不确定因素的影响,而使其资产和预期收益蒙受损失的可能性。

银行风险主要包括信用风险、市场风险、操作风险、流动性风险、国家风险、声誉风险、法律风险、战略风险八大类。

3. 银行风险最显著的经营特点是什么

银行作为经营货币信用业务的企业,与一般企业及其他经济单位相比,最显著的特点是负债经营,即利用客户的各种存款及其他借入款作为主要的营运资金,通过发放贷款和投资获取收益,其自有资本占资产总额的比率远远低于其他行业。这一经营特点决定了商业银行本身就是一种具有内在风险的特殊企业。因此,银行风险所带来的损失超过一般企业的风险损失,它具有涉及金额大、涉及面广等特点。

4. 银行风险有哪些独特的特点

银行的风险具有独特的特点，其突出表现在：
（1）属于高负债经营。
（2）银行的经营对象是货币，且具有特殊的信用创造功能。
（3）银行是市场经济的中枢，其风险的外部负效应巨大。

5. 什么是银行风险管理

银行风险管理是商业银行为减少经营管理活动中可能遭受的风险进行的管理活动，是指各类经济主体通过对各种银行风险的认识、衡量和分析，以最少的成本达到最大安全保障、获取最大收益的一种金融管理办法。

6. 银行风险管理的内容有哪些

银行风险管理的内容主要包括风险识别、风险分析与评价、风险控制和风险决策四个方面。这四个部分，也依次是风险管理的四个阶段。

7. 什么是风险识别

风险识别是在商业银行周围纷繁复杂的宏、微观风险环境和内部经营环境中识别出可能给商业银行带来意外损失或额外收益的风险因素。

8. 什么是风险分析与评价

风险分析与评价是预计风险因素发生的概率，可能给银行造成的损失或收益的大小，进而确定银行的风险程度。

9. 什么是风险控制

风险控制是在风险发生之前或已经发生时采取一定的方法和手段，以减少风险损失、增加风险收益所进行的经济活动，包括风险回避、风险抑制、风险分散、风险转移、风险的保险与补偿。

10. 什么是风险决策

风险决策是在综合考虑风险和盈利的前提下，银行经营者根据其风险偏好，选择风险承担的决策过程。风险管理是现代商业银行资产负债管理不可缺少的一部分。

第二节　银行风险的主要风险

11. 银行风险有哪些种类

银行风险主要包括八大类：信用风险、市场风险、操作风险、流动性风险、国家风险、声誉风险、法律风险、战略风险。

12. 什么是信用风险

信用风险是在以信用关系规定的交易过程中，交易的一方不能履行给付承诺而给另一方造成损失的可能性。信用风险又称为违约风险，是指债务人或交易对手未能履行合同所规定的义务或信用质量发生变化，从而给银行带来损失的可能性。

对大多数银行来说，信用风险几乎存在于银行的所有业务中。信用风险是银行最为复杂的风险种类，也是银行面临的最主要的风险。

13. 信用风险有哪些特征

信用风险主要存在于授信业务，具有明显的非系统性风险特征。
信用风险有四个主要特征：
（1）客观性。不以人的意志为转移。
（2）传染性。一个或少数信用主体经营困难或破产就会导致信用链条的中断和整个信用秩序的紊乱。
（3）可控性。其风险可以通过控制降到最低。
（4）周期性。信用扩张与收缩交替出现。

14. 信用风险有哪些特点

（1）风险的潜在性。很多逃废银行债务的企业或个人，明知还不起贷款也要借，这种高负债造成了企业的低效益，潜在的风险也就与日俱增。

（2）风险的长期性。银行与客户合作是一个长期的、潜移默化的过程，切实培养银行与客户之间的"契约"规则，建立有效的信用体系，需要银行付出努力。

（3）风险的破坏性。思想道德败坏了，事态就会越变越糟。不良资产形成以后，如果客户本着合作的态度，双方的损失将会减小到最低限度；但有些客户在此情况下往往会选择不闻不问、能躲则躲的方式，使银行耗费大量的人力、物力、财力，也不能弥补所受的损失。

（4）控制的艰巨性。银行的不良资产处理措施都具滞后性，这与银行不良资产的界定有关，同时还与银行信贷风险预测机制、转移机制、控制机制没有完全统一有关。不良资产出现后再采取种种补救措施，结果往往于事无补。

15. 什么是市场风险

市场风险是指因市场价格（包括利率、汇率、股票价格和商品价格）的不利变动而使银行表内和表外业务发生损失的风险。市场风险存在于银行的交易和非交易中。

市场风险包括利率风险、汇率风险、股票价格风险和商品价格风险四大类。

16. 什么是操作风险

操作风险是指由于不完善或有问题的内部操作过程、人员、系统或外部事件而导致的直接或间接损失的风险。

17. 操作风险有哪些特点

操作风险与信用风险、市场风险相比，其主要特点有具体性、分散性、差异性、复杂性、内生性、转化性等特点。

18. 操作风险有哪些特征

（1）内部欺诈占比大。

从操作风险的引发因素来看，主要因内部因素而引发，如内部程序、人员和系统的不完善或失效，银行工作人员越权或从事职业道德不允许的或风险过高的业务，因此操作风险具有很强的内生性，其比例最大的主要损失事件是银行业务中的内部欺诈。

（2）涵盖业务范围全。

从覆盖范围看，操作风险管理几乎覆盖了银行经营管理所有方面的不同风险，既包括发生频率高但损失相对较低的日常业务流程处理上的小纰漏，也包括发生频率低但一旦发生就会造成极大损失，甚至危及银行存亡的自然灾害、意外事故等。因此，操作风险具有普遍性，操作风险发生可能性遍布银行的所有业务环节，涵盖所有的部门，对于操作风险的管理，银行必须贯彻"全面性、全员性和全程性"的三全原则。

(3) 风险管控难度量。

与市场风险和信用风险不同的是，影响操作风险的因素基本上在银行内部，并且风险因素与发生的可能性和损失大小之间不存在清晰的联系，通常操作风险以不经常发生的离散事件等形式出现。从损失事件数目和损失金额的地区分布看，操作风险不一定发生在经济发达的分支机构，但是肯定会发生在管理薄弱、风险控制意识不强的地区。

19. 操作风险有哪几种表现形式

根据《巴塞尔新资本协议》，操作风险可以分为由人员、系统、流程和外部事件所引发的四类风险，并由此分为七种表现形式：内部欺诈，外部欺诈，聘用员工做法和工作场所安全性，客户、产品及业务做法，实物资产损坏，业务中断和系统失灵，交割及流程管理。

20. 操作风险为什么受到高度重视

操作风险受到国际银行业界的高度重视，这主要是因为银行机构越来越庞大，它们的产品越来越多样化和复杂化，银行业务对以计算机为代表的IT技术的高度依赖，还有金融业和金融市场的全球化的趋势，使得一些"操作"上的失误，可能带来很大的甚至是极其严重的后果。过去一二十年里，这方面已经有许多惨痛的教训，巴林银行的倒闭就是一个令人触目惊心的例子。操作风险存在于银行业务和管理的各个方面，并且具有可转化性，即可以转化为市场风险、信用风险等其他风险。

21. 什么是流动性风险

流动性风险是指商业银行无法以合理成本及时获得充足资金，用于偿付到期债务、履行其他支付义务和满足正常业务开展的其他资金需求的风险。

流动性风险包括资产流动性风险和负债流动性风险。

22. 什么是资产流动性风险

资产流动性风险是指资产到期不能如期足额收回，不能满足到期负债的偿还和新的合理贷款及其他融资需要，从而给银行带来损失的可能性。

23. 什么是负债流动性风险

负债流动性风险是指银行过去筹集的资金特别是存款资金由于内外因素的

变化而发生不规则波动，受到冲击并引发相关损失的可能性。

24. 流动性风险主要产生于什么

流动性风险主要产生于银行无法应对因负债下降或资产增加而导致的流动性困难。当一家银行缺乏流动性时，它就不能依靠负债增长或以合理的成本迅速变现资产来获得充裕的资金，因而会影响其盈利能力。在极端情况下，流动性不足将导致银行倒闭。

25. 流动性风险有哪些特点

流动性风险属于"再生风险"，可以由流动性冲击直接导致，严重的流动性风险通常都是由信用风险、市场风险、操作风险等造成的，极端的流动性风险是其他各种风险的最终表现。

流动性风险的特点包括风险的普遍存在性，具有较强的隐蔽性、不确定性、爆发性和来源广泛性等。

26. 流动性风险有哪些特征

（1）流动性缺口客观存在。

从银行经营的实际情况看，流动性供给无法充分满足流动性需求，客观上已经存在一定程度的流动性缺口。

（2）资本杠杆比率偏高。

由于各银行资本金增长速度远远低于存款的增长速度，资本杠杆比率越来越高，自有资金抵御流动性风险的能力逐年下降。

（3）资产形式单一变现能力差。

按照现代商业银行资产负债管理的标准衡量，合理的资产形式及其结构应该是多元化的。但是，银行普遍存在着资产形式单一的问题，资产的大部分被贷款所占据。贷款受合同期限等因素的影响，流动性较差，属于固态资产，其在资产结构中的高占比，必然限制了整个资产的流动性。

（4）资产质量低缺乏流动性。

信贷资产质量低是影响银行流动性的主要因素，不良贷款形成的风险成为流动性风险最重要的组成部分。不良贷款占比较高，使得占全部资产较大比重的信贷资产缺乏流动性，从而影响了资产的总体流动性。

（5）负债比例上升潜在风险大。

银行流动性负债比例呈不断上升的趋势，就会加大银行流动性管理的难度和潜在的流动性风险。

27. 什么是国家风险

国家风险是指经济主体在与非本国居民进行国际经济与金融往来中,由于他国经济、政治和社会等方面的变化而遭受损失的风险。

28. 国家风险分为哪几类

国家风险通常是由债务人所在国家的行为引起的,超出了债权人的控制范围。国家风险可分为政治风险、社会风险和经济风险三类。

29. 国家风险有什么特点

国家风险有两个特点:一是国家风险发生在国际经济金融活动中,在同一个国家范围内的经济金融活动不存在国家风险;二是在国际经济金融活动中,不论是政府、银行、企业还是个人,都可能遭受国家风险所带来的损失。

30. 国家风险有哪几种违约情况

从主要国际银行业务——国际贷款的角度看,国家风险可能以下述几种违约情况出现,给贷款银行造成损失:

(1)拒付债务。
(2)延期偿付。
(3)无力偿债,未能按期履行合同规定的义务,如向债权人送交报表以及暂时无法偿付本息等。
(4)重议利息,债务人因偿债困难要求调整原定的贷款利率。
(5)债务重组,债务人因偿债困难要求调整偿还期限。
(6)再融资,债务人要求债权人再度提供贷款。
(7)取消债务,债务人因无力偿还要求取消本息的偿付。

31. 什么是声誉风险

声誉风险是指由银行机构行为、从业人员行为或外部事件等,导致利益相关方、社会公众、媒体等对银行机构形成负面评价,从而损害其品牌价值,不利于其正常经营,甚至影响到市场稳定和社会稳定的风险。

32. 什么是声誉事件

声誉事件是指引发银行声誉风险的相关行为或事件。

重大声誉事件是指造成银行业重大损失、市场大幅波动、引发系统性风险或影响社会经济秩序稳定的声誉事件。

33. 声誉风险是如何产生的

声誉风险是由于意外事件、银行的政策调整、市场表现或日常经营活动所产生的负面结果，可能对银行的这种无形资产造成损失的风险。

34. 声誉风险为什么被列为第二支柱

巴塞尔委员会新资本协议明确将声誉风险列为第二支柱，成为商业银行的八大风险之一，并指出银行应将声誉风险纳入风险管理的流程中，并在内部资本充足和流动性预案中适当覆盖声誉风险。在国际上，金融监管部门将声誉作为监管的重要部分，要求监管人员有效地评估银行的声誉状况，并指出声誉风险是监管者在风险评估中必须考虑的基本指标。声誉风险是指由商业银行经营、管理及其他行为或外部事件导致利益相关方对商业银行负面评价的风险。声誉风险与其他金融风险不同，难以直接测算，并且难以与其他风险分离和进行独立处理。良好的声誉是一家银行多年发展积累的重要资源，是银行的生存之本，是维护良好的投资者关系、客户关系以及信贷关系等诸多重要关系的保证。良好的声誉风险管理对增强竞争优势、提升商业银行的盈利能力和实现长期战略目标起着不可忽视的作用。

35. 声誉风险产生的原因是什么

声誉风险产生的原因非常复杂，有可能是商业银行内外部风险因素综合作用的结果，也可能是非常简单的风险因素触发了严重的声誉风险。如果商业银行不能恰当地处理这些风险因素，就可能引发外界的不利反应。商业银行一旦被发现其金融产品或服务存在严重缺陷、内控不力导致违规案件层出不穷等，即便花费大量的时间和精力用于事后的危机管理，也难以弥补对银行声誉造成的实质性损害。一家操作风险事件频发的银行，会给公众一种内部管理混乱、管理层素质低、缺乏诚信和责任感等不良印象，致使公众特别是客户对银行的信任程度降低，银行的工作职位对优秀人才失去吸引力，原有的人才大量流失，股东们因对银行发展前景失去信心，对长期持有银行股票产生怀疑，进而在资本市场上大量抛售股票造成股价下跌，银行市值缩水，最终导致监管当局的严厉监管措施等。

36. 什么是法律风险

法律风险是指银行在日常经营活动中，因为无法满足或违反相关的商业准则和法律要求，导致不能履行合同、发生争议/诉讼或其他法律纠纷，而可能给银行造成经济损失的风险。

37. 法律风险由哪些要素构成

构成银行法律风险的三个基本要素：

（1）风险存在的前提条件是法律对其有相关的规定或者合同对其有相关的约定。

（2）引发风险的直接原因包括银行外部法律环境发生变化即银行自身或其他当事人（法律主体）做出了某种行为或没做出某种行为（作为或不作为）。

（3）风险发生后会给银行带来负面的法律责任或后果。

一个风险只要同时具备了这三个要素，就可以被认定为银行法律风险。

38. 法律风险有哪些表现

巴塞尔银行监管委员会定义法律风险主要表现为下列情形引发的风险：

（1）不完善或不正确的法律意见或者业务文件。

（2）现有法律可能无法解决与银行有关的法律问题。

（3）法院针对特定银行作出的判决。

（4）影响银行和其他商业机构的法律可能发生变化。

（5）开拓新业务且交易对手的法律权利不明确。

39. 法律风险包括哪些风险敞口

巴塞尔新资本协议中概括性地说明，即"法律风险包括但不限于因监管措施和解决民商事争议而支付的罚款、罚金或惩罚性赔偿所导致的风险敞口"。银行在建立和实施法律风险管理体系方面有一定的主动性和灵活性。

40. 什么是战略风险

战略风险是指银行在追求短期商业目的和长期发展目标的系统化管理过程中，不适当的未来发展规划和战略决策可能威胁银行未来发展的潜在风险。

41. 战略风险主要体现在哪些方面

战略风险主要体现在以下四个方面：
（1）战略目标缺乏整体兼容性。
（2）为实现这些目标而制定的经营战略存在缺陷。
（3）为实现目标所需要的资源匮乏。
（4）整个战略实施过程的质量难以保证。

42. 战略风险如何考虑风险偏好

战略风险与其他主要风险密切联系且相互作用，同声誉风险相似，因此也是一种多维风险。战略风险是银行为实现总体发展目标所制定的一系列风险管理目标和方针政策，它是对风险偏好的定性描述，是风险偏好的具体体现，为整个银行发展战略提供保障。任何一种战略都是为实现预期的增长和收益目标而设计的，在战略制定时，要选择与银行风险偏好相一致的风险战略，如果相悖就要进行修正与调整。风险战略一般分为积极、稳健、保守三种类型。

第三节　银行风险的其他风险

43. 银行风险的其他风险还有哪些

银行风险的其他风险包括的内容比较多，如经营风险、管理风险、利率风险、汇率风险、竞争风险、担保风险、道德风险、系统性风险、业务风险、合规风险、非法拆借风险、非法集资风险、金融诈骗风险等。

44. 什么是经营风险

经营风险是指商业银行在日常经营中，发生各种自然灾害、意外事故、程序或控制失控、工作人员失误及欺诈，使银行面临的风险。

45. 什么是管理风险

管理风险是指股东、董事或者高级管理人员不称职，或者不诚实，使银行面临损失的可能性。

第三节 银行风险的其他风险

46. 什么是利率风险

利率风险是指货币市场和资本市场利率的波动通过存款、贷款、拆借等业务影响商业银行负债成本和资产收益等经济损失的可能性。

47. 利率风险包括哪些风险

利率风险包括重新定价风险、收益率曲线风险、基准风险、期权性风险。

48. 什么是重新定价风险

重新定价风险是最主要和最常见的利率风险形式，源于银行资产、负债和表外业务到期期限（就固定利率而言）或重新定价期限（就浮动利率而言）之间所存在的差异。这种重新定价的不对称性使银行的收益或内在经济价值会随着利率的变动而发生变化。

49. 什么是收益率曲线风险

重新定价的不对称性也会使收益率曲线的斜率，形态发生变化，即收益率曲线的非平行移动，对银行的收益或内在经济价值产生不利的影响，从而形成收益率曲线风险，也称为利率期限结构变化风险。

50. 什么是基准风险

基准风险也称为利率定价基础风险，是一种重要的利率风险。在利息收入和利息支出所依据的基准利率变动不一致的情况下，虽然资产、负债和表外业务的重新定价特征相似，但是因其现金流和收益的利差发生了变化，也会对银行的收益或内在经济价值产生不利的影响。

51. 什么是期权性风险

期权性风险是一种越来越重要的利率风险，源于银行资产、负债和表外业务中所隐含的期权。

52. 什么是汇率风险

汇率风险是指本币或外币汇率升值或贬值，使商业银行的资产在持有或者运用过程中蒙受损失的可能性。

汇率风险包括外汇交易风险和外汇结构性风险。

53. 什么是外汇交易风险

银行的外汇交易风险主要来自两方面：一是为客户提供外汇交易服务时未能立即进行对冲的外汇敞口头寸，二是银行对外币走势有某种预期而持有的外汇敞口头寸。

54. 什么是外汇结构性风险

外汇结构性风险是银行资产与负债以及资本之间币种的不匹配。

55. 什么是竞争风险

竞争风险就是金融业同业竞争造成银行客户流失、质量下降、银行盈利减少，从而增大银行风险，威胁银行安全的可能性。

56. 什么是担保风险

担保风险是指在担保业务运作过程中，由于各种不确定性因素（主观的和客观的）的影响而遭受损失的可能性。

担保风险分为抵押风险、质押风险、保证风险。

57. 什么是道德风险

道德风险是指银行从业人员在其自身需要得不到有效满足，并受其思想状况、道德修养、价值取向的影响和左右，为满足自身需要，未使其业务（职务）行为最优化，从而引起或故意导致金融运行处于风险状态的可能性。

道德风险就是人为有意地造成损失的行为。

58. 什么是系统性风险

系统性风险是指整个银行系统面临损失或者崩溃，该系统内的所有银行都会受到的影响。

59. 什么是业务风险

业务风险是指银行在不断变化的市场环境中因竞争地位下降或发展的势头降低而导致损失的可能性。

60. 什么是合规风险

合规风险是指银行因其未能遵守法律、法规或内部政策和程序来支配其运作方式导致可能遭受损失的风险。

61. 什么是非法拆借风险

非法拆借风险是指金融机构间的非法拆借，致使巨额资金流失，无法收回。

62. 什么是非法集资风险

非法集资风险是指银行以高利率吸收存款，在国家利率调整或亏损的情况下，无法兑现存款，产生风险。

63. 什么是金融诈骗风险

金融诈骗风险是指诈骗人使用伪币，利用信用证、信用卡、大额存单等银行信用凭证，从事金融诈骗犯罪活动造成的风险。

第四节 银行风险管理流程

64. 银行风险管理有哪几道防线

银行风险管理具有"三道防线"：（1）"第一道防线"——业务条线。银行内的业务条线是风险管理的"第一道防线"，他们不仅产生风险，而且承担第一责任人的角色，并管理风险。

（2）"第二道防线"——风险管理部门。风险管理部门是"第二道防线"，风险经理作为专业人员，设计风险管理架构和政策体系，选择恰当的风险计量工具，做出相应的日常决策，并对业务部门的风险管理提供必要的支持。

（3）"第三道防线"——内部审计部门。银行内部审计部门作为"第三道防线"，提供独立的审核，验证风险管理体系的有效性，并协助风险管理部门发现流程中的不足和问题。

值得注意的是，"三道防线"之间应当保持完整的独立性，各自有不相关的考核标准和薪酬体系，并且相互之间独立做出各自的决策，互不干扰。

65. 银行风险管理流程有哪些

银行风险管理流程分为五大主要步骤：
风险识别—风险计量—风险评估—风险管理—风险审核。

66. 如何进行风险识别

风险识别是在银行周围纷繁复杂的宏观、微观风险环境和内部经营环境中识别出可能给银行带来意外损失或额外收益的风险因素。风险管理首先要做到识别在业务开展中可能会面临的各种风险。

67. 如何进行风险计量

对于识别到的风险，银行需要运用各种科学手段，量化估计风险敞口。

68. 什么是风险评估

风险评估是指评估银行自身是否能够承受这些风险，并能相应获得多少收益，这种风险承担和收益获得是否匹配。

69. 风险评估主要考虑哪些因素

风险评估主要考虑如下因素：
（1）这类风险是否与银行的风险容忍度和风险偏好相符合？
（2）这样的风险规模银行有没有能力承担？
（3）承担了这样的风险银行是否有利可图？
（4）承担了这样的风险对银行现有业务会有什么影响？
（5）极端情况下的风险会放大到什么程度？
基于评估的结果，银行就要采取相应的风险管理手段来应对。

70. 如何进行风险审核

将风险管理的表现反馈至一个独立部门进行评估，并根据具体情况及时修正和调整风险管理策略。

第五节　银行风险管理的手段与工具

71. 银行风险管理有哪些手段

银行机构需要通过采取适当的方式进行风险管理。银行风险管理的手段主要有避免风险、转移风险、缓释风险、保留风险。

第五节　银行风险管理的手段与工具

72. 如何避免风险

银行要避免风险就直接拒绝该类业务，从而将相应的风险在源头上就排除在银行承担的范围之外。

73. 如何接受风险

银行如要接受相应的业务申请，就要承担对应的风险，并获取相应的收益。

74. 如何缓释风险

银行机构在接受某类业务申请的同时，可能会觉得该类业务风险过大，超过自身可接受的范围。因此，要求提供一些对风险进行缓释和弥补的措施。常见的包括要求借款人追加担保人、提供抵押物等。

75. 如何转移风险

当银行机构在整体评估某类资产的风险后，会将超额的风险部分通过某些方式转移给别的金融机构，以达到自身风险可控、风险分散化的效果。常见的转移方式包括购买保险、签订信用衍生产品协议、资产证券化等。

76. 银行风险管理有哪些工具

银行风险管理主要有七种工具：风险承担、风险规避、风险转移、风险转换、风险对冲、风险补偿和风险控制。

77. 什么是风险承担

风险承担也称风险保留、风险自留。风险承担是指银行对所面临的风险采取接受的态度，从而承担风险带来的后果。

78. 什么是风险规避

风险规避是指银行回避、停止或退出蕴含某一风险的商业活动或商业环境，避免成为风险的所有人。

79. 什么是风险转移

风险转移是指银行通过合同将风险转移到第三方，企业对转移后的风险不

17

再拥有所有权。转移风险不会降低其可能的严重程度，只是从一方移除后转移到另一方。

80. 什么是风险转换

风险转换是指企业通过战略调整等手段将银行面临的风险转换成另一个风险。风险转换的手段包括战略调整和衍生产品等。

81. 什么是风险对冲

风险对冲是指采取各种手段，引入多个风险因素或承担多个风险，使得这些风险能够互相对冲，也就是使这些风险的影响互相抵消。

82. 什么是风险补偿

风险补偿是指银行对风险可能造成的损失采取适当的措施进行补偿。风险补偿表现在银行主动承担风险，并采取措施以补偿可能的损失。

第六节　银行风险管理的目标和意义

83. 银行风险管理的目标是什么

银行风险管理的目标有宏观管理目标和微观管理目标。
（1）宏观管理目标。
从宏观角度来看，银行风险管理的目标是通过单个银行的稳健经营，确保整个银行体系的正常运转，避免银行发生系统性风险，最终维持金融秩序的稳定，以利于国民经济持续健康发展。
（2）微观管理目标。
从微观角度来看，银行风险管理的目标是通过处置风险和控制风险，防止和减少损失，最终保障银行正常经营活动的顺利进行，以寻求最小风险下的最大盈利。

84. 银行风险管理目标如何实现

银行风险管理的目标应在风险损失前和风险损失后采取不同的方式和措施来实现。

第六节 银行风险管理的目标和意义

（1）风险损失前。在风险损失产生以前，为了保障其自身经营的安全，银行通过有效的风险管理，以最低的损失控制费用来获取控制风险的最佳效果，通过最合理、最经济的处置风险方式，防患于未然。

（2）风险损失后。在风险损失产生之后，为了尽快地弥补损失，银行通过采取各种措施，使银行不至于因各种风险的产生而危及其生存，最终确保盈利目标的顺利实现。

85. 银行风险管理具有什么意义

在银行的发展中实施风险管理，有助于银行及时地发现风险，并且对风险进行控制，继而可以提升银行的竞争能力，使银行健康持续地发展，同时可以使银行在激烈的市场竞争中获取更大的收益。因此，银行加强风险管理具有重要的意义：

（1）有助于加强银行的全面风险管理。银行大都经过了改革、发展和对外开放阶段，并且在不断地引进外国银行的先进管理经验和技术措施。同时，部分银行借助外部的力量引进风险管理软件，在一定程度上对我国银行进行改革，并且完善了银行的风险管理体系。例如，银行的内部审计，审贷分离和岗位制约等措施极大程度地促进了银行的发展，但是与全面风险管理模式相比，仍然存在较大的差距。因此，加强对银行风险的管理，有助于银行对全面风险进行控制，进而可以更好地促进银行的发展。

（2）有助于提升市场竞争能力。在银行业的发展过程中，很多银行陆续上市，提高了市场竞争强度，继而会在一定程度上降低银行的收益，压缩银行的生存空间。同时，随着股市的兴起，增加了企业的融资渠道，必将对银行的发展造成一定程度的影响。因此，银行应加强对风险的管理，可以在一定程度上控制风险的发生，进而提升银行的市场竞争能力。

（3）有助于银行找出发展中存在的风险。在银行业的发展过程中，实施风险管理可以使银行拥有更高的识别风险能力，并且可以根据风险的实际情况制定风险评估和控制措施。银行发展中存在的风险大多数存在于部门、客户和交易伙伴等方面，实施风险管理可以使银行主动地去发现风险，进而对风险进行控制。

（4）有利于银行的改革和资源配置。在银行业的发展过程中，实施风险管理可以帮助银行树立风险管理理念，同时银行可以根据风险的实际情况来调整企业的结构，以期银行可以成为市场竞争的主体。另外，银行实施风险管理可以优化市场资源配置，使银行可以清楚地对风险与盈利之间的关系进行分析，

第一章 银行风险管理　　　　　　　　银行信贷风险管理

继而可以针对盈利的条件来完善市场资源配置。

（5）有利于银行产品更新。在银行业的发展过程中，实施全面风险管理，可以使企业及时地了解市场信息，并且可以对相关的金融产品和服务进行评估，从而可以对产品的价值拥有更为完善的预测。因此，银行可以通过风险评估来有针对性地对产品和服务进行改进和创新，进而可以促进银行得到更好的发展。

第七节　银行风险管理的实施

86. 银行风险管理实施的内容有什么

银行风险管理的实施必须注重以下四方面的内容：

（1）在经营上。必须采取稳健的原则，银行各部门的管理人员从经营决策到具体业务的操作，都必须考虑各种风险因素，在确保安全的前提下来寻求盈利的极大化。

（2）在业务上。采取一系列风险分散或风险转嫁的自我保护措施，通过将风险管理数量化、具体化和制度化，确保风险控制在自身能够承受的范围之内。

（3）在组织安排和部门设置上。要求银行设置专门的风险管理部门，并且强调与其他部门密切配合，定期对各业务部门制定的具体风险管理政策和目标进行检查和监督，健全内部的制约机制。总之，银行在组织安排和部门设置上均必须体现防范风险的思想。

（4）在财务上。采取稳健的会计原则，银行应在执行权责发生制的同时，按照稳健的会计原则，争取有关部门的支持，对呆账准备、应收未收款、盈余分配等方面做出适当的处理，以确保银行的资产质量，增强银行抵御风险的能力。

87. 银行风险管理有哪些对策

（1）提高风险防范意识。银行在发展中，由于管理人员和工作人员缺乏风险防范意识，致使企业的利益受到损失，不利于企业的长远发展。因此，银行应该加强对员工风险意识的培养，尤其是对于管理人员，其风险意识的高低将会对工作人员起到榜样的作用。银行要加强对员工风险防范意识的培训，只有在银行的发展中，提升工作人员的风险意识，才可以及时地发现风险。

（2）完善风险管理系统。银行在发展中，要明确各个部门和职员的责任，

第七节　银行风险管理的实施

并且要建立完善的风险管理体系,以期可以更好地促进银行的发展。一是银行要建立完善的风险管理系统,以便可以更好地对风险进行控制。二是银行要建立完善的风险评估体系,加强对风险的分析和预防。三是银行要建立完善的监督体系,加强对风险的监管力度。

(3) 提高技术含量。银行在发展中,要不断地提升自身的技术含量,以期可以提升企业的差异化竞争优势。一是银行可以学习外国银行的先进技术经验和管理经验,并且运用先进的技术经验对自身的技术进行升级。二是银行要加强对风险管理措施的研究,以期可以更好地对风险进行控制。三是银行要加强对风险监测和预警系统的研究,使银行可以尽早地发现风险,并且可以有针对性地对风险进行控制。

(4) 创新风险管理。银行在发展中,要不断加强对风险管理方式的创新,以期可以更好地对风险进行控制。在创新管理方面,首先要求管理人员要具备战略性的眼光,可以发现银行发展战略中存在的不足,并且管理人员不要局限于短期利益,进而可以促进银行的长远发展。其次要求银行具有协调的工作能力,在面临风险时,银行工作人员可以齐心协力地来控制风险。因此,银行只有不断地创新风险管理方式,才可以更好地对风险进行控制。

(5) 建立风险管理文化。银行在发展中,只有建立风险管理文化,才可以提升企业的向心力和凝聚力。例如在贷款方面,银行将信贷风险与从业人员的利益有机地结合起来,并且将信贷风险和工作人员的责任挂钩,将会有效地规避信贷风险。由此可见,创建良好的风险管理文化可以在一定程度上加强对风险的控制。

第二章 全面风险管理

第一节 全面风险管理的依据和原则

1. 全面风险管理的依据是什么

为提高银行机构全面风险管理水平,促进银行机构体系安全稳健运行,依据《中华人民共和国银行业监督管理法》《中华人民共和国商业银行法》等法律法规和中国银保监会《银行业金融机构全面风险管理指引》进行全面风险管理。

2. 如何建立全面风险管理体系

银行应当建立全面风险管理体系,采取定性和定量相结合的方法,识别、计量、评估、监测、报告、控制或缓释所承担的各类风险。全面风险管理体系应当考虑风险之间的关联性,审慎评估各类风险之间的相互影响,防范跨境、跨业风险。

3. 全面风险管理包括哪些风险

全面风险包括信用风险、市场风险、流动性风险、操作风险、国别风险、银行账户利率风险、声誉风险、战略风险、信息科技风险以及其他风险。

4. 全面风险管理应当遵循什么原则

银行机构全面风险管理应当遵循以下基本原则:
(1)匹配性原则。全面风险管理体系应当与风险状况和系统重要性等相适应,并根据环境变化进行调整。

第一节 全面风险管理的依据和原则

（2）全覆盖原则。全面风险管理应当覆盖各个业务条线，包括本外币、表内外、境内外业务；覆盖所有分支机构、附属机构、部门、岗位和人员；覆盖所有风险种类和不同风险之间的相互影响；贯穿决策、执行和监督全部管理环节。

（3）独立性原则。银行机构应当建立独立的全面风险管理组织架构，赋予风险管理条线足够的授权、人力资源及其他资源配置，建立科学合理的报告渠道，与业务条线之间形成相互制衡的运行机制。

（4）有效性原则。银行机构应当将全面风险管理的结果应用于经营管理，根据风险状况、市场和宏观经济情况评估资本和流动性的充足性，有效抵御所承担的总体风险和各类风险。

5. 全面风险管理体系应当包括哪些要素

银行机构全面风险管理体系应当包括但不限于以下要素：
（1）风险治理架构。
（2）风险管理策略、风险偏好和风险限额。
（3）风险管理政策和程序。
（4）管理信息系统和数据质量控制机制。
（5）内部控制和审计体系。

6. 银行机构如何推行稳健的风险文化

银行机构应当推行稳健的风险文化，形成与本机构相适应的风险管理理念、价值准则、职业操守，建立培训、传达和监督机制，推动全体工作人员理解和执行。

7. 银行机构如何承担全面风险管理的主体责任

银行机构应当承担全面风险管理的主体责任，建立全面风险管理制度，保障制度执行，对全面风险管理体系进行自我评估，健全自我约束机制。

8. 如何对银行机构全面风险管理进行监管

银行监督管理机构依法对银行业金融机构全面风险管理实施监管。银行机构应当按照银行监督管理机构的规定，向公众披露全面风险管理情况。

第二节　全面风险管理的组织架构与职责

9. 如何建立全面风险管理组织架构

银行机构应当建立组织架构健全、职责边界清晰的风险治理架构，明确董事会、监事会、高级管理层、业务部门、风险管理部门和内审部门在风险管理中的职责分工，建立多层次、相互衔接、有效制衡的运行机制。

10. 银行董事会履行哪些职责

银行董事会承担全面风险管理的最终责任，履行以下职责：
（1）建立风险文化。
（2）制定风险管理策略。
（3）设定风险偏好和确保风险限额的设立。
（4）审批重大风险管理政策和程序。
（5）监督高级管理层开展全面风险管理。
（6）审议全面风险管理报告。
（7）审批全面风险和各类重要风险的信息披露。
（8）聘任风险总监（首席风险官）或其他高级管理人员，牵头负责全面风险管理。
（9）其他与风险管理有关的职责。
董事会可以授权其下设的风险管理委员会履行其全面风险管理的部分职责。

11. 银行应建立哪些沟通机制的委员会

银行机构应当建立风险管理委员会与董事会下设的战略委员会、审计委员会、提名委员会等其他专门委员会的沟通机制，确保信息充分共享并能够支持风险管理相关决策。

12. 银行监事会承担什么责任

银行监事会应承担全面风险管理的监督责任，负责监督检查董事会和高级管理层在风险管理方面的履职尽责情况并督促整改。相关监督检查情况应当纳入监事会工作报告。

13. 银行高级管理层履行哪些职责

银行高级管理层承担全面风险管理的实施责任,执行董事会的决议,履行以下职责:

(1) 建立适应全面风险管理的经营管理架构,明确全面风险管理职能部门、业务部门以及其他部门在风险管理中的职责分工,建立部门之间相互协调、有效制衡的运行机制。

(2) 制定清晰的执行和问责机制,确保风险管理策略、风险偏好和风险限额得到充分传达和有效实施。

(3) 根据董事会设定的风险偏好,制定风险限额,包括但不限于行业、区域、客户、产品等维度。

(4) 制定风险管理政策和程序,定期评估,必要时予以调整。

(5) 评估全面风险和各类重要风险管理状况并向董事会报告。

(6) 建立完备的管理信息系统和数据质量控制机制。

(7) 对突破风险偏好、风险限额以及违反风险管理政策和程序的情况进行监督,根据董事会的授权进行处理。

(8) 风险管理的其他职责。

14. 银行设立的风险总监(首席风险官)负有什么职责

规模较大或业务复杂的银行机构应当设立风险总监(首席风险官)。董事会应当将风险总监(首席风险官)纳入高级管理人员。风险总监(首席风险官)或其他牵头负责全面风险管理的高级管理人员应当保持充分的独立性,独立于操作和经营条线,可以直接向董事会报告全面风险管理情况。

调整风险总监(首席风险官)应当事先得到董事会批准,并公开披露。银行机构应当向银行业监督管理机构报告调整风险总监(首席风险官)的原因。

15. 银行业务条线承担什么责任

银行机构应当确定业务条线承担风险管理的直接责任;风险管理条线承担制定政策和流程、监测和管理风险的责任;内审部门承担业务部门和风险管理部门履职情况的审计责任。

16. 银行风险管理部门履行哪些职责

银行机构应当设立或者指定部门负责全面风险管理,牵头履行全面风险的日常管理，包括但不限于以下职责：

（1）实施全面风险管理体系建设。

（2）牵头协调识别、计量、评估、监测、控制或缓释全面风险和各类重要风险，及时向高级管理人员报告。

（3）持续监控风险管理策略、风险偏好、风险限额及风险管理政策和程序的执行情况，对突破风险偏好、风险限额以及违反风险管理政策和程序的情况及时预警、报告并提出处理建议。

（4）组织开展风险评估，及时发现风险隐患和管理漏洞，持续提高风险管理的有效性。

17. 如何保证全面风险管理得到理解与执行

银行机构应当采取必要措施，保证全面风险管理的政策流程在基层分支机构得到理解与执行，建立与基层分支机构风险状况相匹配的风险管理架构。

在境外设有机构的银行应当建立适当的境外风险管理框架、政策和流程。

18. 如何满足履行风险管理职责的需要

银行机构应当赋予全面风险管理职能部门和各类风险管理部门充足的资源、独立性、授权，保证其能够及时获得风险管理所需的数据和信息，满足履行风险管理职责的需要。

第三节 风险管理策略、风险偏好和风险限额

19. 如何制定风险管理策略

银行机构应当制定清晰的风险管理策略，至少每年评估一次其有效性。风险管理策略应当反映风险偏好、风险状况以及市场和宏观经济变化，并在银行内部得到充分传导。

20. 如何制定风险偏好

银行机构应当制定书面的风险偏好，做到定性指标和定量指标并重。风险偏好的设定应当与战略目标、经营计划、资本规划、绩效考评和薪酬机制衔接，

第三节　风险管理策略、风险偏好和风险限额

在机构内传达并执行。

银行机构应当每年对风险偏好至少进行一次评估。

21. 制定风险偏好应包括哪些内容

银行机构制定的风险偏好，应当包括但不限于以下内容：

（1）战略目标和经营计划的制订依据，风险偏好与战略目标、经营计划的关联性。

（2）为实现战略目标和经营计划愿意承担的风险总量。

（3）愿意承担的各类风险的最大水平。

（4）风险偏好的定量指标，包括利润、风险、资本、流动性以及其他相关指标的目标值或目标区间。上述定量指标通过风险限额、经营计划、绩效考评等方式传导至业务条线、分支机构、附属机构的安排。

（5）对不能定量的风险偏好的定性描述，包括承担此类风险的原因、采取的管理措施。

（6）资本、流动性抵御总体风险和各类风险的水平。

（7）可能导致偏离风险偏好目标的情形和处置方法。

银行机构应当在书面的风险偏好中明确董事会、高级管理层和首席风险官、业务条线、风险部门在制定和实施风险偏好过程中的职责。

22. 如何建立监测分析风险偏好

银行机构应当建立监测分析各业务条线、分支机构、附属机构执行风险偏好的机制。当风险偏好目标被突破时，应当及时分析原因，制订解决方案并实施。

23. 如何调整风险偏好

银行机构应当建立风险偏好的调整制度。根据业务规模、复杂程度、风险状况的变化，对风险偏好进行调整。

24. 如何制定风险限额管理制度

银行机构应当制定风险限额管理的政策和程序，建立风险限额设定、限额调整、超限额报告和处理制度，应当根据风险偏好，按照客户、行业、区域、产品等维度设定风险限额。风险限额应当综合考虑资本、风险集中度、流动性、交易目的等。

全面风险管理职能部门应当对风险限额进行监控,并向董事会或高级管理层报送风险限额使用情况。风险限额临近监管指标限额时,银行机构应当启动相应的纠正措施和报告程序,采取必要的风险分散措施,并向银行业监督管理机构报告。

第四节 全面风险管理政策和程序

25. 制定风险管理政策和程序有哪些内容

银行机构应当制定风险管理政策和程序,包括但不限于以下内容:

(1) 全面风险管理的方法,包括各类风险的识别、计量、评估、监测、报告、控制或缓释,风险加总的方法和程序。
(2) 风险定性管理和定量管理的方法。
(3) 风险管理报告。
(4) 压力测试安排。
(5) 新产品、重大业务和机构变更的风险评估。
(6) 资本和流动性充足情况评估。
(7) 应急计划和恢复计划。

26. 如何确保相关风险得到有效管理

(1) 银行机构应当在集团和法人层面对各附属机构、分支机构、业务条线,对表内和表外、境内和境外、本币和外币业务涉及的各类风险,进行识别、计量、评估、监测、报告、控制或缓释。
(2) 银行机构应当制定每项业务对应的风险管理政策和程序。未制定的,不得开展该项业务。
(3) 银行机构应当有效评估和管理各类风险。对能够量化的风险,应当通过风险计量技术,加强对相关风险的计量、控制、缓释;对难以量化的风险,应当建立风险识别、评估、控制和报告机制,确保相关风险得到有效管理。

27. 如何统一全面风险管理

银行机构应当建立风险统一集中管理的制度,确保全面风险管理对各类风险管理的统领性、各类风险管理与全面风险管理政策和程序的一致性。

第四节　全面风险管理政策和程序

28. 如何建立风险加总的政策和程序

银行机构应当建立风险加总的政策、程序，选取合理可行的加总方法，充分考虑集中度风险及风险之间的相互影响和相互传染，确保在不同层次上和总体上及时识别风险。

29. 如何采用内部模型计量风险

银行机构采用内部模型计量风险的，应当遵守相关监管要求，确保风险计量的一致性、客观性和准确性。董事会和高级管理层应当理解模型结果的局限性、不确定性和模型使用的固有风险。

30. 全面风险管理报告应包括哪些内容

银行机构应当建立全面风险管理报告制度，明确报告的内容、频率和路线。报告内容至少包括：

（1）总体风险和各类风险的整体状况。
（2）风险管理策略、风险偏好和风险限额的执行情况。
（3）风险在行业、地区、客户、产品等维度的分布。
（4）资本和流动性抵御风险的能力。

31. 银行机构如何进行压力测试

（1）银行机构应当建立压力测试体系，明确压力测试的治理结构、政策文档、方法流程、情景设计、保障支持、验证评估以及压力测试结果运用。
（2）银行机构应当定期开展压力测试。压力测试的开展应当覆盖各类风险和表内外主要业务领域，并考虑各类风险之间的相互影响。
（3）压力测试结果应当运用于银行机构的风险管理和各项经营管理决策中。

32. 如何建立风险的政策和流程

银行机构应当建立专门的政策和流程，评估开发新产品、对现有产品进行重大改动、拓展新的业务领域、设立新机构、从事重大收购和投资等可能带来的风险，并建立内部审批流程和退出安排。银行机构开展上述活动时，应当经风险管理部门审查同意，并经董事会或董事会指定的专门委员会批准。

33. 如何评估资本和流动性风险

银行机构应当根据风险偏好和风险状况及时评估资本和流动性的充足情况，

确保资本、流动性能够抵御风险。

34. 如何制订应急计划

银行机构应当制订应急计划,确保能够及时应对和处理紧急或危机情况。

(1) 应急计划应当说明可能出现的风险以及在压力情况(包括会严重威胁银行生存能力的压力情景)下应当采取的措施。

(2) 银行机构的应急计划应当涵盖对境外分支机构和附属机构的应急安排。

(3) 银行机构应当定期更新、演练或测试上述计划,确保其充分性和可行性。

35. 如何稳定银行机构正常运营

银行机构应当按照相关监管要求,根据风险状况和系统重要性,制订并定期更新完善本机构的恢复计划,明确本机构在压力情况下能够继续提供持续稳定运营的各项关键性金融服务并恢复正常运营的行动方案。

36. 如何保持风险管理的一致性和有效性

(1) 银行机构应当制定覆盖其附属机构的风险管理政策和程序,保持风险管理的一致性、有效性。

(2) 银行机构应当要求并确保各附属机构在整体风险偏好和风险管理政策框架下,建立自身的风险管理组织架构、政策流程,促进全面风险管理的一致性和有效性。

(3) 银行机构应当建立健全风险隔离制度,规范内部交易,防止风险传染。

37. 如何制定外包风险管理制度

银行机构应当制定外包风险管理制度,确定与其风险管理水平相适应的外包活动范围。

38. 如何有效实施风险管理

银行机构应当将风险管理策略、风险偏好、风险限额、风险管理政策和程序等要素与资本管理、业务管理相结合,在战略和经营计划制订、新产品审批、内部定价、绩效考评和薪酬激励等日常经营管理中充分应用并有效实施。

39. 如何建立风险文档记录

银行机构应当对风险管理策略、风险偏好、风险限额、风险管理政策和程序建立规范的文档记录。

第五节 风险管理信息系统和数据质量

40. 如何完善风险管理信息系统

银行机构应当具备完善的风险管理信息系统,能够在集团和法人层面计量、评估、展示、报告所有风险类别、产品和交易对手风险暴露的规模和构成。

41. 风险管理信息系统应当具备哪些功能

银行机构相关风险管理信息系统应当具备以下主要功能,支持风险报告和管理决策的需要:

(1)支持识别、计量、评估、监测和报告所有类别的重要风险。

(2)支持风险限额管理,对超出风险限额的情况进行实时监测、预警和控制。

(3)能够计量、评估和报告所有风险类别、产品和交易对手的风险状况,满足全面风险管理需要。

(4)支持按照业务条线、机构、资产类型、行业、地区、集中度等多个维度展示和报告风险暴露情况。

(5)支持不同频率的定期报告和压力情况下的数据加工和风险加总需求。

(6)支持压力测试工作,评估各种不利情景对银行机构主要业务条线的影响。

42. 如何建立风险信息和数据质量控制机制

(1)银行机构应当建立与业务规模、风险状况等相匹配的信息科技基础设施。

(2)银行机构应当建立健全数据质量控制机制,积累真实、准确、连续、完整的内部和外部数据,用于风险识别、计量、评估、监测、报告,以及资本和流动性充足情况的评估。

第六节 风险内部控制和审计

43. 如何做好风险内部控制

银行机构应当合理确定各项业务活动和管理活动的风险控制点，采取适当的控制措施，执行标准统一的业务流程和管理流程，确保规范运作。

44. 如何做好内部风险审计

（1）银行机构应当将全面风险管理纳入内部审计范畴，定期审查和评价全面风险管理的充分性和有效性。

（2）银行机构内部审计活动应独立于业务经营、风险管理和合规管理，遵循独立性、客观性原则，不断提升内部审计人员的专业能力和职业操守。

（3）全面风险管理的内部审计报告应当直接提交董事会和监事会。董事会应当针对内部审计发现的问题，督促高级管理层及时采取整改措施。内部审计部门应当跟踪检查整改措施的实施情况，并及时向董事会提交有关报告。

第七节 全面风险管理监管

45. 如何报送全面风险管理报告

银行机构应当将风险管理策略、风险偏好、重大风险管理政策和程序等报送银行业监督管理机构，并至少按年度报送全面风险管理报告。

46. 银行监督管理机构如何监管风险

银行监督管理机构应当将银行机构全面风险管理纳入法人监管体系中，并根据银保监会《银行业金融机构全面风险管理指引》全面评估银行机构风险管理体系的健全性和有效性，提出监管意见，督促银行机构持续加以完善。

47. 银行监督管理机构有哪些监管方式

银行监督管理机构通过非现场监管和现场检查等实施对银行机构全面风险

第七节 全面风险管理监管

管理的持续监管，具体方式包括但不限于监管评级、风险提示、现场检查、监管通报、监管会谈、与内外部审计师会谈等。

48. 风险监管情况如何沟通

银行监督管理机构应当就全面风险管理情况与银行机构董事会、监事会、高级管理层等进行充分沟通，并视情况在银行机构董事会、监事会会议上通报。

49. 如何处理未达要求的银行机构全面风险管理

对不能满足银行监督管理机构规范性文件中关于全面风险管理要求的银行机构，银行监督管理机构可以要求其制订整改方案，责令限期改正，并视情况采取相应的监管措施。

第三章　银行市场风险管理

第一节　市场风险管理的依据和目标

1. 什么是市场风险

市场风险是指因市场价格（利率、汇率、股票价格和商品价格）的不利变动而使银行表内和表外业务发生损失的风险。市场风险存在于银行的交易和非交易业务中。

2. 市场风险可分为哪些风险

市场风险可以分为利率风险、汇率风险（包括黄金）、股票价格风险和商品价格风险，分别是指由于利率、汇率、股票价格和商品价格的不利变动所带来的风险。利率风险按照来源的不同，可以分为重新定价风险、收益率曲线风险、基准风险和期权性风险。

3. 市场风险管理的依据是什么

市场风险管理的依据是中国银行保险监督管理委员会《商业银行市场风险管理指引》和本银行制定的有关市场风险管理的规定。

4. 市场风险管理的目标是什么

市场风险管理是识别、计量、监测和控制市场风险的全过程。市场风险管理的目标是通过将市场风险控制在商业银行可以承受的合理范围内，实现经风险调整的收益率的最大化。

5. 如何实施市场风险管理

商业银行应当充分识别、准确计量、持续监测和适当控制所有交易和非交易业务中的市场风险，确保在合理的市场风险水平之下安全、稳健经营。商业银行所承担的市场风险水平应当与其市场风险管理能力和资本实力相匹配。

为了确保有效实施市场风险管理，商业银行应当将市场风险的识别、计量、监测和控制与全行的战略规划、业务决策和财务预算等经营管理活动进行有机结合。

6. 监管机构如何实施市场风险管理的监管

中国银行保险监督管理委员会依法对银行的市场风险水平和市场风险管理体系实施监督管理。银保监会应当督促银行有效地识别、计量、监测和控制各项业务所承担的各类市场风险。

第二节　市场风险管理组织架构与职责

7. 如何建立市场风险管理体系

银行应当按照银保监会《商业银行市场风险管理指引》要求，建立与本行的业务性质、规模和复杂程度相适应的、完善的、可靠的市场风险管理体系。市场风险管理体系包括以下基本要素：
（1）董事会和高级管理层的有效监控。
（2）完善的市场风险管理政策和程序。
（3）完善的市场风险识别、计量、监测和控制程序。
（4）完善的内部控制和独立的外部审计。
（5）适当的市场风险资本分配机制。

8. 实施市场风险管理应考虑哪些风险类别

银行实施市场风险管理，应当适当考虑市场风险与其他风险类别，如信用风险、流动性风险、操作风险、法律风险、声誉风险等风险的相关性，并协调市场风险管理与其他类别风险管理的政策和程序。

9. 董事会和高级管理层如何监控市场风险管理

银行的董事会和高级管理层应当对市场风险管理体系实施有效监控。

（1）银行的董事会承担对市场风险管理实施监控的最终责任，确保商业银行有效地识别、计量、监测和控制各项业务所承担的各类市场风险。董事会负责审批市场风险管理的战略、政策和程序，确定银行可以承受的市场风险水平，督促高级管理层采取必要的措施识别、计量、监测和控制市场风险，并定期获得关于市场风险性质和水平的报告，监控和评价市场风险管理的全面性、有效性以及高级管理层在市场风险管理方面的履职情况。董事会可以授权其下设的专门委员会履行以上部分职能，获得授权的委员会应当定期向董事会提交有关报告。

（2）银行的高级管理层负责制定、定期审查和监督执行市场风险管理的政策、程序以及具体的操作规程，及时了解市场风险水平及其管理状况，并确保银行具备足够的人力、物力以及恰当的组织结构、管理信息系统和技术水平来有效地识别、计量、监测和控制各项业务所承担的各类市场风险。

（3）银行的董事会和高级管理层应当对本行与市场风险有关的业务、所承担的各类市场风险以及相应的风险识别、计量和控制方法有足够的了解。

（4）银行的监事会应当监督董事会和高级管理层在市场风险管理方面的履职情况。

10. 如何明确负责市场风险管理部门

银行应当指定专门的部门负责市场风险管理工作。负责市场风险管理的部门应当职责明确，与承担风险的业务经营部门保持相对独立，向董事会和高级管理层提供独立的市场风险报告，并且具备履行市场风险管理职责所需要的人力、物力资源。负责市场风险管理部门的工作人员应当具备相关的专业知识和技能，并充分了解本行与市场风险有关的业务、所承担的各类市场风险以及相应的风险识别、计量、控制方法和技术。商业银行应当确保其薪酬制度足以吸引和留住合格的市场风险管理人员。

11. 市场风险管理部门履行哪些职责

银行负责市场风险管理的部门应当履行下列职责：
（1）拟定市场风险管理政策和程序，提交高级管理层和董事会审查批准。
（2）识别、计量和监测市场风险。

第三节 市场风险管理政策和程序

（3）监测相关业务经营部门和分支机构对市场风险限额的遵守情况，报告超限额情况。

（4）设计、实施事后检验和压力测试。

（5）识别、评估新产品、新业务中所包含的市场风险，审核相应的操作和风险管理程序。

（6）及时向董事会和高级管理层提供独立的市场风险报告。

（7）其他有关职责。

业务复杂程度和市场风险水平较高的银行应当建立专门的市场风险管理部门负责市场风险管理工作。

12. 业务经营部门如何承担市场风险的责任

银行承担市场风险的业务经营部门应当充分了解并在业务决策中充分考虑所从事业务中包含的各类市场风险，以实现经风险调整的收益率的最大化。业务经营部门应当为承担市场风险所带来的损失承担责任。

第三节　市场风险管理政策和程序

13. 如何制定市场风险管理政策和程序

银行应当制定适用于整个银行机构的、正式的书面市场风险管理政策和程序。市场风险管理政策和程序应当与银行的业务性质、规模、复杂程度和风险特征相适应，与其总体业务发展战略、管理能力、资本实力和能够承担的总体风险水平相一致，并符合银保监会关于市场风险管理的有关要求。市场风险管理政策和程序的主要内容包括：

（1）可以开展的业务，可以交易或投资的金融工具，可以采取的投资、保值和风险缓解策略和方法。

（2）商业银行能够承担的市场风险水平。

（3）分工明确的市场风险管理组织结构、权限结构和责任机制。

（4）市场风险的识别、计量、监测和控制程序。

（5）市场风险的报告体系。

（6）市场风险管理信息系统。

（7）市场风险的内部控制。

（8）市场风险管理的外部审计。

（9）市场风险资本的分配。

（10）对重大市场风险情况的应急处理方案。

银行应当根据本行市场风险状况和外部市场的变化情况，及时修订和完善市场风险管理政策和程序。

银行的市场风险管理政策和程序及其重大修订应当由董事会批准。银行的高级管理层应当向与市场风险管理有关的工作人员阐明本行的市场风险管理政策和程序。与市场风险管理有关的工作人员应当充分了解其与市场风险管理有关的权限和职责。

14. 新产品和新业务如何通过风险管理程序的审核认可

银行在开展新产品和开展新业务之前应当充分识别和评估其中包含的市场风险，建立相应的内部审批、操作和风险管理程序，并获得董事会或其授权的专门委员会/部门的批准。新产品、新业务的内部审批程序应当包括由相关部门，如业务经营部门、负责市场风险管理的部门、法律合规部门、财务会计部门和结算部门等对其操作和风险管理程序的审核和认可。

15. 市场风险管理政策和程序如何适用于附属机构

市场风险管理政策和程序应当在并表基础上应用，并应当尽可能适用于具有独立法人地位的附属机构，包括境外附属机构。但是，银行应当充分认识到附属机构之间存在的法律差异和资金流动障碍，并对其风险管理政策和程序进行相应调整，以避免在具有法律差异和资金流动障碍的附属机构之间轧差头寸而造成对市场风险的低估。

16. 如何划分银行账户和交易账户

银行应当按照银保监会关于商业银行资本充足率管理的有关要求划分银行账户和交易账户，并根据银行账户和交易账户的性质和特点，采取相应的市场风险识别、计量、监测和控制方法。

划分银行账户和交易账户，也是准确计算市场风险监管资本的基础。因此，若账户划分不当，会影响市场风险资本要求的准确程度；若银行在两个账户之间随意调节头寸，则会为其根据需要调整所计算的资本充足率提供监管套利机会。

第三节　市场风险管理政策和程序

17. 如何针对不同市场风险制定管理政策和程序

银行应当对不同类别的市场风险（如利率风险）和不同业务种类（如衍生产品交易）的市场风险制定更详细和有针对性的风险管理政策和程序，并保持相互之间的一致性。

18. 银行的表内外资产可分为哪几类

银行的表内外资产可分为银行账户和交易账户资产两大类。

19. 什么是交易账户记录

交易账户记录的是银行为交易目的或规避交易账户其他项目的风险而持有的可以自由交易的金融工具和商品头寸。记入交易账户的头寸必须在交易方面不受任何条款限制，或者能够完全规避自身风险。而且，银行应当对交易账户头寸经常进行准确估值，并积极管理该项投资组合。

20. 什么是头寸

为交易目的而持有的头寸是指，在短期内有目的地持有以便转手出售、从实际或预期的短期价格波动中获利或者锁定套利的头寸，如自营头寸、代客买卖头寸和做市交易形成的头寸。

21. 记入交易账户的头寸应当满足哪些要求

记入交易账户的头寸应当满足以下基本要求：
（1）具有经高级管理层批准的书面的头寸/金融工具和投资组合的交易策略（包括持有期限）。
（2）具有明确的头寸管理政策和程序。
（3）具有明确的监控头寸与银行交易策略是否一致的政策和程序，包括监控交易规模和交易账户的头寸余额。

22. 什么是交易账户定价

交易账户中的项目通常按市场价格计价，当缺乏可参考的市场价格时，可以按模型定价。是否具有交易目的在交易之初就已确定，此后一般不能随意更改。与交易账户相对应，银行的其他业务归入银行账户，最典型的是存贷款业务。

23. 什么是模型定价

模型定价是指将从市场获得的其他相关数据输入模型，计算或推算出交易头寸的价值。银行账户中的项目则通常按历史成本计价。

24. 账户划分包括哪些内容

银行应当制定关于账户划分的内部政策和程序，内容应包括对交易业务的界定、应列入交易账户的金融工具、对交易和非交易岗位及其职责的严格划分、金融工具或投资组合的交易策略、交易头寸的管理政策和程序、监控交易头寸与交易策略是否一致的程序等。同时，银行应保留完整的交易和账户划分记录，以便进行查询，并接受内部、外部审计和监管当局的监督检查。

第四节 市场风险的识别、计量、监测和控制

25. 如何识别市场风险

银行应当对每项业务和产品中的市场风险因素进行分解和分析，及时、准确地识别所有交易和非交易业务中市场风险的类别和性质。

26. 如何计量市场风险

银行应当根据本行的业务性质、规模和复杂程度，对银行账户和交易账户中不同类别的市场风险选择适当的、普遍接受的计量方法，基于合理的假设前提和参数，计量承担的所有市场风险。银行应当尽可能准确地计算可以量化的市场风险和评估难以量化的市场风险。

27. 市场风险的计量方式有哪些

银行可以采取不同的方法或模型计量银行账户和交易账户中不同类别的市场风险。市场风险的计量方式包括缺口分析、久期分析、外汇敞口分析、敏感性分析、情景分析和运用内部模型计算风险价值等。银行应当充分认识到市场风险不同计量方法的优势和局限性，并采用压力测试等其他分析手段进行补充。

第四节 市场风险的识别、计量、监测和控制

28. 什么是缺口分析

缺口分析是衡量利率变动对银行当期收益的影响的一种方法,就是将银行的所有生息资产和付息负债按照重新定价的期限划分到不同的时间段(如1个月以下,1—3个月,3个月—1年,1—5年,5年以上等)。在每个时间段内,将利率敏感性资产减去利率敏感性负债,再加上表外业务头寸,就得到该时间段内的重新定价"缺口"。

29. 什么是久期分析

久期分析也称为持续期分析或期限弹性分析,是衡量利率变动对银行经济价值影响的一种方法,就是对各时段的缺口赋予相应的敏感性权重,得到加权缺口,然后对所有时段的加权缺口进行汇总,以此估算某一给定的小幅(通常小于1%)利率变动可能会对银行经济价值产生的影响。

30. 什么是外汇敞口分析

外汇敞口分析是衡量汇率变动对银行当期收益的影响的一种方法。外汇敞口主要来源于银行表内外业务中的货币错配。当在某一时段内,银行某一币种的多头头寸与空头头寸不一致时,所产生的差额就形成了外汇敞口。

31. 什么是敏感性分析

敏感性分析是指在保持其他条件不变的前提下,研究单个市场风险要素(利率、汇率、股票价格和商品价格)的变化可能会对金融工具或资产组合的收益或经济价值产生的影响。

32. 什么是情景分析

情景分析是一种多因素分析方法,结合设定的各种可能情景的发生概率,研究多种因素同时作用时可能产生的影响。在情景分析过程中要注意考虑各种头寸的相关关系和相互作用。情景分析中所用的情景通常包括基准情景、最好的情景和最坏的情景。情景可以人为设定(如直接使用历史上发生过的情景),也可以从对市场风险要素历史数据变动的统计分析中得到,或通过运行描述在特定情况下市场风险要素变动的随机过程得到。

33. 如何了解市场风险

银行应当尽量对所计量的银行账户和交易账户中的市场风险(特别是利率

风险）在全行范围内进行加总，以便董事会和高级管理层了解本行的总体市场风险水平。

银行的董事会、高级管理层和与市场风险管理有关的人员应当了解本行采用的市场风险计量方法、模型及其假设前提，以便准确理解市场风险的计量结果。

34. 利率风险分为哪几种风险

利率风险按照来源的不同，可以分为重新定价风险、收益率曲线风险、基准风险和期权性风险。

35. 什么是重新定价风险

重新定价风险也称为期限错配风险，是最主要和最常见的利率风险形式，来源于银行资产、负债和表外业务到期期限（就固定利率而言）或重新定价期限（就浮动利率而言）所存在的差异。这种重新定价的不对称性使银行的收益或内在经济价值会随着利率的变动而变化。

36. 什么是收益率曲线风险

收益率曲线风险也称为利率期限结构变化风险，就是重新定价的不对称性也会使收益率曲线斜率、形态发生变化，即收益率曲线的非平行移动，对银行的收益或内在经济价值产生不利影响，从而形成收益率曲线风险。

37. 什么是基准风险

基准风险也称为利率定价基础风险，是另一种重要的利率风险来源。在利息收入和利息支出所依据的基准利率变动不一致的情况下，虽然资产、负债和表外业务的重新定价特征相似，但因其现金流和收益的利差发生了变化，也会对银行的收益或内在经济价值产生不利影响。

38. 什么是期权性风险

期权性风险是一种越来越重要的利率风险，来源于银行资产、负债和表外业务中所隐含的期权。一般而言，期权赋予其持有者买入、卖出或以某种方式改变某一金融工具或金融合同的现金流量的权利，而非义务。

39. 如何确保市场风险计量的合理准确

银行应当采取措施确保假设前提、参数、数据来源和计量程序的合理性及准确性。银行应当对市场风险计量系统的假设前提和参数定期进行评估，制定修改假设前提和参数的内部程序。重大的假设前提和参数修改应当由高级管理层审批。

40. 如何重估市场风险计量

银行应当对交易账户头寸按市值每日至少重估一次价值。市值重估应当由与前台相独立的中台、后台、财务会计部门或其他相关职能部门及人员负责。用于重估的定价因素应当从独立于前台的渠道获取或者经过独立的验证。前台、中台、后台、财务会计部门、负责市场风险管理的部门等用于估值的方法和假设应当尽量保持一致，在不完全一致的情况下，应当制定并使用一定的校对、调整方法。在缺乏可用于市值重估的市场价格时，银行应当确定选用代用数据的标准、获取途径和公允价格计算方法。

41. 如何计量风险价值

银保监会鼓励业务复杂程度和市场风险水平较高的商业银行逐步开发和使用内部模型计量风险价值，对所承担的市场风险水平进行量化估计。风险价值是指所估计的在一定的持有期和给定的置信水平下，利率、汇率等市场风险要素的变化可能对某项资金头寸、资产组合或机构造成的潜在最大损失。

42. 如何采用市场风险内部模型

（1）采用内部模型的银行应当根据本行的业务规模和性质，参照国际通行标准，合理选择、定期审查和调整模型技术以及模型的假设前提和参数，并建立和实施引进新模型、调整现有模型以及检验模型准确性的内部政策和程序。模型的检验应当由独立于模型开发和运行的人员负责。

（2）采用内部模型的银行应当将模型的运用与日常风险管理相融合，内部模型所提供的信息应当成为规划、监测和控制市场风险资产组合过程的有机组成部分。

（3）采用内部模型的银行应当恰当理解和运用市场风险内部模型的计算结果，并充分认识到内部模型的局限性，运用压力测试和其他非统计类计量方法对内部模型方法进行补充。

43. 如何事后检验市场风险计量方法或模型

事后检验是指将市场风险计量方法或模型的估算结果与实际发生的损益进行比较，以检验计量方法或模型的准确性、可靠性，并据此对计量方法或模型进行调整和改进的一种方法。

银行应当定期实施事后检验,将市场风险计量方法或模型的估算结果与实际结果进行比较,并以此为依据对市场风险计量方法或模型进行调整和改进。

44. 如何对市场风险进行压力测试

(1) 银行应当建立全面、严密的压力测试程序,定期对突发的小概率事件,如市场价格发生剧烈变动,或者发生意外的政治、经济事件可能造成的潜在损失进行模拟和估计,以评估本行在极端不利情况下的亏损承受能力。压力测试应当包含定性和定量分析。

(2) 压力测试应当选择对市场风险有重大影响的情景,包括历史上发生过重大损失的情景和假设情景。假设情景包括模型假设和参数不再适用的情形、市场价格发生剧烈变动的情形、市场流动性严重不足的情形,以及外部环境发生重大变化、可能导致重大损失或风险难以控制的情景。银行应当使用银保监会规定的压力情景和根据本行业务性质、市场环境设计的压力情景进行压力测试。

(3) 银行应当根据压力测试的结果,针对对市场风险有重大影响的情形制订应急处理方案,并决定是否及如何对限额管理、资本配置及市场风险管理的其他政策和程序进行改进。董事会和高级管理层应当定期对压力测试的设计和结果进行审查,不断完善压力测试程序。

45. 如何对市场风险实施限额管理

银行应当对市场风险实施限额管理,制定对各类和各级限额的内部审批程序和操作规程,根据业务性质、规模、复杂程度和风险承受能力设定、定期审查和更新限额。

市场风险限额可按地区、业务经营部门、资产组合、金融工具和风险类别进行分解。银行应当根据不同限额控制风险的不同作用及其局限性,建立不同类型和不同层次的限额相互补充的合理限额体系,有效控制市场风险。银行总的市场风险限额以及限额的种类、结构应当由董事会批准。

46. 市场风险限额包括哪些限额

市场风险限额包括交易限额、风险限额及止损限额。

47. 什么是交易限额

交易限额是指对总交易头寸或净交易头寸设定的限额。总头寸限额对特定

第四节 市场风险的识别、计量、监测和控制

交易工具的多头头寸或空头头寸给予限制,净头寸限额对多头头寸和空头头寸相抵后的净额加以限制。

48. 什么是风险限额

风险限额是指对按照一定的计量方法所计量的市场风险设定的限额,如对内部模型计量的风险价值设定的限额和对期权性头寸设定的期权性头寸限额等。期权性头寸限额是指对反映期权价值的敏感性参数设定的限额。

49. 什么是止损限额

止损限额即允许的最大损失额。通常,当某项头寸的累计损失达到或接近止损限额时,就必须对该头寸进行对冲交易或将其变现。

50. 设计市场风险限额应考虑哪些因素

银行在设计限额体系时应当考虑以下因素:
(1) 业务性质、规模和复杂程度。
(2) 商业银行能够承担的市场风险水平。
(3) 业务经营部门的既往业绩。
(4) 工作人员的专业水平和经验。
(5) 定价、估值和市场风险计量系统。
(6) 压力测试结果。
(7) 内部控制水平。
(8) 资本实力。
(9) 外部市场的发展变化情况。

51. 如何管理市场风险限额

银行应当对超限额情况制定监控和处理程序。应当及时向相应级别的管理层报告超限额情况。该级别的管理层应当根据限额管理的政策和程序决定是否批准以及此超限额情况可以保持多长时间。对未经批准的超限额情况应当按照限额管理的政策和程序进行处理。管理层应当根据超限额发生情况决定是否对限额管理体系进行调整。

银行应当确保不同市场风险限额之间的一致性,并协调市场风险限额管理与流动性风险限额等其他风险类别的限额管理。

52. 如何建立市场风险管理信息系统

银行应当为市场风险的计量、监测和控制建立完备、可靠的管理信息系统，并采取相应措施确保数据的准确、可靠、及时和安全。管理信息系统应当能够支持市场风险的计量及其所实施的事后检验和压力测试，并能监测市场风险限额的遵守情况和提供市场风险报告的有关内容。银行应当建立相应的对账程序确保不同部门和产品业务数据的一致性和完整性，并确保向市场风险计量系统输入准确的价格和业务数据。银行应当根据需要对管理信息系统及时改进和更新。

53. 如何制订市场风险应急处理方案

银行应当对市场风险有重大影响的情形制订应急处理方案，包括采取对冲、减少风险暴露等措施降低市场风险水平，以及建立针对自然灾害、银行系统故障和其他突发事件的应急处理或者备用系统、程序和措施，以减少银行可能发生的损失和银行声誉可能受到的损害。

商业银行应当将压力测试的结果作为制订市场风险应急处理方案的重要依据，并定期对应急处理方案进行审查和测试，不断更新和完善应急处理方案。

54. 如何报告市场风险情况

银行有关市场风险情况的报告应当定期、及时向董事会、高级管理层和其他管理人员提供。不同层次和种类的报告应当遵循规定的发送范围、程序和频率。

55. 市场风险情况报告包括哪些内容

报告应当包括如下全部或部分内容：
（1）按业务、部门、地区和风险类别分别统计的市场风险头寸。
（2）按业务、部门、地区和风险类别分别计量的市场风险水平。
（3）对市场风险头寸和市场风险水平的结构分析。
（4）盈亏情况。
（5）市场风险识别、计量、监测和控制方法及程序的变更情况。
（6）市场风险管理政策和程序的遵守情况。
（7）市场风险限额的遵守情况，包括对超限额情况的处理。
（8）事后检验和压力测试情况。

第五节 市场风险内部控制和内外部审计

（9）内部和外部审计情况。
（10）市场风险资本分配情况。
（11）对改进市场风险管理政策、程序以及市场风险应急方案的建议。
（12）市场风险管理的其他情况。

向董事会提交的市场风险报告通常包括银行的总体市场风险头寸、风险水平、盈亏状况和对市场风险限额及市场风险管理的其他政策和程序的遵守情况等内容。向高级管理层和其他管理人员提交的市场风险报告通常包括按地区、业务经营部门、资产组合、金融工具和风险类别分解后的详细信息，并具有更高的报告频率。

第五节 市场风险内部控制和内外部审计

56. 如何建立市场风险管理内部控制体系

银行应当按照银保监会关于商业银行内部控制的有关要求，建立完善的市场风险管理内部控制体系，作为银行整体内部控制体系的有机组成部分。市场风险管理的内部控制应当有利于促进有效的业务运作，提供可靠的财务和监管报告，促使银行严格遵守相关法律、行政法规、部门规章和内部的制度、程序，确保市场风险管理体系的有效运行。

57. 如何控制市场风险管理内部

为避免潜在的利益冲突，银行应当确保各职能部门具有明确的职责分工，以及相关职能适当分离。银行的市场风险管理职能与业务经营职能应当保持相对独立。交易部门应当将前台、后台严格分离，前台交易人员不得参与交易的正式确认、对账、重新估值、交易结算和款项收付；必要时可设置中台监控机制。

58. 如何避免薪酬制度与市场风险管理的利益冲突

银行应当避免其薪酬制度和激励机制与市场风险管理目标产生利益冲突。董事会和高级管理层应当避免薪酬制度具有鼓励过度冒险投资的负面效应，防止绩效考核过于注重短期投资收益表现，而不考虑长期投资风险。负责市场风险管理工作人员的薪酬不应当与直接投资收益挂钩。

59. 市场风险管理如何进行内部审计

银行的内部审计部门应当定期（至少每年一次）对市场风险管理体系各个组成部分和环节的准确、可靠、充分及有效性进行独立的审查和评价。内部审计应当既对业务经营部门，也对负责市场风险管理的部门进行。内部审计报告应当直接提交给董事会。董事会应当督促高级管理层对内部审计所发现的问题提出改进方案并采取改进措施。内部审计部门应当跟踪检查改进措施的实施情况，并向董事会提交有关报告。

60. 市场风险管理内部审计包括哪些内容

银行对市场风险管理体系的内部审计应当至少包括以下内容：
（1）市场风险头寸和风险水平。
（2）市场风险管理体系文档的完备性。
（3）市场风险管理的组织结构，市场风险管理职能的独立性，市场风险管理人员的充足性、专业性和履职情况。
（4）市场风险管理所涵盖的风险类别及其范围。
（5）市场风险管理信息系统的完备性、可靠性，市场风险头寸数据的准确性、完整性，数据来源的一致性、时效性、可靠性和独立性。
（6）市场风险管理系统所用参数和假设前提的合理性、稳定性。
（7）市场风险计量方法的恰当性和计量结果的准确性。
（8）对市场风险管理政策和程序的遵守情况。
（9）市场风险限额管理的有效性。
（10）事后检验和压力测试系统的有效性。
（11）市场风险资本的计算和内部配置情况。
（12）对重大超限额交易、未授权交易和账目不匹配情况的调查。

61. 什么情况下应扩大市场风险内部审计的范围

银行在引入对市场风险水平有重大影响的新产品和新业务、市场风险管理体系出现重大变动或者存在严重缺陷的情况下，应当扩大市场风险内部审计的范围和增加内部审计频率。

62. 内部审计人员应当具备什么能力

银行的内部审计人员应当具备相关的专业知识和技能，并经过相应的培训，

第六节 市场风险监管

能够充分理解市场风险识别、计量、监测、控制的方法和程序。

63. 市场风险管理如何进行外部审计

内部审计力量不足的银行,应当委托社会中介机构对其市场风险的性质、水平及市场风险管理体系进行审计。

银保监会也鼓励其他商业银行委托社会中介机构对其市场风险的性质、水平及市场风险管理体系定期进行审查和评价。

64. 如何提取市场风险资本

银行应当按照银保监会关于商业银行资本充足率管理的要求,为所承担的市场风险提取充足的资本。

银保监会鼓励业务复杂程度和市场风险水平较高的商业银行运用经风险调整的收益率进行内部资本配置和业绩考核,在全行和业务经营部门等各个层次上达到市场风险水平和盈利水平的适当平衡。

第六节 市场风险监管

65. 如何上报市场风险报告

银行应当按照规定向银保监会报送与市场风险有关的财务会计、统计报表和其他报告。委托社会中介机构对其市场风险的性质、水平及市场风险管理体系进行审计的,还应当提交外部审计报告。

银行的市场风险管理政策和程序应当报银保监会备案。

66. 哪些事项应当及时向银保监会报告

银行应当及时向银保监会报告下列事项:
(1) 出现超过本行内部设定的市场风险限额的严重亏损。
(2) 国内、国际金融市场发生的引起市场较大波动的重大事件将对本行市场风险水平及其管理状况产生的影响。
(3) 交易业务中的违法行为。
(4) 其他重大意外情况。
银行应当制定市场风险重大事项报告制度,并报银保监会备案。

67. 监管机构现场检查哪些内容

银保监会应当定期对银行的市场风险管理状况进行现场检查，检查的主要内容有：

（1）董事会和高级管理层在市场风险管理中的履职情况。
（2）市场风险管理政策和程序的完善性及其实施情况。
（3）市场风险识别、计量、监测和控制的有效性。
（4）市场风险管理系统所用假设前提和参数的合理性、稳定性。
（5）市场风险管理信息系统的有效性。
（6）市场风险限额管理的有效性。
（7）市场风险内部控制的有效性。
（8）银行内部市场风险报告的独立性、准确性、可靠性，以及向银保监会报送的与市场风险有关的报表、报告的真实性和准确性。
（9）市场风险资本的充足性。
（10）负责市场风险管理工作人员的专业知识、技能和履职情况。
（11）市场风险管理的其他情况。

68. 如何处理监管中发现的问题

银保监会对于在监管中发现的有关市场风险管理的问题，银行应当在规定的时限内提交整改方案并采取整改措施。银保监会可以对银行的市场风险管理体系提出整改建议，包括调整市场风险计量方法、模型、假设前提和参数等方面的建议。

对于在规定的时限内未能有效采取整改措施或者市场风险管理体系存在严重缺陷的银行，银保监会有权采取下列措施：

（1）要求银行增加提交市场风险报告的次数。
（2）要求银行提供额外相关资料。
（3）要求银行通过调整资产组合等方式适当降低市场风险水平。
（4）《中华人民共和国银行业监督管理法》以及其他法律、行政法规和部门规章规定的有关措施。

69. 市场风险状况的信息如何披露及内容有哪些

银行应当按照银保监会关于信息披露的有关规定，披露其市场风险状况的定量和定性信息，披露的信息应当至少包括以下内容：

第六节 市场风险监管

（1）所承担市场风险的类别、总体市场风险水平及不同类别市场风险的风险头寸和风险水平。

（2）有关市场价格的敏感性分析，如利率、汇率变动对银行的收益、经济价值或财务状况的影响。

（3）市场风险管理的政策和程序，包括风险管理的总体理念、政策、程序和方法，风险管理的组织结构，市场风险计量方法及其所使用的参数和假设前提，事后检验和压力测试情况，市场风险的控制方法等。

（4）市场风险资本状况。

（5）采用内部模型的商业银行应当披露所计算的市场风险类别及其范围，计算的总体市场风险水平及不同类别的市场风险水平，报告期内最高、最低、平均和期末的风险价值，以及所使用的模型技术、所使用的参数和假设前提、事后检验和压力测试情况及检验模型准确性的内部程序等信息。

第四章　银行信用风险管理

第一节　信用风险管理目标和范围

1. 什么是信用风险

信用风险是指由于债务人或交易对手违约或其信用评级、履约能力降低而造成损失的风险。

2. 什么是信用风险管理

信用风险管理是指对信用风险进行主动识别、报告和监控的过程。

3. 信用风险管理的目标是什么

信用风险管理的目标，是将信用风险监控在可接受的范围内而取得最高的经风险调整后的收益。

4. 信用风险管理适用于哪些资产

信用风险管理适用于银行表内外的涉及信用风险的资产，主要包括所有贷款、债券投资、票据投资、理财投资存放同业、拆放同业、买入返售类资产、应收利息、其他应收款、或有资产、不可撤销承诺等资产。

5. 信用风险管理的原则是什么

银行信用风险管理的原则是全员参加、沟通协调统一、预防为主、动态管理。

第二节 信用风险管理组织架构和职责

6. 董事会职责是什么

董事会是银行信用风险管理的最高决策机构，承担银行信用风险管理的最终责任。

7. 董事会风险与关联交易监控委员会职责有哪些

银行董事会风险与关联交易监控委员会应承担以下职责：

（1）负责监督管理信用风险的监控情形，提出完善银行信用风险管理和内部监控的建议或意见。

（2）审核银行资产风险分类标准和损失等（准）备金提取政策。

（3）审核银行单一客户金额占银行经审计的净资产呆账核销事项和年度等（准）备金提取总额。

（4）对银行关联交易情形进行检查评估。

（5）董事会授权的其他信用风险事宜。

8. 高级管理层职责是什么

高级管理层是银行信用风险的日常管理机构，负责执行董事会批准的信用风险管理战略，拟定识别、计量、监测、报告和监控信用风险的政策与程序。

9. 风险管理委员会职责有哪些

银行风险管理委员会承担信用风险管理有关事项的审议和决策职能，主要承担以下职责：

（1）对银行拟开办的授信产品有关事宜（包括但不限于该产品的风险防控措施）进行审议。

（2）依据有关银行规章制度等规范性资料文件的详细规定议定授权权限内的各类授信业务。

（3）议定各类授信业务的综合授信额度。

（4）议定年度授信政策或授信政策的调整。

（5）监督和评估信用风险管理部门的设置、工作程序和效果，并提出改善建议或意见。

（6）审议风险管理部门报送的信用风险监测专题报告，对全行信用风险的管理情形做出评估，并提出完善风险管理与内部监控的建议或意见。

（7）对风险管理部门报送的资产保全方案、呆账核销等事项做出决策或建议。

10. 信用风险管理部门职责有哪些

银行信用风险管理部门主要职责：

（1）拟定信用风险管理的基本政策、制度、办法、流程和风险评估标准。

（2）协助全行有关部门及单位识别、计量、监测、监控和报告信用风险，并对信用风险管理工作进行监督检查。

（3）检查、分析、评估银行信用风险管理状况，并定时向高级管理层和董事会提交信用风险管理报告。

（4）组织贯彻全行信贷资产的分类。

（5）负责全行授信后管理，并对各管户机构的授信后管理进行监督与评估。

（6）为全行提供信用风险管理方面的培训，协助其提升信用风险管理水平、履行信用风险管理的所有职责。

11. 各业务经办机构职责有哪些

银行各业务经办机构主要职责：

（1）负责辖内信用风险管理信息的汇集，信用风险的监控、管理工作并及时报告。

（2）积极协助配合总行信用风险管理部门的风险管理工作。

12. 各部门、经办机构负责人和人员职责是什么

（1）银行总分行各部门负责人是本部门信用风险管理的第一责任人，对本部门的信用风险承担管理责任。

（2）银行各业务经办机构负责人是辖内信用风险管理第一责任人，对所辖机构的信用风险承担管理责任。

（3）银行各业务经办人员是本岗位信用风险的直接责任人，对本岗位的信用风险承担第一责任。

13. 如何完善信用风险管理架构和职责

银行应依据有关外部监管要求和银行发展战略，进一步延续改进信用风险管理组织架构、完善信用风险管理职责分工。

第三节　信用风险识别与计量

14. 什么是信用风险识别

信用风险识别是信用风险管理的基础环节。各业务经办机构和信用风险管理部门应独立并及时查找各品种资产组合所面临的信用风险，分析导致信用风险的详细因素及其不利影响程度等。

15. 信用风险识别的关键步骤是什么

信用风险识别应包括确定信用风险识别的范围、找出信用风险因素、确定信用风险的类别和分布部位、分析信用风险来源和形成原因、全面梳理信用风险因素并形成详尽的识别清单等关键步骤。

16. 信用风险识别关注的重点内容有哪些

信用风险识别在关注调查、审查、审议、评级、授信、授权、授信后管理等业务运作各环节是否遵循有关管理规定的同时，还应重点关注：

（1）单一法人客户的信用风险识别应分析客户基本信息、财务状况、非财务因素和担保等，集团客户的信用风险识别还应充分利用内外部信息系统，分析所有权组织关系、集团相互担保、连环担保和关联交易的情形，全面收集、调查、核实客户及关联方授信记录。

（2）个人客户的信用风险识别应分析客户的基本信息以及各贷款产品涉及的风险因素。

（3）其他如同业投资类等具备信用风险的资产投资应重点分析交易对象的信用评级及历史履约情形。

（4）组合的信用风险识别应重点关注系统性风险因素可能造成的影响，要加强对宏观经济、行业等风险因素的分析。

17. 如何对信用风险充分重新识别

（1）银行开发新产品、实施新流程和推广新系统必须对信用风险进行充分识别。

（2）银行业务或产品发生重大调整、接受或变更担保、宏观调控政策或产业政策发生重大变化时，应对信用风险进行重新识别。

18. 什么是信用风险计量

信用风险计量是指运用风险计量模型、方法和系统，对信用风险可能发生的概率及导致的损失程度等进行测算和度量。

19. 如何提升信用风险计量水平

（1）银行信用风险计量主要对客户风险进行测定评估，适时开展压力测试，并依据有关测试结果对计量方法或模型进行调整和改进。

（2）银行应依据有关业务发展需要，并结合实际适时加强对风险计量方法的研究、开发，提升计量所用数据质量，优化计量模型结果，不断提升信用风险计量水平。

第四节　信用风险监测与报告

20. 什么是信用风险监测

信用风险监测是指对信用风险状况及其控制措施动态、延续的跟踪与分析。信用风险监测涵盖各业务品种及业务条线，既要监测客户风险因素变更情形，又要监控宏观经济变更对客户风险的影响，同时，还要监控内部管理制度的执行情形。

21. 信用风险监测哪些内容

（1）单一客户。债务人或交易对手的财务状况及发展趋势、协议条款遵守情形、抵质押物价值变更趋势和投信、用信状况等风险有关的因素，重大信用风险事项处置情形。

（2）资产组合。包括信贷资产质量情形、信贷资产预计损失情形、新发生不良贷款情形、贷款迁徙情形、到期贷款收回情形、信贷资产质量偏离度、新发放贷款质量情形和贷款集中度情形等。

（3）内部制度执行。包括信贷业务组织管理制度执行情形、客户评级、授信、授权制度执行情形、授信调查、审查审批制度执行情形、授信后管理制度执行情形、不良资产处置制度执行情形和表外业务制度执行情形等风险提示信号。

（4）宏观因素。包括宏观经济运行状况、宏观政策变更情况、产（行）业风险变更情形等。

22. 如何建立信用风险信号处置机制

银行应建立对风险信号的及时处置机制。信用风险监测应明确相应风险提示信号，按风险影响程度进行分类。对发现的风险信号，应按规定及时发布风险提示函或启动相应应急处理方案，以减少可能发生的损失。

23. 信用风险评估分为几个层次

银行要加大对风险因子造成或产生原因、机制变更趋势的分析评估。风险评估分为单项评估和综合评估两个层次：

（1）单项评估是对资产质量、资产质量真实性、风险迁徙、新发生不良资产、新发放贷款质量和不良资产处置效率等情形进行评估。

（2）综合评估是在单项评估的基础上，对评估对象风险状况给出的整体评估。

24. 信用风险监测运用的形式有哪些

银行应对信用风险监测分析及评估结果加以及时、有效的运用，运用的形式主要包括风险提示函、资产质量监测分析报告、资产风险评估报告和组织实施问责等。

25. 信用风险报告形式和内容是什么

银行严格依照信用风险报告制度要求，定时或不定时形成各类信用风险报告。

（1）信用风险报告分为信用风险分析报告、信用风险专项事项报告等形式。

（2）信用风险报告内容主要包括报告期内信用风险整体状况、面临的主要风险因素及风险趋势、采取的监控措施及执行效果和加强风险管理的建议等内容。

26. 信用风险报告的线路是什么

信用风险报告实行双线报告。各业务经办机构向银行风险管理部门和对口业务管理部门报告，风险管理部门向银行风险管理委员会和董事会风险与关联交易监控委员会报告。

发生重大信用风险情形和预警信号，必须依照有关规定及时预警和上报。

27. 信用风险信息披露有什么要求

银行应依据有关内、外部信息披露的规定，定时披露全行信用风险管理、信用风险暴露、信贷质量和收益等信息。任何机构未经总行授权，不得擅自对外披露。

第五节 信用风险缓释

28. 什么是信用风险缓释

信用风险缓释是指运用合格的抵质押品、净额结算、保证和信用衍生工具等方式转移或降低信用风险。信用风险缓释工具应符合国家法律规定、确保可实施，应具备完备手续、确有代偿能力并易于实现、与债务人风险之间无实质的相关性。

29. 信用风险缓释的覆盖范围有哪些

信用风险缓释覆盖的范围原则上应包括借款本金、利息、复利、罚息、违约金、实现债权的费用和其他应付费用。

30. 如何确保信用风险缓释工具的发挥

银行应逐步拟定并完善风险缓释管理制度、审查和操作流程，并适时建立和完善相应的信息系统，确保信用风险缓释工具的作用有效发挥。

31. 如何管理信用风险抵质押品

银行应严格执行合格抵质押品准入标准，掌握抵质押品价值变更情形，确保抵质押品的风险缓释效用。

银行应逐步建立健全包括抵质押品管理制度、估值方法、管理流程以及信息系统在内的抵质押品管理体系。

32. 如何管理信用风险保证

银行应拟定合格保证担保人标准，严格执行保证担保的资格/资质准入，审慎评估担保能力，科学核定担保额度，加强对保证人的档案信息管理，定时开展担保检查。对关联公司或集团内部的互保及交叉保证应从严掌握，有实质风险关联性的保证不应作为合格的信用风险缓释工具。

第六节　资产风险分类与不良资产处置管理

33. 如何严格信贷资产风险分类

信贷资产风险分类要涵盖各种表内外信贷资产，严格依照规定的流程和频度，综合分析第一还款来源和第二还款来源及其他影响偿还的因素，合理评估偿还可能性，并定时开展检查和评估，依据有关风险变化进行及时调整，严禁掩盖不良信贷资产。

34. 如何实施信贷资产风险分类管理

银行信贷资产风险分类实施分级授权管理。
（1）法人客户信贷资产原则上实行五级分类管理，并按各自银行设置的分类级别标准执行。
（2）个人客户和小企业法人客户信贷资产实行五级分类管理，同时适用于各自银行设置的分类级别标准管理。
（3）银行应按规定做好风险分类结果的对外披露和报送工作。

35. 如何管理非信贷资产分类

（1）银行对非信贷资产，即资产负债表内资产项下除信贷资产及呆账筹备之外的资产项目实施五级分类管理。
（2）非信贷资产风险分类应严格依照规定的操作流程，依据有关资产类别考虑重置成本等特定因素来确定风险分类级次，做到"及时认定、按月监测、季度分析和定时考核"。

36. 如何管理不良资产处置

（1）银行不良资产处置应遵守国家的法律法规、规章政策和银行的有关规定，在坚持公开、公平、公正、竞争和择优的基础上，努力实现处置净回收现值最大化。

（2）建立不良资产管理制度，明确管理职责，做好不良资产档案管理，权益维护、风险监测等日常管理工作，并定时对资产管理策略进行评估和调整。

（3）加强不良资产定价管理，逐步实现不良资产定价的量化管理。建立以市场为导向、规范合理的不良资产定价机制。实现负责不良资产定价的部门在机构和人员上相对独立于负责不良资产处置的部门。不良资产定价必须经集体讨论和审议，坚持民主决策。

（4）银行应建立不良资产处置的申报、审查、审批操作流程，合理确定不良资产处置管理权限，不得违反程序、减少程序、超越权限处置不良资产。

第七节　信用风险内部监控与审计

37. 如何管理信用风险内控

建立完善的信用风险管理内部监控体系，促使信用风险管理严格遵守法律、行政法规、部门规章、监管规定以及本行内部规章制度等规定，确保信用风险管理体系的有效运行。

38. 信用风险内控重点是什么

银行面临的信用风险主要集中于授信业务和理财业务、同业投资业务等方面，授信业务内部监控的重点是实行统一授信管理，健全客户信用风险识别与监测体系、完善信贷决策与审批机制，防止对单一客户、关联企业客户和集团客户信贷风险的高度集中，防止违反信贷原则发放关系人贷款和人情贷款，防止信贷资金违规使用。理财业务及同业投资业务内部监控的重点是优质同业机构的授信准入，严格审核同业机构的信用评级及外部评估，同时防止对单一客户集中授信，有效分散信用风险。

39. 信用风险内控要求有哪些

（1）银行应对信贷工作实施独立的尽职调查。

（2）信贷决策应依据规定的程序进行，不得违反程序或减少程序。

（3）银行在信贷决策过程中，应严格要求信贷人员遵循客观、公正的原则，独立发表决策建议或意见，不受任何外部因素的干扰。

（4）银行应明确贷前调查、贷款审查、审批和贷后管理各个环节的工作标

第七节 信用风险内部监控与审计

准和尽职要求。

（5）银行应实行信贷业务审贷分离，信贷业务办理实行责任制管理。

40. 如何对信贷品种进行单项管理

银行应统一拟定各信贷品种的单项管理办法，明确规定所有业务的办理条件，包括准入标准、期限、利率、收费、担保、审批权限、申报资料、文件资料、贷后管理和内部操作程序等详细内容。

41. 如何考评信用风险管理

银行应建立科学的信用风险管理考评制度，定时考核并通报信用风险管理工作成果。

42. 如何建立信贷风险责任制

银行应建立信贷风险责任制，明确规定各个部门、岗位的风险责任，应当对违法、违规造成的信贷风险和损失逐笔进行责任认定，并按规定对有关责任人进行处理。

43. 如何管理信用风险文档

银行应建立完整的信用风险管理文档体系，归集风险管理的所有政策制度，记录风险计量模型的开发、验证和使用状况、风险管理的操作流程、重大信用风险及其处理措施等重要风险管理信息，以备查询和验证。

44. 信用风险管理如何开展内部审计

银行内部审计部门应定时对信用风险管理体系各个组成部分和环节的有效性进行独立的审查和评估，跟踪改进措施的实施情形，并直接向高级管理层提交有关报告。

45. 如何检查信用风险管理

银行风险管理部门应定时或不定时对全行信用风险管理政策、流程等情形进行常规或专项检查和评估。各业务经办机构负责检查本机构信用风险事项。

检查部门或人员应对检查发现的信用风险拟定整改措施并督促有关部门、人员采取措施及时处置出现的信用风险信号，并负责跟踪处置结果。

第五章　银行操作风险管理

第一节　操作风险管理的依据和目的

1. 什么是操作风险

操作风险是指由不完善或有问题的内部程序、员工、信息科技系统以及外部事件所造成损失的风险。本定义所指操作风险包括法律风险，但不包括策略风险和声誉风险。

2. 操作风险管理的依据是什么

操作风险管理的依据是中国银行保险监督管理委员会《商业银行操作风险管理指引》和本银行制定的相关操作风险管理规定。

3. 操作风险管理的目的是什么

操作风险管理的主要目的是根据银行董事会确定的发展战略和风险管理总目标，建立科学、完善的操作风险管理体系，指导和规范银行的各类业务活动和操作风险管理工作，实现对操作风险及时、全面、统一、有效的监控，将其控制在可承受的范围内，使银行获取经风险调整后的最大经营回报。

4. 什么是操作风险事件

操作风险事件是指由不完善或有问题的内部程序、员工和信息科技系统，以及外部因素所造成财务损失或影响银行声誉、客户和员工的操作事件。具体事件包括内部欺诈，外部欺诈，就业制度和工作场所安全，客户、产品和业务活动，实物资产的损坏，营业中断和信息技术系统瘫痪，执行、交割和流程管理七种类型。

第二节　操作风险管理的分类和目标

5. 操作风险如何分类

根据操作风险的定义，银行的操作风险可分为四大类别：
（1）人员因素。
（2）内部流程。
（3）系统缺陷。
（4）外部事件。
这四个方面也是操作风险的主要来源。

6. 人员因素如何引起操作风险

人员因素引起的操作风险主要是指因银行员工发生内部欺诈、失职违规，以及因员工的知识匮乏、核心雇员流失、违反用工法等造成损失或者不良影响而引起的风险。

7. 内部流程因素如何引起操作风险

内部流程因素引起的操作风险是指由于银行业务流程缺失、设计不完善，或者没有严格执行而造成损失，主要包括会计错误、合同缺陷、产品设计缺陷、错误监控、结算错误以及定价错误等。

8. 系统缺陷如何引发操作风险

系统缺陷引发的操作风险是指由于信息科技部门或服务供应商提供的计算机系统或设备发生故障或其他原因，导致商业银行不能正常提供全部或部分服务而造成的损失。

9. 外部事件如何引发操作风险

外部事件引发的操作风险，是指因经营环境的变化、外部突发事件等影响到银行正常经营活动而造成损失的风险。
（1）外部欺诈（如黑客非法窃取银行信息）。
（2）洗钱（银行必须严格控制洗钱行为）。

（3）监管规定（调整有关信贷政策，避免违规）。
（4）业务外包（由外部供应商的过错而造成的损失）。
（5）自然灾害（由火灾、洪水、地震等自然因素造成银行财产损失）。

10. 操作风险管理的目标是什么

操作风险管理的基本目标是在依法合规经营、加强内部控制的基础上，进一步完善操作风险衡量方法、管理工具及政策体系，减少和缓解操作风险损失，将操作风险控制在适当水平，为业务发展提供健康的内部运营环境。

具体目标包括：

（1）充分认识和持续监测银行面临的各种操作风险。清晰了解操作风险管理的状况及存在的问题。

（2）在合理评价的基础上，合理应对各类操作风险，保证风险与收益的平衡。

（3）建立操作风险关键风险指标体系，实现对操作风险的分析、预警，事先分析控制的前移。

（4）通过建立和完善操作风险损失事件数据库及操作风险管理计量模型来实现操作风险管理能力的提升，并通过更为精确的资本计量来有效节约资本。

（5）降低突发性事件的冲击，保证业务正常和持续开展。

第三节 操作风险管理组织架构和职责

11. 如何建立操作风险管理体系

银行应当按照银保监会《商业银行操作风险管理指引》的要求，建立与本行的业务性质、规模和复杂程度相适应的操作风险管理体系，有效地识别、评估、监测和控制/缓释操作风险。操作风险管理体系的具体形式不要求统一，但至少应包括以下基本要素：

（1）董事会的监督控制。
（2）高级管理层的职责。
（3）适当的组织架构。
（4）操作风险管理政策、方法和程序。
（5）计提操作风险所需资本的规定。

第三节 操作风险管理组织架构和职责

12. 操作风险管理组织架构的原则是什么

操作风险管理体系是银行全面风险管理体系的组成部分。根据监管要求和本银行全面风险管理体系建设的总体规划，银行采取在董事会确定的操作风险管理政策指导下和高级管理层领导下，以"三道防线"为基础的、层次化的操作风险管理架构。

（1）董事会为操作风险管理的最终负责人，高级管理层领导全行的操作风险管理工作，分（支）行管理层负责本机构范围内的操作风险管理，分行行长是操作风险管理的第一责任人。

（2）总分行各业务部门、职能部门作为防范操作风险的"第一道防线"，是本部门/条线操作风险的直接承担者和管理者，负有对操作风险进行管理的第一责任。

（3）总分行风险管理部门、法律合规部门等作为防范操作风险的"第二道防线"，负责操作风险管理体系的构建和相关操作风险管理工作的统筹、支持和督促工作。

（4）内部审计部门和纪检监察部门作为防范操作风险的"第三道防线"，其中内部审计部门负责对操作风险管理体系的运行情况进行审计，并依照规定揭示和报告审计过程中发现的问题。纪检监察部门对有关案件进行查处和责任认定，并对有关责任人进行问责。

13. 董事会及其风险管理委员会负有哪些职责

董事会应将操作风险作为银行面对的一项主要风险加以管理，对操作风险管理体系实施有效监控，并承担操作风险管理的最终责任，主要职责包括：

（1）制定与整体战略目标相一致、适用于全行的操作风险管理战略，并确定本行可以承受的操作风险水平（风险偏好）。

（2）批准并定期审核全行的操作风险管理政策，确定有效的操作风险管理组织架构中应涵盖清晰的职责划分以及明确的报告流程。

（3）定期审阅高级管理层提交的操作风险报告，了解本行操作风险管理的总体状况及重大操作风险事件，监控和评价操作风险管理的全面性、有效性。

（4）督促和确保高级管理层采取必要的措施有效地识别、评估、监测和控制缓释操作风险。

（5）确保本行操作风险管理体系受到内审部门的有效监督。

（6）制定适当的奖惩制度，在全行范围有效地推动操作风险管理体系建设。

董事会可授权其风险管理委员会履行以上部分职能。

14. 高级管理层负有哪些职责

高级管理层负责执行董事会批准的操作风险管理战略和政策。

（1）总行行长主要职责包括：

1）根据董事会制定的操作风险管理战略，负责制定、定期审查和监督执行操作风险管理的政策、程序和具体的操作规程。

2）及时了解本行操作风险管理的总体状况及重大操作风险事件，并定期向董事会提交操作风险报告。

3）明确界定各部门的操作风险管理职责以及操作风险报告的路径、频率、内容，督促各部门切实履行操作风险管理职责。

4）及时了解操作风险水平及其管理状况，并为操作风险管理配备适当的资源，确保银行具备足够的人力、物力以及恰当的组织结构、管理信息系统和技术水平来有效地识别、计量、监测和控制各项业务所承担的各类操作风险。

5）在外部市场及其他环境发生重大变化或出现新的产品、业务、信息科技系统时，及时对操作风险管理体系进行检查和修订。

6）审批重大操作风险控制/缓释方案。

（2）主管风险行领导主要职责包括：

主管风险副行长或风险总监（风险官）按照高级管理层的内部分工直接领导全行的操作风险管理工作，其在操作风险管理中的主要职责包括：

1）根据授权审核、审批操作风险相关制度、工作方案。

2）监督操作风险管理状况及成效，定期向行长及董事会风险管理委员会报告操作风险管理状况及成效。

3）牵头组织落实操作风险管理体系建设的重要措施。

4）根据行长授权协调重要的跨部门操作风险管理工作。

5）负责推动操作风险管理队伍建设。

（3）其他行领导主要职责包括：

其他行领导直接领导所主管业务范围内的操作风险管理工作，其在操作风险管理中的主要职责包括：

1）制定主管范围内各条线和职能部门改善操作风险管理的工作重点。

2）督促主管范围内各条线和职能部门配备适当的资源，并按照要求进行操作风险管理。

第三节　操作风险管理组织架构和职责

3）对主管范围内各条线和职能部门制定的业务操作风险管理细则、操作风险事件处理方案等进行审批。

15. 分行管理层负有哪些职责

（1）分行行长作为分行操作风险管理的第一负责人，负责建立分行层面的操作风险管理体制，提升操作风险报告的全面性、及时性和有效性，推进操作风险与控制、自我评估等操作风险管理工作在分行层面的贯彻落实。

（2）分行风险总监作为专业风险管理者，应协助分行行长开展操作风险管理工作。

（3）分行其他行领导直接领导所主管业务范围内的操作风险管理工作。

16. 风险管理部门负有哪些职责

（1）总行风险管理部门作为操作风险管理的牵头部门，主要职责包括：

1）负责拟定、修订银行操作风险管理政策，上报资产负债管理委员会及董事会风险管理委员会批准实施。

2）根据董事会确定的战略与政策，协调、指导、督促各部门识别、评估、监测和控制操作风险。

3）建立操作风险管理报告机制，收集及分析操作风险事件及损失数据，定期及不定期编制操作风险统计和分析报告，并就如何弥补损失提出建议，使董事会及高级管理层能全面、及时、准确地掌握各项重大操作风险及其成因、影响，以能采取有效的防范及降低风险的措施。

4）根据银行业监管机构的要求，研究、落实应用计量操作风险的技术方法及程序。

（2）总行风险条线及职能部门应组织、指导、督促相应条线识别、评估、监测和控制操作风险，并按照双线报告的要求进行报告。

（3）分行风险管理部门应组织、指导、督促分行各条线及职能部门识别、评估、监测和控制操作风险，并及时将风险状况按照风险管理报告机制向总行风险管理部门进行报告。

17. 各业务条线和职能部门负有哪些职责

总分行各业务条线和职能部门对业务范围内的操作风险管理承担首要责任，各业务条线和职能部门负责人对本职范围内的操作风险管理负全责。

（1）各业务条线和职能部门有以下主要职责：

1）在业务条线和职能部门内设立操作风险管理岗位，牵头负责操作风险管理的日常工作。

2）制定并定期重检本部门的业务流程、内部控制制度、关键风险指标和相关业务政策，并确保其与全行操作风险管理政策的一致性。

3）识别、评估、监测及控制本部门的操作风险，并督导下级行对口部门履行操作风险管理职责。

4）及时、准确地按照风险管理报告机制向同级风险管理部门通报操作风险状况。

（2）各业务条线和职能部门的操作风险管理岗人员的职责包括：

1）在日常操作风险管理工作上，作为与本级风险管理部门沟通的主要联络人。

2）牵头组织部门内及本条线操作风险的识别和评估，并协助部门负责人拟订相应操作风险管理工作计划。

3）对本部门起草/制定的、与操作风险管理相关的制度及实施细则进行审查并加签意见。

4）统筹本部门操作风险监控及报送工作。

5）参加风险管理部门举行的操作风险管理会议及培训。

6）其他与操作风险管理有关的职责。

（3）各业务条线和职能部门的操作风险管理岗位人员应具备以下基本条件：

1）有一定时期的银行工作经验。

2）熟悉本部门的主要业务（包括主要的产品、业务操作流程、计算机应用系统等）。

3）对银行操作风险管理尤其是银行的操作风险管理政策、操作风险控制、自我评估方法、操作风险报告制度等有一定的了解。

18. 法律合规、运营管理、信息科技、安全保卫、人力资源等部门负有哪些职责

总分行法律合规、运营管理、信息科技、安全保卫、人力资源等部门，应在管理好本部门操作风险的同时，分别牵头负责总分行法律事务、运营管理、信息系统、安全保卫、人力资源等方面的操作风险管理，并为本行其他部门提供相关信息和支持。

19. 内部审计部门和纪检监察部门负有哪些职责

内部审计部门负责对银行操作风险管理体系的有效性进行审计，并向董事

会报告操作风险管理体系的审计情况。

纪检监察部门负责对有关案件进行查处和责任认定，并对有关责任人进行问责。触犯刑法的，移送司法机关追究法律责任。

第四节　操作风险管理政策制度

20. 如何制定银行操作风险管理政策

银行应当制定适用于全行的操作风险管理政策。操作风险管理政策应当与银行的业务性质、规模、复杂程度和风险特征相适应，主要内容包括：

（1）操作风险的定义。

（2）适当的操作风险管理组织架构、权限和责任。

（3）操作风险的识别、评估、监测和控制/缓释程序。

（4）操作风险报告程序，其中包括报告的责任、路径、频率，以及对各部门的其他具体要求。

（5）应针对现有的和新推出的重要产品、业务活动、业务程序、信息科技系统、人员管理、外部因素及其变动，及时评估操作风险的各项要求。

21. 什么是操作风险管理制度

操作风险管理制度主要指单纯与操作风险相关的政策、制度及实施细则。涉及操作风险管理的内容主要针对信用风险和市场风险的政策、制度及实施细则，原则上按照授信风险管理政策和市场风险管理政策的管理程序进行管理。

22. 如何规范银行操作风险管理制度体系

银行应建立操作风险管理制度体系，规范银行操作风险管理各个方面的政策、制度、规程等规范性文件，它既包括对操作风险管理的流程、技术等进行规范的专门性规定，也包括为了对各项业务中的操作风险点进行控制而单独编写或包含在有关业务办法、操作规程中的操作风险控制规范。

与操作风险层次化管理原则相适应，银行的操作风险管理制度也进行分层化管理。银行的操作风险管理制度体系分为以下三个层次：

（1）操作风险管理政策。

(2) 操作风险管理基本制度。
(3) 业务操作风险管理细则。

23. 如何制定操作风险管理政策

操作风险管理政策由本行制定，是银行操作风险管理的纲领性文件，构成银行其他操作风险管理制度制定的依据。操作风险管理政策应经董事会风险管理委员会审批通过后颁布施行，风险管理部门应不断研究操作风险的识别、评估、控制、监测的方法和操作风险的管理机制，并对操作风险管理政策的实施效果进行评估，以便及时向高级管理层和董事会提出修改建议。

24. 如何制定操作风险管理基本制度

操作风险管理基本制度是针对操作风险管理基本流程的某些环节或特定类型的操作风险制定的综合性制度文件，具体分为两个部分：

（1）针对操作风险管理流程的某些环节制定的基本制度，如操作风险自我评估制度、操作风险报告制度、操作风险关键风险指标管理制度等，原则上由风险管理部门起草，经各相关部门会签后，报总行资产负债管理委员会审批后发布。

（2）针对特定类型的操作风险制定的基本制度，如内部控制制度、法律风险管理制度、会计操作风险管理基本制度、信息科技风险管理基本制度、紧急事故应急处理制度等，由总行各职能部门起草，经风险管理部及其他相关部门会签后，报总行资产负债管理委员会审批后发布。

25. 如何制定内部控制制度

内部控制制度是操作风险管理制度的重要组成部分。银行内部控制制度应由总行法律合规部门牵头制定和重检，各业务条线和职能部门应根据银行内部控制制度的规定，制定本部门/条线的内部控制细则。

26. 如何制定紧急事故应急处理制度

事故应急处理制度是操作风险管理制度的重要组成部分，其目的在于保证银行在发生紧急事故时，可及时应变，采取措施，使业务得以继续运作，将影响和损失降到最低。

银行应设突发事件应急处置领导小组，其主要职责：

（1）根据银行制订的紧急事故应变方案，在重大紧急事故发生时，指挥执行应变计划，领导全行各单位应急工作的开展及落实，保障银行员工生命安全及公司财产安全。

（2）领导小组下设办公室，日常事务管理由办公室负责。领导小组办公室可根据银行业突发事件的处置需要设定相关的专业小组，如情报信息、新闻报道、专家咨询、法律顾问等小组，其具体职能可由相关职能部门承担。

（3）各部门应根据本身的实际情况，制订独立的紧急事故应变方案，并成立本单位的应急工作组，作为本单位突发事件应对工作的领导机构，负责统筹、策划、培训、测试、更新及执行应变方案。

（4）各部门应按其主要业务和领域紧急事故的分类及性质，预先设计好向相关业务及职能部门要求协助处理的计划，以保证事发时及时沟通信息，解决问题，必要时通过领导小组协调解决跨部门问题。

27. 如何制定业务操作风险管理细则

业务操作风险管理细则是指针对具体业务中的操作风险点制定的控制/管理规范。各部门在制定各类业务细则时应充分考虑相关的操作风险管理的要求，并包含相关操作风险管理的内容。同时，各部门应定期对各项业务的操作风险进行识别和评估，并根据风险识别和评估的结果定期对业务操作风险管理细则进行重检和修订。

业务操作风险管理细则由各产品、业务的归口管理部门负责起草并经部门操作风险管理岗人员加签意见后，报本部门主管行领导审批同意后发布（其中不需要发布、仅限部门内部使用的细则，经部门负责人审批通过即可）。业务操作风险管理细则下发前一般应征求分支行意见。

28. 分支行业务操作风险管理细则如何制定

各分支行可以根据总行的统一规定，结合本行的实际制定有关业务操作风险管理实施细则，分支行业务操作风险管理实施细则不得违背总行的统一规定，确有必要突破的，应报经总行批准。

第五节 操作风险的识别与评估

29. 什么是操作风险识别

操作风险识别是指对银行经营活动和业务流程中可能影响银行经营绩效、

可能给银行带来财务或非财务损失的所有内部或外部操作风险因素的识别，以便对其进行控制和管理。

操作风险识别是有效管理操作风险的基础环节，银行应当逐步建立和完善操作风险识别制度。各级机构和部门应当按照操作风险管理的相关制度要求，采用适当的工具，定期或不定期地进行操作风险识别。

30. 如何建立操作风险识别制度和机制

操作风险识别应当保证及时性和充分性，同时建立相应的识别制度和机制：

（1）操作风险识别过程应当认真判断和分析银行所面临的内部因素（如银行结构、战略目标、人力资源、组织机构、产品和服务、新设备和新系统的应用、人员流动等）和外部环境因素（如技术进步、法律法规变化、行业变化、市场结构调整、经济周期性波动等）。

（2）各级机构和部门应当确保新产品、活动、流程和系统在实施推广前，对其相关的操作风险进行充分识别。

（3）对于操作风险事件损失影响程度较大或发生频率上升较快的产品，应当及时进行操作风险重检。

（4）对于外包的产品或活动，应当进行充分的操作风险识别。

（5）各业务、产品的重要操作流程在新制定或做重大修订时，应当进行操作风险识别。

31. 什么是操作风险评估

操作风险评估是针对识别出的操作风险点进行衡量的过程。风险评估可以通过业务人员自我评估、内部独立评价、外部独立评价等方法来进行，风险评估的目的是提供对银行操作风险及操作风险管理总体状况的判断，并确定操作风险管理关注的重点领域和环节。

银行应当通过定性与定量相结合的方法，评估各类操作风险，通过采用关键风险指标、自我评估、外部独立评估和测试以及损失分布模拟等方法，建立操作风险评估体系。

32. 操作风险评估有哪些原则

银行操作风险评估有以下原则：

（1）业务流程所有人负第一评估责任原则。

业务流程的所有人（即"风险所有人"）需对风险与控制的评估工作承担第

一评估责任。

(2) 动态管理原则。

既要有定期的年度评估，又要根据内部风险管理需要和外部风险信息等情况，开展动态的触发式评估工作。

(3) 重要性原则。

应优先识别和评估对业务目标和管理目标有重大影响的操作风险。

33. 操作风险评估分几个阶段

操作风险评估包括准备、评估和报告三个阶段：

(1) 准备阶段。包括确认评估对象、绘制流程图、收集整理操作风险信息。

(2) 评估阶段。包括识别和评估固有风险、识别和评估现有控制、评估剩余风险、提出优化方案。

(3) 报告阶段。包括整合评估成果和提交报告两个步骤。

34. 操作风险评估有什么价值

银行在全行范围内开展操作风险的自我评估，有助于：

(1) 建立覆盖商业银行各项经营管理活动和业务环节的操作风险动态识别和评估机制，实现操作风险的主动识别与内部控制持续优化。

(2) 优化和完善各项作业流程，平衡风险与收益，提高服务效率和盈利能力。

(3) 在自我评估的基础上建立操作风险事件数据库，构建操作风险管理的基础平台。

(4) 为建立操作风险管理的关键风险指标体系和操作风险计量奠定基础。

(5) 风险关口前移，在风险事件发生和风险恶化前对风险进行识别并推动对其进行防范，从源头上控制风险隐患。

(6) 促进风险管理文化的转变，提高员工参与操作风险管理的主动性和积极性。

35. 操作风险的常用工具是什么

银行用于识别、评估操作风险的常用工具：自我风险评估、关键风险指标。

(1) 自我风险评估。

自我风险评估是指银行识别和评估潜在操作风险以及自身业务活动的控制措施、适当程度及有效性的操作风险管理工具。

（2）关键风险指标。

关键风险指标是指代表某一风险领域变化情况并可定期监控的统计指标。关键风险指标可用于监测可能造成损失事件的各项风险及控制措施，并作为反映风险变化情况的早期预警指标（高级管理层可据此迅速采取措施），具体指标例如每亿元资产损失率、每万人案件发生率、百万元以上案件发生比率、超过一定期限尚未确认的交易数量、失败交易占总交易数量的比例、员工流动率、客户投诉次数、错误和遗漏的频率以及严重程度等。

36. 如何建立操作风险控制自我评估制度

操作风险控制自我评估是指根据操作风险管理的基本原理，按照规定的工作流程，采用一定的方法，由对业务操作风险负直接责任的机构和部门组织对操作风险状况与控制效果进行的内部评价活动，是操作风险管理持续改进的基础工作和关键环节。

为构建操作风险管理长效机制，准确识别、评估和控制操作风险，有效降低银行面临的操作风险，银行应建立并推行操作风险控制自我评估制度，并作为操作风险识别评估的基本工具。

第六节　操作风险的监测和报告

37. 什么是操作风险监测

操作风险监测是指通过对各类与操作风险相关的状况及信息的日常监测，对操作风险状况及其控制与缓释措施的质量实施动态、持续的监测。银行应逐步开发并使用损失数据库、关键风险指标等工具监测操作风险。

38. 如何建立操作风险预警机制

银行应当制定有效的程序，定期监测并报告操作风险状况和重大损失情况。应针对潜在损失不断增大的风险，建立早期的操作风险预警机制，以便及时采取措施控制、降低风险，降低损失事件的发生频率及损失程度。

39. 关键风险指标选择应遵循哪些原则

银行应逐步建立操作风险关键风险指标体系，并通过对关键风险指标的持

第七节 操作风险管理的方法和措施

续监测和报告,为操作风险管理提供早期预警。各业务条线和职能部门及风险管理部门均应加强对关键风险指标的研究,鼓励各部门尝试引入关键风险指标对本部门条线的操作风险进行监测和报告。关键风险指标的选择应遵循以下原则:

(1) 前瞻性原则。可以提供对操作风险的预测。

(2) 敏感性原则。能深入分析损失组合的变动情况。

(3) 可操作性原则。指标应易于理解并能方便获取所需数据。

(4) 全面性原则。尽量覆盖各主要业务条线及各主要的支持、辅助性活动。

(5) 重要性原则。在全面性原则下,应突出重要性原则,重点针对主要的风险领域。

40. 如何报送操作风险报告

操作风险报告指各报告单位根据规定的内容、时间和程序,对操作风险事件和操作风险整体状态进行描述、分析和评价,按照规定的报告路线进行报送。操作风险报告包括操作风险事件报告和操作风险综合报告。对于重大操作风险事件应及时向总分行报告。

41. 如何反映或举报操作风险事件

银行每一个单位、每一位员工在各自的业务活动中都必须全面贯彻"操作风险管理人人有责"的原则,通过全行高度警觉的操作风险意识和审慎的业务操作来最大限度地控制和减轻操作风险。

同时任何单位和员工在认为有必要时均可直接向总分行风险管理部门报告操作风险管理方面的异常情况。各单位和员工也可通过其他渠道反映或举报与操作风险有关的违规、违纪或其他重要信息,包括但不限于信访渠道、高管接待等。接到投诉或举报的部门、人员应及时进行处理。

第七节 操作风险管理的方法和措施

42. 操作风险管理有哪些方法

银行应当选择适当的方法对操作风险进行管理。

具体的方法可包括:评估操作风险和内部控制、损失事件的报告和数据收集、关键风险指标的监测、新产品和新业务的风险评估、内部控制的测试和审查以及操作风险的报告。

业务复杂及规模较大的银行，应采用更加先进的风险管理方法，如使用量化方法对各部门的操作风险进行评估，收集操作风险损失数据，并根据各业务条线操作风险的特点有针对性地进行管理。

43. 操作风险管理的方式有哪些

银行总行各部门及各分支行应根据风险识别及评估的结果对识别出来的操作风险点采取不同的管理方式：

（1）接受。对于根据银行的风险偏好认为可以接受的风险，可以接受并持续进行监控。

（2）控制。对于不可接受的风险，可以通过改进控制措施等方法来更好地控制风险水平，使之降到银行可接受的风险水平范围内。

（3）转移。在条件允许时，可以通过外包或保险将风险转移到银行外部。

（4）规避。即对于不可接受的风险无法更好地控制时，可以采用放弃业务、改变业务模式等方式来规避风险。

为保证所识别的操作风险得到妥善的应对，银行应建立操作风险管理行动方案机制，对于通过操作风险控制自我评估、关键风险指标、损失事件收集等工具发现的重要操作风险点或控制薄弱环节，及时制订相应的行动方案，并对方案的落实情况进行跟踪监测。

44. 如何防范业务外包风险

在业务外包时，应确保业务外包有严谨的合同和服务协议、各方的责任义务规定明确，有效防范外包带来的操作及其他风险。

45. 如何选择购买保险缓释操作风险

银行可根据自身操作风险大小选择购买保险，并将其作为缓释操作风险的一种方法，但不应因此忽视对操作风险的控制措施。

购买保险等方式缓释操作风险的银行，应当制定相关的书面政策和程序。

46. 操作风险管理的内部措施有哪些

银行应当将加强内部控制作为操作风险管理的有效手段，与此相关的内部措施至少应当包括：

（1）部门之间具有明确的职责分工以及相关职能的适当分离，以避免潜在的利益冲突。

(2) 密切监测遵守指定风险限额或权限的情况。

(3) 对接触和使用银行资产的记录进行安全监控。

(4) 员工具有与其从事业务相适应的业务能力并接受相关培训。

(5) 识别与合理预期收益不符及存在隐患的业务或产品。

(6) 定期对交易和账户进行复核及对账。

(7) 主管及关键岗位轮岗轮调、强制性休假制度和离岗审计制度。

(8) 重要岗位或敏感环节员工八小时内外行为规范。

(9) 建立基层员工署名揭发违法违规问题的激励和保护制度。

(10) 查案、破案与处分适时、到位的双重考核制度。

(11) 案件查处和相应的信息披露制度。

(12) 对基层操作风险管控奖惩兼顾的激励约束机制。

第八节 操作风险管理系统和资本管理

47. 如何建设操作风险管理 IT 系统

银行建设操作风险管理的 IT 系统是加强操作风险管理、提高操作风险管理水平的重要途径。银行应逐步推进操作风险管理的 IT 系统建设,构建与银行业务规模、业务发展程度相适应的操作风险管理 IT 系统。

银行的操作风险管理系统应以具备以下全部功能为努力的目标,并根据具体条件逐步建立和完善:

(1) 支持操作风险控制自我评估的在线操作,及评估结果的在线汇总、分析。

(2) 与银行数据仓库系统及相关业务系统实现数据交换,支持对关键风险指标的实时监控。

(3) 满足根据监管机构要求进行操作风险计量及资本计提的需求。

(4) 构建操作风险数据库及操作风险计量模型,支持对操作风险精细化管理要求。

48. 如何建立操作风险管理信息系统

为有效地识别、评估、监测、控制和报告操作风险,商业银行应当建立并逐步完善操作风险管理信息系统。管理信息系统至少应当记录和存储与操作风险损失相关的数据和操作风险事件信息，支持操作风险和控制措施的自我评估，监测关键风险指标，并可提供操作风险报告的有关内容。

49. 如何提取操作风险监管资本

银行应当按照银保监会关于商业银行资本充足率管理的要求，为所承担的操作风险提取充足的资本，具体计提方法按照银保监会颁布的《商业银行操作风险监管资本计量指引》执行。

50. 如何管理操作风险资本

根据银行经济资本管理体系的建设目标，银行的操作风险资本管理应向高级计量法进行努力，通过资本管理和资本约束，以实现经营目标、满足股东回报要求并促进长期价值创造为主要任务，坚持和完善经济增加值、经济资本两个核心机制，追求风险和收益的平衡。

第九节　操作风险管理文化

51. 操作风险管理文化的内容有哪些

银行操作风险管理文化的基本内容：
（1）银行是管理风险的机构，通过对风险的有效管理创造价值，通过合理地承受风险来获取与风险相匹配的回报。
（2）主动合规，合规零容忍。
（3）银行最大的风险是缺乏风险意识和责任意识。
（4）风险无处不在，风险管理人人有责。
（5）风险的早期预警有利于减少损失。

52. 如何提升风险管理文化

银行必须运用足够的资源及利用内部各种沟通渠道，将操作风险的概念、政策及管理制度传达到各级人员，树立良好的操作风险管理创造价值的理念，建立良好的风险管理环境，提升风险管理文化。

第九节 操作风险管理文化

53. 如何对员工开展业务培训

员工业务培训不充分、对业务操作流程不熟悉是导致操作风险损失事件发生的重要原因之一，银行应通过对员工的持续培训，保证全体员工熟悉、了解本人所从事的工作的业务要求，以有效降低因人员不合格所造成的操作风险暴露。

54. 对操作风险管理人员如何培训

风险管理部门和培训部门每年应制订操作风险管理人员培训计划，对风险管理部门操作风险管理人员及各单位的专兼职操作风险管理人员进行充分的培训，内容应该包括操作风险管理理论、操作风险管理技术、银行的操作风险管理政策及程序等。

55. 如何进行全员操作风险管理培训

为提升操作风险管理文化及员工操作风险管理水平，风险管理部门、培训部门及各相关单位每年应制订操作风险管理培训计划，对全行员工进行相应的操作风险管理培训。培训计划应结合风险管理部门、培训部门及部门负责人意见。

56. 操作风险管理如何考核及奖惩

银行应建立并落实操作风险考核及奖惩机制，通过公开、公平、公正的考核及奖惩机制，鼓励积极推动操作风险管理并取得良好的管理效果的单位和个人，并对怠于推动操作风险管理或在操作风险管理工作失职的单位和个人进行惩罚：

（1）总行风险管理部门负责牵头在全行绩效考核的总体框架下制订对总行各部门及各分支行的操作风险管理的考核方案，并逐步通过经济资本管理、关键风险指标等管理工具进一步完善对操作风险管理的考核。

（2）对于操作风险损失事件个案中负有责任的个人严格按照银行全员问责制度进行问责，并可通过技术培训、调整岗位、调整授权等方式，有效降低该岗位的操作风险。

（3）对各单位的操作风险管理状况进行全面考核，并根据考核结果进行奖惩，考核指标应综合操作风险管控体系建设情况及重大操作风险损失事件的发生情况等指标，对于考核结果较差的机构，必要时还要通过调整授权权限、限制部分业务的开展等手段督促其提高操作风险管理水平。

第十节　操作风险监管

57. 如何报告操作风险管理

银行的操作风险管理政策和程序应报银保监会备案。商业银行应按照规定向银保监会或其派出机构报送与操作风险有关的报告。委托社会中介机构对其操作风险管理体系进行审计的，还应提交外部审计报告。

58. 哪些操作风险事件应及时报告

银行应及时向银保监会或其派出机构报告下列重大操作风险事件：

（1）抢劫银行或运钞车、盗窃银行业金融机构现金30万元以上的案件，诈骗银行或其他涉案金额1000万元以上的案件。

（2）造成银行重要数据、账册、重要空白凭证严重损毁、丢失，造成在涉及两个或两个以上省（自治区、直辖市）范围内中断业务3小时以上，在涉及一个省（自治区、直辖市）范围内中断业务6小时以上，严重影响正常工作开展的事件。

（3）盗窃、出卖、泄露或丢失涉密资料，可能影响金融稳定，造成经济秩序混乱的事件。

（4）高管人员严重违规。

（5）发生不可抗力导致严重损失，造成直接经济损失千万元以上的事故、自然灾害。

（6）其他涉及损失金额可能超过银行资本净额1‰的操作风险事件。

（7）银保监会规定其他需要报告的重大事件。

59. 监管机构检查评估的内容有哪些

监管机构对银行有关操作风险管理的政策、程序和做法进行定期的检查评估，主要内容包括：

（1）银行操作风险管理程序的有效性。

（2）银行监测和报告操作风险的方法，包括关键操作风险指标和操作风险损失数据。

第十节 操作风险监管

（3）银行及时有效处理操作风险事件和薄弱环节的措施。

（4）银行操作风险管理程序中的内控、检查和内审程序。

（5）银行灾难恢复和业务连续方案的质量和全面性。

（6）计提的抵御操作风险所需资本的充足水平。

（7）操作风险管理的其他情况。

60. 对监管发现的问题如何整改

对于监管机构在监管中发现的有关操作风险管理的问题，银行应当在规定的时限内，提交整改方案并采取整改措施。

对于发生重大操作风险事件而未在规定时限内采取有效整改措施的商业银行，银保监会将依法采取相关监管措施。

第六章 银行道德风险管理

第一节 银行道德风险管理的概念

1. 什么是道德

道德是社会意识形态之一,是人们共同生活及其行为的准则和规范。道德通过社会的或一定阶级的舆论对社会生活起约束作用。

2. 什么是道德风险

道德风险是指从事经济活动的人在最大限度地增进自身效用的同时做出不利于他人的行动。道德风险是在信息不对称条件下,不确定或不完全合同使得负有责任的经济行为主体不承担其行动的全部后果,在最大化自身效用的同时,做出不利于他人行动的现象。

道德风险并不等同于道德败坏。道德风险也称道德危机。

3. 什么是银行道德风险

银行道德风险是指银行从业人员在其自身需要得不到有效满足,并受其思想状况、道德修养、价值取向的影响和左右,为满足自身需要,未使其业务(职务)行为最优化,从而引起或故意导致金融运行处于风险状态的可能性。

在银行业中,与其他风险相比,道德风险是最难控制的。

4. 什么是信贷道德风险

信贷道德风险是指由于信贷利益各方道德不确定性使信贷内部或外部利益遭受损失的可能,具有关系复杂性、形式多样性、后果严重性等特点。信贷人员的道德丧失、信贷社会责任的忽视、信贷主体目标的冲突、信贷机构制度的漏洞等原因，导致银行信贷道德风险的产生。银行必须从信贷制度、信贷主体的道德素质等方面入手，加强对银行信贷中的道德风险控制。

第二节　银行道德风险分类与特征

5. 如何分类银行道德风险

银行道德风险与业务经营相关的可分为银行内部道德风险、银行外部道德风险。

（1）银行内部道德风险。包括银行决策层（董事会成员）的道德风险、管理层（总分行管理级人员）的道德风险、经营层（操作/执行人员）的道德风险。

（2）银行外部道德风险。包括借款人的道德风险、担保人的道德风险。

6. 银行道德风险的特征是什么

银行道德风险的特征是银行业员工以放弃有关法规制度、职业道德和本企业的效益为代价，以满足自己的需要、保全自己、谋取个人或小团体利益为价值取向，其结果是使银行没有获得最大利润或造成银行处于风险状态。

7. 银行道德风险有哪些主要特征

银行道德风险主要有以下特征：

（1）主观人为性。

人的道德观念，道德品质和道德水准是引发银行风险的直接因素和原因。凡风险的制造者都存在受到利益诱惑而以逐利为目的行为。如果说，市场风险来自价格的波动，信用风险来自借款者偿还能力的变化，那么道德风险则可归因于有意的"来自银行内部或外部的人为操纵"。

（2）隐蔽突出性。

银行道德风险与其他风险相比，更具隐蔽性，特别在其形成初期，一般只有在具备某种条件或受到某种刺激，如内外审计、人事变动或企业转型时，才会由隐变显。如英国巴林银行倒闭和日本大和银行巨额亏损就是因长期隐蔽的道德风险骤然爆发所致。从国内案例来看，当事人也多为渐进地牟取不当利益，有的甚至长达数十年，而越是长期行为越不可能明目张胆、肆无忌惮，也就越隐蔽，这也决定了道德风险具有时滞性，并非都能在代理期内部显现。

（3）损失严重性。

在银行各类风险中，损失程度最难预计和估量的就是道德风险。它不仅能在顷刻间摧毁一家强大的银行，甚至引发金融风暴。而且还有很强的传染性，许多流动性风险、信用风险、操作风险和声誉风险实际上都是由其引起的。在社会对金融关注度不断提升的今天，因道德风险引发的案件极易使公众对银行治理的有效性产生怀疑，这对以信誉为本的银行来说，其潜在和无形的损失都是无法估量的，它往往比案件本身造成的直接损失要大得多。

（4）覆盖全面性。

道德风险始终伴随银行经营管理的全过程，它既包括高频率、低损失的偷懒、失职、舞弊等违章行为，也包括低频率（相对而言）、高损失的贪污受贿及内外勾结盗窃或诈骗等违法行为。道德风险既有身居要职的高管人员所为，也有普通员工操纵；既涉及各个业务领域，也波及科技、采购等保障服务部门。可以说，道德风险无处不在、无时不有。

（5）控制艰巨性。

从风险控制角度看，目前对市场风险、信用风险、流动性风险等基本上都有比较成熟的风险管理体系加以约束和国外先进的管理思想与技术工具可资借鉴。但对于道德风险的控制，国内至今既无成熟的手段和方法，也缺乏必要的理论支持和有效的技术支撑，所以极为困难，加之市场推出机制不健全，银行业普遍未将道德风险与其他风险等同视之、认真对待。

（6）区域同化性。

道德风险往往有一定的区域特征，因为它与一家银行（或分支机构）的管理文化，特别是其高管人员的品德作风密切相关，若高管人员能够诚信守法、慎独自律，那么长此以往上行下效，就能形成一个有利于抑制道德风险的环境。反之，则可能"上梁不正下梁歪"，如少数高管长期掌控一方，员工或受制于其而唯命是从，或耳濡目染而群起效尤。此外，若一个地区金融生态环境差或同业过度竞争也容易滋生道德风险。

8. 影响银行道德风险的因素有哪些

影响银行道德风险的因素较多，主要有以下几个方面：

（1）社会环境因素。

社会环境因素的差异，对道德的评价标准不同，这在很大程度上影响着银

第三节 银行员工需求与道德风险行为

行员工的职业道德。由于社会环境的不同，造就员工的道德等级有很大的不同。

（2）社会信用系统的有效性。

如果个人信用登记系统很完备，那么就会在很大程度上减少银行的道德风险，因为如果有人做了违反职业道德的事情，他的个人信用系统中就会有登记或记录，从而对他以后的人生会有很大的影响。

（3）社会的教育因素。

社会的教育越发达，人员的整体素质水平就越高，银行的道德风险相应随之降低。

（4）银行文化因素。

俗话说：上梁不正下梁歪，如果一个银行的领导人能做到廉洁清明，那么一个银行的道德风险就会较低。

（5）个人价值观念。

个人价值观念主要是与工作有关的价值观念，即对理想工作和现从事工作的认识与态度，包括工作满意度、职业生涯规划，以及个人的专业素质、身体素质、心理素质、人际关系等。

第三节 银行员工需求与道德风险行为

9. 银行员工有什么需要

人们对需求，一般是需求产生动机，动机支配人的行为。银行员工的行为活动同样受到需要的支配和驱使，而员工的需要分为合理的需要和不合理的需要。在正常情况下，通过员工的自身努力、同事的帮助、银行的合理合法帮助，一般可以实现员工的合理需要。而由于各种因素，对于员工的一些合理需要，及员工的不合理需要，员工采取不正当的手段去实现，就会使银行产生损失和风险。

银行员工的合理需要可分为生存需要和发展需要。

10. 银行员工的生存需要是什么

银行员工生存需要包括：

（1）基本的生存条件。

(2) 人身安全。
(3) 意外事故保障。
(4) 正常的生活秩序。
(5) 某一人群的接纳和认同等。

满足这些需要一般会采取下列行为:
(1) 通过自身努力工作,谋取更多劳动报酬。
(2) 调换更好的工作单位或岗位。
(3) 要求加薪。
(4) 要求提职或兼职等。

11. 银行无法满足员工生存需要会出现什么行为

当银行无法满足员工的需要或员工对银行提供的条件不满足时,员工就会采取不正当的手段以满足其需要,如:
(1) 非法占有公私财物。
(2) 业务操作中营私舞弊、违规操作。
(3) 挪用客户资金。
(4) 以贷谋私。
(5) 非法从事第二职业。
(6) 不正常跳槽。
(7) 泄露商业秘密等。

这些行为主要发生在银行的一般员工,特别是关键岗位员工身上。

12. 银行员工的发展需要是什么

银行员工发展需要主要包括:
(1) 得到单位或某一团体的承认和接纳。
(2) 在社会和本行业拥有一定地位、威望和权力。
(3) 得到上级的认同、赏识。
(4) 在职位上被提拔重用。
(5) 开创新的工作局面。
(6) 完善自我等。

满足这些需要,员工一般会采取以下行动:
(1) 工作努力,取得显著成绩,获得赏识、提升和重用。
(2) 加入某一团体,进行广泛的社交活动。

(3) 不断学习，从事某一方面的探索、研究。

(4) 谋求新的工作、新的岗位等。

其显著特点是期望自己的价值得到所在单位或社会的承认，并谋求与之对称的待遇。

13. 银行员工发展需要无法满足会出现什么行为

如果银行员工发展需要得不到满足，则有可能采取不正当的行为来满足其需要，如：

(1) 投机取巧。

(2) 编制虚假信息，弄虚作假。

(3) 好大喜功，隐瞒工作中出现的问题。

(4) 任人唯亲，泄露商业机密。

(5) 违规经营，非法集资。

(6) 贪污受贿。

(7) 利用职权为亲属子女牟取私利等。

这些行为主要发生在银行的负责人，特别是关键岗位员工身上。

第四节 信贷道德风险层次与形式

14. 信贷道德风险存在于哪几个层次

根据银行信贷业务的管理体制和操作流程，信贷道德风险主要存在于以下三个层次：

(1) 信贷决策层的道德风险。

(2) 信贷管理层的道德风险。

(3) 信贷经营层的道德风险。

15. 信贷决策层的道德风险有哪些表现形式

银行信贷业务的决策层主要是各级行的领导和信贷审批人员。在银行的产权体制下，进行信贷决策的个人大多不拥有与其职权相适应的产权，事实上其并无足够的经济能力对决策结果负责，或者只负有微不足道的责任，而且在银行内部管理机制下，决策人员对信贷所创造的风险和收益所承担的责任与权利也是不对等的，这是决策层存在道德风险的根本原因，具体表现在决策行为的非市场化、对高级管理层的约束力软化、对违规行为反应迟钝等。

16. 信贷管理层的道德风险有哪些表现形式

银行的信贷管理层主要指各级管理行的信贷业务管理人员。决策层的道德风险增加了管理层的道德风险，如表达意见不是从实际出发而是"迎合上意"，利益目标短期化，在决策层对管理层的约束力软化的情况下，还会存在不同形式的越权经营、对下级违规行为反应麻木甚至默许、账外经营、操纵会计报表、人为调整统计数据、报喜不报忧等。

17. 信贷经营层的道德风险有哪些表现形式

银行的信贷经营层是指信贷业务的直接经办人员。他们是信息的收集者，是微观信息量最丰富的层次，由于其获取的微观信息量最大，当管理层的监督不到位时，他们成为银行内部道德风险发生频率最高的层次。如工作人员利用制度漏洞作案、高素质人员利用电脑作案、信贷及不良资产管理人员删除不利信息或提供不实信息误导管理层等。

第五节　银行道德风险的成因与表现

18. 银行道德风险形成的原因有哪些

银行道德风险的形成，原因深刻而复杂。其原因是多方面的，有文化的原因、社会的原因、银行体制的原因，主要是人为的原因。从解决道德风险问题的角度出发，银行业道德风险产生的现实原因包括：

（1）银行经营目标的不确定性。
（2）银行绩效考评的不恰当。
（3）银行同业的不当竞争。
（4）银行员工的职业操守不好。

19. 银行经营目标有哪些不确定性

银行由于受到国内外经济发展形势的影响，要适应国家经济政策的变化，银行经营目标都有不确定性。为了追求发展速度，加快发放贷款，为了落实宏

第五节　银行道德风险的成因与表现

观调控目标，坚决压缩贷款。这种不确定性反映出银行不健康的经营思想，容易引发道德风险。现在，银行还主要停留在指标管理阶段，对现代银行运行的规律还不是很了解，运用规律解决问题的能力还很低。所以，银行要用市场化方式达到经营目标，注意道德风险的发生。

20. 银行的绩效考评是否恰当

银行不恰当的绩效考评主要表现在银行的经营指标上，层层分解指标，可以说指标决定机构和个人的命运，想方设法完成任务的同时，弄虚作假时有发生，甚至银企合谋，欺上瞒下。这是体制内的道德风险。

21. 银行同业的不当竞争是如何造成的

银行高息或变相高息揽储，对大客户或大项目争相放款，都严重影响银行健康发展。为争夺存款、完成任务，各行定指标，下任务，分解到人，指标到户。不仅有存款指标、信用卡指标、手机银行指标，有时还有贷款指标。各行为了发展，不惜成本，用增加成本的办法吸收大客户存款，又用降低收费的办法对大客户争相放款。隐性成本管理成难点，同行业的恶性竞争让银行之间的道德风险急剧增加。

22. 银行员工职业操守有哪些不足

银行员工职业操守不好是道德风险发生的主要原因。有的员工不遵守银行规定，不保守商业机密；有的弄虚作假，违规操作；有的使用不正当的手段获取利益；有的员工不尊重客户隐私及身份、信仰；有的在遇到利益冲突和涉及关系人时不主动回避；有的搞内幕交易，牟取利益，接受贿赂等。

23. 信贷道德风险涉及哪些方面

银行的信贷道德风险涉及信贷的前、中、后台业务活动，其主要表现在两个方面：一是信贷道德风险，二是不良资产处置道德风险。

24. 信贷道德风险有哪些表现形式

银行的不良贷款成因在很大程度上是道德风险。信贷道德风险中的道德非指生活中的道德，而是指行为人在信贷中的职业操守。信贷道德风险有四个方面的表现形式：

（1）信贷信息不对称。即行为人拥有信息优势，比如在贷前调查中，调查人对客户的情况比任何一个审查、审批环节的人都要清楚，通过调查，信贷人员既能掌握有利于客户申请贷款的信息，也能够发现不利于贷款获得审查批准的信息，如果调查人在形成贷前调查报告时，有意识地回避对借款人不利的信息，则审查、审批环节的人员很难获得或发现，贷款一旦批准，潜在风险对贷款的安全构成威胁。

（2）信贷担保选择不当。比如在对担保贷款的选择中，信贷人员很可能应借款人的请托要求或是为了减轻工作量，在有抵押、质押、保证多个选项时做出不利于他人选择，不选择最有利于保障银行贷款安全的担保。

（3）信贷责任不愿承担。实施道德风险的人虽然不一定获取私利或只获得很少的利益，但由此造成的损失即后果不由行为人承担或行为人只承担非常小的责任。比如，一笔因为存在道德风险发放的贷款在出现风险后，行为人如果没有受贿或失职行为，其责任最多在于扣发效益工资或很轻的行政处分，银行则要承担全部损失。

（4）隐蔽风险预警信息。比如在贷前调查中，信贷人员不将不利于贷款批准的信息列入调查报告，银行很难找到信贷员故意隐瞒信息的证据，也无法追究其责任。再比如在贷后管理中，信贷人员对发现的风险预警信息视而不见，或对前任信贷员发放的贷款不加强管理，放任贷款形成风险，或以不作为的方式应付贷后管理等。显然，银行很难用法律、法规、制度来度量其行为过错，并没有很好的办法来归责信贷人员。

（5）信贷环节操作不当。道德风险贯穿于信贷操作的各个环节，如贷前调查中有意识地回避对借款人不利的信息；贷中审查、审批中对发现的风险点视而不见；贷后管理中对贷款客户的风险预警信号不及时报告、妥善处置等。道德风险很多是以不作为的形式出现的，实际上是一种放任风险自由扩大的行为。

25. 不良资产处置中的道德风险有哪些表现

银行在不良资产处置过程中所面临的道德风险主要有两种类型：一种是积极（作为）的道德风险，另一种是消极（不作为）的道德风险。

（1）积极（作为）的道德风险。

这种道德风险主要是由有权处置部门或直接处置人员的"内部人控制"行为造成的。主要表现为：

1）有权处置部门利用其特有的地位和权力违背"处置回收最大化和处置成本最小化"原则，以"合法规范"的形式，非法从资产处置相对人处谋取小团体利益。通常表现为从处置相对人（特别是社会中介机构）处取得现金返佣、回扣等不正当利益，用于集体福利或小团体利益等。

2）少数直接处置人员，利用其独家掌握的客户信息、社会关系等外部资源，通过内外勾结，拿银行利益做人情或直接从处置相对人处谋取个人利益。

（2）消极（不作为）的道德风险。

主要表现为三种具体形态：

1）部分处置人员在项目管理与处置上缺乏主动性，对所管项目情况缺乏基本的了解，处置信息掌握不多，特别是对疑难项目有畏难情绪，一味消极等待，没有做到恪尽职守，以致错失最佳处置时机，致使不良资产随时间的推移加速贬值或损失严重。比如有的贷款项目自接收以来从未采取过任何处置措施；有的项目接收前已处于强制执行阶段，由于项目管理人员未及时向法院申请执行主体，以致法院执行不力；有的抵债实物资产因项目管理人员疏于管理等失职行为导致被盗窃、被他人非法租赁或非法拆除等。

2）项目处置部门或处置人员为规避内外部监管、审计、检查可能带来的个人责任风险，片面强调处置形式的合规性，不顾处置回收是否达到最大化，在处置中大量采用委托律师事务所、拍卖公司等中介机构一诉（拍）了之等间接处置方式，没有充分发挥作为代理人的主观能动性，在资产处置中处于被动位置，难逃消极不作为的嫌疑。

3）某些银行基层机构或处置人员为了完成当年现金回收任务的考核压力，在对拟处置项目未做尽职调查、分类分析，不经精耕细作的情况下，仓促采取低价处置或打包拍卖等简单做法。资产处置中类似的急功近利和"杀鸡取卵"式的短期行为，不仅严重违背了"资产处置回收最大化"原则，也严重损害了银行的利益。具有明显的"不作为道德风险"特征。

第六节 银行道德风险的控制

26. 银行道德风险如何回避

（1）树立以人为本的管理理念。

银行应尽可能为员工提供与管理者的沟通渠道，营造一个充分沟通、信息知识共享的环境。维护员工的合法权益，为各类人才学习、工作、竞争提供平台，使员工有更多的发展机会和更广阔的发展空间。同时，加强企业文化建设，营造融洽的人际关系，提高员工的认同感和归属感，提高员工的工作满意度，从而减少员工的道德风险。

（2）建立监督机制。

银行应建立各种机制，加大对员工的考核，加强对员工的监督和管理，通过各种制度的规范来减少道德风险。

（3）建立激励机制。

银行可以通过隐性激励和显性激励来正确引导员工的自觉行动，它能够在很大程度上有效地解决员工道德风险问题。

1）隐性激励主要包括员工的参与价值、声誉效应、榜样力量、情感激励。

①参与价值。银行对激励资源的配置可采取与员工民主协商、参与式管理的方法，达到双方接受、共同认可，以调动员工的能动性、积极性，并进行自我约束。

②声誉效应。银行通过及时地、公平地表扬和奖励员工，使员工在银行机构建立自己的信誉，这样即使领导不在，为了维护声誉，他们也会努力工作。

③榜样力量。在银行中树立榜样和典型，不仅能对员工自身产生激励，促使他们努力工作，而且也为其他员工树立了一个可比较的标准，在工作中形成一种力争上游的竞争氛围。

④情感激励。有的员工往往多年甚至终身服务于银行机构，在长期的共同工作和生活中，员工对本银行产生了深厚的感情，这些员工已和银行融为一体。

2）显性激励主要是员工的收入待遇。

银行在员工的薪资收入与福利待遇方面，适当地提高他们的收入待遇，让员工觉得由于道德问题而失去工作成本太高，从而选择回避"道德风险"。

27. 银行内部道德风险如何控制

银行的安全与发展不仅取决于建立起有效的银行安全网，还取决于银行内部道德风险的有效控制。控制的方法措施主要有以下几个方面：

（1）加强对员工的政治思想教育。

（2）建立健全各项规章制度。

（3）建立真正的现代企业制度。

（4）建立充分的信息披露制度。

（5）完善人事管理制度。

（6）下达合理的考核指标。

（7）建立合理的奖惩制度并严格执行。

（8）加强内部审计。

28. 如何加强对员工的政治思想教育

提高员工的思想道德水准可从根本上降低银行的内部道德风险，特别是降低经营层道德风险。银行应通过加强员工的思想道德品质、职业道德教育，提高员工伦理道德水平，防范或控制内部道德风险，实现银行员工整体道德水平的提高。银行加强员工政治思想工作的重点要着眼于建立员工的企业归属感和工作自豪感，并通过长期不间断的合规经营理念的渗透和企业文化的培育，建立合规经营、合规操作的经营观念。

29. 如何建立健全各项规章制度

银行在目前的经营管理体制下，强有力的规章制度和规范的业务操作是控制内部道德风险的最有效手段。要按照《金融机构内部控制指导原则》的要求，建立覆盖所有业务品种和业务操作环节的规章制度。要全面建立内部授权制度，增加内部授权透明度；明确各授权岗位的业务操作程序，正确处理发展与规范的关系，坚持内控优先原则，发展必须在规范的范围内发展。严格内控标准，任何人、任何业务都必须处于内控制度的控制下，任何情况下不能出现例外。

30. 如何建立真正的现代企业制度

各银行在建立现代企业制度、完善法人治理结构方面已经有了长足的进步，特别是作为上市公司的银行，其股东的职能作用得到了相对强化，但现实情况是，要实现决策层以其自身权益对银行的经营效果负责这一目标还有很长的路要走，股东大会及银行内部监督系统还无法实现对决策层和高级管理层的有效制约。必须真正建立起银行决策层以其自身权益对银行的经营效果负责，经营者直接承受经营失败的经济责任的产权管理体制，对银行内部道德风险的控制才可能达到令人满意的效果。

31. 如何建立充分的信息披露制度

加强外部监督，可有效地降低银行内部道德风险。在这方面应发挥银保监会及银行同业协会的作用，如建立金融从业人员信息库，对不适合担任商业银行高级管理职务的人员信息予以充分披露，提高银行获取人力资源信息的能力。要求各银行提高对违规经营责任人员处罚的透明度等。促使银行在进行高级管理人员任用时不仅仅限于银行监管部门的资格审查，而且从自身的风险控制角度自觉加强人事任用的审慎性，降低商业银行内部道德风险。

32. 如何完善人事管理制度

银行因用人失察而导致内控失效,形成巨额风险甚至损失的情况屡见不鲜,这足以说明现行的人事管理体制存在问题,因此有必要完善现行的人事管理体制。一是要严格人才选拔的标准和程序,严把进人关;二是要增加人事任免的透明度,降低人事任免工作中的主观性;三是要真正落实重要岗位及高级管理人员的任期责任审计制度及离任审计制度,任期责任审计结论及离任审计结论要真正成为人事考察的重要依据,改变任期责任审计及离任审计在人事任免中仅仅是例行程序的现状。

33. 如何下达合理的考核指标

考核指标的制定要全面考虑是否符合实际,是否有利于银行的长远经营目标,不能误导各级经营管理人员。银行作为企业,经营业绩和经营规模当然是十分重要的,但作为决策层绝不应过于强调某方面的重要性,不能让利润或经营规模掩盖一切,否则可能对管理层和经营层传达错误信息,以增加风险为代价,甚至在一定程度上破坏内控环境,直接引起内部道德风险的增加。要减少考核指标制定过程中的主观性,在充分考虑实际情况的基础上建立起以利润、不良资产控制为主,业务规模为辅的考核指标,实现商业银行效益和可持续发展的综合平衡,最终实现长期利润最大化。

34. 如何建立合理的奖惩制度并严格执行

银行建立并严格执行对违规经营及形成不良资产的责任人员的责任追究制度,在追究直接责任人员责任的同时,也要追究单位领导人的责任,以提高领导层的责任心,改变一些银行只罚不奖的状况。

35. 如何加强内部审计

银行要将对内控制度进行再监督的内部审计制度作为银行内控体系的核心,提高内部审计的独立性和审计覆盖面,充分发挥其确保各项内控措施得到全面落实的关键性作用。要在审计部门与业务管理部门之间建立起有效的信息流动渠道,并严格审计整改要求,以提高审计工作的效果。通过以上方式充分发挥内部审计在控制内部道德风险方面的重要作用。

第七章　银行流动性风险管理

第一节　流动性风险管理的依据和体系

1. 什么是流动性风险

流动性风险是指商业银行无法以合理成本及时获得充足资金，用于偿付到期债务、履行其他支付义务和满足正常业务开展的其他资金需求的风险。

2. 流动性风险管理的依据是什么

为了加强商业银行流动性风险管理，维护银行体系安全稳健运行，依据中国银行保险监督管理委员会《商业银行流动性风险管理办法》和本行制定的相关规定对银行流动性风险进行管理。

3. 银行如何对流动性风险进行管理

商业银行应当建立健全流动性风险管理体系，对法人和集团层面、各附属机构、各分支机构、各业务条线的流动性风险进行有效识别、计量、监测和控制，确保其流动性需求能够及时以合理成本得到满足。

4. 监管机构如何对流动性风险进行监管

银行业监督管理机构依法对商业银行的流动性风险及其管理体系实施监督管理。

5. 流动性风险管理体系如何建立

商业银行应当在法人和集团层面建立与其业务规模、性质和复杂程度相适应的流动性风险管理体系。

流动性风险管理体系应当包括以下基本要素：
（1）有效的流动性风险管理治理结构。
（2）完善的流动性风险管理策略、政策和程序。
（3）有效的流动性风险识别、计量、监测和控制。
（4）完备的管理信息系统。

第二节 流动性风险管理治理结构及职责

6. 流动性风险管理治理结构如何建立

商业银行应当建立有效的流动性风险管理治理结构，明确董事会及其专门委员会、监事会（监事）、高级管理层以及相关部门在流动性风险管理中的职责和报告路线，建立适当的考核和问责机制。

7. 董事会履行哪些职责

商业银行董事会应当承担流动性风险管理的最终责任，履行以下职责：
（1）审核批准流动性风险偏好、流动性风险管理策略、重要的政策和程序，流动性风险偏好应当至少每年审议一次。
（2）监督高级管理层对流动性风险实施有效管理和控制。
（3）持续关注流动性风险状况，定期获得流动性风险报告，及时了解流动性风险水平、管理状况及其重大变化。
（4）审批流动性风险信息披露内容，确保披露信息的真实性和准确性。
（5）其他有关职责。
董事会可以授权其下设的专门委员会履行部分职责。

8. 高级管理层履行哪些职责

银行高级管理层应当履行以下职责：
（1）制定、定期评估并监督执行流动性风险偏好、流动性风险管理策略、政策和程序。
（2）确定流动性风险管理组织架构，明确各部门职责分工，确保商业银行具有足够的资源，独立、有效地开展流动性风险管理工作。
（3）确保流动性风险偏好、流动性风险管理策略、政策和程序在商业银行

第二节 流动性风险管理治理结构及职责

内部得到有效沟通和传达。

（4）建立完备的管理信息系统，支持流动性风险的识别、计量、监测和控制。

（5）充分了解并定期评估流动性风险水平及管理状况，及时了解流动性风险的重大变化，并向董事会定期报告。

（6）其他有关职责。

9. 风险管理部门履行哪些职能

银行应当指定专门部门负责流动性风险管理，其流动性风险管理职能应当与业务经营职能保持相对独立，并且具备履行流动性风险管理职能所需要的人力、物力资源。

银行负责流动性风险管理的部门应当具备以下职能：

（1）拟定流动性风险管理策略、政策和程序，提交高级管理层和董事会审核批准。

（2）识别、计量和监测流动性风险，包括持续监控优质流动性资产状况，监测流动性风险限额遵守情况并及时报告超限额情况，组织开展流动性风险压力测试，组织流动性风险应急计划的测试和评估。

（3）识别、评估新产品、新业务和新机构中所包含的流动性风险，审核相关操作和风险管理程序。

（4）定期提交独立的流动性风险报告，及时向高级管理层和董事会报告流动性风险水平、管理状况及其重大变化。

（5）拟定流动性风险信息披露内容，提交高级管理层和董事会审批。

（6）其他有关职责。

10. 银行应在哪些方面考虑流动性风险因素

银行应当在内部定价以及考核激励等相关制度中充分考虑流动性风险因素，在考核分支机构或主要业务条线经风险调整的收益时应当考虑流动性风险成本，防止因过度追求业务扩张和短期利润而放松流动性风险管理。

11. 监事会如何监督评价

银行监事会（监事）应当对董事会和高级管理层在流动性风险管理中的履职情况进行监督评价，至少每年向股东大会（股东）报告一次。

12. 如何建立内部控制体系

商业银行应当按照银行业监督管理机构关于内部控制有关要求，建立完善的流动性风险管理内部控制体系，作为银行整体内部控制体系的有机组成部分。

13. 流动性风险管理如何进行内部审计

银行应当将流动性风险管理纳入内部审计范畴，定期审查和评价流动性风险管理的充分性和有效性。

内部审计应当涵盖流动性风险管理的所有环节，包括但不限于：

（1）流动性风险管理治理结构、策略、政策和程序能否确保有效识别、计量、监测和控制流动性风险。

（2）流动性风险管理政策和程序是否得到有效执行。

（3）现金流分析和压力测试的各项假设条件是否合理。

（4）流动性风险限额管理是否有效。

（5）流动性风险管理信息系统是否完备。

（6）流动性风险报告是否准确、及时、全面。

14. 流动性风险管理的内部审计报告如何提交

流动性风险管理的内部审计报告应当提交董事会和监事会。董事会应当针对内部审计发现的问题，督促高级管理层及时采取整改措施。内部审计部门应当跟踪检查整改措施的实施情况，并及时向董事会提交有关报告。

银行境外分支机构或附属机构采用相对独立的本地流动性风险管理模式的，应当对其流动性风险管理单独进行审计。

第三节　流动性风险管理策略、政策和程序

15. 如何确定流动性风险偏好

银行应当根据经营战略、业务特点、财务实力、融资能力、总体风险偏好及市场影响力等因素确定流动性风险偏好。

银行的流动性风险偏好应当明确其在正常和压力情景下愿意并能够承受的流动性风险水平。

16. 如何制定流动性风险管理策略、政策和程序

银行应当根据流动性风险偏好制定书面的流动性风险管理策略、政策和程

第四节 流动性风险识别、计量、监测和控制

序。流动性风险管理策略、政策和程序应当涵盖表内外各项业务以及境内外所有可能对流动性风险产生重大影响的业务部门、分支机构和附属机构,并包括正常和压力情景下的流动性风险管理。

银行的流动性风险管理策略应当明确流动性风险管理的总体目标、管理模式以及主要政策和程序。

流动性风险管理政策和程序包括但不限于:

（1）流动性风险识别、计量和监测,包括现金流测算和分析。

（2）流动性风险限额管理。

（3）融资管理。

（4）日间流动性风险管理。

（5）压力测试。

（6）应急计划。

（7）优质流动性资产管理。

（8）跨机构、跨境以及重要币种的流动性风险管理。

（9）对影响流动性风险的潜在因素以及其他类别风险对流动性风险的影响进行持续监测和分析。

17. 如何完善相应的风险管理政策和程序

银行在开办新产品、新业务和设立新机构之前,应当在可行性研究中充分评估可能对流动性风险产生的影响,完善相应的风险管理政策和程序,并经负责流动性风险管理的部门审核同意。

18. 如何评估流动性风险管理策略、政策和程序

银行应当综合考虑业务发展、技术更新及市场变化等因素,至少每年对流动性风险偏好、流动性风险管理策略、政策和程序进行一次评估,必要时进行修订。

第四节 流动性风险识别、计量、监测和控制

19. 如何对流动性风险进行分析和监测

银行应当根据业务规模、性质、复杂程度及风险状况,运用适当方法和模型,对在正常和压力情景下未来不同时间段的资产负债期限错配、融资来源多

元化和稳定程度、优质流动性资产、重要币种流动性风险及市场流动性等进行分析和监测。

银行在运用上述方法和模型时应当使用合理的假设条件，定期对各项假设条件进行评估，必要时进行修正，并保留书面记录。

20. 如何对现金流测算和分析

（1）银行应当建立现金流测算和分析框架，有效计量、监测和控制正常和压力情景下未来不同时间段的现金流缺口。

（2）现金流测算和分析应当涵盖资产和负债的未来现金流以及或有资产和或有负债的潜在现金流，并充分考虑支付结算、代理和托管等业务对现金流的影响。

（3）银行应当对重要币种的现金流单独进行测算和分析。

21. 监测流动性风险可参考哪些情景或事件

银行应当根据业务规模、性质、复杂程度及风险状况，监测可能引发流动性风险的特定情景或事件，采用适当的预警指标，前瞻性地分析其对流动性风险的影响。可参考的情景或事件包括但不限于：

（1）资产快速增长，负债波动性显著上升。
（2）资产或负债集中度上升。
（3）负债平均期限下降。
（4）批发或零售存款大量流失。
（5）批发或零售融资成本上升。
（6）难以继续获得长期或短期融资。
（7）期限或货币错配程度加剧。
（8）多次接近内部限额或监管标准。
（9）表外业务、复杂产品和交易对流动性的需求增加。
（10）银行资产质量、盈利水平和总体财务状况恶化。
（11）交易对手要求追加额外抵质押品或拒绝进行新交易。
（12）代理行降低或取消授信额度。
（13）信用评级下调。
（14）股票价格下跌。
（15）出现重大声誉风险事件。

22. 如何管理流动性风险限额

（1）银行应当对流动性风险实施限额管理，根据自身业务规模、性质、复杂程度、流动性风险偏好和外部市场发展变化情况，设定流动性风险限额。流动性风险限额包括但不限于现金流缺口限额、负债集中度限额、集团内部交易和融资限额。

（2）银行应当制定流动性风险限额管理的政策和程序，建立流动性风险限额设定、调整的授权制度、审批流程和超限额审批程序，至少每年对流动性风险限额进行一次评估，必要时进行调整。

（3）银行应当对流动性风险限额遵守情况进行监控，超限额情况应当及时报告。对未经批准的超限额情况应当按照限额管理的政策和程序进行处理。对超限额情况的处理应当保留书面记录。

23. 融资管理应当符合哪些要求

银行应当建立并完善融资策略，提高融资来源的多元化和稳定程度。银行的融资管理应当符合以下要求：

（1）分析正常和压力情景下未来不同时间段的融资需求和来源。

（2）加强负债品种、期限、交易对手、币种、融资抵质押品和融资市场等的集中度管理，适当设置集中度限额，对于同业批发融资，应按总量和主要期限分别设定限额。

（3）加强融资渠道管理，积极维护与主要融资交易对手的关系，保持在市场上的适当活跃程度，并定期评估市场融资和资产变现能力。

（4）密切监测主要金融市场的交易量和价格等变动情况，评估市场流动性对商业银行融资能力的影响。

24. 如何加强融资抵（质）押品管理

（1）银行应当加强融资抵（质）押品管理，确保其能够满足正常和压力情景下日间和不同期限融资交易的抵（质）押品需求，并且能够及时履行向相关交易对手返售抵（质）押品的义务。

（2）银行应当区分有变现障碍资产和无变现障碍资产。对可以用作抵（质）押品的无变现障碍资产的种类、数量、币种、所处地域和机构、托管账户，以及中央银行或金融市场对其接受程度进行监测分析，定期评估其资产价值及融资能力，并充分考虑其在融资中的操作性要求和时间要求。

（3）银行应当在考虑抵（质）押品的融资能力、价格敏感度、压力情景下的折扣率等因素的基础上提高抵（质）押品的多元化程度。

25. 如何加强日间流动性风险管理

（1）银行应当加强日间流动性风险管理，确保具有充足的日间流动性头寸和相关融资安排，及时满足正常和压力情景下的日间支付需求。

银行的日间流动性风险管理应该符合以下要求：

1）有效计量每日的预期现金流入总量和流出总量，日间各个时点现金流入和流出的规模、缺口等。

2）及时监测业务行为变化，以及账面资金、日间信用额度、可用押品等可用资金变化等对日间流动性头寸的影响。

3）具有充足的日间融资安排来满足日间支付需求，必要时可通过管理和使用押品来获取日间流动性。

4）具有根据日间情况合理管控资金流出时点的能力。

5）充分考虑非预期冲击对日间流动性的影响。

（2）银行应当结合历史数据对日间流动性状况进行回溯分析，并在必要时完善日间流动性风险管理。

26. 如何管理同业业务流动性风险

银行应当加强同业业务流动性风险管理，提高同业负债的多元化和稳定程度，并优化同业资产结构和配置。

27. 流动性风险如何进行压力测试

银行应当建立流动性风险压力测试制度，分析承受短期和中长期压力情景的流动性风险控制能力。

流动性风险压力测试应当符合以下要求：

（1）合理审慎设定并定期审核压力情景，充分考虑影响商业银行自身的特定冲击、影响整个市场的系统性冲击和两者相结合的情景，以及轻度、中度、严重等不同压力程度。

（2）合理审慎设定在压力情景下商业银行满足流动性需求并可持续经营的最短期限，在影响整个市场的系统性冲击情景下该期限应当不少于30天。

（3）充分考虑各类风险与流动性风险的内在关联性和市场流动性对商业银行流动性风险的影响。

第四节 流动性风险识别、计量、监测和控制

（4）定期在法人和集团层面实施压力测试，当存在流动性转移限制等情况时，应当对有关分支机构或附属机构单独实施压力测试。

（5）压力测试频率应当与商业银行的规模、风险水平及市场影响力相适应，常规压力测试应当至少每季度进行一次，出现市场剧烈波动等情况时，应当提高压力测试频率。

（6）在可能情况下，应当参考以往出现的影响银行或市场的流动性冲击，对压力测试结果实施事后检验，压力测试结果和事后检验应当有书面记录。

（7）在确定流动性风险偏好、流动性风险管理策略、政策和程序，以及制订业务发展和财务计划时，应当充分考虑压力测试结果，必要时应当根据压力测试结果对上述内容进行调整。

董事会和高级管理层应当对压力测试的情景设定、程序和结果进行审核，不断完善流动性风险压力测试，充分发挥其在流动性风险管理中的作用。

28. 如何制订有效的流动性风险应急计划

银行应当根据其业务规模、性质、复杂程度、风险水平、组织架构及市场影响力，充分考虑压力测试结果，制订有效的流动性风险应急计划，确保其可以应对紧急情况下的流动性需求。银行应当至少每年对应急计划进行一次测试和评估，必要时进行修订。

流动性风险应急计划应当符合以下要求：

（1）设定触发应急计划的各种情景。

（2）列明应急资金来源，合理估计可能的筹资规模和所需时间，充分考虑跨境、跨机构的流动性转移限制，确保应急资金来源的可靠性和充分性。

（3）规定应急程序和措施，至少包括资产方应急措施、负债方应急措施、加强内外部沟通和其他减少因信息不对称而给商业银行带来不利影响的措施。

（4）明确董事会、高级管理层及各部门实施应急程序和措施的权限与职责。

（5）区分法人和集团层面应急计划，并视需要针对重要币种和境外主要业务区域制订专门的应急计划，对于存在流动性转移限制的分支机构或附属机构，应当制订专门的应急计划。

29. 如何持有优质流动性资产

银行应当持有充足的优质流动性资产，确保其在压力情景下能够及时满足流动性需求。优质流动性资产应当为无变现障碍资产，可以包括在压力情景下能够通过出售或抵（质）押方式获取资金的流动性资产。

银行应当根据其流动性风险偏好，考虑压力情景的严重程度和持续时间、现金流缺口、优质流动性资产变现能力等因素，按照审慎原则确定优质流动性资产的规模和构成。

30. 如何考虑对流动性风险实施并表管理

（1）银行应当对流动性风险实施并表管理，既要考虑银行集团的整体流动性风险水平，又要考虑附属机构的流动性风险状况及其对银行集团的影响。

（2）银行应当设立集团内部的交易和融资限额，分析银行集团内部负债集中度可能对流动性风险产生的影响，防止分支机构或附属机构过度依赖集团内部融资，减少集团内部的风险传导。

（3）银行应当充分了解境外分支机构、附属机构及其业务所在国家或地区与流动性风险管理相关的法律、法规和监管要求，充分考虑流动性转移限制和金融市场发展差异程度等因素对流动性风险并表管理的影响。

31. 流动性风险按照什么币种进行识别、计量和监控

银行应当按照本外币合计和重要币种分别进行流动性风险识别、计量、监测和控制。

32. 哪些风险对流动性风险有影响

银行应当审慎评估信用风险、市场风险、操作风险和声誉风险等其他类别风险对流动性风险的影响。

第五节　流动性风险管理信息系统

33. 流动性风险管理信息系统有哪些功能

银行应当建立完备的管理信息系统，准确、及时、全面计量、监测和报告流动性风险状况。

管理信息系统应当至少实现以下功能：

（1）监测日间流动性状况，每日计算各个设定时间段的现金流入、流出及缺口。

（2）计算流动性风险监管和监测指标，并在必要时提高监测频率。

(3）支持流动性风险限额的监测和控制。

(4）支持对大额资金流动的实时监控。

(5）支持对优质流动性资产及其他无变现障碍资产种类、数量、币种、所处地域和机构、托管账户等信息的监测。

(6）支持对融资抵（质）押品种类、数量、币种、所处地域和机构、托管账户等信息的监测。

(7）支持在不同假设情景下实施压力测试。

34. 如何了解流动性风险管理状况

银行应当建立规范的流动性风险报告制度，明确各项流动性风险报告的内容、形式、频率和报送范围，确保董事会、高级管理层和其他管理人员及时了解流动性风险水平及其管理状况。

第六节 流动性风险监管

35. 流动性风险监管有哪些指标

流动性风险监管指标包括流动性覆盖率、净稳定资金比例、流动性比例、流动性匹配率和优质流动性资产充足率。

资产规模不小于 2000 亿元人民币的商业银行应当持续达到流动性覆盖率、净稳定资金比例、流动性比例和流动性匹配率的最低监管标准。

资产规模小于 2000 亿元人民币的商业银行应当持续达到优质流动性资产充足率、流动性比例和流动性匹配率的最低监管标准。

36. 什么是流动性覆盖率监管指标

流动性覆盖率监管指标旨在确保商业银行具有充足的合格优质流动性资产，能够在规定的流动性压力情景下，通过变现这些资产满足未来至少 30 天的流动性需求。

流动性覆盖率的计算公式为：

流动性覆盖率 = 合格优质流动性资产 ÷ 未来 30 天现金净流出量

流动性覆盖率的最低监管标准为不低于 100%。

37. 什么是净稳定资金比例监管指标

净稳定资金比例监管指标旨在确保商业银行具有充足的稳定资金来源,以满足各类资产和表外风险敞口对稳定资金的需求。

净稳定资金比例的计算公式为:

净稳定资金比例 = 可用的稳定资金 ÷ 所需的稳定资金

净稳定资金比例的最低监管标准为不低于100%。

38. 什么是流动性比例监管指标

流动性比例监管指标是指流动性资产与各项流动性负债的比例,它是用来衡量银行资产迅速变现的能力的指标,反映了银行资产的流动性。

流动性比例的计算公式为:

流动性比例 = 流动性资产余额 ÷ 流动性负债余额

流动性比例的最低监管标准为不低于25%。

39. 什么是流动性匹配率监管指标

流动性匹配率监管指标是衡量商业银行主要资产与负债的期限配置结构,旨在引导商业银行合理配置长期稳定负债、高流动性或短期资产,避免过度依赖短期资金支持长期业务发展,提高流动性风险抵御能力。

流动性匹配率的计算公式为:

流动性匹配率 = 加权资金来源 ÷ 加权资金运用

流动性匹配率的最低监管标准为不低于100%。

40. 什么是流动性资产充足率监管指标

优质流动性资产充足率监管指标旨在确保商业银行保持充足的、无变现障碍的优质流动性资产,在压力情况下,银行可通过变现这些资产来满足未来30天内的流动性需求。

优质流动性资产充足率的计算公式为:

优质流动性资产充足率 = 优质流动性资产 ÷ 短期现金净流出

优质流动性资产充足率的最低监管标准为不低于100%。

41. 如何计算流动性风险监管指标

商业银行应当在法人和集团层面,分别计算未并表和并表的流动性风险监管

第六节 流动性风险监管

指标,并表范围按照银行业监督管理机构关于商业银行资本监管的相关规定执行。

在计算并表流动性覆盖率时,若集团内部存在跨境或跨机构的流动性转移限制,相关附属机构满足自身流动性覆盖率最低监管标准之外的合格优质流动性资产,不能计入集团的合格优质流动性资产。

42. 监管机构如何对流动性风险进行分析和监测

(1)银行业监督管理机构应当从商业银行资产负债期限错配情况、融资来源的多元化和稳定程度、无变现障碍资产、重要币种流动性风险状况以及市场流动性等方面,定期对商业银行和银行体系的流动性风险进行分析和监测。

(2)银行业监督管理机构应当充分考虑单一的流动性风险监管指标或监测工具在反映商业银行流动性风险方面的局限性,综合运用多种方法和工具对流动性风险进行分析和监测。

(3)银行业监督管理机构可结合商业银行的发展战略、市场定位、经营模式、资产负债结构和风险管理能力,对全部或部分监测工具设置差异化的监测预警值或预警区间,适时进行风险提示或要求银行采取相关措施。

43. 监管机构如何定期监测流动性风险

(1)银行业监督管理机构应当定期监测商业银行的所有表内外项目在不同时间段的合同期限错配情况,并分析其对流动性风险的影响。合同期限错配情况的分析和监测可以涵盖隔夜、7天、14天、1个月、2个月、3个月、6个月、9个月、1年、2年、3年、5年和5年以上等多个时间段。相关参考指标包括但不限于各个时间段的流动性缺口和流动性缺口率。

(2)银行业监督管理机构应当定期监测商业银行融资来源的多元化和稳定程度,并分析其对流动性风险的影响。银行业监督管理机构应当按照重要性原则,分析商业银行的表内外负债在融资工具、交易对手和币种等方面的集中度。对负债集中度的分析应当涵盖多个时间段。相关参考指标包括但不限于核心负债比例、同业融入比例、最大十户存款比例和最大十家同业融入比例。

(3)当商业银行出现对短期同业批发融资依赖程度较高、同业批发融资增长较快、发行同业存单增长较快等情况时,或商业银行在上述方面明显高于同质同类银行或全部商业银行平均水平时,银行业监督管理机构应当及时了解原因并分析其反映出的商业银行风险变化,必要时进行风险提示或要求商业银行采取相关措施。

(4)银行业监督管理机构应当定期监测商业银行无变现障碍资产的种类、

金额和所在地。相关参考指标包括但不限于超额备付金率、优质流动性资产以及向中央银行或市场融资时可以用作抵（质）押品的其他资产。

44. 监管机构根据哪些因素对流动性风险进行单独监测

银行业监督管理机构应当根据商业银行的外汇业务规模、货币错配情况和市场影响力等因素决定是否对其重要币种的流动性风险进行单独监测。相关参考指标包括但不限于重要币种的流动性覆盖率。

45. 监管机构如何分析银行体系流动性的影响

银行业监督管理机构应当密切跟踪研究宏观经济形势和金融市场变化对银行体系流动性的影响，分析、监测金融市场的整体流动性状况。发现市场流动性紧张、融资成本提高、优质流动性资产变现能力下降或丧失、流动性转移受限等情况时，应当及时分析其对商业银行融资能力的影响。

银行业监督管理机构用于分析、监测市场流动性的相关参考指标包括但不限于银行间市场相关利率及成交量、国库定期存款招标利率、票据转贴现利率及证券市场相关指数。

46. 监管机构如何监测银行存贷比情况

银行业监督管理机构应当持续监测商业银行存贷比的变动情况，当商业银行出现存贷比指标波动较大、快速或持续单向变化等情况时，或商业银行的存贷比明显高于同质同类银行或全部商业银行平均水平时，应当及时了解原因并分析其反映出的商业银行风险变化，必要时进行风险提示或要求商业银行采取相关措施。

47. 监管机构如何增设流动性风险指标

银行应当将流动性风险监测指标全部纳入内部流动性风险管理框架，及时监测指标变化并定期向银行业监督管理机构报告。除银行业监督管理机构列出的流动性风险监管指标和监测参考指标外，银行业监督管理机构还可根据商业银行的业务规模、性质、复杂程度、管理模式和流动性风险特点，设置其他流动性风险指标工具，实施流动性风险分析和监测。

48. 流动性风险监管采取哪些方式方法

银行业监督管理机构应当通过非现场监管、现场检查以及与商业银行的董事、高级管理人员进行监督管理谈话等方式，运用流动性风险监管指标和监测

第六节 流动性风险监管

工具，在法人和集团层面对商业银行的流动性风险水平及其管理状况实施监督管理，并尽早采取措施应对潜在流动性风险。

49. 如何报送流动性风险监管指标

（1）银行应当按照规定向银行业监督管理机构报送与流动性风险有关的财务会计、统计报表和其他报告。委托社会中介机构对其流动性风险水平及流动性风险管理体系进行审计的，还应当报送相关的外部审计报告。流动性风险监管指标应当按月报送，银行业监督管理机构另行规定的除外。

（2）银行业监督管理机构可以根据商业银行的业务规模、性质、复杂程度、管理模式和流动性风险特点，确定商业银行报送流动性风险报表、报告的内容和频率。

（3）银行应当于每年4月底前向银行业监督管理机构报送上一年度的流动性风险管理报告，主要内容包括流动性风险偏好、流动性风险管理策略、主要政策和程序、内部风险管理指标和限额、应急计划及其测试情况等。

（4）银行对流动性风险偏好、流动性风险管理策略、政策和程序进行重大调整的，应当在1个月内向银行业监督管理机构书面报告调整情况。

50. 如何报送流动性风险压力测试报告

银行应当按季向银行业监督管理机构报送流动性风险压力测试报告，内容包括压力测试的情景、方法、过程和结果。出现市场剧烈波动等情况时，应当提高压力测试报送频率。商业银行根据压力测试结果对流动性风险偏好、流动性风险管理策略、政策和程序进行重大调整的，应当及时向银行业监督管理机构报告相关情况。

51. 流动性风险监管采取哪些措施

银行应当及时向银行业监督管理机构报告下列可能对其流动性风险水平或管理状况产生不利影响的重大事项和拟采取的应对措施：

（1）本机构信用评级大幅下调。
（2）本机构大规模出售资产以补充流动性。
（3）本机构重要融资渠道即将受限或失效。
（4）本机构发生挤兑事件。
（5）母公司或集团内其他机构的经营状况、流动性状况、信用评级等发生重大不利变化。

（6）市场流动性状况发生重大不利变化。

（7）跨境或跨机构的流动性转移政策出现不利于流动性风险管理的重大调整。

（8）母公司、集团经营活动所在国家或地区的政治、经济状况发生重大不利变化。

（9）其他可能对其流动性风险水平或管理状况产生不利影响的重大事件。

52. 风险监管指标发生哪些变化应及时上报

（1）如果银行的监管指标已经或即将降至最低监管标准以下，应当分析原因及其反映出的风险变化情况，并立即向银行业监督管理机构报告。

（2）银行出现监测指标波动较大、快速或持续单向变化的，应当分析原因及其反映出的风险变化情况，并及时向银行业监督管理机构报告。

（3）外商独资银行、中外合资银行境内本外币资产低于境内本外币负债，集团内跨境资金净流出比例超过25%，以及外国银行分行跨境资金净流出比例超过50%的，应当在2个工作日内向银行业监督管理机构报告。

53. 如何确定流动性风险现场检查

银行业监督管理机构应当根据对银行流动性风险水平及其管理状况的评估结果，确定流动性风险现场检查的内容、范围和频率。

54. 银行如何定期披露流动性风险信息

银行应当按照规定定期披露流动性风险水平及其管理状况的相关信息，包括但不限于：

（1）流动性风险管理治理结构，包括但不限于董事会及其专门委员会、高级管理层及相关部门的职责和作用。

（2）流动性风险管理策略和政策。

（3）识别、计量、监测、控制流动性风险的主要方法。

（4）主要流动性风险管理指标及简要分析。

（5）影响流动性风险的主要因素。

（6）压力测试情况。

55. 对未遵守流动性风险监管指标的如何处理

对于未遵守流动性风险监管指标最低监管标准的商业银行，银行业监督管

第六节 流动性风险监管

理机构应当要求其限期整改,并视情形按照《中华人民共和国银行业监督管理法》第三十七条、第四十六条规定采取监管措施或者实施行政处罚。

当银行在压力状况下流动性覆盖率、优质流动性资产充足率低于最低监管标准时,银行业监督管理机构应当考虑当前和未来国内外经济金融状况,分析影响单家银行和金融市场整体流动性的因素,根据商业银行流动性覆盖率、优质流动性资产充足率降至最低监管标准以下的原因、严重程度、持续时间和频率等采取相应措施。

56. 对流动性风险管理存在缺陷的采取哪些措施

对于流动性风险管理存在缺陷的商业银行,银行业监督管理机构应当要求其限期整改。对于逾期未整改或者流动性风险管理存在严重缺陷的商业银行,银行业监督管理机构有权采取下列措施:

(1) 与银行董事会、高级管理层进行监督管理谈话。
(2) 要求银行进行更严格的压力测试、提交更有效的应急计划。
(3) 要求银行增加流动性风险管理报告的内容,提高报告频率。
(4) 增加对银行流动性风险现场检查的内容,扩大检查范围,并提高检查频率。
(5) 限制银行开展收购或其他大规模业务扩张活动。
(6) 要求银行降低流动性风险水平。
(7) 提高银行流动性风险监管指标的最低监管标准。
(8) 提高银行的资本充足率要求。
(9)《中华人民共和国银行业监督管理法》以及其他法律、行政法规和部门规章规定的有关措施。

对于母公司或集团内其他机构出现流动性困难的商业银行,银行业监督管理机构可以对其与母公司或集团内其他机构之间的资金往来提出限制性要求。

银行业监督管理机构可根据外商独资银行、中外合资银行、外国银行分行的流动性风险状况,对其境内资产负债比例或跨境资金净流出比例提出限制性要求。

57. 对流动性风险报表报告未上报的如何处理

对于未按照规定提供流动性风险报表或报告、未按照规定进行信息披露或提供虚假报表、报告的商业银行,银行业监督管理机构可以视情形按照《中华人民共和国银行业监督管理法》第四十六条、第四十七条规定实施行政处罚。

58. 如何制定和启动流动性风险监管应急预案

银行业监督管理机构应当与境内外相关部门加强协调合作,共同建立信息沟通机制和流动性风险应急处置联动机制,并制定商业银行流动性风险监管应急预案。

发生影响单家机构或市场的重大流动性事件时,银行业监督管理机构应当与境内外相关部门加强协调合作,适时启动流动性风险监管应急预案,降低相关事件对金融体系及宏观经济的负面冲击。

第八章　银行账簿利率风险管理

第一节　利率风险管理的概念和依据

1. 什么是银行账簿利率风险

银行账簿利率风险是指利率水平、期限结构等不利变动导致银行账簿经济价值和整体收益遭受损失的风险，主要包括缺口风险、基准风险和期权性风险。银行账簿记录的是银行未划入交易账簿的相关表内外业务。

利率变化可能引起银行账簿表内外业务的未来重定价现金流或其折现值发生变化，导致经济价值下降，从而使银行遭受损失。同时，利率变化可能引起净利息收入减少，或其他利率敏感性收入减少、支出增加，从而使银行遭受损失。

2. 什么是缺口风险

缺口风险是指利率变动时，由于不同金融工具重定价期限不同而引发的风险。利率变动既包括收益率曲线平行上移或下移，也包括收益率曲线形状变化。由于金融工具的重定价期限不同，利率上升时负债利率重定价早于资产利率，或利率下降时资产利率重定价早于负债利率，银行在一定时间内面临利差减少甚至负利差，从而导致损失。

3. 什么是基准风险

基准风险是指定价基准利率不同的银行账簿表内外业务，尽管期限相同或相近，但由于基准利率的变化不一致而形成的风险。

4. 什么是期权性风险

期权性风险是指银行持有期权衍生工具，或其银行账簿表内外业务存在嵌入式期权条款或隐含选择权,使银行或交易对手可以改变金融工具的未来现金流水平或期限,从而形成的风险。期权性风险可分为自动利率期权风险和客户行为性期权风险两类。

5. 自动利率期权风险来源于什么

自动利率期权风险来源于独立期权衍生工具,或金融工具合同中的嵌入式期权条款(例如浮动利率贷款中的利率顶或利率底)。对于这类期权,如果执行期权符合持有人的经济利益,则持有人会选择执行期权,因此称为自动期权。

6. 客户行为性期权风险来源于什么

客户行为性期权风险来源于金融工具合同中的隐含选择权(例如借款人的提前还款权,或存款人的提前支取权等)。利率变化时,这类选择权有可能会影响到客户行为,从而引起未来现金流发生变化。

7. 银行账簿信用利差风险是什么

银行账簿信用利差风险是指由于预期违约水平或市场流动性的变化,市场对金融工具信用质量的评估发生变化,进而导致信用利差变化的风险。具体而言,信用利差风险是具有信用风险的金融工具的利差变化中,未被银行账簿利率风险、信用风险或突发违约风险覆盖的部分。

8. 基于经济价值的计量方法是什么

基于经济价值的计量方法是指基于利率变化引起的银行经济价值变动衡量银行账簿利率风险的方法。经济价值通过银行账簿表内外业务的未来重定价现金流的净现值反映。该方法采用自然到期假设,即金融工具到期后不再叙做,反映银行账簿资产、负债和表外项目在其剩余期限内的价值变化。

9. 基于收益的计量方法是什么

基于收益的计量方法是指基于利率变化引起的银行收益变动来衡量银行账簿利率风险的方法。该方法通常考虑短到中期内的情况,可以采用多种视角,包括自然到期假设、金融工具到期滚动叙做假设,以及考虑结合未来经营战略的动态假设等。

10. 账簿利率风险如何纳入全面风险管理框架

银行应将银行账簿利率风险纳入全面风险管理框架,建立与本行系统重要

第二节 利率风险治理架构与职责

性、风险状况和业务复杂程度相适应的银行账簿利率风险管理体系,加强对银行账簿利率风险的识别、计量、监测、控制和缓释。

11. 银行账簿利率风险管理依据是什么

为加强银行的银行账簿利率风险管理,维护银行体系安全稳健运行,银行账簿利率风险管理依据是中国银行保险监督管理委员会《商业银行账簿利率风险管理指引》和本银行制定的账簿利率风险管理制度。

12. 如何实施银行账簿利率风险管理

银行应在法人和并表层面实施银行账簿利率风险管理。

13. 如何监管银行账簿利率风险

银行业监督管理机构依法对银行的银行账簿利率风险水平和管理体系实施监督管理。

第二节　利率风险治理架构与职责

14. 如何建立银行账簿利率风险治理架构

银行应建立完善的银行账簿利率风险治理架构,制定包括风险策略、风险偏好、限额体系等在内的风险管理政策框架,并定期对银行账簿利率风险管理流程进行评估和完善。

15. 银行董事会有哪些职责

银行董事会承担银行账簿利率风险管理的最终责任,履行以下职责:
(1) 制定银行账簿利率风险管理策略,设定风险偏好,并确保风险限额的设立。
(2) 审批银行账簿利率风险的风险管理政策和流程。
(3) 监督高级管理层建立并实施相关限额体系、风险管理政策和流程,确保其与董事会既定的风险管理策略和风险偏好一致。
(4) 审议银行账簿利率风险报告。
(5) 负责银行账簿利率风险相关的信息披露。

（6）其他与银行账簿利率风险管理相关的职责。

董事会可以授权下设的专业委员会履行其银行账簿利率风险管理的部分职责。

16. 银行高级管理层有哪些职责

银行高级管理层承担银行账簿利率风险管理的实施责任，履行以下职责：

（1）建立银行账簿利率风险管理架构，明确相关部门职责分工，制定清晰的执行和问责机制，确保各项政策有效实施。

（2）建立并实施银行账簿利率风险限额体系、风险管理政策和流程，包括但不限于风险限额、超限额审批流程、风险报告和评估流程等。

（3）建立银行账簿利率风险计量体系，明确利率冲击情景和关键模型假设的管理流程，建立相应的管理信息系统。

（4）建立有效的内控机制。

（5）其他与银行账簿利率风险管理相关的职责。

17. 银行专门部门职责是什么

银行应指定专门部门负责银行账簿利率风险识别、计量、监测、控制和缓释，并确保其具备履行职能所需资源。该部门应独立于业务经营部门（或人员），并直接向高级管理层报告。

18. 制定银行账簿利率风险管理策略应考虑什么因素

银行应在综合考虑银行风险偏好、风险状况、宏观经济和市场变化等因素的基础上制定清晰的银行账簿利率风险管理策略。

19. 如何制定银行账簿利率风险偏好

银行应基于银行账簿利率风险对其经济价值和整体收益的影响制定书面的银行账簿利率风险偏好，并及时更新。

20. 银行账簿利率风险限额管理实施应考虑哪些因素

银行应实施银行账簿利率风险限额管理，确保银行账簿利率风险水平与风险偏好一致。银行账簿利率风险限额体系应与银行的规模、业务复杂程度、资本充足程度及风险管理能力相匹配，必要时应针对业务部门、投资组合和金融工具类别设定子限额。银行实施银行账簿利率风险限额管理应考虑以下因素：

第三节 利率风险计量和压力测试

（1）银行账簿利率风险限额设置应基于银行账簿利率风险计量方法。

（2）如银行账簿利率风险限额与特定利率冲击情景相关联，相关利率冲击情景应充分考虑历史利率波动情况和风险缓释所需时间等因素。

（3）通过金融衍生品等工具对银行账簿利率风险开展避险交易，应针对其盯市风险制定专门的风险限额。

（4）具有重大缺口风险、基准风险或期权性风险敞口的银行应针对相关风险类型设定风险限额。

（5）应建立超限额或临近限额时的触发机制，明确报告路径和报告方式，确保管理层及时关注并采取措施。

21. 开展新业务如何确保其与风险偏好一致

银行开发新产品、对现有产品进行重大改动、拓展新的业务领域，以及开展新的重大投资和避险交易前，应充分识别和评估银行账簿利率风险，确保其与风险偏好一致。如评估认定新产品和新业务的银行账簿利率风险显著，应经过测试阶段后再全面推开。

22. 如何健全内部控制体系

银行应健全内部控制体系，定期评估银行账簿利率风险管理流程，确保其有效性、可靠性和合规性。银行应至少每年对银行账簿利率风险管理相关内控机制开展评估，及时完善内控制度。

23. 银行账簿利率风险如何纳入内部审计

银行应将银行账簿利率风险纳入内部审计，向董事会提交审计报告，并及时报送银行业监督管理机构。

第三节 利率风险计量和压力测试

24. 如何计量银行账簿利率风险

银行应采用合理的利率冲击情景和模型假设，基于经济价值变动和收益影响计量银行账簿利率风险。对实际承担风险的非标准化债权投资，应按照穿透原则，针对底层资产计量银行账簿利率风险。

25. 银行账簿利率风险计量项目包括哪些内容

银行账簿利率风险计量应包括银行承担风险的具有利率敏感性的银行账簿资产、负债，以及相关的表外项目。计量应包括缺口风险、基准风险和期权性风险等。其中，期权性风险包括自动期权风险和客户行为性期权风险。银行还应尽可能将信用利差风险纳入计量范围。

26. 银行账簿利率风险计量有哪些步骤

银行应对银行账簿资产或负债中余额占比5%以上的币种单独计量银行账簿利率风险，并可根据自身风险管理需要，对占比低于5%的特定币种单独计量银行账簿利率风险。主要计算步骤如下：

（1）根据银行账簿表内外相关项目的名义重定价现金流特点，将利率敏感性头寸划分为三类：完全标准化头寸、半标准化头寸和非标准化头寸。

（2）按照本框架规定的方法将上述三类头寸的名义重定价现金流划入给定的时间区间。

（3）按照本框架规定的六种利率冲击情景，对名义重定价现金流进行折现，并计算各利率冲击情景下的净现值变动（不包括自动利率期权头寸）。

（4）计算各利率冲击情景下，自动利率期权的价值变动。

（5）将各利率冲击情景下名义重定价现金流的净现值变动与自动利率期权的价值变动加总，即为该利率情景下的经济价值变动。各币种加总后，六种利率冲击情景下经济价值变动损失最大值，即为基于经济价值变动的银行账簿利率风险值。

银行对不同币种银行账簿利率风险进行加总时应合理考虑相关性因素。

27. 完全标准化头寸包括哪两类

完全标准化头寸包括两类：一是固定利率头寸，指合同到期前有确定现金流的头寸，例如无提前还款权的固定利率贷款、无提前支取权的定期存款等。二是浮动利率头寸，指可在下一个重定价日被重置为面值的头寸。浮动利率头寸可分解为在下一个重定价日之前的一系列利息现金流，和下一个重定价日的等同于面值的本金现金流。

带有嵌入式期权性条款的头寸，应对嵌入式期权进行剥离后，按照上述完全标准化头寸处理。剥离出的期权部分按照半标准化头寸处理。

第三节 利率风险计量和压力测试

28. 什么是半标准化头寸

半标准化头寸主要指自动利率期权，包括独立的期权衍生工具，以及其他金融工具中剥离出的嵌入式期权条款。

在计算不同利率冲击情景下自动利率期权的价值时，应基于该利率冲击情景下的收益率曲线，并假设利率波动率上升25%（当期波动率乘以125%）。与基准利率情景相比，特定利率冲击情景下所有卖出自动利率期权的价值变动，减去所有买入自动利率期权的价值变动，即为该利率冲击情景下自动利率期权的价值变动。

29. 非标准化头寸包括哪些存款

非标准化头寸包括无到期日存款、有提前还款权的固定利率贷款和有提前支取权的定期存款。

30. 计量账簿利率风险应考虑哪些利率冲击情景

银行在计量银行账簿利率风险时应考虑以下利率冲击情景：
（1）银行内部资本充足评估程序中使用的利率冲击情景。
（2）比前款所述情景更为严重的历史或假设的利率压力情景。
（3）监管要求的利率冲击情景，包括但不限于平行向上、平行向下、变陡峭、变平坦、短期利率上升、短期利率下降的六种利率冲击情景。

31. 确定利率冲击情景和压力情景应结合什么因素

银行在确定利率冲击情景和压力情景时应按照利率冲击情景设计的具体要求，结合当前利率水平和期限结构、历史和隐含利率波动性等因素，综合考虑自身风险特征和来源、风险缓释措施所需时间、调整风险组合头寸并承担损失的能力和意愿等情况。

32. 利率冲击情景设计应考虑哪些内容

银行在设计利率冲击情景时，应根据情况考虑以下内容：
（1）利率情景应尽可能全面，涵盖缺口风险（包括收益率曲线平行移动和形状变化）、基准风险和期权性风险等。
（2）利率情景应关注集中度较高的金融工具和金融市场在压力情景下的流动性。

（3）利率情景应考虑银行账簿利率风险与信用风险、流动性风险等相关风险间的关联性。

（4）利率情景应考虑现有资产负债到期后，新资产负债利差不利变动对收益的影响。

（5）承担较大期权性风险时，应考虑影响期权行为的利率情景，包括利率波动性的变化。

（6）利率情景应有前瞻性，应考虑最新市场信息、资产组合变化、新产品和新风险点等。

（7）在低利率环境下，必要时还应考虑负利率情景对资产负债的不对称影响。

33. 具有期权性条款的金融产品有哪些

银行应根据银行账簿相关产品的期权性条款，分析客户行为特点，对产品未来现金流做出假设。具有期权性条款的金融产品包括但不限于：具有提前还款权的固定利率贷款、具有提前支取权的定期存款、无到期日存款、浮动利率贷款中的利率顶和利率底等。

34. 确定客户行为性期权风险假设时应考虑哪些因素

计量银行账簿利率风险时应合理考虑客户行为假设，包括特定利率冲击情景，不同产品类型下的客户属性、产品属性和宏观经济等因素。

银行在确定客户行为性期权风险假设时，可针对以下金融工具使用相应的模型因子的考虑因素：

（1）具有提前还款风险的固定利率贷款的考虑因素。

1）贷款规模、贷款抵押率（LTV）、借款人特征、合同利率、贷款已发放时间、地理位置及竞争环境、合同期限和剩余期限等。

2）其他宏观经济变量，如股票指数、失业率、GDP、通货膨胀和房屋价格指数等。

（2）有提前支取风险的定期存款的考虑因素。

1）存款规模、存款人特征、融资渠道、合同利率、季节性因素、地理位置及竞争环境、合同期限和剩余期限等。

2）其他宏观经济变量，如股票指数、失业率、GDP、通货膨胀率、房屋价格指数等。

（3）无到期日存款的考虑因素。

包括产品利率对市场利率的敏感度、当期市场利率水平、产品利率与市场

第四节 利率风险计量系统和模型管理

利率间的利差、市场竞争水平、地理位置及竞争环境、人口及其他与客户基础相关的因素等。

（4）固定利率贷款承诺的考虑因素。

包括借款人特征、地理位置及竞争环境、当地承诺费惯例、银行与客户关系、承诺的剩余期限、承诺已持续时间和贷款期限等。

35. 如何评估客户行为假设

银行应至少每年对关键客户行为假设进行评估，就其对经济价值和收益的影响进行敏感性分析，并在市场环境快速变化时提高评估频率。

36. 如何实施银行账簿利率风险压力测试

（1）银行应根据规模、风险状况和业务复杂程度制定和实施有效的银行账簿利率风险压力测试框架，定期进行压力测试。压力测试应覆盖银行面临的所有实质性风险源，并制订应急方案。银行应确定独立的验证部门或团队对压力测试的有效性进行持续评估，评估原则上不少于每年一次。

（2）银行应根据情况开展反向压力测试，识别严重威胁银行资本和收益的利率情景。

（3）银行应将压力测试结果纳入董事会和高管层的决策参考因素，在建立银行账簿利率风险限额体系和制定风险管理政策时充分考虑压力测试结果。

第四节 利率风险计量系统和模型管理

37. 如何建立银行账簿利率风险计量系统

（1）银行应建立银行账簿利率风险计量系统，为银行账簿利率风险全流程管理提供支持。

（2）银行账簿利率风险计量系统应采用静态模拟、动态模型等多种方法计量经济价值和收益变化，有效评估各种利率冲击情景和压力情景的潜在影响，识别并计量银行账簿利率风险。该系统应能根据监管要求对内部风险参数进行限制或调整。

（3）银行应提高银行账簿利率风险计量系统的数据采集自动化水平，及时、准确收集风险信息，对数据管理进行定期评估和完善。

38. 银行账簿利率风险模型管理有什么要求

银行应按照银行账簿利率风险模型管理的要求，制定银行账簿利率风险计量模型管理政策，明确模型管理和监督职责，规范模型验证、模型风险评估、模型修订以及相关内部审计的流程。

银行对银行账簿利率风险模型的管理应满足以下要求：

（1）政策制定。

银行账簿利率风险模型管理政策应经董事会或其授权的专业委员会批准。模型管理政策应明确模型开发、推广、使用和监督过程中的职责划分，对模型升级、改造和淘汰的全流程加以规范，包括模型初始和持续验证、结果评估、审批、版本控制和例外处理等。

（2）模型验证的核心要素。

银行账簿利率风险模型验证应包括三个核心要素：

1）应评估模型理论基础和方法论的可靠性，包括建模依据等。

2）应持续监测模型，包括过程验证和标杆对比等。

3）应强化模型结果分析，包括关键模型参数（例如核心存款比率、提前还款率、提前支取率、金融工具定价等）的返回检验等。

（3）模型验证流程。

银行应基于模型风险、模型影响、模型历史表现及对模型技术的熟悉程度等定量和定性因素，建立模型验证流程，判断模型稳健性。

1）模型初始验证。在批准模型前，应就模型方法、假设和输入输出等进行验证，验证应独立于模型开发。验证结果应提交董事会或其授权委员会批准。

2）模型持续验证。在模型获批准后，应对模型开展持续评估和验证，验证频率应与模型风险程度相匹配。应明确设定例外触发事件，发生触发事件后应及时向董事会或其授权委员会报告，采取修改措施或限制模型使用。

3）模型变更。商业银行应做好版本控制。针对需要修改或停止使用的模型，应明确模型交接的政策，包括模型变更、版本控制和文档记录等。

（4）外部模型管理。

银行使用外购银行账簿利率风险模型，或由第三方供应商提供市场数据、行为假设或模型参数等，应将其纳入模型验证，并完整记录模型的选择、使用、定制性需求等情况，确保其与银行业务活动和风险特征相符。

（5）模型风险管理的审计要求。

商业银行应将模型风险管理流程纳入内审范围，评估模型风险管理流程的完整性和有效性。

39. 银行账簿利率风险计量的文档记录哪些信息

银行应做好银行账簿利率风险计量的文档记录,至少包括以下信息:

(1) 利率冲击和压力情景,包括无风险收益率曲线的选择和变更、不同收益率曲线间的基差关系、利率冲击和压力情景的选取依据、对本行产品定价的预测等。

(2) 计量模型的基本框架和具体内容,包括计量方法、关键假设的设定和调整、模型验证和校准等。

(3) 数据管理政策和流程,包括主要数据来源、数据内容、数据存储和数据管理过程等。

第五节 利率风险计量结果应用和信息披露

40. 如何应用利率风险计量结果

银行应确保银行账簿利率风险计量结果在风险管理中得到有效应用。

41. 利率风险管理报告包括哪些内容

银行账簿利率风险管理部门应定期向董事会(或其授权的专业委员会)和高管层报告银行账簿利率风险及其管理状况。报告至少应包括以下内容:

(1) 银行账簿利率风险水平和影响因素,报告频度为每半年一次。

(2) 限额和风险管理政策的执行情况。

(3) 关键模型假设和模型验证结果。

(4) 压力测试结果。

(5) 对银行账簿利率风险管理政策、流程和计量系统的评估,包括但不限于内控报告和内部审计结果。

42. 如何评估资本充足性

银行应按照《银行资本管理办法》的相关要求,基于银行账簿利率风险水平和管理状况开展资本充足性评估,并将其纳入内部资本充足评估程序。

43. 如何控制银行账簿利率风险

银行应合理调整银行账簿利率重定价期限结构，适时调整定价方式，有效控制银行账簿利率风险。

44. 如何缓释银行账簿利率风险

银行应根据风险状况，运用利率衍生工具、调整投资组合久期等方式，对银行账簿利率风险进行缓释。

45. 如何披露银行账簿利率风险

银行应按照《银行信息披露办法》和《银行资本管理办法》等有关规定，披露银行账簿利率风险水平和风险管理状况等定量和定性信息。

第六节 利率风险监督管理

46. 银行账簿利率风险监管什么内容

银行业监督管理机构应将银行的银行账簿利率风险水平和风险管理状况纳入持续监管框架，将其作为现场检查和非现场监管的重要内容。

47. 如何报送银行账簿利率风险管理材料信息

（1）银行应按照监管要求向银行业监督管理机构按季度报送银行账簿利率风险监管报表，并及时报送银行账簿利率风险管理政策等文件及其调整情况、内部风险管理报告、内控和审计报告等材料。

（2）银行业监督管理机构可要求银行提供银行账簿利率风险计量系统和模型的技术信息、使用监管规定以外的利率冲击情景的计量结果，以及针对特定币种的单独计量结果等信息。

（3）系统重要性或业务复杂程度较高的银行应按照银保监会规定的标准化计量框架向银行业监督管理机构报送相关信息。

48. 监管银行账簿利率风险有哪些要求

（1）银行业监督管理机构应按照银保监会规定要求，定期评估银行的银行账簿利率风险水平，以及银行账簿利率风险管理的充分性、完整性和有效性。

第六节 利率风险监督管理

（2）银行业监督管理机构应结合商业银行系统重要性和业务复杂程度，对其银行账簿利率风险水平和风险管理状况开展评估。

（3）监管评估应充分考虑利率冲击情景和压力情景，评估银行账簿利率风险水平的合理性和银行资本的充足性。

（4）监管评估应关注银行账簿利率风险管理是否满足银保监会监管要求，并与银行既定战略和风险偏好相一致。

49. 评估银行账簿利率风险包括哪些内容

评估内容包括但不限于：

（1）银行账簿利率风险治理架构的完整性和有效性。

（2）银行内部计量系统的有效性和关键模型假设的合理性。

（3）银行账簿利率风险计量结果的准确性、资本充足性和信息披露的充分性等。

50. 银行账簿利率风险评估考虑哪些因素

评估考虑因素包括但不限于：

（1）银行账簿资产、负债及表外业务的复杂程度和风险状况。

（2）银行账簿利率风险水平与银行资本、盈利和风险管理体系的适应程度。

（3）董事会和高管层履职的充分性和有效性。

（4）银行识别和管理银行账簿利率风险的能力。

（5）银行账簿利率风险计量结果评估的充分性。评估可采用敏感性分析和返回检验，并重点关注关键模型参数的变化。

（6）银行内部风险监测和管理信息系统的充分性。

（7）银行账簿利率风险限额体系的有效性。

（8）银行账簿利率风险压力测试的有效性。

（9）对银行账簿利率风险管理的内部评估和审计的充分性，包括独立的模型验证和模型风险监控。

（10）银行账簿利率风险对冲策略的有效性。

51. 银行账簿利率风险管理的监管措施是什么

银行的银行账簿利率风险管理未能达到监管要求的，银行业监督管理机构应要求银行完善风险管理框架、改善内部计量系统、在规定时限内降低银行账簿利率风险敞口、在规定时限内补充资本等，可按照情节依法采取监管会谈、提高检查频度、限制市场准入等监管措施，并实施行政处罚。

第九章 银行合规风险管理

第一节 合规风险管理的概念和目标

1. 什么是合规

合规是指使银行的经营活动与法律、规则和准则相一致。

2. 什么是合规风险

合规风险是指银行因没有遵循法律、规则和准则可能遭受法律制裁、监管处罚、重大财务损失和声誉损失的风险。

3. 什么是合规管理部门

合规管理部门是指银行内部设立的专门负责合规管理职能的部门、团队或岗位。

4. 什么是合规管理

合规管理是银行一项核心的风险管理活动。银行应综合考虑合规风险与信用风险、市场风险、操作风险和其他风险的关联性,确保各项风险管理政策和程序的一致性。

5. 法律、规则和准则指什么

法律、规则和准则是指适用于银行业经营活动的法律、行政法规、部门规章及其他规范性文件、经营规则、自律性组织的行业准则、行为守则和职业操守。

第二节　合规风险管理组织架构与职责

6. 合规风险管理的目的和依据是什么

为加强银行合规风险管理，维护银行安全稳健运行，合规风险管理的依据是中国银行保险监督管理委员会《商业银行合规风险管理指引》和本银行制定的合规风险管理制度。

7. 合规风险管理的目标是什么

银行合规风险管理的目标是通过建立健全合规风险管理框架，实现对合规风险的有效识别和管理，促进全面风险管理体系建设，确保依法合规经营。

8. 如何做好合规风险管理

（1）银行应加强合规文化建设，并将合规文化建设融入企业文化建设全过程。

（2）合规是银行所有员工的共同责任，并应从银行高层做起。

（3）银行董事会和高级管理层应确定合规的基调，确立全员主动合规、合规创造价值等合规理念，在全行推行诚信与正直的职业操守和价值观念，提高全体员工的合规意识，促进银行自身合规与外部监管的有效互动。

（4）银保监会依法对银行合规风险管理实施监管，检查和评价银行合规风险管理的有效性。

第二节　合规风险管理组织架构与职责

9. 如何建立合规风险管理体系

银行应建立与其经营范围、组织结构和业务规模相适应的合规风险管理体系。

合规风险管理体系应包括以下基本要素：

（1）合规政策。

（2）合规管理部门的组织结构和资源。

（3）合规风险管理计划。

（4）合规风险识别和管理流程。

（5）合规培训与教育制度。

10. 风险合规管理职能应包括哪些事项

银行的合规政策应明确所有员工和业务条线需要遵守的基本原则，以及识别和管理合规风险的主要程序，并对合规管理职能的有关事项做出规定，至少应包括：

（1）合规管理部门的功能和职责。

（2）合规管理部门的权限，包括享有与银行任何员工进行沟通并获取履行职责所需的任何记录或档案材料的权利等。

（3）合规负责人的合规管理职责。

（4）保证合规负责人和合规管理部门独立性的各项措施，包括确保合规负责人和合规管理人员的合规管理职责与其承担的任何其他职责之间不产生利益冲突等。

（5）合规管理部门与风险管理部门、内部审计部门等其他部门之间的协作关系。

（6）设立业务条线和分支机构合规管理部门的原则。

11. 董事会对合规管理履行哪些职责

董事会应对银行经营活动的合规性负最终责任，履行以下合规管理职责：

（1）审议批准银行的合规政策，并监督合规政策的实施。

（2）审议批准高级管理层提交的合规风险管理报告，并对银行管理合规风险的有效性作出评价，以使合规缺陷得到及时有效的解决。

（3）授权董事会下设的风险管理委员会、审计委员会或专门设立的合规管理委员会对银行合规风险管理进行日常监督。

（4）银行章程规定的其他合规管理职责。

12. 风险、审计或合规委员会负有什么职责

银行董事会下设的风险管理委员会、审计委员会或专门设立的合规管理委员会，负责日常监督银行合规风险管理，应通过与合规负责人单独面谈和其他有效途径，了解合规政策的实施情况和存在的问题，及时向董事会或高级管理层提出相应的意见和建议，监督合规政策的有效实施。

13. 监事会对合规管理负有什么职责

银行监事会应监督董事会和高级管理层合规管理职责的履行情况。

第二节　合规风险管理组织架构与职责

14. 高级管理层对合规管理履行哪些职责

高级管理层应有效管理银行的合规风险，履行以下合规管理职责：

（1）制定书面的合规政策，并根据合规风险管理状况以及法律、规则和准则的变化情况适时修订合规政策，报经董事会审议批准后传达给全体员工。

（2）贯彻执行合规政策，确保发现违规事件时及时采取适当的纠正措施，并追究违规责任人的相应责任。

（3）任命合规负责人，并确保合规负责人的独立性。

（4）明确合规管理部门及其组织结构，为其履行职责配备充分和适当的合规管理人员，并确保合规管理部门的独立性。

（5）识别银行所面临的主要合规风险，审核批准合规风险管理计划，确保合规管理部门与风险管理部门、内部审计部门以及其他相关部门之间的工作协调。

（6）每年向董事会提交合规风险管理报告，报告应提供充分依据并有助于董事会成员判断高级管理层管理合规风险的有效性。

（7）及时向董事会或其下设委员会、监事会报告任何重大违规事件。

（8）合规政策规定的其他职责。

15. 合规负责人负有什么职责

合规负责人应全面协调银行合规风险的识别和管理，监督合规管理部门根据合规风险管理计划履行职责，定期向高级管理层提交合规风险评估报告。合规负责人不得分管业务条线。

16. 合规风险评估报告包括哪些内容

合规风险评估报告包括但不限于以下内容：
(1) 报告期合规风险状况的变化情况。
(2) 已识别的违规事件和合规缺陷。
(3) 已采取的或建议采取的纠正措施等。

17. 如何建立绩效考核、合规问责和举报制度

（1）银行应建立对管理人员合规绩效的考核制度。银行的绩效考核应体现倡导合规和惩处违规的价值观念。

（2）银行应建立有效的合规问责制度，严格对违规行为的责任认定与追究，并采取有效的纠正措施，及时改进经营管理流程，适时修订相关政策、程序和操作指南。

（3）银行应建立诚信举报制度，鼓励员工举报违法、违反职业操守或可疑的行为，并充分保护举报人。

第三节 合规风险管理部门职责

18. 合规管理部门履行哪些职责

银行合规管理部门应在合规负责人的管理下协助高级管理层有效识别和管理银行所面临的合规风险，履行以下基本职责：

（1）持续关注法律、规则和准则的最新发展，正确理解法律、规则和准则的规定及其精神，准确把握法律、规则和准则对银行经营的影响，及时为高级管理层提供合规建议。

（2）制订并执行风险为本的合规管理计划，包括特定政策和程序的实施与评价、合规风险评估、合规性测试、合规培训与教育等。

（3）审核评价银行各项政策、程序和操作指南的合规性，组织、协调和督促各业务条线和内部控制部门对各项政策、程序和操作指南进行梳理和修订，确保各项政策、程序和操作指南符合法律、规则和准则的要求。

（4）协助相关培训和教育部门对员工进行合规培训，包括新员工的合规培训，以及所有员工的定期合规培训，并成为员工咨询有关合规问题的内部联络部门。

（5）组织制定合规管理程序以及合规手册、员工行为准则等合规指南，并评估合规管理程序和合规指南的适当性，为员工恰当执行法律、规则和准则提供指导。

（6）积极主动地识别和评估与银行经营活动相关的合规风险，包括为新产品和新业务的开发提供必要的合规性审核和测试，识别和评估新业务方式的拓展、新客户关系的建立以及客户关系的性质发生重大变化等所产生的合规风险。

（7）收集、筛选可能预示潜在合规问题的数据，如消费者投诉的增长数、异常交易等，建立合规风险监测指标，按照风险矩阵衡量合规风险发生的可能性和影响，确定合规风险的优先考虑序列。

第三节　合规风险管理部门职责

（8）实施充分且有代表性的合规风险评估和测试，包括通过现场审核对各项政策和程序的合规性进行测试，询问政策和程序存在的缺陷，并进行相应的调查，合规性测试结果应按照银行的内部风险管理程序，通过合规风险报告路线向上报告，以确保各项政策和程序符合法律、规则和准则的要求。

（9）保持与监管机构日常的工作联系，跟踪和评估监管意见和监管要求的落实情况。

19. 如何提高合规管理人员素质

（1）银行应为合规管理部门配备有效履行合规管理职能的资源。合规管理人员应具备与履行职责相匹配的资质、经验、专业技能和个人素质。

（2）银行应定期为合规管理人员提供系统的专业技能培训，尤其是在正确把握法律、规则和准则的最新发展及其对银行经营的影响等方面的技能培训。

20. 各业务条线和分支机构负有什么职责

（1）银行各业务条线和分支机构的负责人应对本条线和本机构经营活动的合规性负首要责任。

（2）银行应根据业务条线和分支机构的经营范围、业务规模设立相应的合规管理部门。

（3）银行各业务条线和分支机构合规管理部门应根据合规管理程序主动识别和管理合规风险，按照合规风险的报告路线和报告要求及时报告。

21. 银行各部门机构如何协调配合

（1）银行应建立合规管理部门与风险管理部门在合规管理方面的协作机制。

（2）银行合规管理职能应与内部审计职能分离，合规管理职能的履行情况应受到内部审计部门定期的独立评价。

（3）内部审计部门应负责银行各项经营活动的合规性审计。内部审计方案应包括合规管理职能适当性和有效性的审计评价，内部审计的风险评估方法应包括对合规风险的评估。

（4）银行应明确合规管理部门与内部审计部门在合规风险评估和合规性测试方面的职责。内部审计部门应随时将合规性审计结果告知合规负责人。

（5）银行应明确合规风险报告路线以及合规风险报告的要素、格式和频率。

（6）银行境外分支机构或附属机构应加强合规管理职能，合规管理职能的组织结构应符合当地的法律和监管要求。

22. 合规管理部门的工作如何外包

（1）银行董事会和高级管理层应对合规管理部门工作的外包遵循法律、规则和准则负责。

（2）银行应确保任何合规管理部门工作的外包安排都受到合规负责人的适当监督，不妨碍银保监会的有效监管。

第四节　合规风险监管

23. 如何向监管机构报告合规风险管理情况

（1）银行应及时将合规政策、合规管理程序和合规指南等内部制度向银保监会备案。

（2）银行应及时向银保监会报送合规风险管理计划和合规风险评估报告。

（3）银行发现重大违规事件应按照重大事项报告制度的规定向银保监会报告。

（4）银行任命合规负责人，应按有关规定报告银保监会。银行在合规负责人离任后的十个工作日内，应向银保监会报告离任原因等有关情况。

24. 银保监会如何对银行合规风险管理进行评价和检查

（1）银保监会应定期对银行合规风险管理的有效性进行评价，评价报告作为分类监管的重要依据。

（2）银保监会应根据银行的合规记录及合规风险管理评价报告，确定合规风险现场检查的频率、范围和深度。

25. 银保监会对银行合规风险管理检查哪些内容

银保监会对银行合规风险管理检查的主要内容包括：
（1）银行合规风险管理体系的适当性和有效性。
（2）银行董事会和高级管理层在合规风险管理中的作用。
（3）银行绩效考核制度、问责制度和诚信举报制度的适当性和有效性。
（4）银行合规管理职能的适当性和有效性。

第十章 银行声誉风险管理

第一节 银行声誉风险管理依据和原则

1. 什么是声誉风险

声誉风险是指由银行机构行为、从业人员行为或外部事件等,导致利益相关方、社会公众、媒体等对银行机构形成负面评价,从而损害其品牌价值,不利于其正常经营,甚至影响到市场稳定和社会稳定的风险。

2. 什么是声誉事件

声誉事件是指引发银行机构声誉明显受损的相关行为或活动。

3. 声誉风险管理的目的和依据是什么

声誉风险管理的目的是提高银行机构声誉风险管理水平,有效防范化解声誉风险,维护金融稳定和市场信心。

声誉风险管理的依据是中国银行保险监督管理委员会《银行机构声誉风险管理办法》和本银行制定的声誉风险管理制度。

4. 声誉风险管理应遵循哪些原则

银行机构声誉风险管理应遵循以下基本原则:

(1)前瞻性原则。银行机构应坚持预防为主的声誉风险管理理念,加强研究,防控源头,定期对声誉风险管理情况及潜在风险进行审视,提升声誉风险管理预见性。

(2)匹配性原则。银行机构应进行多层次、差异化的声誉风险管理,与自身规模、经营状况、风险状况及系统重要性相匹配,并结合外部环境和内部管理变化适时调整。

(3) 全覆盖原则。银行机构应以公司治理为着力点,将声誉风险管理纳入全面风险管理体系,覆盖各业务条线、所有分支机构和子公司,覆盖各部门、岗位、人员和产品,覆盖决策、执行和监督全部管理环节,同时应防范第三方合作机构可能引发的对本机构不利的声誉风险,充分考量其他内外部风险的相关性和传染性。

(4) 有效性原则。银行机构应以防控风险、有效处置、修复形象为声誉风险管理最终标准,建立科学合理、及时高效的风险防范及应对处置机制,确保能够快速响应、协同应对、高效处置声誉事件,及时修复机构受损声誉和社会形象。

5. 如何划分声誉风险管理的责任

银行机构承担声誉风险管理的主体责任,中国银行保险监督管理委员会及其派出机构依法对银行机构声誉风险管理实施监管。

第二节 声誉风险管理治理架构与职责

6. 党建如何统领声誉风险管理

银行机构要坚持以党的政治建设为统领,充分发挥党组织把方向、管大局、保落实的领导作用,把党的领导融入声誉风险管理各个环节。已建立党组织的民营资本或社会资本占主体的银行机构,要积极发挥党组织政治核心作用,把党的领导与声誉风险管理紧密地结合起来,实现目标同向、互促共进。

7. 如何构建声誉风险管理治理架构

银行机构应强化公司治理在声誉风险管理中的作用,明确董事会、监事会、高级管理层、声誉风险管理部门、其他职能部门、分支机构和子公司的职责分工,构建组织健全、职责清晰的声誉风险治理架构和相互衔接、有效联动的运行机制。

8. 银行"两会一层"承担声誉风险管理的哪些责任

银行机构董事会、监事会和高级管理层分别承担声誉风险管理的最终责任、

第三节 声誉风险全流程管理

监督责任和管理责任，董事长或主要负责人为第一责任人。

（1）董事会负责确定声誉风险管理策略和总体目标，掌握声誉风险状况，监督高级管理层开展声誉风险管理。对于声誉事件造成机构和行业重大损失、市场大幅波动、引发系统性风险或影响社会经济秩序稳定的，董事会应听取专门报告，并在下一年听取声誉风险管理的专项报告。

（2）监事会负责监督董事会和高级管理层在声誉风险管理方面的履职尽责情况，并将相关情况纳入监事会工作报告。

（3）高级管理层负责建立健全声誉风险管理制度，完善工作机制，制订重大事项的声誉风险应对预案和处置方案，安排并推进声誉事件处置。每年至少进行一次声誉风险管理评估。

9. 银行相关部门及机构负有哪些职责

（1）银行机构应设立或指定部门作为本机构声誉风险管理部门，并配备相应管理资源。声誉风险管理部门负责牵头落实高级管理层工作部署，指导协调其他职能部门、分支机构和子公司贯彻声誉风险管理制度要求，协调组织开展声誉风险的监测报告、排查评估、应对处置等工作，制订并实施员工教育和培训计划。

（2）其他职能部门及分支机构负责执行声誉风险防范和声誉事件处置中与本部门（机构）有关的各项决策，同时应设置专职或兼职的声誉风险管理岗位，加强与声誉风险管理部门的沟通协调，筑牢声誉风险管理第一道防线。

（3）银行机构应指导子公司参照母公司声誉风险管理基本原则，建立与自身情况及外部环境相适应的声誉风险治理架构、制度和流程，落实母公司声誉风险管理有关要求，做好本机构声誉风险的监测、防范和处置工作。

第三节 声誉风险全流程管理

10. 如何建立声誉风险评估机制

银行机构应建立声誉风险事前评估机制，在进行重大战略调整、参与重大项目、实施重大金融创新及展业、重大营销活动及媒体推广、披露重要信息、涉及重大法律诉讼或行政处罚、面临群体性事件、遇到行业规则或外部环境发生重大变化等容易产生声誉风险的情形时，应进行声誉风险评估，根据评估结果制定应对预案。

11. 如何建立声誉风险监测机制

银行机构应建立声誉风险监测机制,充分考虑与信用风险、保险风险、市场风险、流动性风险、操作风险、国别风险、利率风险、战略风险、信息科技风险以及其他风险的关联性,及时发现和识别声誉风险。

12. 如何建立声誉事件分级机制

银行机构应建立声誉事件分级机制,结合本机构实际,对声誉事件的性质、严重程度、传播速度、影响范围和发展趋势等进行研判评估,科学分类,分级应对。

13. 声誉风险应对措施有哪些

银行机构应加强声誉风险应对处置,按照声誉事件的不同级别,灵活采取相应措施,可包括:

(1)核查引发声誉事件的基本事实、主客观原因,分析机构的责任范围。

(2)检视其他经营区域及业务、宣传策略等与声誉事件的关联性,防止声誉事件升级或出现次生风险。

(3)对可能的补救措施进行评估,根据实际情况采取合理的补救措施,控制利益相关方损失程度和范围。

(4)积极主动统一准备新闻口径,通过新闻发布、媒体通气、声明、公告等适当形式,适时披露相关信息,澄清事实情况,回应社会关切。

(5)对引发声誉事件的产品设计缺陷、服务质量弊病、违法违规经营等问题进行整改,根据情节轻重进行追责,并视情况公开,展现真诚担当的社会形象。

(6)及时开展声誉恢复工作,加大正面宣传,介绍针对声誉事件的改进措施以及其他改善经营服务水平的举措,综合施策消除或降低声誉事件的负面影响。

(7)对恶意损害本机构声誉的行为,依法采取措施维护自身合法权益。

(8)声誉事件处置中其他必要的措施。

14. 如何建立声誉事件报告机制

银行机构应建立声誉事件报告机制,明确报告要求、路径和时限。对于符合突发事件信息报告有关规定的，按要求向监管部门报告。

15. 声誉风险如何考核问责

银行机构应强化考核问责，将声誉事件的防范处置情况纳入考核范围，对引发声誉事件或预防及处置不当造成重大损失或严重不良影响的相关人员和声誉风险管理部门、其他职能部门、分支机构等应依法依规进行问责追责。

16. 如何开展全流程评估工作

银行机构应开展全流程评估工作，对相关问题的整改情况进行跟踪评价，对整个声誉事件进行复盘总结，及时查漏补缺，进一步完善制度、规范流程，避免同类声誉事件再次发生。

第四节 声誉风险管理常态化建设

17. 如何排查声誉风险隐患

银行机构应定期开展声誉风险隐患排查，覆盖内部管理、产品设计、业务流程、外部关系等方面，从源头减少声誉风险触发因素，持续完善声誉风险应对预案和相关内部制度。

18. 如何检视声誉风险

银行机构应定期开展声誉风险情景模拟和应急演练，检视机构应对各种不利事件特别是极端事件的反应能力和适应程度，并将声誉风险情景纳入本机构压力测试体系，在开展各类压力测试过程中充分考虑声誉风险影响。

19. 如何防范声誉风险

银行机构应建立与投诉、举报、调解、诉讼等联动的声誉风险防范机制，及时回应和解决有关合理诉求，防止处理不当引发声誉风险。

20. 如何避免声誉风险

银行机构应主动接受社会舆论监督，建立统一管理的采访接待和信息发布机制，及时准确公开信息，避免误读误解引发声誉风险。

21. 如何积累声誉资本

银行机构应做好声誉资本积累，加强品牌建设，承担社会责任，诚实守信经营，提供优质高效服务。

22. 声誉风险管理内部审计哪些内容

银行机构应将声誉风险管理纳入内部审计范畴，定期审查和评价声誉风险管理的规范性和有效性，包括但不限于：
（1）治理架构、策略、制度和程序能否确保有效识别、监测和防范声誉风险。
（2）声誉风险管理政策和程序是否得到有效执行。
（3）风险排查和应急演练是否开展到位。

23. 如何共同维护银行业整体声誉

银行机构应加强同业沟通联系，相互吸收借鉴经验教训，不恶意诋毁，不借机炒作，共同维护银行业整体声誉。

第五节 声誉风险监管

24. 声誉风险监管机构负有哪些责任

银保监会及其派出机构应将银行机构声誉风险管理纳入法人监管体系，加强银行业声誉风险监管。

银保监会机构监管部门和各级派出机构承担银行机构声誉风险的监管责任，办公厅承担归口和协调责任。

25. 监管声誉风险管理状况有哪些方式

银保监会及其派出机构通过非现场监管和现场检查实施对银行机构声誉风险的持续监管，具体方式包括但不限于风险提示、监督管理谈话、现场检查等，并将其声誉风险管理状况作为监管评级及市场准入的考虑因素。

26. 对声誉风险问题采取哪些措施

银保监会及其派出机构发现银行机构存在以下声誉风险问题，依法采取相应措施：

（1）声誉风险管理制度缺失或极度不完善，忽视声誉风险管理。

（2）未落实各项工作制度及工作流程，声誉风险管理机制运行不畅。

（3）声誉事件造成机构和行业重大损失、市场大幅波动。

（4）声誉事件引发系统性风险、影响社会经济秩序稳定或造成其他重大后果。

对于上述情形，可采取监督管理谈话、责令限期改正、责令机构纪律处分等监管措施，并可依据《中华人民共和国银行业监督管理法》《中华人民共和国商业银行法》《中华人民共和国保险法》等法律法规实施行政处罚。

27. 银行业协会如何维护行业声誉

中国银行业协会等行业社团组织应通过行业自律、维权、协调及宣传等方式，指导会员单位提高声誉风险管理水平，妥善应对处置行业性声誉事件，维护行业良好声誉。

28. 如何保护金融消费者合法权益

《银行保险机构声誉风险管理办法》要求银行机构承担社会责任、诚实守信经营、提供优质高效服务，重视声誉资本积累，制订并实施员工教育和培训计划，这将推动机构更加重视消费者体验，努力提升服务意识和服务能力。银行机构主动接受社会舆论监督，及时准确公开信息，将有利于减少信息不对称，保障消费者的知情权。银行机构建立与投诉、举报、调解、诉讼等联动的声誉风险防范机制，及时回应和解决消费者合理诉求，这将有利于促进机构进一步重视消费者诉求，保护消费者合法权益。

第十一章 银行信息科技风险管理

第一节 信息科技风险管理的依据和目标

1. 什么是信息科技

信息科技是指计算机、通信、微电子和软件工程等现代信息技术，在银行业务交易处理、经营管理和内部控制等方面的应用，并包括进行信息科技治理，建立完整的管理组织架构，制定完善的管理制度和流程。

2. 什么是信息科技风险

信息科技风险是指信息科技在银行运用过程中，由于自然因素、人为因素、技术漏洞和管理缺陷产生的操作、法律和声誉等风险。

3. 信息科技风险管理的依据是什么

为加强银行信息科技风险管理，依据中国银行保险监督管理委员会《银行信息科技风险管理指引》和本银行制定的信息科技风险管理制度。

4. 信息科技风险管理的目标是什么

信息科技风险管理的目标是通过建立有效的机制，实现对银行信息科技风险的识别、计量、监测和控制，促进银行安全、持续、稳健运行，推动业务创新，提高信息技术使用水平，增强核心竞争力和可持续发展能力。

第二节 信息科技风险管理架构及职责

5. 如何构建信息科技风险管理组织

银行信息科技管理架构应由法定代表人、董事会、首席信息官和信息科技部门及内部审计部门构成,共同承担信息科技的管理职责。

6. 银行法定代表人职责是什么

银行法定代表人是本机构信息科技风险管理的第一责任人,负责组织本机构信息科技风险管理的贯彻落实。

7. 银行董事会的职责有哪些

银行的董事会应履行以下信息科技管理职责:

(1) 遵守并贯彻执行国家有关信息科技管理的法律、法规和技术标准,落实中国银行保险监督管理委员会相关监管要求。

(2) 审查批准信息科技战略,确保其与银行的总体业务战略和重大策略相一致。评估信息科技及其风险管理工作的总体效果和效率。

(3) 掌握主要的信息科技风险,确定可接受的风险级别,确保相关风险能够被识别、计量、监测和控制。

(4) 规范职业道德行为和廉洁标准,增强内部文化建设,提高全体人员对信息科技风险管理重要性的认识。

(5) 设立一个由来自高级管理层、信息科技部门和主要业务部门的代表组成的专门信息科技管理委员会,负责监督各项职责的落实,定期向董事会和高级管理层汇报信息科技战略规划的执行、信息科技预算和实际支出、信息科技的整体状况。

(6) 在建立良好的公司治理的基础上进行信息科技治理,形成分工合理、职责明确、相互制衡、报告关系清晰的信息科技治理组织结构。加强信息科技专业队伍的建设,建立人才激励机制。

(7) 确保内部审计部门进行独立有效的信息科技风险管理审计,对审计报告进行确认并落实整改。

（8）每年审阅并向银保监会及其派出机构报送信息科技风险管理的年度报告。

（9）确保信息科技风险管理工作所需资金。

（10）确保银行所有员工充分理解和遵守经其批准的信息科技风险管理制度和流程，并安排相关培训。

（11）确保本法人机构涉及客户信息、账务信息以及产品信息等的核心系统在中国境内独立运行，并保持最高的管理权限，符合银保监会监管和实施现场检查的要求，防范跨境风险。

（12）及时向银保监会及其派出机构报告本机构发生的重大信息科技事故或突发事件，按相关预案快速响应。

（13）配合银保监会及其派出机构做好信息科技风险监督检查工作，并按照监管意见进行整改。

（14）履行信息科技风险管理其他相关工作。

8. 银行首席信息官职责有哪些

银行应设立首席信息官，直接向行长汇报，并参与决策。首席信息官的职责包括：

（1）直接参与本银行与信息科技运用有关的业务发展决策。

（2）确保信息科技战略，尤其是信息系统开发战略，符合本银行的总体业务战略和信息科技风险管理策略。

（3）确保信息科技风险管理的有效性，并使有关管理措施落实到相关的每一个内设机构和分支机构。

（4）组织专业培训，提高人才队伍的专业技能。

（5）履行信息科技风险管理其他相关工作。

9. 银行信息科技部门职责有哪些

银行应建立一个切实有效的信息科技部门，承担本银行的信息科技职责，负责信息科技风险管理工作，并直接向首席信息官或首席风险官（风险管理委员会）报告工作。该部门应为信息科技突发事件应急响应小组的成员之一，负责协调制定有关信息科技风险管理策略，尤其是在涉及信息安全、业务连续性计划和合规性风险等方面，为业务部门和信息科技部门提供建议及相关合规性信息，实施持续信息科技风险评估，跟踪整改意见的落实，监控信息安全威胁和不合规事件的发生。确保其履行以下职责：

第二节 信息科技风险管理架构及职责

(1) 信息科技预算和支出。
(2) 信息科技策略、标准和流程。
(3) 信息科技内部控制。
(4) 专业化研发、信息科技项目发起和管理。
(5) 信息系统和信息科技基础设施的运行、维护和升级。
(6) 信息安全管理、灾难恢复计划。
(7) 信息科技外包和信息系统退出等。

10. 信息科技相关人员风险防范有哪些措施

银行应对信息科技部门内部管理职责进行明确的界定,各岗位的人员应具有相应的专业知识和技能,重要岗位应制定详细完整的工作手册并适时更新。对相关人员应采取下列风险防范措施:

(1) 验证个人信息,包括核验有效身份证件、学历证明、工作经历和专业资格证书等信息。
(2) 审核信息科技员工的道德品行,确保其具备相应的职业操守。
(3) 确保员工了解、遵守信息科技策略、指导原则、信息保密、授权使用信息系统、信息科技管理制度和流程等要求,并同员工签订相关协议。
(4) 评估关键岗位信息科技员工流失带来的风险,做好安排候补员工和岗位接替计划等防范措施,在员工岗位发生变化后及时变更相关信息。

11. 内部审计部门职责是什么

银行应在内部审计部门设立专门的信息科技风险审计岗位,负责信息科技审计制度和流程的实施,制订和执行信息科技审计计划,对信息科技整个生命周期和重大事件等进行审计。

12. 如何制定信息科技知识产权保护制度

银行应按照知识产权相关法律法规,制定本机构信息科技知识产权保护策略和制度,并使所有员工充分理解并遵照执行。确保购买和使用合法的软硬件产品,禁止侵权盗版,采取有效措施保护本机构自主知识产权。

13. 如何规范披露信息科技风险状况

银行应依据有关法律法规的要求,规范和及时披露信息科技风险状况。

第三节 信息科技风险管理策略和措施

14. 如何制定信息科技规划

银行应制定符合银行总体业务规划的信息科技战略、信息科技运行计划和信息科技风险评估计划,确保配置足够人力、财力资源,维持稳定、安全的信息科技环境。

15. 如何制定信息科技风险管理策略

银行应制定全面的信息科技风险管理策略,包括但不限于以下领域:
(1) 信息分级与保护。
(2) 信息系统开发、测试和维护。
(3) 信息科技运行和维护。
(4) 访问控制。
(5) 物理安全。
(6) 人员安全。
(7) 业务连续性计划与应急处置。

16. 如何制定信息科技风险识别和评估流程

银行应制定持续的风险识别和评估流程,确定信息科技中存在隐患的区域,评价风险对其业务的潜在影响,对风险进行排序,并确定风险防范措施及所需资源的优先级别(包括外包供应商、产品供应商和服务商)。

17. 信息科技风险防范有哪些措施

银行应依据信息科技风险管理策略和风险评估结果,实施全面的风险防范措施。防范措施应包括:
(1) 制定明确的信息科技风险管理制度、技术标准和操作规程等,定期进行更新和公示。
(2) 确定潜在风险区域,并对这些区域进行详细和独立的监控,实现风险最小化。建立适当的控制框架,以便检查和平衡风险,定义每个业务级别的控制内容,包括:

1）最高权限用户的审查。
2）控制对数据和系统的物理和逻辑访问。
3）访问授权以"必须知道"和"最小授权"为原则。
4）审批和授权。
5）验证和调节。

18. 如何建立信息科技风险计量和监测机制

银行应建立持续的信息科技风险计量和监测机制，其中应包括：
（1）建立信息科技项目实施前及实施后的评价机制。
（2）建立定期检查系统性能的程序和标准。
（3）建立信息科技服务投诉和事故处理的报告机制。
（4）建立内部审计、外部审计和监管发现问题的整改处理机制。
（5）安排供应商和业务部门对服务水平协议的完成情况进行定期审查。
（6）定期评估新技术发展可能造成的影响和已使用软件面临的新威胁。
（7）定期进行运行环境下操作风险和管理控制的检查。
（8）定期进行信息科技外包项目的风险状况评价。

第四节 信息安全管理

19. 如何建立和实施信息分类和保护体系

银行信息科技部门负责建立和实施信息分类和保护体系，银行应使所有员工都了解信息安全的重要性，并组织提供必要的培训，让员工充分了解其职责范围内的信息保护流程。

20. 信息安全管理包括哪些职能

银行信息科技部门应落实信息安全管理职能。该职能应包括建立信息安全计划和保持长效的管理机制，提高全体员工信息安全意识，就安全问题向其他部门提供建议，并定期向信息科技管理委员会提交本银行信息安全评估报告。信息安全管理机制应包括信息安全标准、策略、实施计划和持续维护计划。

信息安全策略应涉及以下领域：
（1）安全制度管理。

（2）信息安全组织管理。
（3）资产管理。
（4）人员安全管理。
（5）物理与环境安全管理。
（6）通信与运营管理。
（7）访问控制管理。
（8）系统开发与维护管理。
（9）信息安全事故管理。
（10）业务连续性管理。
（11）合规性管理。

21. 如何建立管理用户认证和访问控制的流程

银行应建立有效管理用户认证和访问控制的流程。用户对数据和系统的访问必须选择与信息访问级别相匹配的认证机制，并且确保其在信息系统内的活动只限于相关业务能合法开展所要求的最低限度。用户调动到新的工作岗位或离开银行时，应在系统中及时检查、更新或注销用户身份。

22. 如何设立物理安全保护区域

银行应确保设立物理安全保护区域，包括计算机中心或数据中心、存储机密信息或放置网络设备等重要信息科技设备的区域，明确相应的职责，采取必要的预防、检测和恢复控制措施。

23. 如何划分信息安全网络

银行应根据信息安全级别，将网络划分为不同的逻辑安全域。应该对下列安全因素进行评估，并根据安全级别定义和评估结果实施有效的安全控制，如对每个域和整个网络进行物理或逻辑分区、实现网络内容过滤、逻辑访问控制、传输加密、网络监控、记录活动日志等。

（1）安全域内应用程序和用户组的重要程度。
（2）各种通信渠道进入安全域的访问点。
（3）安全域内配置的网络设备和应用程序使用的网络协议和端口。
（4）性能要求安全或标准。
（5）安全域的性质，如生产安全域或测试域、内部安全域或外部安全域。
（6）不同安全域之间的连通性。

第四节 信息安全管理

（7）安全域的可信程度。

24. 计算机操作系统和系统软件安全措施有哪些

银行应通过以下措施，确保所有计算机操作系统和系统软件的安全。

（1）制定每种类型操作系统的基本安全要求，确保所有系统满足基本安全要求。

（2）明确定义包括终端用户、系统开发人员、系统测试人员、计算机操作人员、系统管理员和用户管理员等不同用户组的访问权限。

（3）制定最高权限系统账户的审批、验证和监控流程，并确保最高权限用户的操作日志被记录和监察。

（4）技术人员定期检查可用的安全补丁，并报告补丁管理状态。

（5）在系统日志中记录不成功的登录、重要系统文件的访问、对用户账户的修改等有关重要事项，手动或自动监控系统出现的任何异常事件，定期汇报监控情况。

25. 信息系统安全措施有哪些

银行应通过以下措施，确保所有信息系统的安全：

（1）明确定义终端用户和信息科技技术人员在信息系统安全中的角色和职责。

（2）针对信息系统的重要性和敏感程度，采取有效的身份验证方法。

（3）加强职责划分，对关键或敏感岗位进行双重控制。

（4）在关键的接合点进行输入验证或输出核对。

（5）采取安全的方式处理保密信息的输入和输出，防止信息泄露或被盗取、篡改。

（6）确保系统按预先定义的方式处理例外情况，当系统被迫终止时向用户提供必要信息。

（7）以书面或电子格式保存审计痕迹。

（8）要求用户管理员监控和审查未成功的登录和用户账户的修改。

26. 如何管理信息日志

银行应制定相关策略和流程，管理所有生产系统的活动日志，以支持有效的审核、安全取证分析和预防欺诈。日志可以在软件的不同层次、不同的计算机和网络设备上完成，日志划分为两大类：

（1）交易日志。交易日志由应用软件和数据库管理系统产生，内容包括用户登录尝试、数据修改、错误信息等。交易日志应按照国家会计准则要求予以保存。

（2）系统日志。系统日志由操作系统、数据库管理系统、防火墙、入侵检测系统和路由器等生成，内容包括管理登录尝试、系统事件、网络事件、错误信息等。系统日志保存期限按系统的风险等级确定，但不能少于一年。

银行应保证交易日志和系统日志中包含足够的内容，以便完成有效的内部控制、解决系统故障和满足审计需要；应采取适当措施保证所有日志同步计时，并确保其完整性。在例外情况发生后应及时复查系统日志。交易日志或系统日志的复查频率和保存周期应由信息科技部门和有关业务部门共同决定，并报信息科技管理委员会批准。

27. 如何管理信息密码设备

银行应采取加密技术，防范涉密信息在传输、处理、存储过程中出现泄露或被篡改的风险，并建立密码设备管理制度，以确保：

（1）使用符合国家要求的加密技术和加密设备。

（2）管理、使用密码设备的员工经过专业培训和严格审查。

（3）加密强度满足信息机密性的要求。

（4）制定并落实有效的管理流程，尤其是密钥和证书生命周期管理。

28. 如何管理信息设备安全

银行应配备切实有效的系统，确保所有终端用户设备的安全，并定期对所有设备进行安全检查，包括台式个人计算机（PC）、便携式计算机、柜员终端、自动柜员机（ATM）、存折打印机、读卡器、销售终端（POS）和个人数字助理（PDA）等。

29. 如何管理客户信息

银行应制定相关制度和流程，严格管理客户信息的采集、处理、存储、传输、分发、备份、恢复、清理和销毁。

30. 如何进行信息科技风险管理培训

银行应对所有员工进行必要的培训，使其充分掌握信息科技风险管理制度和流程，了解违反规定的后果，并对违反安全规定的行为采取零容忍政策。

第五节　信息系统开发、测试和维护

31. 如何管理信息科技项目

银行应有能力对信息系统进行需求分析、规划、采购、开发、测试、部署、维护、升级和报废，制定制度和流程，管理信息科技项目的优先排序、立项、审批和控制。项目实施部门应定期向信息科技管理委员会提交重大信息科技项目的进度报告，由其进行审核，进度报告应当包括计划的重大变更、关键人员或供应商的变更以及主要费用支出情况。应在信息系统投产后一定时期内，组织对系统的后评价，并根据评价结果及时对系统功能进行调整和优化。

32. 如何控制信息科技项目风险

银行应认识到信息科技项目相关的风险，包括潜在的各种操作风险、财务损失风险和因无效项目规划或不适当的项目管理控制产生的机会成本，并采取适当的项目管理方法，控制信息科技项目相关的风险。

33. 如何控制信息系统的生命周期

银行应采取适当的系统开发方法，控制信息系统的生命周期。典型的系统生命周期包括系统分析、设计、开发或外购、测试、试运行、部署、维护和退出。所采用的系统开发方法应符合信息科技项目的规模、性质和复杂度。

34. 控制信息系统变更有哪些要求

银行应制定相关控制信息系统变更的制度和流程，确保系统的可靠性、完整性和可维护性，其中应包括以下要求：

（1）生产系统与开发系统、测试系统有效隔离。

（2）生产系统与开发系统、测试系统的管理职能相分离。

（3）除得到管理层批准执行紧急修复任务外，禁止应用程序开发和维护人员进入生产系统，且所有的紧急修复活动都应立即进行记录和审核。

（4）将完成开发和测试环境的程序或系统配置变更应用到生产系统时，应得到信息科技部门和业务部门的联合批准，并对变更进行及时记录和定期复查。

35. 如何确保信息系统数据完整实用

银行应制定并落实相关制度、标准和流程，确保信息系统开发、测试、维护过程中数据的完整性、保密性和可用性。

36. 如何建立问题管理流程

银行应建立并完善有效的问题管理流程，以确保全面地追踪、分析和解决信息系统问题，并对问题进行记录、分类和索引；如需供应商提供支持服务或技术援助，应向相关人员提供所需的合同和相关信息，并将过程记录在案；对完成紧急恢复起至关重要作用的任务和指令集，应有清晰的描述和说明，并通知相关人员。

37. 如何控制系统升级过程

银行应制定相关制度和流程，控制系统升级过程。当设备达到预期使用寿命或性能不能满足业务需求，基础软件（操作系统、数据库管理系统、中间件）或应用软件必须升级时，应及时进行系统升级，并将该类升级活动纳入信息科技项目，接受相关的管理和控制，包括用户验收测试。

第六节 信息科技运行

38. 数据中心应在什么位置

银行在选择数据中心的地理位置时，应充分考虑环境威胁（如是否接近自然灾害多发区、危险或有害设施、繁忙或主要公路），采取物理控制措施，监控对信息处理设备运行构成威胁的环境状况，并防止因意外断电或供电干扰影响数据中心的正常运行。

39. 如何管理信息科技安全区域

银行应严格控制第三方人员（如服务供应商）进入安全区域，如确需进入应得到适当的批准，其活动也应受到监控；针对长期或临时聘用的技术人员和承包商，尤其是从事敏感性技术相关工作的人员，应制定严格的审查程序，包括身份验证和背景调查。

第六节 信息科技运行

40. 如何分离信息科技运行与系统开发和维护

银行应将信息科技运行与系统开发和维护分离,确保信息科技部门内部的岗位制约;对数据中心的岗位和职责做出明确规定。

41. 如何保存交易记录

银行应按照有关法律法规要求保存交易记录,采取必要的程序和技术,确保存档数据的完整性,满足安全保存和可恢复要求。

42. 如何制定信息科技运行操作说明

银行应制定详尽的信息科技运行操作说明。如在信息科技运行手册中说明计算机操作人员的任务、工作日程、执行步骤,以及生产与开发环境中数据、软件的现场及非现场备份流程和要求(备份的频率、范围和保留周期)。

43. 如何建立事故管理及处置机制

银行应建立事故管理及处置机制,及时响应信息系统运行事故,逐级向相关的信息科技管理人员报告事故的发生,并进行记录、分析和跟踪,直到完成彻底的处置和根本原因分析。银行应建立服务台,为用户提供相关技术问题的在线支持,并将问题提交给相关信息科技部门进行调查和解决。

44. 如何考核信息科技运行

银行应建立服务水平管理相关的制度和流程,对信息科技运行服务水平进行考核。

45. 如何建立监控信息系统程序

银行应建立连续监控信息系统性能的相关程序,及时、完整地报告例外情况;该程序应提供预警功能,在例外情况对系统性能造成影响前对其进行识别和修正。

46. 如何制定容量规划

银行应制定容量规划,以适应由于外部环境变化产生的业务发展和交易量增长。容量规划应涵盖生产系统、备份系统及相关设备。

47. 如何维护系统升级

银行应及时进行维护和适当的系统升级，以确保与技术相关服务的连续可用性，并完整保存记录（包括疑似和实际的故障、预防性和补救性维护记录），以确保有效维护设备和设施。

48. 如何制定变更管理流程

银行应制定有效的变更管理流程，以确保生产环境的完整性和可靠性。包括紧急变更在内的所有变更都应记入日志，由信息科技部门和业务部门共同审核签字，并事先进行备份，以便必要时可以恢复原来的系统版本和数据文件。紧急变更成功后，应通过正常的验收测试和变更管理流程，采用恰当的修正以取代紧急变更。

第七节 业务连续性管理

49. 如何制定业务连续性规划

银行应根据自身业务的性质、规模和复杂程度制定适当的业务连续性规划，以确保在出现无法预见的中断时，系统仍能持续运行并提供服务；定期对规划进行更新和演练，以保证其有效性。

50. 如何评估意外事件对业务运行的影响

银行应评估因意外事件导致其业务运行中断的可能性及其影响，包括评估可能由下述原因导致的破坏：

（1）内外部资源的故障或缺失（如人员、系统或其他资产）。
（2）信息丢失或受损。
（3）外部事件（如战争、地震或台风等）。

51. 如何降低业务中断的可能性

银行应采取系统恢复和双机热备处理等措施降低业务中断的可能性，并通过应急安排和保险等方式降低影响。

52. 如何建立业务运营连续性策略文档

银行应建立维持其运营连续性策略的文档，并制订对策略的充分性和有效性进行检查和沟通的计划，其中包括：

（1）规范的业务连续性计划，明确降低短期、中期和长期中断所造成影响的措施，包括但不限于：

1）资源需求（如人员、系统和其他资产）以及获取资源的方式。
2）运行恢复的优先顺序。
3）与内部各部门及外部相关各方（尤其是监管机构、客户和媒体等）的沟通安排。

（2）更新实施业务连续性计划的流程及相关联系信息。
（3）验证受中断影响的信息完整性的步骤。
（4）当银行的业务或风险状况发生变化时，应进行审核并升级。

53. 如何确认业务连续性计划和年度应急演练结果

银行的业务连续性计划和年度应急演练结果应由信息科技风险管理部门或信息科技管理委员会确认。

第八节　信息科技外包管理

54. 信息科技管理责任不得外包

银行不得将其信息科技管理责任外包，应合理谨慎监督外包职能的履行。

55. 监管机构对信息科技外包有什么要求

银行实施重要外包（如数据中心和信息科技基础设施等）应格外谨慎，在准备实施重要外包时应以书面材料正式报告银保监会或其派出机构。

56. 如何做好信息科技外包相关准备

银行在签署外包协议或对外包协议进行重大变更前，应做好相关准备，其中包括：

（1）分析外包是否适合银行的组织结构和报告路线、业务战略、总体风险控制，是否满足银行履行对外包服务商的监督义务。

（2）考虑外包协议是否允许银行监测和控制与外包相关的操作风险。

（3）充分审查、评估外包服务商的财务稳定性和专业经验，对外包服务商进行风险评估，考查其设施和能力是否足以承担相应的责任。

（4）考虑外包协议变更前后实施的平稳过渡（包括终止合同可能发生的情况）。

（5）关注可能存在的集中风险，如多家银行共用同一家外包服务商带来的潜在业务连续性风险。

57. 外包谈判应考虑哪些因素

银行在与外包服务商合同谈判过程中，应考虑的因素包括但不限于：

（1）对外包服务商的报告要求和谈判必要条件。

（2）银行业监管机构和内部审计、外部审计能执行足够的监督。

（3）通过界定信息所有权、签署保密协议和采取技术防护措施保护客户信息和其他信息。

（4）担保和损失赔偿是否充足。

（5）外包服务商遵守银行有关信息科技风险制度和流程的意愿及相关措施。

（6）外包服务商提供的业务连续性保障水平，以及提供相关专属资源的承诺。

（7）第三方供应商出现问题时，保证软件持续可用的相关措施。

（8）变更外包协议的流程，以及银行或外包服务商选择变更或终止外包协议的条件，例如：

1）银行或外包服务商的所有权或控制权发生变化。

2）银行或外包服务商的业务经营发生重大变化。

3）外包服务商提供的服务不充分，造成银行不能履行监督义务。

58. 实施及起草外包协议应考虑哪些因素

银行在实施双方关系管理，以及起草服务水平协议时，应考虑的因素包括但不限于：

（1）提出定性和定量的绩效指标，评估外包服务商为银行及其相关客户提供服务的充分性。

（2）通过服务水平报告、定期自我评估、内部或外部独立审计进行绩效考核。

（3）针对绩效不达标的情况调整流程，采取整改措施。

第九节 信息科技内外部审计

59. 信息科技外包管理采取哪些措施

银行应加强信息科技相关外包管理工作,确保银行的客户资料等敏感信息的安全,包括但不限于采取以下措施:
（1）实现本银行客户资料与外包服务商其他客户资料的有效隔离。
（2）按照"必须知道"和"最小授权"原则对外包服务商相关人员授权。
（3）要求外包服务商保证其相关人员遵守保密规定。
（4）应将涉及本银行客户资料的外包作为重要外包,并告知相关客户。
（5）严格控制外包服务商再次对外转包,采取足够措施确保银行相关信息的安全。
（6）确保在中止外包协议时收回或销毁外包服务商保存的所有客户资料。

60. 如何建立外包应急措施

银行应建立恰当的应急措施,应对外包服务商在服务中可能出现的重大缺失,尤其需要考虑外包服务商的重大资源损失、重大财务损失和重要人员的变动,以及外包协议的意外终止。

61. 如何审核信息科技外包合同

银行所有信息科技外包合同应由信息科技风险管理部门、法律部门和信息科技管理委员会审核通过。银行应设立流程定期审阅和修订服务水平协议。

第九节　信息科技内外部审计

62. 信息科技如何内部审计

银行内部审计部门应根据业务的性质、规模和复杂程度,对相关系统及其控制的适当性和有效性进行监测。内部审计部门应配备足够的资源和具有专业能力的信息科技审计人员,独立于本银行的日常活动,具有适当的授权访问本银行的记录。

63. 内部信息科技审计的责任包括哪些

银行内部信息科技审计的责任包括:

(1) 制订、实施和调整审计计划，检查和评估银行信息科技系统和内控机制的充分性和有效性。

(2) 按照规定完成审计工作，在此基础上提出整改意见。

(3) 检查整改意见是否得到落实。

(4) 执行信息科技专项审计。信息科技专项审计，是指对信息科技安全事故进行的调查、分析和评估，或审计部门根据风险评估结果对认为必要的特殊事项进行的审计。

64. 信息科技内部审计的范围和频率如何

银行应根据业务性质、规模和复杂程度、信息科技应用情况以及信息科技风险评估结果，决定信息科技内部审计范围和频率，但至少应每三年进行一次全面审计。

65. 哪些部门应参与信息科技系统开发

银行在进行大规模系统开发时，应要求信息科技风险管理部门和内部审计部门参与，保证系统开发符合本银行信息科技风险管理标准。

66. 信息科技如何委托外部审计

银行可以在符合法律、法规和监管要求的情况下，委托具备相应资质的外部审计机构进行信息科技外部审计。

67. 委托审计有什么要求

(1) 银行在委托审计过程中，应确保外部审计机构能够对本银行的硬件、软件、文档和数据进行检查，以发现信息科技存在的风险，国家法律、法规及监管部门规章、规范性文件规定的重要商业、技术保密信息除外。

(2) 银行在实施外部审计前应与外部审计机构进行充分沟通，详细确定审计范围，不应故意隐瞒事实或阻挠审计检查。

68. 监管机构如何指定外部审计机构

银保监会及其派出机构必要时可指定具备相应资质的外部审计机构对银行执行信息科技审计或相关检查。外部审计机构根据银保监会或其派出机构的委托或授权对银行进行审计时，应出示委托授权书，并依照委托授权书上规定的范围进行审计。

第九节 信息科技内外部审计

69. 如何签订外部审计保密协议

银行在委托外部审计机构进行外部审计时，应与其签订保密协议，并督促其严格遵守法律法规，保守本银行的商业秘密和信息科技风险信息，防止其擅自对本银行提供的任何文件进行修改、复制或带离现场。

70. 外部审计报告有什么效力

外部审计机构根据授权出具的审计报告，经银保监会及其派出机构审阅批准后具有与银保监会及其派出机构出具的检查报告同等的效力，被审计的银行应根据该审计报告提出整改计划，并在规定的时间内实施整改。

第二部分

信贷风险管理篇

第十二章 信贷风险管理

第一节 信贷风险管理的概念

1. 什么是信贷

信贷是指以偿还和付息为条件的价值运动形式。信贷是体现一定经济关系的不同所有者之间的货币借贷行为,是以偿还为条件的价值运动特殊形式,是债权人贷出货币,债务人按期偿还并支付一定利息的信用活动。信贷是银行存款、贷款等信用活动的总称。信贷不能等同于信用,信贷不是指信用贷款。

信贷有广义和狭义之分。

2. 什么是广义的信贷

广义的信贷是指以银行为中介、以存贷为主体的信用活动的总称,包括存款、贷款和结算业务。

3. 什么是狭义的信贷

狭义的信贷通常指银行的贷款,即以银行为主体的货币资金发放行为。

4. 什么是银行信贷

银行信贷是指以银行为中介,并要求利息为回报的货币借贷。银行信贷是银行将部分存款暂时借给企事业单位和个人使用,在约定时间内收回并收取一定利息的经济活动。以银行为中介,界定了信用形式及其发展阶段。仅指借贷通过银行进行。

5. 信贷为什么以银行为中介

信贷以银行为中介，界定了信用形式及其发展阶段。仅指借贷通过银行进行，而不是企业之间的商业信用、财务发债的国家信用、个人之间的民间信用、商家与消费者之间的消费信用，更不是社会的高利贷。现今的银行，已发展成为专门化、独立化的金融中介，专司存款货币经营的间接融资，可以与证券信用、商业信用、消费信用等相结合，将其纳入自身循环。

6. 信贷为什么以偿还计息为条件

信贷以偿还计息为条件，是指借贷必须是有条件的，必须设定还本付息的前提。银行从事借债、用债、收债的交易活动，必须遵从债的普遍原则，即偿还计息，不然会造成破产，祸及社会。财政拨款、企业自有资金、慈善捐助、馈赠、救济等资金，无须以还本付息为条件。

7. 信贷为什么以货币借贷

货币借贷是指借贷的标的只能是货币，不能搞实物借贷。银行只经营货币，货币商品无差别，可与一切商品相交换，是社会一切财富的代表，这样银行的借贷行为才具有广泛的社会性，才能发挥引导社会资源合理流动的作用，并有利于降低借贷双方的成本。

8. 什么是风险

风险是指未来结果的不确定性、损失的可能性、未来收益结果的偏离波动性。

现代金融风险管理理念：风险既是损失的来源，同时也是盈利的基础。

9. 什么是风控

风控即风险控制管理，就是尽量降低风险发生的概率，或者说减少风险发生时造成的损失。对应到银行信贷领域，风控的好坏将直接关系到资金的损益，银行就经营着风险，所以说"风控是银行的核心"。

10. 什么是信贷风险

信贷风险是指由于各种不确定性因素的影响，在银行的经营与管理过程中，实际收益结果与预期收益目标发生背离，有遭受资产损失的可能性。

11. 什么是信贷风险管理

信贷风险管理是指通过风险识别、计量、监测和控制等程序，对风险进行评级、分类、报告和管理，保持风险和效益的平衡发展，提高贷款的经济效益。

信贷风险管理包括预期风险管理和事实风险管理。

12. 什么是预期风险管理

预期风险管理是在贷款发放前，在对影响贷款正常回归的各种因素进行论证分析的基础上，主动地采取措施，防范贷款风险发生，避免贷款损失的一种科学管理办法。

13. 什么是事实风险管理

事实风险管理是指对现在存量贷款中已经发生了风险而不能正常回归的部分，采取切实有效的措施，逐步将其风险弱化、消除，以至收回全部贷款本息的一种科学管理办法。

14. 信贷风险管理的流程是什么

信贷风险管理是一项综合性、系列化的工作，贯穿于整个信贷业务流程，即贷前信用分析—贷时审查控制—贷后监控管理—贷款安全收回。

第二节　信贷风险的特征与表现

15. 信贷风险有哪些特征

银行信贷风险具有以下特征：

（1）客观性。只要有信贷活动存在，信贷风险就不以人的意志为转移而客观存在，确切地说，无风险的信贷活动在现实的银行业务工作中根本不存在。

（2）隐蔽性。信贷本身的不确定性损失很可能因信用特点而一直为其表象所掩盖。

（3）扩散性。信贷风险发生所造成银行资金的损失，不仅影响银行自身的生存和发展，更多的是引起关联的链式反映。

（4）可控性。可控性是指银行依照一定的方法、制度可以对风险进行事前识别、预测，事中防范和事后化解。

16. 信贷风险的主要表现

银行一些机构为了完成责任目标、绩效考核任务、提高监管评级水平、推进改制等，在贷款风险分类管理中，没有真实地反映一些贷款的风险状况，致使机构贷款风险分类不准确，资本充足率、拨备、利润等指标失真。通常掩盖信贷风险的几种常见表现：

（1）借新还旧贷款。
（2）还旧借新贷款。
（3）借用他人之名贷款。
（4）冒用他人之名贷款。
（5）超权限发放贷款。
（6）近亲属多人贷款。
（7）以贷还贷发放贷款。
（8）化整为零发放贷款。
（9）抵押物足值变现难。
（10）保证担保能力不足。
（11）旧债新借贷款。
（12）延长贷款期限。

17. 为什么要借新还旧贷款

借款人流动资金贷款到期不能履约偿还时，贷款机构要求借款人偿还利息后，为其办理借新还旧手续，贷款形态多是划在正常中的"关注类"，有的是多年多次借新还旧。检查人员在判断该笔贷款是否符合借新还旧条件时，最主要的依据是借款人生产经营是否正常。银行提供的借款人信息资料一般都是"经营正常"。因为借款人给银行提供的资料有很多是人为作假不真实的信息，检查人员一般没有更多的精力和时间到借款人处逐一开展延伸检查，也就没有充分的理由否定银行的判断，贷款风险真实状况从而被掩盖。因此，借款人填写贷款用途时，往往无论实际用途是什么，都笼统地填写"流动资金"或"周转资金"，为以后办理借新还旧埋下伏笔。

第二节　信贷风险的特征与表现

18. 为什么要还旧借新贷款

借款人贷款到期不能履约偿还时，有的银行要求借款人先筹资还款，然后再给办理新贷款。从表面上看，银行的贷款管理并没有严重违规，顶多是不该向还贷能力不强的借款人放贷。但借款人是贷款的最终偿还者，因这些借款人长期经营不善，导致缺乏偿债能力，最终带来贷款风险。

19. 为什么要借用他人之名贷款

实际用款人借用他人之名贷款，合同借款人本人未在申请书及借款合同上签字，合同借款人与资金实际使用人非同一人，可合同借款人知情并认可实际用款人以其名义贷款，但在贷款到期无力偿还时，借款人与实际用款人又无法全额承接贷款债务，形成了风险。

20. 为什么要冒用他人之名贷款

银行贷款责任人自身或内外勾结，利用所掌握的他人身份证明材料，冒用他人之名骗取银行贷款。

21. 为什么要超权限发放贷款

银行贷款责任人违反银行授权授信管理制度，发放超过信贷审批权限、客户授信额度、贷款条件的贷款和多笔累计超过权限的贷款，或逆程序或缺程序向借款人发放贷款。

22. 为什么要近亲属多人贷款

银行贷款责任人在借款人未归还所借贷款的前提下，也无特殊原因故意向借款人配偶、直系亲属、其他家庭成员等多人发放贷款，加大了贷款风险。

23. 为什么要以贷还贷发放贷款

银行贷款责任人对不能按期归还的贷款，采取发放超过原贷款金额的贷款，于当日或隔日收回贷款本息的贷款，虽然看似盘活了贷款，降低了风险率，但留下了风险隐患。

24. 为什么要化整为零发放贷款

银行贷款责任人为逃避信贷检查监督而向借款人发放多笔累计超过贷款审

批权限的贷款，包括由借款人家庭成员或他人承借的贷款。

25. 为什么抵押物足值变现难

有些借款人经营明显出现问题，资金链绷紧或断裂，资产负债率高，经营效益下滑，靠第一还款来源已不能正常履约还本付息，贷款事实上已经形成重大风险。但有的银行机构仍将此种情况的贷款放在正常"关注类"，其理由是：按照贷款分类核心定义，借款人第二还款来源抵押物价值超过借款额度，如果拍卖抵押物，能够补偿贷款本息。然而，现实中有些抵押物虽然足值，但变现能力差，如企业厂房、设备、土地、营业房等固定资产；有些抵押物在评估时价值虚高；有的抵押物在通过法律执行时，因受到各种干预或借款人涉及其他法律纠纷等，难以顺利执行变现，往往等到企业改制重组或破产清算时再追收贷款，普遍会造成一定损失。

26. 为什么保证担保能力不足

（1）关联保证。有些保证担保贷款，保证人为关联方，相互之间连环保证，既是被保人又是保证人。

（2）联保大户。有些没有合格抵押品的大额贷款需求户，寻找一些无须贷款的人进行联保，贷款集中到大户使用，规避了上级管理部门对大额贷款的审查报备。贷款一旦形成风险，联保人无力履行保证偿还责任。

（3）不具备担保。不具备代偿能力的担保公司担保，致使贷款形成风险损失。

27. 为什么要旧债新借贷款

一些借款人在原贷款行难以取得新贷款的情况下，通过企业改制重组改头换面后转移到其他银行机构贷款，受理机构如果贷前调查不深入，审查把关不严，贷款放出时即意味着已经存在潜在的风险。

28. 为什么要延长贷款期限

有的银行机构为了控制贷款不良率，对一些不能履约还贷的借款人，往往通过借新还旧、还旧借新或其他贷款重组手段，不合理地延长贷款还款期限，等到贷款到期风险暴露时，贷款责任人可能已经调离，无从追究。

第三节 信贷风险管理的原则、目标与意义

29. 信贷风险管理的原则是什么

银行对贷款风险管理应遵循以下四项原则：

（1）坚持以防范为主、化解为辅的原则。贷款风险是一种客观存在，人们只能降低贷款风险，而不能全部消除贷款风险。所以，贷款风险应以防范为主，力求将贷款风险减少到最低限度。银行也要采取各种补救措施，化解已发生的贷款风险，以最大限度地减少贷款损失。

（2）坚持开拓业务与防范风险相结合的原则。在贷款风险管理实践中，银行要正确处理业务开拓和防范风险的关系，既不能因开拓业务领域而忽视对贷款风险的防范，也不能因注重贷款风险防范而影响业务经营的开拓与发展，坚持有风险控制的开拓，有速度效益的发展，实现业务开拓和风险防范的有机结合和高度统一。

（3）坚持统一目标、分类指导、梯级推进的原则。一级法人的商业银行在信贷风险管理上必须有全行的统一目标、统一政策和基本要求，不得各行其是，目标的制定必须分类指导、梯级推进、狠抓落实，从而在限定的时期内实现银行提出的奋斗目标。

（4）坚持权、责、利相统一的原则。银行实行贷款风险管理，要在《商业银行法》和《贷款通则》的规范下开展活动，通过实施信贷管理的审、贷、查分离，制定规章，明确职责、权力、利益，将贷款风险与信贷管理人员、决策人员的职权利挂钩，建立起优者奖、劣者惩、以贷谋私、失职渎职造成贷款损失者赔偿的贷款管理内控制度，形成完善的激励约束机制，以提高贷款风险管理的效率，真正把"信贷资产质量是银行的生命线"这一思想落实到每个银行员工的实际行动上。

30. 信贷风险管理的目标是什么

（1）促进信贷业务管理模式的转变。

1）从片面追求利润的管理模式向实现"风险调整后收益"最大化的管理模式转变。

2）从以定性分析为主的风险管理方式，向以定性和定量分析相结合的管理方式转变。

（2）加强信贷业务组合管理。

在注重单笔信贷业务风险、分散管理模式的基础上，加强信贷业务组合管理。

（3）提高竞争能力和盈利能力。

通过信贷风险管理，银行可以准确识别和计量信贷业务的风险成本和风险水平，从而实现风险与收益的匹配，提高银行的竞争能力和盈利能力。

31. 信贷风险管理的现实意义有哪些

（1）有利于促进银行信贷资金的安全。贷款风险越大，则信贷资金遭受损失的可能性越大。加强贷款风险管理，尽量减少或降低贷款风险，便可以减少乃至避免信贷资金的损失，保证信贷资金安全。

（2）有利于贷款经济效益的提高。贷款经济效益的实现必然以减少和避免贷款风险为前提，贷款风险管理与贷款经济效益有直接联系。在一般情况下，减少和避免贷款风险，贷款经济效益就会比较好。而贷款经济效益好，就意味着贷款投放有效，企业经营正常，信贷资金回流顺利；如果贷款经济效益差，则意味着企业资金周转不正常，贷款使用不合理，贷款不能如期归还。由此可见，加强贷款风险管理和实现贷款经济效益的要求是一致的。

（3）有利于改善银行信贷资产质量状况。加强信贷风险管理是提高资产效益的主要途径。目前，信贷资产流动性低，质量差，风险大，逾期和催收贷款占用率高，是困扰银行经营状况和财务成果的一个重大问题。所以，为了改变这种情况，根本的解决办法就是引入风险机制，强化风险管理。

（4）有利于银行的战略决策和战略投资。各银行由于历史、体制、环境等原因，在经营理念、产品市场等经营策略方面与先进银行还存在较大的差距。为缩短与发达地区银行的差距，提高自身的核心竞争力，各银行应该借鉴国内外银行先进的管理经验，有效引入风险管理理念，建设现代金融制度，找准自身的市场定位，加快业务创新步伐，提高核心竞争力和科学决策，最终实现银行战略决策和战略投资。

（5）有利于提高银行稳健运行和抗御风险的能力。银行通过加强信贷风险管理，可以有效弥补在资产业务管理上的不足，通过科学的管理、量化的分析，可以有效地分散和化解风险，有利于银行稳健运行，提高银行抗御风险的能力，为银行健康持续发展打下牢固的基础。

（6）有利于银行优化资产结构，实现持续发展。各银行由于种种原因，存在资本金不足、金融产品滞后、资产结构不合理等不足，面临同业的挑战。未来面临的挑战主要有金融监管政策变化和资本充足率的要求，资产质量的历史包袱和高额运营费用的压力，面向资本市场的改革和利率风险，以及来自同业甚至是国际银行的日益激烈的市场竞争。因此，银行通过加强信贷风险管理，可以提高优质资产比例，压缩不良资产占比，强化自身在银行业的竞争力，保持其在竞争中处于主动地位，实现可持续的发展。

（7）有利于银行内控机制的完善。随着市场经济改革的不断深入，银行资产业务得到快速发展，信贷产品层出不穷，信贷规模日益加大，与此同时银行面临的信贷风险也随之加大。为达到将风险降到最小、效益最大化的目的，银行也不断推出适应自身发展需要的内控机制。通过加强信贷风险管理，引入风险管理的科学理念，可以进一步完善银行内控机制，更好地适应银行发展的需要，提高银行的运营能力。

（8）有利于营造银行良好的信贷风险文化。信贷风险文化建设是信贷工作的重要组成部分，是控制并降低信贷风险必不可少的一项基础工作。建设好信贷风险文化，有助于规范信贷流程、管控信贷质量，为信贷工作减少不必要的损失。信贷人员是信贷风险文化的载体，信贷风险管理工作要用现代先进的信贷风险文化来规范信贷经营行为。通过加强信贷风险管理，可以营造银行良好的信贷风险文化，有助于信贷队伍的建设，不断提高信贷人员素质。

第四节　信贷风险管理方式与方法

32. 信贷风险管理的方式是什么

严谨的风险管理机制不仅是银行规范经营行为的前提，而且也是银行稳健经营的必要保证，其方式包括：

（1）建立以资本为基础的内在约束机制。

规模的发展速度是商业银行发展的重要标志，如果只是重发展轻管理，风险的积聚超过了自身的承受能力，它总有一天会爆发。因此，应建立资本总量对规范扩张的硬性约束，从整体上计量、把握、监控及限制风险，保证银行的稳健经营。

（2）建立资产组合的引导机制。

由于历史原因，我国商业银行以前的金融产品品种相对较少，90%以上的收入均为利息收入，形成了较大的风险。近年来，随着网络升级和科技含量的不断提高，银行推出的各种金融产品也越来越多。利用资产组合和投资产品的多样化，可以降低银行的整体风险，进而提升整体的盈利水平和安全性。

（3）建立银行内部信贷风险管理的互动机制。

信贷风险管理不仅是信贷部门的事，也是全行的事，需要银行内部其他相关部门进行积极的互动，如会计部门、法律部门、内控部门、资金部门、计划部门等，都应有各自的手段和措施及时发现风险点或找出风险点，及时平衡业务发展与风险管理的关系，共同努力营造一个良好的营运氛围。

33. 信贷风险管理的方法是什么

银行要实现信贷风险管理的长效机制，就必须改变银行现有的分支行各自为政的管理模式，建立总行风险管理部—分行风险管理部—支行风险管理部三个层面的专业垂直管理层次，提高和增强风险政策的贯彻力度和速度。

（1）总行风险管理部门。

总行风险管理部门主要制定风险管理的战略决策，制定和修改风险管理规章制度和业务流程，建立有效的风险识别、预警、计量、监测和控制系统，确定银行可以承受的风险水平，并对分行以及风险管理机构的负责人进行考评考核。

（2）分行风险管理部门。

分行风险管理部门主要负责贯彻执行总行的风险管理战略决策，明确细化风险管理政策，制定具体的操作规程，明确尽职、问责和免责的标准，定期监督和检查基层行风险管理的落实情况和执行结果，并将其结果直接纳入行长绩效考核。

（3）支行风险管理部门。

支行风险管理部门作为最基层的执行者，要不折不扣地执行上级行的各项政策和规定，完善专职审批人员和风险经理制度，建立重大风险事项和应急处理机制，以积极的态度经管风险、管理风险、处置风险，努力寻求风险与收益的平衡，实现商业银行利润的最大化。

第五节 信贷风险管理的主要风险与对策

34. 信贷风险管理的主要风险有哪些

信贷风险管理主要有三大风险：操作风险、担保风险、道德风险。

35. 什么是操作风险

操作风险是指内部程序或系统不健全或失败、人为错误或外部事件所导致的潜在损失。

操作风险根据风险成因又可细分为两类：失误风险和策略风险。

36. 什么是失误风险

失误风险（内部风险）是指操作失败或失误，包括人员风险、流程风险和技术风险等。

37. 什么是策略风险

策略风险（外部风险）是指在应对外部事件或外部环境时，如政治、税收、监管、政府、社会、市场竞争等，由于采取了不适当的策略而导致损失的风险。

38. 什么是担保风险

担保风险是指在担保业务运作过程中，由于各种不确定性因素（主观的和客观的）的影响而遭受损失的可能性。

信贷担保只是发放信贷的必要条件而不是发放信贷的充分条件。

担保分为：抵押担保、质押担保、保证担保。

39. 什么是抵押担保

抵押担保是指债务人或者第三人不转移对某一特定物的占有，而将该财产作为债权的担保，债务人不履行债务时，债权人有权依照担保法的规定以该财产折价或者以拍卖、变卖该财产的价款优先受偿。

40. 什么是质押担保

质押担保是债务的一种担保方式，即债务人可以用自己享有所有权的动产或合法的权利凭证作为质物交债权人占有,或者第三方也可以用自己享有所有权的动产或合法的权利凭证作为质物交债权人占有而为债务人提供担保。

权利凭证有:汇票、支票、本票、债券、存款单、仓单、提单等。

41. 什么是保证担保

保证担保是指保证人与贷款人约定,当借款人违约或者无力归还贷款,保证人按约定履行债务或承担责任的行为。具有代为清偿债务能力的法人及其他组织或公民(自然人)可以做保证人。

42. 银行对信贷担保有什么误识

银行对信贷担保的误识:

(1)银行对信贷担保还存在一种错误认识,即过于看重信贷担保的作用,认为只要有信贷担保就可以发放信贷。

(2)信贷担保只是分散了信贷风险,提供了一种补偿功能,但它不能改变借款人的信用状况,也不能保证足额偿还信贷,因此不能从根本上消除信贷风险。

43. 什么是道德风险

道德风险是指银行从业人员在其自身需要得不到有效满足,并受其思想状况、道德修养、价值取向的影响和左右,为满足自身需要,未使其业务(职务)行为最优化,从而引起或故意导致金融运行处于风险状态的可能性。

道德风险就是人为有意造成损失的行为。

44. 道德风险有哪些特点

道德风险具有风险的潜在性、长期性、破坏性、艰巨性的特点。

45. 道德风险有哪些层次表现

根据商业银行信贷业务的管理体制和操作流程,道德风险主要存在于以下三个层次,具体表现为:

(1)决策层的道德风险。银行信贷的决策层主要是各级行的领导和信贷审批人员。

银行在现有的产权体制下,决策层并无足够的经济能力对决策结果负责,决策人员对信贷所创造的风险和收益所承担的责权利也是不对等的,这是决策

第五节 信贷风险管理的主要风险与对策

层存在道德风险的根本原因。具体表现在决策行为的非市场化、对高级管理层的约束力软化、对违规行为反应迟钝等。

（2）管理层的道德风险。银行的管理层主要指各级管理行的信贷业务管理人员。

决策层的道德风险增加了管理层的道德风险，如表达意见不是从实际出发而是"迎合上意"，利益目标短期化，在决策层对管理层的约束力软化的情况下，不同形式的越权经营、对下级违规行为反应麻木甚至默许、账外经营、操纵会计报表、人为调整统计数据、报喜不报忧等。

（3）经营层的道德风险。商业银行的经营层是指信贷业务的直接经办人员。

他们是信息的收集者，是微观信息量最丰富的层次，由于其获取的微观信息量最大，当管理层的监督不到位时，成为商业银行内部道德风险发生频率最高的层次。如工作人员利用制度漏洞，高素质人员利用电脑作案，信贷及不良资产管理人员删除不利信息或提供不实信息误导管理层等。

46. 操作风险管理有哪些防范对策

解决操作风险比较现实的做法是把防范操作风险的重点放在以下四个方面：

（1）强化流程的管理。目前个贷和小微信贷业务的产品更新逐渐加快，各行为了抢占市场份额，在还款方式、担保方式、办理方式等很多方面进行了大量创新，但这些创新是否经过了充分的市场调研和严格的操作风险审查，值得怀疑。一是对现有流程进行检查和梳理，杜绝可能存在的漏洞。二是对新开发的产品进行认真的分析和市场调研，避免盲目投入、无效投入和高风险投入。

（2）严格规范信贷业务操作规程。银行大都有类似的管理办法、操作规程和实施细则，但还远远不够。有的规章制度是照搬照抄，不是细则而是"粗则"。针对信贷的操作人员，应该有详细的操作规程或管理手册。

（3）数据库的建立、管理和维护。一些银行对数据库的建立、管理和维护已经有所重视，并开始建立自己的信贷数据库。信贷的数据库，并不仅仅是借款人信息的数据库，它还应当包括提前还款、违约风险、操作风险等多方面的数据信息。

（4）加强人员管理，优化风险管理岗位设置。没有优良的人才配备和科学的激励机制，再完美的管理框架也是无法运作的。因此，在风险管理体系内建立"风险经理制"，其职能宜确定为以效益为中心，以风险控制和防范为责任，在信贷审查、检查和不良信贷的管理中将风险控制在更低点。

47. 担保风险管理有哪些防范对策

（1）健全保证人担保制度。加强对保证人的风险审查，对其偿债能力进行深入分析。

（2）加强对抵押物、质押物的分析与管理。

（3）严格审查评估机构。银行应对评估机构和评估人员的资格和声誉进行调查，包括评估机构、借款人、银行人员之间的关系。

（4）合理确定担保机构担保金额。规范信用担保机构，对担保公司要视同信贷客户管理，经过统一授信确定其担保额度。

48. 道德风险管理有哪些防范对策

道德风险行为的有效防范对策，必须对内外部、制度和人及产生道德风险的各层次进行综合防范。

（1）建立产权明晰、权责明确、管理科学的现代企业制度。

（2）完善银行内部控制体系，将银行部门分散管理的风险管理方式变为流程管理和系统管理。

（3）建立充分的信息披露制度，加强外部监督，可有效地降低商业银行内部道德风险。

（4）以法规约束，加大对信贷人员从事道德风险行为的惩罚力度。

（5）塑造诚信企业文化，建立廉洁高效的信贷人员队伍。

第六节 信贷风险管理的策略

49. 信贷风险管理的基本策略是什么

信贷活动是银行的资金运用行为，可采取相应的措施来管理风险，回避、转嫁、分散和自留是银行信贷风险管理的基本策略。

50. 如何回避信贷风险

从根本上说，信贷活动是银行的一种主动行为，为了保证信贷资产的安全，银行首先要主动地回避那些不应承担的风险。

（1）坚持审慎原则。

银行始终应作为一个低风险偏好者存在，它所追求的是可承受风险下的合理收益，而不是高风险下的高收益，这是银行风险选择的一个基本要求。

（2）进行科学的评估和审查。

信贷风险回避的过程实质上也是对客户进行信用评级和统一授信、对项目进行评估和审查的过程。

51. 如何转嫁信贷风险

（1）担保转嫁。

通过办理担保，银行把本应由自己承担的风险转嫁给担保人。

（2）保险转嫁。

通过办理保险，将被保险人保险标的所遭受的财务损失后果转嫁给保险人承担的一种财务补偿技术。

52. 如何分散信贷风险

信贷风险的分散是指银行在进行授信活动时要注意所选择地区、行业和客户（企业和个人）的分散，避免信贷资金的投向过度集中，即"不要把所有鸡蛋放在一个篮子里"，以减少银行可能遭受的信用风险，从总体上保证银行信贷资产的效益。

53. 信贷风险如何自留与补偿

任何风险管理策略都要付出代价和成本。所谓信贷风险的自留，也叫自担风险或保留风险，是指银行自行承担信贷损失的一种方式。呆坏账准备金制度就是银行风险自留的一种有效补偿方式。

第七节　信贷风险管理的环节与系统

54. 信贷风险管理包括哪些环节

信贷风险管理贯穿于贷款政策的制定、客户的选择，直至贷款的收回及有问题贷款的识别和处理的整个信贷业务过程中。信贷风险管理环节主要包括三个方面：正常风险管理、补救性风险管理、组织与人员管理。

55. 正常风险管理的内容有哪些

正常风险管理指的是在正常情况下的信贷风险管理。信贷风险管理的常规程序应包括以下环节及内容：

（1）界定目标市场。
（2）制定贷款政策与业务操作规程。
（3）建立与客户的信用关系并予以分析、审查。
（4）加强文件与支付的管理。
（5）加强对于资产组合的管理。
（6）监测并识别各环节潜在的风险。

56. 补救性风险管理包括什么

补救性风险管理强调对在资产组合管理过程中遇到的问题进行矫正，包括对有问题贷款的预警信号的识别以及对于有问题贷款的处理。

57. 组织与人员管理的内容有哪些

组织人员管理旨在促进工作人员素质的提高，以便能在风险管理中很好地发挥积极作用，主要包括以下内容：

（1）组织机构与组织体系。
（2）人员的充足性。
（3）人员的连续性。
（4）教育和培训。

58. 什么是信贷风险管理系统

信贷风险管理系统就是通过对贷款的风险实施量化管理，控制贷款的风险，实现贷款的安全性、流动性和效益性。

59. 信贷风险管理系统由哪些内容组成

信贷风险管理系统由以下内容组成：

（1）企业信用等级评估。
（2）贷款方式、贷款期限、贷款形态的风险测定。
（3）贷款风险度测算。
（4）贷款风险保障机制。

第八节 信贷风险管理的风险意识

60. 什么是风险意识

风险意识是指银行对风险的感受、认识和由银行利益与风险之间的关系而产生的对技术创新风险的态度。

人们对风险的观念把握就是风险意识。风险意识包括两个方面的内容：一是人们对风险现象所持有的理解与态度；二是人们对风险现象的理论认识与把握。

增强风险意识是信贷风险管理的重要前提。实践证明，没有风险意识或风险意识淡薄的银行，是不可能加强风险管理的。

61. 风险意识淡薄有哪些主要表现

（1）风险管理理念较为落后，缺乏风险意识。

银行在发展和管理过程中有一个明显的特征就是重速度、重数量、轻质量。银行内部控制体系相对不够完善，使得一些管理者和员工普遍缺乏风险意识。

（2）抗风险能力较弱，容易产生风险。

一些中小银行在资金、管理、科技等方面都无法与大型银行相比，这些弱势使其更容易产生风险，抗风险能力有限，一旦产生较大风险，容易造成巨大损失，甚至对银行发展产生较大的阻碍作用。

（3）风险防范意识不足，注重抵押担保。

我们的大多数银行贷款只是将重点停留在关注抵押和担保上，即西方银行所谓的"砖头"文化上面，而忽视了第一还款来源，即借款人本身的还款能力。

（4）缺乏严格的责任追究制度。

现实中一些银行由于缺乏严格的责任追究制度，使有些人对信贷风险损失抱有无所谓的态度，因而无所谓风险意识，也无所谓风险管理。

（5）虽具有风险意识，却心存侥幸。

有的信贷责任人相信自己的"运气"比别人好，能躲过风险，因而轻视对可能降临的风险的管理，直到风险突降，才悔不当初，可一旦风险过去，却又好了伤疤忘了痛，侥幸如故。

风险有时就是机遇。与机遇偏爱有准备的头脑不同，风险偏爱无准备的头脑,而对风险无准备的头脑是抓不住机遇的。对处在战略机遇期的银行来说,要想抓抢机遇求生存图发展,就必须增强风险意识,树立风险观念,加强风险管理。

62. 信贷风险意识如何提高

(1) 建立全员信贷风险意识。

建立全员风险意识,首先要消除风险管理和信贷业务拓展的对立意识,不能把风险管理看成阻碍业务发展的框框,风险管理不单是风险管理部门的职责,也是上到董事会成员、下到每位员工的职责,由于风险存在于各项业务和每一个环节,每个岗位上的每个员工在做每项业务时都会遇到这样或那样的风险,如果不能形成全员的信贷风险管理意识,不能形成防范风险的多道关卡,只依赖风险管理部门人员防范风险,那么风险管理的及时性和有效性就难以真正落到实处。

(2) 遵守内控制度,强化信贷管理。

遵守各项内控制度,提高银行信贷风险的防范能力,首先要根据业务的发展变化不断完善内控制度。在确保国家金融政策、法律法规得以贯彻落实的情况下,建立健全信贷管理体系和事后监督协调运转的内部控制制度,抑制内部违规行为。风险部门要在已构筑的风险防范监控防线上再加强一线信贷人员在信贷投放事前、事中、事后的监督管理、相互配合,不断强化信贷岗和监督岗位之间相互制约的机制作用,完善信贷操作的合规合法性,把信贷风险控制在原始的萌芽之中。

(3) 规范贷款操作程序,从源头防范风险。

贷款操作程序是指贷款过程的基本要素和各项环节,是保证贷款正常运行的重要前提,也是合规合法性的具体体现。在实际工作中,建立信贷关系十分重要,有时误认为建立信贷关系就是接受了借款人的借款申请,其实建立信贷关系是指对贷款对象的初步资格审查,并根据初步的资格审查开展信贷关系的确定、变更或中止。在贷款申请、贷前调查、贷款审批、办理担保或抵(质)押、贷款发放等环节中,则应注意各种书面资料的收集和整理,保证资料的真实性、完整性、合规合法性,坚持"面谈、面签"的原则。信贷员要特别重视和遵循贷款操作程序,加强贷后管理,以确保贷款安全,从源头上防范贷款风险,各部门密切配合,堵塞一切可能产生风险的漏洞。

(4) 保持信贷风险控制事前事后的一致性。

在大多数银行中,重贷轻管的意识相当浓厚,大多比较注重事前对单个信贷业务的审查审批控制，也建立了一套相对完善的审贷制度，但相对于审贷体系而言，贷后管理环节明显薄弱。一旦贷款发放完成，就认为工作结束了，对信贷资金的真实用途、经营中出现的风险信息都较难关注得到，并且后期的走访客户、定期检查也得不到保证，银行在加强贷后调查的同时，按照"小额、分散"的原则放贷，分散信贷风险，尽量避免出现大客户发生风险的情况。

（5）加强学习，提高信贷人员素质。

加强信贷人员对金融法规和政策的学习，尤其是对本行规章制度的学习。加强职业教育，要强化其职业道德。银行信贷资产质量的好坏很大程度上取决于信贷人员素质高低，信贷人员应该抵制各种诱惑，对不该、不能发放的贷款，杜绝发放。严格执行贷款审批制度、担保制度，不能流于形式，这样从贷款的始点彻底避免信贷资产发生风险。

（6）强化信贷风险意识，增强员工风险责任。

银行要加强人员管理，强化员工的风险意识、责任意识、法律法规意识。风险管理尽量前移，风险控制从选择客户开始。重视第一还款（即借款人本身）来源，而不是将重点停留在关注抵押和担保上，注重借款人个人社会人品、资信状况及偿还能力。通过考察借款人企业执行能力、企业操作是否规范，企业内控制度是否完善，企业法人个人人品修养、专业素质、有无不良习性等，考核其是否具备借款资格。认识从贷款获得的息差不是简单的存贷款利差或利润，它只不过是作为对银行给相关借款人发放贷款所承受的相应风险的补偿，以至银行信贷业务健康发展。

第九节 信贷风险管理的问题与措施

63. 信贷风险管理存在的主要问题有哪些

银行在信贷风险管理中存在的问题比较复杂，每个银行的风险点都不尽相同，其主要问题如下：

（1）银行信贷投放行业和领域过于集中。

（2）对于信贷违约风险出现的概率缺乏准确估计。

（3）缺乏对资产负债比例的管理。

（4）贷后基础管理工作薄弱。

（5）贷款"三查"制度不落实。

（6）忽视对信贷管理者的管理。

64. 银行信贷投放集中在哪些行业和领域

目前我国的银行信贷投放行业多集中在房地产、能源、交通、通信行业及制造行业，在这些行业中房地产行业的银行信贷投放最为集中，已经开始出现负面影响，对我国经济发展起了一定的阻碍作用，同时银行信贷风险管理工作难度也被大大地提升了。

65. 为什么对于信贷违约风险出现的概率缺乏准确估计

银行对于信贷违约风险的评估能力较低。一是银行信贷对客户的评级方法比较宽泛和粗糙，信贷客户的等级结构划分不够明显，评级的程序划定以及信息的收集方法比较落后，这就使得优化的信贷管理总体设计结构出现问题，影响了信贷行业的正常开展。二是银行信贷管理部门对于客户信息的了解不够彻底，信息获取的渠道比较单一，级别的分类过于简单，这就使得在计算信贷违约率的过程中不能够获得准确的数值，进而使得在宏观经济调控的政策下无法很好地实现对信贷风险的回避，很难通过经济政策手段躲避信贷风险带来的潜在危机和危害。

66. 如何对资产负债比例进行管理

资产负债比例管理是对银行的资产和负债规定一系列的比例，从而实现对银行资产控制的一种方式，是消除和减少风险的一种银行资产负债管理方法。银行通过资产负债比例管理，使银行资产实现合理增长，达到稳健经营、消除和减少风险的目的。资产负债比例管理是银行目前采取的主要管理模式，如银行资产的70%以上都是贷款，造成资产负债的结构单一，不合理性问题特别突出，而且其中不良资产的比重大，对商业银行的健康发展形成重大威胁，这是目前银行在建设与发展过程中亟待解决的问题。

67. 为什么贷后基础管理工作薄弱

重放贷轻管理的现象普遍存在于商业银行的运转过程中，银行在信贷资产发放后，缺乏对信贷资产的监控，银行发放的资金进入企业的生产和流通领域之后，会有各种内部或外部原因使得债务人不能到期还款，针对借款人在还贷期内无法及时还贷的情况，银行反应速度存在的停滞性问题相对比较突出，后续管理跟不上贷款速度严重威胁着银行的生存状况。其主要表现在：一是银行

第九节　信贷风险管理的问题与措施

贷后管理工作跟不上，消化方式过于单一，并且处理不及时，形成大量不良贷款。二是随着不良贷款的积累，银行为了补偿亏损，解决资金周转问题会加剧银行的放贷限度，因此形成恶性循环。

68. 贷款"三查"制度不落实的主要表现是什么

主要表现：一是贷前调查流于形式；二是贷中审查报送不严；三是贷后检查对贷款人贷款使用情况跟踪表面化，忽视对借款人贷后资信情况、抵押物、质押物的变化情况以及保证人经营情况和或有负债的变化进行跟踪调查。

69. 为何忽视对信贷管理者的管理

银行信贷管理制度存在漏洞，忽视对管理者的管理。主要表现：一是对一些基层行长授权过大，监督约束机制没有真正起到作用，造成一些基层行长为了完成任务、稀释贷款不良率，加大信贷投放速度和发放数量，乱批贷款、乱担保等。二是贷款责任无法落实，考核机制不健全，最终导致无人负责，不了了之。三是行长经营目标考核办法不科学，助长了行长经营上的短期行为，为了完成指标任务，不得不采取违规的做法。

70. 信贷风险管理应采取哪些措施

信贷风险管理应采取以下措施：
（1）建立信贷风险内部控制制度。
（2）充分发挥内部审计在信贷风险管理中的作用。
（3）加强对客户基本情况的审查。
（4）准确认定信贷资产的质量形态。
（5）确保各项信贷管理制度的贯彻落实。
（6）加强预警监测。
（7）加快信用调整。
（8）加强贷后管理。
（9）加大对员工的培训力度。

71. 如何建立信贷风险内部控制制度

建立健全银行信贷风险的内部控制制度主要应做好如下三方面工作：
（1）成立由管理层直接推动的内控机构。
信贷内部控制体系建设越是由管理层发起越易取得成功，应成立由行领导直接推动的建设机构并争取整个管理层的支持。这样既明确了目标，又在建设过程中加强整体意识，方便与各个层面沟通，并可获得员工的支持。

（2）强化信贷部门在内控体系建设中的职责。

内部控制体系建设是系统工程，需要强化各部门职责，使其互相配合，提高内控体系的效率。同时由内部审计等进行监督、检查评价和反馈，并提出进一步完善信贷内部控制体系的建议，使其长期处于有效状态。商业银行只有完善信贷内部控制，才会在信贷业务流程的每一个环节控制风险。

（3）修订完善各项信贷管理制度。

银行要进一步完善以贷款风险管理为核心的授权授信、审贷分离、贷款"三查"等风险控制制度，包括：在办理信贷业务时严格按照业务流程、岗位权限以及行使权限的条件进行运作，加强不同岗位、部门之间的相互监督、制约作用，实行对业务全过程的风险控制，杜绝各种违规行为的发生；制定贷前调查、贷中审查及贷后检查的办法和实施细则，规定应该包括的内容、调查方式、核实手段等，以避免流于形式。同时，建立健全岗位责任制，将信贷管理责任落实到每一个部门、每一个岗位和每一个人，严格考核，防止有法不依现象的发生；保证各项制度之间的协调、配合和制约，确保各项信贷管理制度的贯彻落实。

72. 如何充分发挥内部审计在信贷风险管理中的作用

信贷风险管理是一项综合性强、全员参与的工作，内部审计就是这一管理体系的重要组成部分。由于内部审计在商业银行组织结构中具有相对独立的地位，这使内部审计发挥的作用是其他部门无法替代的。在商业银行传统业务操作模式中，前台业务经营部门是风险防范体系的"第一道防线"，而后台的业务复核则是这一风险防范体系的"第二道防线"。对于一般意义上的操作风险、合规风险或发现舞弊等环节，内部审计则起着"第三道防线"作用，内部审计对上述两道防线的检查是商业银行风险防范的最后一关。内部审计这种事后的独立性检查，不仅可评估前两个环节发挥作用的好坏，也是对前两道防线的再监督，对他们充分履行职能具有很好的促进作用。

73. 如何加强对客户基本情况的审查

银行应充分重视贷款客户基本经营管理能力和财务稳健性及其流动性风险，严格审查资金链变化情况和第一还款来源的充分性、可靠性。

（1）建立信贷风险预警体系和信用风险等级评价。

贷款风险预警体系可对贷款客户因财务、经营状况变动、重要管理人员变动等所导致的问题贷款的出现发出及时的报警信号，使信贷人员及时发现问题，采取对策，减少或避免损失。

信用风险等级评价是就贷款客户的管理、财务、信用、生产经营状况等诸多项目进行打分评价，并确定其风险级别，进而确定其贷款方式和贷款定价等。

（2）加强对贷款客户经营状况及发展前景分析和监测。

银行要建立贷款企业资料数据库，加强企业违约、破产的预测、预报工作，使银行信贷资产避免或降低损失。

（3）运用资产组合管理法，降低和分散信贷风险。

贷款组合管理是西方商业银行广泛采用的降低风险、增加收益的信用风险管理方法。良好的贷款组合应综合考虑经济环境、行业前景、企业发展等多方因素来实现。

74. 如何准确认定信贷资产的质量形态

从在信贷资产进行质量认定和分类的过程中发现的问题出发，提高上级行对下级行的资产质量认定工作的检查频率与力度，上级行应督促下级行落实完善信贷资产质量认定、资产分类工作的程序，严格按照标准执行，并及时地上报认定和分类的结果。

75. 如何确保各项信贷管理制度的贯彻落实

（1）明确职能部门的工作职责。

银行要真正落实审贷分离制度，尽快将贷款的审查和批准权分别落实到不同的职能部门，明确贷款审查部门的工作范围、工作职责和工作目标，规范贷款审批部门的工作制度、审批内容、审批权限、审批程序和审批责任。

（2）独立设置风险评估部门。

银行应将贷款风险评估具体落实到一个独立于信贷业务部门的职能部门，利用机构的相对独立性在信贷权利分配中建立起一道"防火墙"。

（3）共享资信信息。

为了保证信息的流动性，保证各个部门都能充分占有、共享收集到的借款人的资信信息，还应该建立信息在有关部门流动的制度，防止画地为牢、公共信息被一个部门私自占有的情况发生。

76. 如何加强预警监测

为实现"多渠道"预警，创新信用风险监测预警手段，实现"零距离"预警,建立和完善科学的监测指标体系,提高监测真实性、时效性、准确性,创新信用风险监测预警手段,信用管理综合运用专业统计报告和各类媒体,做到早期发现、预警、早期处置。

77. 如何加快信用调整

市场经营条件下经常繁荣的企业很少,将来只有加大信贷退出力度才能有效防止信贷资产质量恶化。在客户退出方面,必须切实实现"三个转变"。一是从事实风险退出向潜在风险退出的转变。移动风险关口,动态跟踪各类贷款流动变化趋势,增强发展趋势前瞻。二是从被动退出向主动退出的转变。统筹规划,尽快规划,通过催收、核销、审批控制等手段,积极压缩规模小、效益低、前景差、风险高的企业贷款余额。三是从战术退出向战略退出的转变。信用结构调整不能太快,要控制节奏和力量,防止退出过程中的不良反应。

78. 如何加强贷后管理

银行贷后管理要从贷款发放或其他信贷业务发生后直到贷款本息收回或信用结束的全过程信贷行为进行管理,包括贷后管理职责、贷后检查、贷款本息回收管理、贷款风险分类、逾期贷款处置、不良贷款管理、贷款档案管理和贷后管理责任制等操作环节。它是以贷款风险管理为核心,通过对贷款跟踪检查,客户经营状况和贡献形态的变化分析,达到防范和降低贷款风险,清收、化解不良贷款,提高贷款资产质量和效益的目的。

79. 如何加大对员工的培训力度

银行应建立和完善员工培训体系,重视客户经理良好职业培训,不要逾越思想道德"防线",不要触犯规章制度"警戒线",不要违反法律"高压线"。

第十三章 信贷全流程风险管理

第一节 信贷全流程风险管理的概念和目标

1. 什么是信贷全流程风险管理

信贷全流程风险管理是指商业银行完善内部控制机制,全面了解客户信息,建立贷款风险管理制度和有效的岗位制衡机制,将信贷经营过程分解为若干个重要环节,科学设定各环节的管理内容、管理标准和管理要求,按照有效制衡的原则,把各环节的管理职责落实到具体的部门和岗位,并建立各岗位的考核和问责机制,通过对各节点的精细化管理来实现控制信贷风险的目的。

2. 信贷全流程风险管理的基本内涵是什么

信贷全流程风险管理是商业银行对信贷运行风险实行全过程控制的管理模式,是商业银行把全面风险管理思想和审慎、规范、稳健的经营理念,以及精细化的管理运用到信贷流程管理领域的理论创新和实践探索,其基本内涵包括信贷全流程风险管理的目标、对象、手段、特点。

3. 信贷全流程风险管理的目标是什么

信贷全流程风险管理所要达到的目标就是要在高效率地办理信贷业务的同时实现对风险的有效防控。具体目标:

（1）有效识别风险隐患。
（2）信贷操作合法合规。
（3）信贷执行完美。
（4）科学的流程设计。

(5) 准确到位的信贷运行。

4. 如何有效识别风险隐患

有效识别、计量、监控和化解信贷业务运行过程中各环节的风险隐患,将信贷风险控制在可接受范围内,确保信贷资产安全,这也是实施信贷全流程风险管理的核心目标。

5. 如何确保信贷操作合法合规

信贷业务运行应符合有关法律、法规和银行自身的管理规定,坚守法律底线和制度底线,确保信贷操作合法合规。

6. 如何确保信贷执行完美

银行信贷执行完美地贯彻、落实、体现全行业务发展的战略部署,符合全行经营管理的决策要求,确保信贷运行符合银行的发展战略和经营定位。

7. 如何确保科学的流程设计

通过准确到位的信贷运行,到期安全回收贷款本息,确保信贷经营取得合理收益,实现效益性与流动性、安全性的圆满统一。

第二节 信贷全流程风险管理的对象、特点和手段

8. 信贷全流程风险管理的对象是什么

信贷全流程风险管理涵盖信贷运行的整个流程,包括贷前、贷中和贷后的各个环节,主要作用对象是信贷运行的三个基本要素,通过对这些基本要素的管理,达到有效控制风险的目的。信贷全流程风险管理的主要对象:
(1) 员工及其行为管理。
(2) 借款人管理。
(3) 资金管理。

9. 如何对员工及其行为进行管理

银行员工是信贷作业的主体,也是风险管理的重点对象。

第二节 信贷全流程风险管理的对象、特点和手段

在信贷业务操作中,既要避免出现道德风险,也要防止发生能力风险,需要在员工履职水平、执行能力、专业水准三方面实施有效管理,使信贷人员的规范操作意识和能力符合信贷风险管理的要求。

10. 如何对借款人进行管理

首先是对借款人作为社会人主要特征的考量,对照信贷条件,从人品、能力、修养、操守等各方面予以全面评价,从源头上把控好准入风险。

其次是对借款人经济行为的管理,保持对其经营管理活动的持续观察,从有利于信贷资产安全的角度对借款人的不当行为予以约束和规范。

最后是对借款人担保物的动态估值和管理,对担保人和押品的变化予以持续关注,确保担保足值、合法、有效。

11. 如何对资金进行管理

跟踪信贷资金的流向、流量,加强对资金用途的贷后监管,使信贷资金使用符合法律规定,符合监管要求,符合贷款人利益。

12. 信贷全流程风险管理有哪些特点

信贷全流程风险管理的主要特点:

(1)整体性。

由于市场竞争的时效性要求,商业银行的经营管理必须向集约化、系统化、精细化管理模式转变,这就要求商业银行的信贷活动需要强调整体性原则。

(2)层次性。

商业银行信贷活动比较系统和复杂,一项专业服务往往需要多部门协同完成,这又决定了商业银行信贷流程可以继续分解,信贷流程必须具备层次性。

(3)过程性。

信贷全流程风险管理体现全过程监管和全方位控制,从客户与市场需求出发,实现业务操作流程的规范化、标准化、模块化、高效化和全方位监控,把管理贯穿于信贷业务的每个岗位、每个人员、每个环节、每个步骤,对每个环节的内部操作线路、岗位、职责都有明确规定,进而形成环环相连、环环紧扣、环环制约的过程管理链条。

(4)精细性。

信贷全流程风险管理每一个环节都有具体和量化的标准,都渗透着精细化管理的要求,信贷操作的每一个细节都置于严密的制度约束和控制之下,它是

对原来的粗放型信贷经营行为的颠覆和扬弃。

（5）动态性。

信贷全流程风险管理高度关注国内外经济金融形势的变化，高度关注产业、行业的发展，高度关注同业竞争策略的调整，高度关注企业生产经营的动态，及时采取有效应对措施，保持贷款生命周期与经济周期的协调，与企业关键生命周期的匹配，实现信贷合理投放。

（6）创新性。

信贷业务流程的设计思路不是一成不变的，随着金融服务业的迅速发展，创新成为加强信贷全流程管理不可缺少的一个重要元素。创新的源泉来自多个方面，包括新技术的运用、新产品的推出、特定客户群的需求、个性化区域金融的发展及新型风险的出现等，商业银行如不适时调整流程设计，将难以适应未来信贷市场生存发展的需要。

13. 信贷全流程风险管理的手段有哪些

信贷全流程风险管理的手段概括起来主要有五类：

（1）制度手段。

通过建立完备的制度体系，对信贷业务流程各岗位、各环节、各步骤进行明确的规范，用严密的制度覆盖信贷全流程，任何环节都不留管理真空，切实做到以制度优化管理，以制度约束行为，以制度规范操作。

（2）经济手段。

建立和完善信贷运行的激励约束机制，充分利用经济杠杆，增强员工合规操作的内在驱动力。

（3）行政手段。

以指令性规定对信贷经营活动作出刚性约束，明确可为与不可为的界限，确保信贷经营沿着正轨运行，包括信贷准入条件的规定、贷款限制性条件的要求、信贷指标指令性计划的下达等。

（4）技术手段。

运用信息科技手段和大数据分析，对信贷风险进行有效识别和量化分析，采用技术防控措施防范和化解信贷操作风险。

（5）文化手段。

建立信贷风险管理的理念文化、制度文化、执行文化，形成信贷风险控制的强大理念传导力、文化规范力和精神推动力。

第三节　信贷全流程风险管理的流程

14. 信贷全流程风险管理包括哪些环节

信贷全流程风险管理包括三大环节：贷前尽职调查、贷中尽职控制、贷后尽职管理。

15. 信贷全流程风险管理的基本流程有哪些

信贷全流程风险管理的基本流程包括：贷款申请—贷款受理—贷款调查—贷款审查—贷款审议与审批—签订合同—发放贷款—贷后管理—贷款回收与处置，即信贷全流程风险管理的九大关键要素。

16. 信贷全流程风险管理的流程图

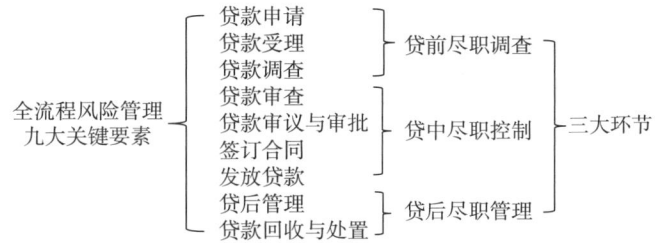

17. 如何做好贷前尽职调查

贷前尽职调查是指客户经理通过资料收集、沟通交流、现场调研等渠道尽可能地获取、核实、分析研究有关借款人及相关信贷业务、担保等方面的情况，揭示和评估信贷业务可能存在的风险并提出应对措施，为贷款决策提供依据的一系列责任行为。

贷前尽职调查主要应做好如下四个方面：

（1）收集客户相关资料。

包括收集客户基本资料、财务资料、信用资料，可采取现场收集、非现场收集。

（2）与客户进行良好沟通。

了解客户经营状况、产品特色、名誉和信誉,询问客户的经营策略、销售策略、管理策略等情况。

(3)实地调查。

确定调查人员、时间、地点、内容、方式、途径。采取现场调查、非现场调查、现场调查与非调查相结合的方式。

(4)客观撰写调查报告。

尽职调查报告的要点主要包括:客户的基本情况、客户财务因素分析、客户非财务因素分析、客户贷款申请的合理性分析、贷款的担保情况分析、风险评价和防范措施、调查结论等方面。客户经理撰写的书面调查报告是决定贷与不贷、贷多贷少的文字参考材料,因而,尽职调查报告既要全面反映被调查客户的真实情况,又要提出客观公正的调查意见,为决策者提供最真实完整的信息,把好贷款出口关。

18. 如何做好贷中尽职控制

贷中尽职控制是指信贷人员尽职从贷款审核、贷款审批、合同签订、抵押登记、落实贷款发放条件,至贷款发放之日为止的贷款过程控制。贷中尽职控制是银行信贷全流程管理工作的重要一环。

贷中尽职控制主要应做好以下几个方面:

(1)贷款审查。

审查人员要对调查人员提供材料的内容进行全面、细致的审核,对调查人员提出的调查意见和贷款建议的合规、合理性进行审查。审查的主要内容包括:

1)客户主体资格、贷款条件、贷款用途、贷款金额、贷款期限等是否符合相关业务管理办法的规定。

2)申报材料是否完整、合规,申请书、审批表所填内容要素是否完整。

3)借款人生产经营、财务状况、信誉状况、发展前景及内部管理是否良好。

4)抵(质)押物的可靠性或保证人资格、能力的审查。

5)审查人员认真审阅申报材料,审定报批材料的真实性、完整性和有效性。

(2)贷款审议与审批。

审批人应对以下主要内容进行审议:

1)借款人主体资格和条件是否具备。

2)借款用途是否符合有关贷款品种管理办法的规定。

第三节 信贷全流程风险管理的流程

3）金额、期限、利率等是否符合有关贷款办法规定。

4）贷款的主要风险点是否充分披露，风险防范措施是否合法、有效。

5）对借款人的信用评价以及所提贷款建议是否准确、合理。

在贷款调查、审查、审议意见的基础上，按授权权限进行审批，决定贷与不贷，贷多贷少以及贷款方式、期限和利率。

（3）签订合同。

对经审批同意的贷款，应及时通知借款人以及其他相关人员，确认签约时间，及时签订有关合同。借款合同和担保合同（抵押、质押、保证）一般采用标准格式文本。相关合同审查后，经办人员请借款人和担保人当面签字盖章（手印），最后由经办行有权签字人签字并加盖公章。

（4）落实贷款发放条件。

贷款发放前，应落实有关贷款发放条件，主要包括：

1）确认借款人已在银行开立账户用于归还贷款。

2）确保担保措施已有效落实，已办理了抵（质）押登记。

3）对与经办行合作开办贷款业务的中介机构或担保机构，需确认担保已落实、保证金已足额到位。

4）对需要办理保险和公证的，应确保有关手续已经办理完毕。

（5）贷款发放。

贷款发放条件落实后，经办人员应及时协助借款人办理贷款发放及划款手续。经办人员应根据《借款合同》打印《开立贷款账户通知书》和《贷款发放通知书》，填写《借款借据》（应由借款人签字确认），交由会计部门进行复核发放贷款，并将《借款借据》的银行贷款借据联返回贷款经营部门存档，将银行贷款风险分类凭证联交风险合规部门，将借款人债务凭证联交付借款人，并按借款合同约定的方式划款。

19. 如何做好贷后尽职管理

贷后尽职管理是指信贷业务经办人员为确保贷款回收，对所有可能影响还款的因素进行持续检查监测，包括贷款风险分类、预警、催收、展期、不良清收、本息收回等。

贷款业务经办机构必须重视和加强贷后管理，专人负责贷款发放后的管理，贷后管理的主要内容包括但不限于：

（1）贷后的日常管理。

建立贷款台账、贷款提醒还款制度，接受客户的贷款查询，做好客户信息的维护、贷款的正常回收管理等。

（2）贷款的动态管理。

对可能影响贷款质量的有关因素进行及时监控，对贷款操作流程的合规性进行定期和不定期检查，对逾期贷款及时进行催收等。

（3）贷款的偿还管理。

做好贷款的到期偿还、提前偿还、贷款的展期管理等。

（4）贷款资产的风险分类。

按照各自银行机构贷款资产的风险分类标准，进行分类以及对不良贷款的认定、处置和保全。

（5）贷款资产检查。

按照相关制度的要求对借款人、担保人、合作商等进行贷后检查，并将检查结果录入信贷管理系统中。

（6）贷款回收与处置。

1）银行应提前提示借款人到期还本付息。

2）对贷款需要展期的，贷款人应审慎评估展期的合理性和可行性，科学确定展期期限，加强展期后管理。

3）对于确因借款人暂时经营困难不能如期还款的，贷款人可与借款人协商贷款重组。

4）对于不良贷款，贷款人要按照有关规定和方式，予以核销或保全处置。

第四节　信贷全流程风险管理的原则

20. 信贷全流程风险管理的原则有哪些

银保监会信贷"三个办法一个指引"（固定、流动、个贷和融资）提出了信贷全流程管理的七大原则：

（1）全流程管理原则。

（2）诚信申贷原则。

（3）协议承诺原则。

（4）贷放分控原则。

（5）实贷实付原则。

（6）贷后管理原则。

第四节 信贷全流程风险管理的原则

(7) 罚则约束原则。

21. 什么是全流程管理原则

全流程贷款管理强调不论是固定资产贷款、流动资金贷款还是个人贷款，从借款人申请贷款到贷款业务结束的过程中均要将有效的风险管理行为贯穿到贷款周期中的每一个环节。

全流程贷款管理就是要对"三大环节"与"九大关键要素"提出风险管控要求，并按照有效制衡的原则将各环节职责落实到具体的部门和岗位，并建立明确的考核与问责机制，对贷款实施精细化管理。

22. 什么是诚信申贷原则

诚信申贷的原则实质包含两方面内容：

一是借款人恪守诚实守信原则，按照贷款人要求的具体方式和内容提供贷款申请材料，并且承诺所提供材料是真实、完整、有效的。

二是借款人应证明其设立合法、经营管理合规合法、信用记录良好、贷款用途明确合法及还款来源明确合法等。

23. 什么是协议承诺原则

协议承诺原则要求银行作为贷款人，应与借款人乃至其他相关各方通过签订完备的借款合同等协议文件，规范各方有关行为，明确各方权利义务，调整各方法律关系，追究各方法律责任。

24. 什么是贷放分控原则

贷放分控是指银行将贷款审批与贷款发放作为两个独立的业务环节，分别管理和控制，以达到降低信贷业务操作风险的目的。

贷放分控原则改变了传统信贷业务操作中贷款审批与贷款发放不分的弊端，它的根本点是贷款审批通过不等于放款。践行全流程管理的理念，建设流程银行，提高专业化操作程度，强调各部门和岗位之间的有效制约。

25. 什么是实贷实付原则

实贷实付是指银行根据借款人贷款需求、提款申请及支付委托方式，支付给符合合同约定的借款人交易对象的过程。

实贷实付原则的关键是让借款人按照借款合同的约定用途使用，减少贷款挪用的风险。

推行实贷实付,有利于确保信贷资金进入实体经济,在满足有效信贷需求的同时,严防贷款资金被挪用,避免信贷资金违规流入股票市场、房地产市场等,还有助于对贷款资金使用的管理和跟踪。

26. 什么是贷后管理原则

贷后管理是指商业银行在贷款发放以后所开展的所有信贷风险管理工作,具体要求为:

第一,建立贷款质量监控、风险预警及贷后动态监测和重估制度。
第二,监督贷款资金按用途使用。
第三,对借款人账户进行监控。
第四,明确按照监管要求进行贷后管理的法律责任。
第五,参与借款人的贷款重组,维护银行债权。
第六,解决长期存在"重贷轻管"的现象。

27. 什么是罚则约束原则

罚则约束是指监管部门对银行执行信贷"三个办法一个指引"(固定、流动、个贷和融资)的行为进行严格监管,对于明显违反规定的银行,监管部门将利用市场准入、现场检查、非现场监管等"监管措施"与"行政处罚"手段(如取消高管人员任职资格等),约束商业银行和借款人等交易主体的行为,以保障贷款法规的执行力。

第五节 信贷全流程风险管理的核心环节

28. 信贷全流程风险管理有哪些核心环节

信贷全流程风险管理有五个核心环节:
(1) 贷款准入管理。
(2) 抵(质)押品管理。
(3) 授信执行管理。
(4) 贷款资金管理。
(5) 到期收回管理。

第五节 信贷全流程风险管理的核心环节

29. 什么是贷款准入管理

贷款准入管理——信贷对象的"筛选器"。

贷款准入管理的目标是从源头上控制风险,对不符合准入条件的客户,无论面临多大的压力,都要敢于说"不";对基本符合准入条件的客户要多方审视,慎之又"慎";对符合准入条件、各项指标优秀的客户和项目,要尽可能优先受理。

30. 什么是抵(质)押品管理

抵(质)押品管理——客户风险的"缓冲器"。

抵(质)押品作为银行贷款的第二还款来源,是第一还款来源的重要补充。抵(质)押品管理从强化第二还款来源管理看,为银行债权提供了有效的安全保障。抵(质)押品作为借款人违约时银行可以依法占有和处分的资产,在甄别借款人道德风险、保证债务契约有效执行发挥着重要作用。

31. 什么是授信执行管理

授信执行管理——信贷运行的"控制器"。

授信执行管理是商业银行基于信贷决策与执行相统一的要求,在信贷业务审批通过直至以非清收处置方式收回信贷资金本息的信贷运行过程中,对借款合同签订、履行用信条件、资金支付审核、资金支付方式等环节进行监督和控制,是从执行层面确保信贷审批方案有效落实的重要手段。

32. 什么是贷款资金管理

贷款资金管理——资金流动的"监测器"。

贷款资金管理是商业银行采取账户监管等手段,对客户获得贷款以后的资金流向和用途等情况进行跟踪监测,通过及时准确地掌握贷款资金的运动轨迹,对客户风险提前进行识别和判断。

33. 什么是到期收回管理

到期收回管理——贷款资金的"回收器"。

贷款到期收回是一个完整的信贷业务循环周期实现完美收官的关键环节,也是商业银行信贷资金价值创造的兑现阶段。

贷款到期收回管理通过对到期信贷业务的资金回收方式、抵(质)押关系处理、贷款展期或周转等信贷事项进行规范处理，既能够有效减少银行资金沉淀、防止不良贷款产生，又能够保证信贷资金在取得经营收益的基础上再次投入新的信贷循环周期。

第六节 信贷全流程风险管理的意义

34. 实施信贷全流程风险管理有哪些重要意义

实施信贷全流程风险管理不仅是管理水平的具体体现，更是对经营理念、管理模式、业务流程和作业标准的综合检验和提升，具有特殊的作用和重要意义。

（1）防范化解信贷风险的现实要求。
（2）提升银行核心竞争力的重要引擎。
（3）支持实体经济和保护金融消费者权益的重要举措。
（4）提升银行信贷资产精细化管理的最好路径。
（5）建设流程银行的重要实践。
（6）适应外部监管的客观需要。

35. 为何是防范化解信贷风险的现实要求

目前形势表明，商业银行经营环境的不确定性显著增加，需要更加重视信贷风险管理，信贷运行必须更加稳健、更加精细。信贷运行环节多、链条长，每个节点都蕴含着风险，需要采取更加全面、严格的措施来管理细节，控制风险。实践证明，信贷操作环节出现的风险是导致信贷事实风险的重要因素，对信贷流程各个环节的控制必须更加审慎、精细。

36. 为何是提升银行核心竞争力的重要引擎

信贷竞争力是商业银行的核心竞争力，信贷竞争力的强弱，不仅体现在对优质资产业务营销效率的高低上，而且反映在信贷风险把握和控制的强弱中。

当前银行业面临的经营环境复杂多变，风险控制形势严峻，与此同时，金融同业竞争进一步加剧，对优良客户、优质业务的争夺更加激烈，要在严酷的同业竞争中赢得主动，就必须以客户需求为导向，在严格控制风险的前提下提高信贷办事效率，这有赖于通过信贷全流程风险管理的实施，实现对信贷运作

第七节 信贷全流程风险管理的策略

效率的持续提升和对信贷操作风险的强力管控。

37. 为何是支持实体经济和保护金融消费者权益的重要举措

信贷全流程风险管理通过必要的操作流程及内部控制等手段，规范商业银行贷款支付行为，确保贷款资金按借款合同约定用途使用，防止借款人资金被挪用，有效保护金融消费者的合法权益，促进贷款资金真正流向实体经济，发挥金融支持实体经济发展的作用，保障信贷资产质量。

38. 为何是提升银行信贷资产精细化管理的最好路径

目前，商业银行经营环境的不确定性显著增加，通过完善信贷全流程风险管理，将贷款管理各环节的责任落实到商业银行具体部门和岗位，推动商业银行贷款管理模式由粗放型向精细化的转变，有助于提高贷款发放的质量，有利于更新风险管理理念，应用先进风险管理技术，提升商业银行信贷资产的精细化管理水平，保障信贷业务安全运营和长远发展。

39. 为何是建设流程银行的重要实践

信贷全流程风险管理打破了原有部门银行的管理模式，把信贷风险管理全过程作为一个完整的价值链条，对每个信贷环节、人员提出风险管理的指标、标准和要求，进而实现信贷风险控制的总体目标。管理模式始终围绕业务流程进行规划与建设，弱化了部门概念，符合部门银行向流程银行转变的总体趋势。

40. 为何是适应外部监管的需要

近年来，国家对商业银行监管的力度逐渐加大，监管标准进一步提高，监管手段也更趋多样化，其中信贷风险监管始终是重中之重。银保监会信贷的"三个办法一个指引"（固定、流动、个贷和融资）对商业银行加强信贷管理的过程控制提出了更高要求。

第七节 信贷全流程风险管理的策略

41. 实施信贷全流程风险管理的策略选择严把哪几关

实施信贷全流程风险管理的策略选择严把五大关：

(1) 严把贷款准入管理关。

(2) 严把抵（质）押品管理关。

(3) 严把授信执行管理关。

(4) 严把贷款资金监管关。

(5) 严把贷款到期收回关。

42. 如何严把贷款准入管理关

严把贷款准入管理关，重点加强行业、区域、客户三个维度的准入管理：

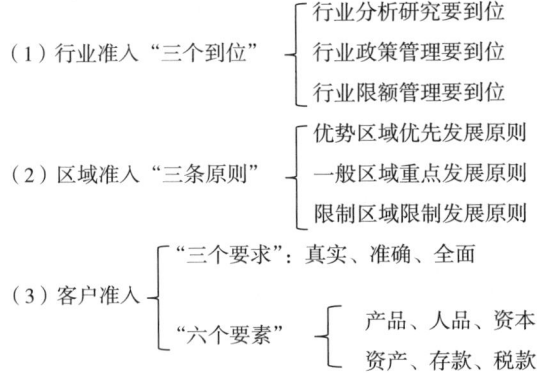

43. 如何严把抵（质）押品管理关

严把抵（质）押品管理关，重点管好抵（质）押行为的八个环节：

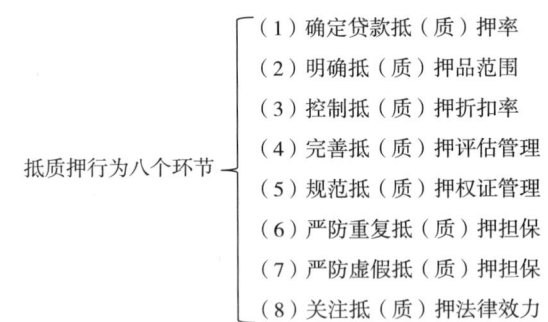

44. 如何严把授信执行管理关

严把授信执行管理关，重点抓好合同管理和放款管理。合同是借贷双方权利义务的法律凭证。放款管理是银行向借款人提供资金并正式发生信用关系的重要关口。

第七节　信贷全流程风险管理的策略

（1）合同管理
- 制定制式合同文本
- 选用主从合同搭配
- 合同填写正确
- 合同要素齐全
- 合同签章真实规范
- 合同没有法律隐患

（2）放款管理
- 规范放款处理流程
- 严格监督审核制度
- 落实信用发放条件
- 完善抵质押担保手续
- 严禁违反审批人意志
- 完善信贷档案资料

45. 如何严把贷款资金监管关

严把贷款资金监管关，重点抓好贷款资金四个监管重点和七种挪用贷款风险管理。

（1）贷款资金四个监管重点。

1）严格贷款支付监管（自主、受托）。

2）严格贷款流向监管。

3）严格企业经营资金监管。

4）严格企业结算账户监管。

（2）七种挪用贷款风险。

1）贷款流出企业账户等额流回。

2）贷款流向无关联企业账户。

3）贷款资金用作承兑保证金。

4）贷款后拿银行承兑汇票贴现。

5）企业化整为零频繁支取贷款。

6）企业违反日常支用大额资金。

7）非房贷流入房地产企业账户。

46. 如何严把贷款到期收回关

贷款到期收回率是体现一家银行信贷经营管理水平的重要指标，应当纳入各行经营目标考核。

（1）重点抓好。

1）贷款到期收回率考核。

2）企业还款资金监管。

3）贷款展期。

4）周转管理。

(2) 重点关注。

1）还贷资金来源。

2）销货收入。

3）其他银行贷款或社会借款。

4）是否存在"拆东墙补西墙"现象。

5）关注与其他银行、典当行、担保公司、小额贷款公司资金往来和借贷关系。

第十四章 信贷风险组织与职责管理

第一节 风险组织架构的设计原则

1. 风险组织架构的设计原则是什么

按照《巴塞尔协议》风险管理的基本要求，设计银行信贷风险管理组织架构。组织架构设计的三大原则：风险机构统一管理原则、风险管理自成体系原则、职能部门职责明确原则。

2. 什么是风险机构统一管理的原则

建立全行性、统一的风险管理部门，集中管理包括信用风险、市场风险、操作风险在内的各类风险。

3. 什么是风险管理自成体系的原则

各类风险管理自成体系，独立于业务经营部门，内部监督、风险控制与业务操作相互制约与平衡。

4. 什么是职能部门职责明确的原则

职能部门基本职责明确，实行全面、全程的风险管理，保证风险信息透明、信息报告渠道畅通。

第二节 风险管理组织架构

5. 总行风险管理有哪些相关委员会

（1）董事会风险管理委员会。
（2）董事会审计与关联交易控制委员会。
（3）总行风险控制委员会。
（4）总行资产负债管理委员会。
（5）总行内部审计管理委员会。
（6）总行内控状况评审委员会。
（7）总行信贷审批委员会。

6. 总行风险管理有哪些相关部门

（1）管理部门。
1）信贷风险管理部门
2）授信审批部门
（2）经营部门。
1）公司业务部门
2）机构业务部门
3）个人信贷部门
4）国际业务部门
5）同业银行部门
6）投资银行部门
7）资产保全部门
（3）监督部门。
1）内部审计部门
2）法律与合规部门
3）纪检监察保卫部门

第二节 风险管理组织架构

7. 分行风险管理有哪些相关部门

（1）管理部门。

1）分行信贷审批委员会

2）信贷风险管理部门

3）授信审批部门

（2）经营部门。

1）公司业务部门

2）机构业务部门

3）个人信贷部门

4）国际业务部门

5）资产保全部门

（3）监督部门。

1）审计分部

2）法律与合规部门

3）纪检监察保卫部门

8. 支行风险管理有哪些相关部门

（1）管理部门。

1）支行信贷审批领导小组

2）信贷风险管理部门

（2）经营部门。

1）各信贷业务部门

2）各营业网点

（3）风险监督。

1）审计分部

2）风险经理

3）纪检监察员

9. 风险管理组织架构图

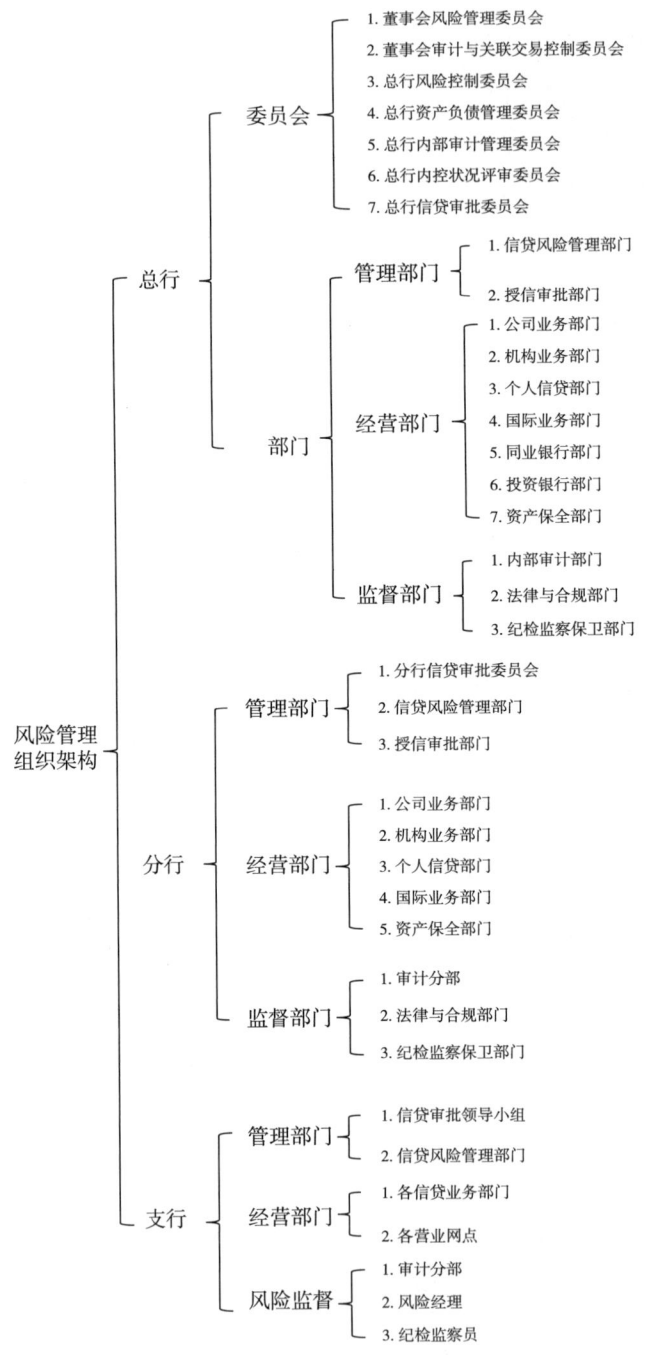

第三节 总行各委员会的职能与职责

10. 总行董事会风险管理委员会的职能与职责是什么

(1) 职能。

董事会风险管理委员会是董事会下属专设风险管理机构。

(2) 基本职责。

董事会风险管理委员会主要负责监督银行高级管理层风险管理方面的有关事宜,评估本行风险并向董事会提出关于改进风险管理以及内控体系方面的建议。

11. 总行董事会审计与关联交易控制委员会的职能与职责是什么

(1) 职能。

董事会审计与关联交易控制委员会为董事会下属专设内部控制机构。

(2) 基本职责。

董事会审计与关联交易控制委员会负责对重大审计事项与关联交易进行审阅,并向董事会就是否批准这些审计事项与关联交易提供建议。

12. 总行风险控制委员会的职能与职责是什么

(1) 职能。

总行风险控制委员会是全行高级管理层下设的专门委员会,负责管理全行的信贷风险。

(2) 基本职责。

1) 在董事会批准的风险管理战略及政策框架下对全行的信用风险进行评估,审议并制定全行重大信用风险管理政策,确定全行信用风险控制目标、程序和措施。

2) 对总行专业审贷委员会和双签审批人进行授权和管理,决定授信审批限额并监督授信审批流程。

3) 审议总行专业审贷委员会提交的授信项目。

(3) 组织形式。

1) 总行风险控制委员会实行委员制,由七至九名委员组成。分管信贷风险的副行长或首席风险官任主任，成员包括其他副行长、行长助理，授信审批部门总经理和副总经理，信贷管理部门、计划财务部门、公司业务部门、同业银行部门、法律与合规部门的第一负责人。

2）风险控制委员会下设办公室，负责准备拟审议授信项目的有关材料，介绍审议项目的情况，回答委员提问，记录审议情况，汇总形成风险控制委员会综合决策意见，并传达申报行。风险控制委员会办公室可单独设立，或设在授信审批部门。

（风险控制委员会议事规则请参阅第三部分"授信审批"部门的规定）

13. 总行资产负债管理委员会的职能与职责是什么

（1）职责。

总行资产负债管理委员会是全行负责管理流动性风险、市场风险以及全行资产负债运营的机构。

（2）基本职责。

1）制定全行资产负债管理目标。

2）建立、实施、监督有关流动性风险及市场风险的政策及其管理流程。

3）讨论分析资产负债状况，做出资产负债管理的政策和策略。

（3）组织形式。

资产负债管理委员会由总行行长任委员会主任，副行长兼首席财务官任副主任，成员组成：其他副行长、行长助理、总监，以及总行办公室、战略发展部门、计划财务部门、授信审批部门、信贷管理部门、会计部门、同业银行部门、公司业务部门、零售银行部门、国际业务部门、内部审计部门的第一负责人。

14. 总行内部审计管理委员会的职能与职责是什么

（1）职责。

总行内部审计管理委员会是全行负责内部门审计的管理机构。

（2）基本职责。

总行内部审计管理委员会是维护银行内部审计系统的独立性、权威性和有效性，制定、审查和批准审计政策、规章制度，以及对内部审计的有关重大事项做出决策的机构。

（3）组织形式。

总行内部审计管理委员会由总行行长任主任，成员组成：副行长、行长助理、首席风险官（风险总监）、内部审计部门总经理和副总经理、总行办公室、人力资源部门、纪检监察保卫部门的第一负责人。

15. 总行内控状况评审委员会的职能与职责是什么

（1）职责。

总行内控状况评审委员会是全行负责操作风险管理的机构。

（2）基本职责。

总行内控状况评审委员会评估全行内部控制系统的有效性和充分性，检查任何重大潜在的操作风险及管理缺陷，提出改进要求和措施。

（3）组织形式。

内控状况评审委员会由总行行长任主任，成员包括负责内部控制的副行长、总监以及总行部门的第一负责人。

16. 总行信贷审批委员会的职能与职责是什么

（1）职责。

总行信贷审批委员会是总行风险控制委员会下设的负责授信业务的审批机构。

（2）基本职责。

负责审批超过分行权限，且不属总行双签审批权限内的业务。

（3）组织形式。

分管信贷风险副行长或首席风险官担任主任，授信审批部门总经理担任第一副主任，信贷管理部门总经理和授信审批部门副总经理担任副主任。成员包括授信审批部门和信贷管理部门副总经理其他成员、副总经理级和总经理助理级的专职审批人。

第四节 总行各部门的职能与职责

17. 总行信贷风险管理部门的职能与职责是什么

总行信贷风险的管理部门是承担公司授信业务风险审查和授信管理的职能部门，包括总行级信贷风险管理部门和授信审批部门。

一、总行信贷风险管理部门

（1）部门职能。

总行信贷风险管理部门是根据国家有关经济金融政策和全行的发展战略与方针，制定全行信贷政策和制度，组织实施和指导全行授信业务管理，防范信贷风险、提高信贷资产质量的总行职能部门。

（2）基本职责。

1）研究并构建全行信贷风险管理体系，制定信贷风险管理目标和全行信贷政策。

2）组织制定各项授信管理规章制度，审核相关的授信业务办法和操作流程，并负责全行放款操作的管理。

3）负责全行资产分类工作，并组织、指导、推动全行信贷资产质量真实性、分类合理性与业务合规性等贷后检查工作。

4）负责全行信贷业务系统和信用风险量化管理工具的规划、开发和运行管理。

5）负责组织、配合外审机构对全行授信业务进行定期审计，组织和指导全行授信业务数据信息的统计、分析、监测、报告和预警，为授信决策提供支持。

6）负责授信尽职调查，指导、管理、检查全行不良资产清收管理。

7）负责全行资产减值准备计提管理、准备金支出预算编制和执行管理。

8）协助董事会审计和关联交易控制委员会及总行相关部门管理关联授信工作。

9）负责分行授信管理的指导、推动、检查和员工队伍建设工作。

二、总行授信审批部门

（1）部门职能。

总行授信审批部门是全行负责授信审查审批机构，承担授信业务审批责任的职能部门。

（2）基本职责。

1）根据全行信贷政策，审批权限内的各类授信业务。

2）监管分行权限内审批的授信业务。

3）参与制定信贷政策，重点负责行业投向政策的研究。

4）参与制定授信审批制度、办法和操作规程。

5）负责全行审贷人队伍的培养和考核。

6）负责分行授信审批的指导、推动、检查和员工队伍建设工作。

18. 总行信贷风险经营部门的职责是什么

信贷风险经营部门主要是负责推动、指导全行公司与机构客户及个人客户授信业务发展的职能部门,以及不良资产的经营部门,主要包括公司业务部门、机构业务部门、个人金融部门、国际业务部门、同业银行部门、投资银行部门、资产保全部门等。

19. 总行信贷风险监督部门的职能与职责是什么

总行信贷风险监督部门主要是负责信贷业务的监督、审计、合规审查、案件调查处理等职能,包括内部审计部门、法律与合规部门、纪检监察保卫部门等。

(1) 总行内部审计部门。

1) 部门职能

总行内部审计部门是负责对全行业务活动进行审计,并独立地监督和评估全行信用风险管理和内控的职能部门。银行内部审计部门一般实行条线垂直管理,除总行内部审计部门外,还可分别在不同地区或分行设立审计分部。

2) 基本职责

①独立监督、审计、评估业务活动及其风险管理和内部控制。

②定期独立检查全行授信业务操作流程与管理,识别授信管理体系内的缺陷。

③负责反馈授信审计检查中的问题,并向管理层提出改进建议。

(2) 总行法律与合规部门。

1) 部门职能

总行法律与合规部门是全行法律事务和合规风险管理的职能部门。

2) 基本职责

①承担全行合规风险管理的职能工作,研究合规经营策略、识别、评估和报告银行存在的合规性风险。

②负责总行各部门业务和管理活动中的法律咨询,承担全行法律咨询与诉讼、仲裁事务的管理。

③制订全行反洗钱制度及工作计划,协调总行各部门反洗钱事务,督促、指导、检查分行反洗钱工作。

④负责组织、推动全行内部控制管理工作。

⑤负责全行知识产权（专利）事项的组织、申请和管理工作，以及总分行内部授权的管理。

（3）总行纪检监察保卫部门。

1）部门职能

总行纪检监察保卫部门是主管全行纪检监察和保卫工作的职能部门，负责调查和处理违反法律与法规的案件，协助政府部门进行调查。

2）基本职责

①制定、执行全行监察、反腐倡廉和安全保障工作制度和年度计划，组织全行廉洁纪律教育和反腐倡廉工作。

②负责对全行干部、员工重大违规违纪行为处理的工作指导，受理和查处信访举报和投诉，查处本行内外案件和重大责任事故。

③组织全行安全保障和"三防一保"工作，落实总行要害部位和资金财产的"三防一保"工作，推动全行安全责任制贯彻执行。

④负责全行办公、物业和营业场所及金库、计算机信息系统等要害部位物理环境安全设施设备的配置管理，负责全行监控为主的技术防范设施建设及维护。

⑤负责对分行纪检监察保卫工作的指导、推动、培训和检查工作。

第五节 分行部门职能与职责

20. 分行信贷风险管理部门的职能与职责是什么

分行信贷风险的管理部门是承担公司授信业务风险审查和授信管理的职能部门，包括分行信贷审批委员会、分行信贷风险管理部门和分行授信审批部门。

（1）分行信贷审批委员会。

1）基本职责

分行信贷审批委员会是负责本行授信业务的审批机构，负责审批超过支行权限，且不属分行双签审批权限内的业务。

2）组织形式

分管信贷风险副行长或风险总监担任主任，授信审批部门总经理担任副主任，成员包括授信审批部门和信贷风险管理部门副总经理其他成员、副总经理级和总经理助理级的专职审批人。

(2) 分行信贷风险管理部门。

1) 部门职能

分行信贷风险管理部是分行负责授信业务管理的职能部门。

2) 基本职责

①贯彻执行国家和总行信贷政策，管理规章制度及其有关规定，牵头制定分行信贷政策、规章制度和操作程序。

②组织实施分行全辖授信后检查。

③负责辖内授信业务的实施操作。

④组织、检查辖内资产分类认定和减值准备计提。

⑤牵头组织落实授信尽职调查工作。

⑥组织推动、督导和考核辖内不良资产清收工作。

⑦审核、上报分行呆账核销资产，组织对账销案存资产清收，参与处理逃废银行债务纠纷案，保护银行债权。

(3) 分行授信审批部门。

1) 部门职能

分行授信审批部门是负责分行授信业务的审查审批部门。

2) 基本职责

①执行总分行确定的年度信贷投向政策。

②审查、审批分行权限内授信业务，监管辖内分支机构授权范围授信审批业务。

③协助研究、制定辖内信贷政策，分析国家经济金融政策及经济环境变化对所辖区的影响，提出相应的授信审查建议。

④组织分行信贷审批委员会会议，根据授权和规定程序组织授信业务审议和提交审批。

21. 分行信贷风险经营部门的职责是什么

分行信贷风险经营部门主要是负责推动、指导分行公司与机构客户及个人客户授信业务发展的职能部门，以及不良资产的经营部门，主要包括公司业务部门、机构业务部门、个人信贷部门、国际业务部门、资产保全部门等。

22. 分行信贷风险监督部门的职能与职责是什么

分行信贷风险监督部门主要是负责信贷业务的监督、审计、合规审查、案件调查处理等职能，包括审计分部、法律与合规部门、纪检监察保卫部门等。

一、审计分部

（1）部门职能。

审计分部是总行的派出机构，不受分行的管辖，只负责对分支行业务活动进行审计，并独立地监督和评估分支行信贷风险管理和内控的部门。

（2）基本职责。

1）独立监督、审计、评估业务活动及其风险管理和内部控制。

2）定期独立检查分支行授信业务操作流程与管理，识别授信管理体系内的缺陷。

3）负责反馈授信审计检查中的问题，并向分支行管理层提出改进建议。

二、分行法律与合规部门

（1）部门职责。

分行法律与合规部门是负责辖内合规管理和反洗钱工作的分行职能部门。

（2）基本职责。

1）为分行提供法律支持与咨询服务，研究辖内业务发展中存在的法律问题，提出规避和控制法律风险的建议。

2）审查辖内业务的法律文件，进行合同管理，参与分行新业务、新产品开发设计，进行法律可行性论证和交易法律结构的设计审查。对分行重大决策与重点项目提供专项法律支持。

3）负责辖内民事或仲裁案件的办理和管理。

4）建立辖内合规管理工作体制，组织落实辖内合规工作。对分行规章制度进行合规检查，组织分行各部门将法律法规和监管规定在制度中予以落实，对分行发生违规事件进行全面监控。

5）统一管理、协调和检查分行反洗钱工作，组织落实分行涉及洗钱交易信息采集、分析、统计和报送工作，对涉嫌洗钱行为实施监控。

三、分行纪检监察保卫部门

（1）部门职能。

分行纪检监察保卫部是贯彻执行总行纪检监察保卫规章制度，具体负责调查和处理辖内违反法律与法规的案件，并协助当地政府有关部门进行调查违法违规案件的职能部门。

（2）基本职责。

1）贯彻执行总行制定的有关监察保卫规章制度，组织、实施、指导辖内机构的安全保卫工作。

2）调查辖内违反内部规章的事件，对违反有关规章的管理人员和员工执行处罚。

3）负责辖内机构的安全工作，保证辖内员工及资产的安全。

4）负责辖内员工培训，检查分行业务系统与流程，防止和及时发现内部欺诈和舞弊的情况出现。

第六节　支行（部门）职能与职责

23. 支行风险管理部门的职能与职责是什么

支行风险管理部门是承担公司授信业务的风险审查和个人授信业务风险授信管理的职能部门，包括支行信贷审批领导小组和支行信贷风险管理部门。

一、支行信贷审批领导小组

（1）基本职责。

支行信贷审批领导小组是负责本行授信业务的审批机构，负责审批超过支行双签审批权限内的业务。

（2）组织形式。

支行行长担任信贷审批领导小组组长，分管信贷风险副行长担任领导小组副组长，担任副主任，成员包括信贷风险管理部门经理、副经理其他成员、副经理级和经理助理级的专职审批人。

二、支行信贷风险管理部门

（1）职能。

支行信贷风险管理部门是负责授信业务管理的职能部门。

（2）基本职责。

1）贯彻总分行银行信贷风险管理政策和规章制度。

2）负责审查借款人贷款资料的真实性、准确性和完整性。

3）负责辖内授信业务的实施操作。

4）组织实施辖内授信贷后检查。

5）组织清收和考核辖内不良资产工作。

6）负责贷款风险分类、认定和上报。

7）负责上报支行呆账核销资产。

8）负责贷款档案的存档和管理。

24. 支行信贷风险经营部门的职能与职责是什么

支行信贷风险经营部门主要是营销辖区内公司客户和个人客户业务发展的职能部门，以及不良资产的管理处置，主要包括支行信贷业务部门和各营业网点。

25. 支行风险监督的职责是什么

支行风险监督主要是由审计分部、风险经理和纪检监察员进行审计、监督和合规审查等。

第十五章 个人贷款风险管理

第一节 个人贷款风险管理的依据和原则

1. 什么是个人贷款风险

个人贷款风险是指银行在个人贷款业务经营过程中,由于受到各种内外部不确定因素的影响,资产蒙受经济损失的可能性。

2. 个人贷款风险管理的目的和依据是什么

为规范银行个人贷款业务,促进其业务健康发展,防范和控制信贷业务风险,依据原中国银行业监督管理委员会《个人贷款管理办法》和相关法律法规及本银行制定的相关规章制度管理个人贷款风险。

3. 个人贷款风险管理的范围是什么

银行个人贷款业务的管理范围为个人贷款的受理、调查、审查、审批、签订合同、发放、贷后管理、收回和监督检查等。

4. 个人贷款业务应遵循什么原则

个人贷款业务遵循以下原则:个人贷款用途合法合规,不得用于股权等权益性投资,不得用于国家禁止生产、经营的领域和用途,不得挪用。

第二节 个人贷款风险管理的部门与职责

5. 经营部门有哪些职责

经营部门（分支机构）负责个人贷款业务的营销、受理、贷前调查、贷款审查、合同签订、抵（质）押鉴证、贷款发放和贷后管理等工作。经营部门（分支机构）负责人作为贷款的第一责任人，要负责对所上报审批贷款的审查，并签署意见。

6. 信贷管理部门有哪些职责

信贷管理部门负责全行个人贷款业务的审批受理、提交审批、贷款发放通知和信贷档案管理等工作。

7. 风险合规部门有哪些职责

风险合规部门负责个人贷款业务的审批流程、评审标准、标准合同文本制定、贷款监测、风险分析、贷款分类、保全不良贷款、风险检查和授信风险管理等工作。

8. 财务会计部门有哪些职责

财务会计部门负责个人贷款业务的会计核算规则制定、规范、检查等工作。

9. 营业网点有哪些职责

支行和营业部门负责个人贷款支付结算、抵（质）押品保管等工作。

10. 信贷审批委员会有哪些职责

信贷审批委员会负责个人贷款业务的审批和利率定价。

第三节 个人授信风险管理

11. 什么是授信

授信是一种风险控制的总概念，它不等同于贷款。

授信是指银行向客户直接提供资金支持,或对客户在有关经济活动中的信用向第三方作出保证的行为。

12. 什么是个人授信

个人授信是指银行在一段时间内向申请人授予一定金额的个人贷款授信额度,授信有效期内,申请人一次或分次在授信额度内使用贷款的个人信贷产品。

13. 什么是个人授信风险管理

个人授信风险管理是指银行作为一个整体,对单一客户确定最高综合授信额度,并对个人授信风险加以集中统一管理。

14. 个人授信业务应遵守什么原则

个人授信业务应遵守"额度控制、随用随借、循环使用"的原则。

15. 个人贷款授信的方式有哪几种

个人贷款授信方式分为两种:可循环授信、非循环授信。

可循环授信指的是在授信期间内,借款人可以反复得到余额合计不超过授信金额的贷款,很多小额贷款、消费贷款及信用卡都是可循环授信。

非循环授信是指在授信期间内,借款人得到的贷款金额不超过授信金额,个人住房贷款、车贷、装修贷款等,以及一些银行的信用卡贷款,都属于非循环授信。

第四节 个人贷款调查环节的风险防范

16. 个人贷款为什么要做贷前调查

个人贷款贷前调查是对个人贷款客户的整体资信状况、贷款的风险状况等进行全面评价,并最终形成对贷款的综合性评价意见。贷前调查应遵循客观、科学、公正的原则,采取定量与定性分析相结合的原则。所有个人贷款均需进行贷前调查。以个人权利质押担保的个人贷款,在落实有效止付后,可以不做贷前调查。

17. 个人贷款贷前调查的主要手段有哪些

贷前调查的主要手段包括借款人面谈、电话访谈、实地考察、信息查询等，贷前调查必须至少使用其中一种方式。

18. 个人贷款贷前调查主要包括哪些内容

贷前调查应主要包括以下内容：

（1）个人基本情况调查。

1）验证借款人、担保人提交的身份证件及其他有效证件是否真实有效，是否与本人一致，是否经有权部门签发，是否在有效期内等。

2）调查确定借款人提供的居住情况、婚姻状况、家庭情况、联系电话等是否真实。

3）调查确定借款人提供的职业情况、所在单位的任职情况等是否真实。

（2）借款人资信情况调查。

1）通过相关的征信系统（如人行个人信用信息基础数据库）调查借款人的信用记录（如通过人行个人信用信息基础数据库查询得到的客户《个人信用报告》应作为贷款审批的重要参考材料），并可充分利用本行、他行的共享信息，调查了解借款人的资信状况。

2）重点调查可能影响第一还款来源的因素。第一还款来源调查的内容主要包括：对于主要收入来源为工资收入的，应结合借款人所从事的行业、所任职务等信息对其收入水平及证明材料的真实性作出判断；主要收入来源为其他合法收入的，如利息和租金收入等，应检查其提供的财产情况，证明文件包括租金收入证明、房产证、银行存单、有现金价值的保单等。

（3）借款人的资产与负债情况调查。

1）调查确认借款人及家庭的人均月收入和年薪收入情况。

2）调查其他可变现资产情况。

3）调查借款人在本行或他行是否有其他负债或担保、家庭负债总额与家庭收入的比重情况等。

4）应分析借款人及其家庭收入的稳定性，判断其是否具备良好的还款意愿和还款能力。

（4）贷款用途及还款来源的调查。主要调查借款人的贷款用途是否与所申请的贷款品种管理办法规定的一致，还款来源是否有效落实并足以履约等。

（5）对担保方式的调查，参照《贷款担保》的要求进行调查和评价。

第五节 个人贷款审批环节的风险防范

19. 如何撰写个人贷款调查报告

贷前调查完成后,调查人员应对调查结果进行整理、分析,撰写个人类贷款调查报告,并填写《个人贷款贷前调查表》。个人住房贷款参照有关规定办理。小额贷款也可不写调查报告,有《个人贷款贷前调查表》即可。

《个人贷款贷前调查表》内容主要包括:

(1) 贷前调查所采取的方式。

(2) 借款人的贷款申请情况,对借款人的偿还能力、还款意愿、担保情况以及其他情况等的调查意见。

(3) 该笔贷款的主要风险点和控制措施。

(4) 明确对调查内容的真实性、完整性负责等。

20. 个人贷款调查报告完成后如何处理

个人贷款调查报告完成后,调查人员填写《个人贷款业务申报审批表》,提出贷款额度、贷款期限、贷款利率、担保方式、还款方式、需落实的贷款条件、划款方式等方面的建议,连同《贷前调查表》、申请材料等一并送贷款审核人员进行贷款审核。

第五节 个人贷款审批环节的风险防范

21. 如何对个人贷款进行审核

审核人员要对调查人员提供材料的内容进行全面、细致的审核,对调查人员提出的调查意见和贷款建议的合规、合理性进行审查。

22. 个人贷款审核哪些内容

个人贷款审核的主要内容包括但不限于以下几项:

(1) 客户主体资格、贷款条件、贷款用途、贷款金额、贷款期限等是否符合相关业务管理办法的规定。

(2) 申报材料是否完整、合规,申请书、审批表所填内容要素是否完整。

(3) 贷前调查人员出具的《贷前调查表》《个人客户信用评价报告》是否客观、翔实。审核人员认真审阅申报材料,审定报批材料的真实性、完整性和有效性。对申报材料有遗漏、有缺陷的，应要求调查人员及时补充材料和完善调查内容，直至符合要求为止；对申报材料不合规的，审核人应签署审核意见并退回审核材料。

23. 个人贷款审核完毕后如何处理

个人贷款审核完毕后，审核人员应在《个人贷款业务申报审批表》上签署审核意见，签字并加盖贷款经营部门公章，连同所有申报资料一并送交有权审批部门或有权审批人进行贷款审批。

24. 谁负责个人贷款业务的审批工作

经银行授权的贷款有权审批人，包括信贷审批委员会和个人贷款有权审批人，负责银行个人贷款业务的审批工作。

25. 个人贷款业务的审批方式有哪些

个人贷款业务的审批方式分为贷款审批人会议审批、双人审批、单人审批，具体适用方式依照贷款授权方案及其他相关规定确定。

26. 个人贷款审批有哪些要求

（1）贷款审批人员在阅读审查申报材料的基础上，根据国家有关方针、政策、法规和银行的贷款政策，从银行的利益出发审查贷款业务的技术、经济和商业可行性，分析贷款的主要风险点及其风险规避和防范措施，依据该笔贷款业务预计给银行带来的效益和风险决定是否批准。

（2）审批实行回避制度。贷款审批人有下列情形之一的，应主动申请回避：

1）借款人为贷款审批人本人或其近亲属。

2）与借款人有其他利害关系的。

（3）贷款审批人应独立审批决策，不得受包括借款人、所在行行领导在内的任何其他人的不正当影响。

27. 审批人应对哪些主要内容进行审查

审批人应对以下主要内容进行审查：
（1）借款人主体资格和条件是否具备。
（2）借款用途是否符合有关贷款品种管理办法的规定。
（3）金额、期限、利率等是否符合有关贷款办法规定。
（4）贷款的主要风险点是否充分披露，风险防范措施是否合法、有效。

（5）对借款人的信用评价以及所提贷款建议是否准确、合理。

28. 个人贷款审批结论有几种

个人贷款审批结论分为同意和不同意两种。

（1）采用会议审批的，审批结论为同意的，应满足审批牵头人同意并有超过（大于）2/3全部参加当次审批的贷款审批人同意；审批结论为不同意的，同意的票数之和未超过2/3全部参加当次审批的贷款审批人人数，或审批牵头人不同意。

（2）采用双人审批的，只有当两名贷款审批人同时签署"同意"意见时，审批结论方为"同意"。

（3）需上报董事长同意的贷款，董事长有一票否决权。

29. 个人贷款审批结束后如何处理

个人贷款审批结束后，有权审批人负责整理归纳审批结论及全体审批人意见，信贷部及时通知申报行（部门）、个人贷款审批结论及审批意见。审批结论为同意，经办行可直接进入发放环节。审批结论为不同意的，申报行可申请复议，一笔贷款业务只能复议一次。

第六节　个人贷款发放环节的风险控制

30. 个人贷款发放包括几个步骤

个人贷款的发放一般包括四个步骤：
（1）签订合同。
（2）落实放款条件。
（3）贷款的发放。
（4）贷款台账登记。

31. 如何签订个人贷款合同

对经审批同意的个人贷款，应及时通知借款人以及其他相关人员，确认签约时间，及时签订有关合同。个人贷款合同一般采用标准格式文本。特殊情况下需使用非标准格式文本的，参照《贷款法律文书》的有关规定办理。个人贷款合同的填写、签订、审核等其他具体要求，参见《贷款法律文书》有关规定。

个人贷款合同审查后,经办人员请借款人当面签字,最后由经办行有权签字人签字并加盖公章。

32. 如何落实个人贷款发放条件

个人贷款发放前,应落实有关贷款发放条件,主要包括:

(1) 确认借款人已在银行开立个人账户用于归还贷款。

(2) 确保担保措施已有效落实,具体参照《贷款担保》规定执行,需特别提醒注意:

1) 对以取得所有权证书的房屋抵押的,要由经办人员与抵押人共同办理抵押登记手续,并取得《房屋他项权证》,保证交易的真实性。

2) 对以预售商品房或者在建工程抵押的(个人自建房贷款可以在建工程抵押),要按照当地房地产管理部门规定办理预售商品房和在建工程抵押登记手续;抵押人取得房地产权属证书后,要重新办理房地产抵押登记,并取得《房地产他项权证》。

3) 对采取以所购车辆作抵押申请个人汽车贷款的,贷款行或委托中介机构的经办人员应与借款人到车管部门共同办理车辆抵押登记,领取《机动车辆登记证书》,并在规定时限内将《机动车辆登记证书》原件、购车发票原件、购置税发票原件、保险单复印件、行驶证复印件等交给经办行(对当地登记机关有其他特殊规定的,在确保银行抵押权的前提下可以不收回上述权证、发票)。

4) 由经销商或担保机构提供保证的个人汽车贷款,应检查其在银行指定保证金账户的余额是否符合有关合作协议的约定和银行有关规定。

5) 对采取个人权利质押的,在贷款发放前,经办行要取得质押权利凭证,并对质押权利凭证进行查询和认证,办妥有效止付手续。需要办理登记的,要及时办妥质押登记手续。

6) 对自然人作为保证人的,应明确必须采取连带责任的形式。

(3) 对与经办行合作开办个人贷款业务的中介机构或担保机构,需确认担保已落实、保证金已足额到位。

(4) 对需要办理保险和公证的,应确保有关手续已经办理完毕。

33. 个人贷款如何发放

个人贷款发放条件落实后,经办人员应及时协助借款人办理贷款发放及划款手续。经办人员应根据《借款合同》打印《个人贷款开立贷款账户通知书》和《贷款发放通知书》,填写《借款借据》,《借款借据》应由借款人签字确认。

会计部门根据《贷款发放通知书》《借款合同》和《借款借据》进行复核发放贷款,并将《借款借据》的银行贷款借据联返回贷款经营部门存档,将银行贷款风险分类凭证联交风险合规部门,将借款人债务凭证联交付借款人,并按借款合同约定的方式划款。

34. 个人贷款发放后如何进行台账登记

个人贷款发放后,贷款经营部门应依据借款人相关信息建立《贷款台账》,便于进行贷后管理,同时应及时根据会计账务处理信息更新台账数据,保证贷款台账与会计账相符。

第七节 个人贷款的贷后管理

35. 贷款发放后如何进行检查和分析

个人贷款发放并支付后,经营机构应按相关规定,针对借款人工作情况、所属行业及经营特点,通过定期与不定期现场检查与非现场监测,分析借款人家庭、工作、经营、财务、信用、支付、担保及融资数量和渠道变化等状况,掌握各种影响借款人偿债能力的风险因素。

36. 贷后检查和分析的重点是什么

借款人家庭、工作、经营情况及信用状况,检查和分析的重点应包括:
(1) 核实贷款资金是否按规定用途使用。
(2) 借款人家庭或其企业有无发生重大事故。
(3) 借款人工作收入情况或其企业经营情况是否发生重大变化及主要原因。
(4) 借款人在他行的授信有无重大变化,是否有不良记录。
(5) 了解保证人的担保意愿、担保能力是否发生变化;了解保证人检查期内信用状况、融资和或有负债变化情况。
(6) 押品状态是否完好、权属是否发生变动、押品价值是否出现变化(抵押率是否符合审批要求)、是否存在法律纠纷等。

37. 客户经理应关注借款人哪些动态并采取措施防范风险

客户经理应动态关注借款人家庭、工作、经营、管理、财务及资金流向等。

重大预警信号，对发现的异常风险信号、欠息、贷款资金挪用等影响贷款安全的不利情形，应及时发布风险提示和预警，并根据合同约定及时采取提前收贷、追加担保等有效措施，防范化解贷款风险。

38. 客户经理如何进行贷后管理评估

客户经理贷后管理中应评估贷款品种、额度、期限与借款人经营状况、还款能力的匹配程度，作为与借款人后续合作的依据，必要时及时调整与借款人合作的策略和内容。

39. 如何维护银行债权

客户经理应根据法律法规规定和借款合同的约定，参与借款人大额融资、资产出售以及兼并、分立、股份制改造、破产清算等活动，维护银行债权。

40. 对借款人不能按约偿还借款本息如何处理

对借款人不能按约定期限偿还借款本息、流动资金贷款需要重整的，可按照相关规定，与借款人达成修改贷款偿还安排的协议，对借款人、贷款金额、期限、还款方式、担保措施等合同要素进行调整。

41. 贷款形成不良的如何处置

个人贷款形成不良的，信贷管理部门应协助风险合规部门对其进行专门管理，及时制订清收处置方案。

42. 无法收回的不良贷款如何处置

对确实无法收回的不良贷款，信贷管理部门协助风险合规部门按照银行不良资产处理相关规定对贷款进行核销后，应继续向债务人追索或进行市场化处置。

第八节　个人贷款的主要风险

43. 个人贷款主要有哪些风险

个人贷款主要有以下风险：
（1）客户信用风险。

第八节 个人贷款的主要风险

(2) 征信风险。
(3) 担保风险。
(4) 超额度风险。
(5) 借款用途风险。
(6) 操作风险。
(7) 多头贷款风险。
(8) 贷款挪用风险。
(9) 客户经营风险。
(10) 市场风险。
(11) 合作机构风险。
(12) 银行管理风险。

44. 什么是客户信用风险

客户信用风险是指由于借款人违约或信用评级下降而造成的损失风险,导致银行无法完全收回到期本息。借款人的信用风险是个人贷款首先要控制的风险因素。该风险的产生主要有以下几方面原因:借款人收入减少或失业;借款人因重病或被定罪而丧失收入;借款人死亡;借款人负债过重;当抵押物市值远低于贷款余额时,借款人无意还款;贷款利率或罚息上升令还款金额增多等。

45. 什么是征信风险

个人征信是指依法设立的个人信用征信机构对个人信用信息进行采集和加工,并根据用户要求提供个人信用信息查询和评估服务的活动。个人借贷业务是面向个人客户营销的信贷业务,银行一般依赖个人的征信系统,因此,可能无法取得借款人客观、全面、真实的信用。

46. 什么是担保风险

担保风险是指担保人〔抵(质)押物、保证人或信用担保机构〕在担保业务运作过程中,由于各种不确定性因素(主观的和客观的)的影响而遭受损失的可能性。有效的担保措施是个人经营贷款发放的重要条件之一,加强对各类担保风险的控制,是担保风险管理的主要内容。

47. 什么是超额度风险

超额度风险是指银行超额度发放给借款人超过其承受能力的贷款形成风险。

第十五章　个人贷款风险管理

个人贷款是基于个人消费或经营和个人预期收入的信贷产品，其额度有较为严格的控制要求。在借款人还款能力内合理设定贷款额度是贷款的授信宗旨，也是贷款资金安全的保证。银行在调查时，由于信息的不对称，存在不能完全掌握借款人贷款及或有负债的情况，比如借款人在多家银行借款，导致借款人贷款总额度与其实际还款能力明显不匹配，从而形成风险。

48. 什么是借款用途风险

借款用途风险是指借款人不按贷款用途使用而挪作他用出现风险。很多借款人想尽各种方法贷款，资金一旦到账，就任意支配，未按照借款合同约定的用途使用资金。为此，银行如果发现该情况应根据合同里约定的提前解除合同条款、加速到期等条款来保护自己出借资金的安全。

49. 什么是操作风险

操作风险是银行未按标准化贷款流程操作规程，而导致的直接或间接损失的风险。产生操作风险的因素有多种，如贷款手续未完备前已发放贷款、合同文本遗失、员工监守自盗等。推行贷款标准化操作是规避贷款操作风险的有效手段之一。

50. 什么是多头贷款风险

借款人多头贷款风险是由于银行机构之间缺乏信息互通机制，使得借款人同时从多家银行借款，而各家银行若忽略借款人的其他借款情况仅单方面发放贷款可能会造成借款人贷款额度过高的情况，增加了个人借贷的风险。

51. 什么是客户经营风险

客户经营风险是指借款人在经营管理中出现失误而导致盈利水平变化，从而产生投资者预期收益下降的风险。借款人生产经营的好坏直接影响贷款风险的大小，掌握客户生产经营的变化情况也就掌握了贷款经营风险控制的主动权。

52. 什么是贷款挪用风险

个人消费贷款是用于支持借款人消费融资需要的贷款产品，不得用于股市和证券投资以及其他权益性投资或国家有关法律、法规和规章禁止的其他消费与投资行为。但是，由于银行监控手段不到位，贷款发放后仍然存在被挪用的风险，投资入股、转借，尤其可能有借款人将个人消费贷款挪用炒股，给银行

第九节 个人贷款风险的控制措施

贷款资金带来很大风险。

53. 什么是市场风险

市场风险主要是受经济发展稳定性、产业行业发展趋势、市场竞争环境等因素影响，使银行发放的个人经营贷款出现了风险。为此，银行要加强对市场的分析研究，以提高风险判断能力。

54. 什么是合作机构风险

根据合作机构与银行开展的不同业务及提供的不同服务，合作机构主要有担保机构、业务推荐机构、代理服务机构等。如何既能充分发挥合作机构在业务拓展、客户选择、贷后管理等方面的积极作用，又能有效防范合作中的风险环节，是银行合作机构风险管理中需重点研究的问题。

55. 什么是银行管理风险

银行管理风险是银行自身管理薄弱而造成的风险。由于缺乏一套完整的规章制度，操作手段也比较落后，即便规章制度健全，操作人员也不能严格执行，信贷人员审核不严，贷后管理监督跟不上，从而导致个人信贷风险加大。

第九节 个人贷款风险的控制措施

56. 控制个人贷款风险可采取哪些措施

银行要控制个人贷款风险，可采取以下主要措施：
（1）强化审慎经营理念。
（2）严控客户准入关。
（3）注重第一还款能力调查。
（4）科学设计信贷产品。
（5）尽职调查客户准入资格。
（6）全面审查评估贷款风险。
（7）切实规范签约和支付管理。
（8）加强贷款用途检查和监督。
（9）合理确定授信额度。

（10）加强对抵押物和保证人的审查。

（11）完善绩效考核机制。

57. 如何强化审慎经营理念

各银行要坚持业务发展和风险防控并重，合规有序开展竞争，严禁降低标准违规展业，严防单纯追求市场份额，盲目扩张信贷规模，严禁为营销客户、追求规模而放松信贷标准或条件。坚决避免因无序降低准入门槛，超额增加授信，提供显著优惠利率，放松贷款用途管控等，助长客户盲目增加杠杆，违规挪用信贷资金等问题。

58. 如何严控客户准入关

对在多家银行有存量授信的个人客户要审慎介入，确需介入的，各银行应实行更为严格的还款能力评估、用途核实、支付管理和资金跟踪等措施。对家庭成员分别申请个人贷款授信的，应审慎控制贷款额度和期限，防止客户过度加杠杆，切实防范"共债"风险。

59. 如何注重第一还款能力调查

银行应注重借款人的第一还款能力调查。根据借款人所提交的收入证明、银行存折、信用卡对账单、有价证券复印件、纳税单等，再结合借款人所从事的行业、工作性质对借款人的收入水平和还款能力做出一个合理判断，还要进行现场调查取证比对，如果借款人已婚，还要提供配偶的收入证明等相关材料，不应只看抵（质）押物、保证人担保的第二还款来源，应注重借款人的第一还款能力。

60. 如何科学设计信贷产品

各银行要针对不同的个人贷款需求和贷款对象，设计相应的信贷产品，合理确定个人贷款的金额和期限，明确准入标准、审批权限和操作要求。产品设计既要注重特定客户群体的行业特征，还要充分关注单个个体是否符合信贷产品准入条件，不得偏信所谓的优质客户群体或低风险业务，而放宽标准提供贷款。

61. 如何尽职调查客户准入资格

在贷款受理和调查环节，各银行业金融机构要对客户贷款申请内容和相关

第九节　个人贷款风险的控制措施

情况的真实性、准确性、完整性进行调查核实，认真核实客户贷款需求和申贷资料的真实性，客观评价客户还款能力，严防利用不真实生产经营信息等虚假资料或虚假担保骗取贷款。要以个人收入证明匹配个人所得税纳税证明、公积金缴纳凭证、社保缴费证明、个人账户在一定时期内资金净流入等能提供的相关资料，对借款人的还款能力进行匡算，审慎确定贷款期限和金额。

62. 如何全面审查评估贷款风险

在贷款风险评价和审批阶段，银行要多方获取客户最新融资信息，全面、科学测算贷款需求，严格按照规定程序审批贷款，严防逆程序操作和超权限审批，严防员工参与客户编造虚假材料，严禁授意或支持贷款调查、审查部门或人员撰写虚假调查、审查报告，严禁随意降低准入标准，严禁违规决策审批贷款。

63. 如何切实规范签约和支付管理

在贷款合同签订和发放阶段，银行要按照规定严格落实合同面签要求，积极运用生物识别、视频等科技手段辅助核验客户身份和意愿真实性，严防冒名贷款；要严格审核借款人相关交易资料和凭证是否符合约定条件，严防客户用虚假支付依据支取贷款。要建立贷款资金支付监测预警机制，对贷款资金通过本行系统转入三方存管等禁止性账户以及地产、置业、财富管理等敏感账户的实行自动监测预警和事后跟踪检查。

64. 如何加强贷款用途检查和监督

在贷后检查阶段，银行业金融机构要通过实地调查、账户监控、关联人访谈等方式进行贷后检查，按照"金额越大、管控越严"的原则，建立差异化贷后用途管控机制，加强贷款用途的监督，确认违规用款的须按照合同约定提前收回贷款。核验贷款用途的证明材料不能仅凭收据或交易合同，还应当以销售发票、交易市场供货单据、商户电子账单等能够提供的交易凭证和交易数据佐证贸易背景真实性。

65. 如何合理确定授信额度

银行要依托信息科技和大数据等途径，采取多种方式审查个人信用信息，全面掌握个人客户存量授信和对外担保情况，根据借款人资金实际用途、偿债能力、杠杆率水平等审慎评估融资需求，合理确定授信额度，不得为无还款能力或无真实融资需求的客户发放贷款。

66. 如何加强对抵押物和保证人的审查

对于抵押物，必须查验抵押物是否真实存在，是否为抵押人所有，外观与结构是否完好，所有权是否完整、清晰，抵押价格是否合理等。对于保证人，必须具有保护主体资格以及代偿能力，对保证人进行保证责任核实，保证人的资信情况以及资信材料是否属实，保证人是否有担保意愿，以及保证人的担保能力。

67. 如何完善绩效考核机制

银行应建立效益与风险、当期成果与可持续发展兼顾的科学考评机制，加强员工合规教育培训，引导各级经营机构转变"重规模、比速度、抢市场"的经营理念，切实杜绝绩效考核过于激进导致的合规隐患。建立信贷人员专项考评体系，把防范违规放贷风险与个人薪酬、职级变动等挂钩，调动信贷人员防范违规发放个人贷款的主动性、积极性和创造性。

第十节 个人贷款风险管理罚则

68. 如何建设高效的惩戒体系

银行要建立健全内部责任追究制度，对于贷款损失的大小，给予责任人一定的经济处罚，严重者还会面临调岗离职、解除劳务合同、追究刑事责任等惩戒措施，以法律规范行为，增强信贷人员的责任意识，驻守自身的道德底线。加大对失信人的惩戒力度，诚实守信是市场经济最基本的要求，遵纪守法是市场经济健康发展的必要保证。因此，要加大失信惩戒力度，用法律手段规范借款人的行为，坚决打击失信者，从而确保银行的资金安全。

69. 如何对经办机构及相关人员追究责任

各相关部门在个人贷款业务管理中存在下列情形之一的，应根据银行问责机制对经办机构及相关人员追究责任并进行处罚：

（1）因业务管理制度、核算制度、合同文本存在漏洞，风险控制不到位，或系统设计、流程设计有缺陷，而导致个人贷款业务出现重大问题，形成风险或被监管部门处罚的。

（2）未按本行办法要求将个人贷款风险管理各环节的责任落实到具体部门和岗位的。

（3）在个人贷款业务管理中存在其他失职行为的。

70. 如何对相关单位和当事人追究责任

各相关部门在个人贷款业务经营中存在下列情形之一的，应根据银行相关规定对有关单位和当事人追究责任并进行处罚：

（1）受理不符合条件的个人贷款申请并发放贷款的。

（2）与借款人串通，违法违规发放个人贷款的。

（3）超越、变相超越权限或不按规定流程审批贷款的。

（4）贷款调查、风险评价、贷后管理未尽职的。

（5）以降低信贷条件或明显超越借款人实际资金需求发放贷款的。

（6）未按本行办法规定签订贷款合同或擅自变更合同条款的。

（7）未按本行办法规定进行贷款资金支付管理与控制的。

（8）对借款人违反合同规定的行为未及时采取有效措施的。

（9）放任借款人将个人贷款用于固定资产投资、股权投资以及国家禁止生产、经营的领域和用途的。

（10）有其他严重违反本银行办法规定行为的。

第十六章 企业贷款风险管理

第一节 企业贷款风险管理的目的和意义

1. 什么是企业贷款风险

企业贷款风险是指银行在企业贷款业务经营管理过程中,由于各种事先无法预料和不确定性因素影响,使银行信贷资金不能按期收回和正常周转而蒙受损失的可能性。

企业贷款包括贷款、银行承兑汇票等各类表内外授信业务。

2. 什么是企业贷款风险管理

企业贷款风险管理是指银行通过科学的方法对各种可能导致企业贷款损失的主观因素进行有效的预测、分析、防范、控制和处理,以降低贷款风险,减少贷款损失、提高贷款质量,从而增强银行风险控制能力和损失补偿能力的一种贷款管理活动。

3. 企业贷款风险管理的目的和依据是什么

为了加强企业贷款风险管理,防范信贷风险,推动企业贷款业务健康快速发展,银行应依据国家相关法律法规和本银行制度的相关规章制度,管理企业贷款风险。

4. 企业贷款业务遵循什么原则

企业贷款业务遵循以下原则:企业贷款用途合法合规,不得用于股权等权益性投资,不得用于国家禁止生产、经营的领域和用途,不得挪用。

5. 企业贷款风险管理的意义是什么

（1）加强企业贷款风险管理有利于促进银行信贷资金的安全。贷款风险与信贷资金损失具有直接的内在联系。企业贷款风险越大，则信贷资金遭受损失的可能性越大。加强贷款风险管理，尽量减少或降低贷款风险，便可以减少乃至避免信贷资金的损失，保证信贷资金安全。

（2）加强企业贷款风险管理有利于贷款经济效益的提高。贷款经济效益的实现，必然以减少和避免贷款风险为前提，企业贷款风险管理与贷款经济效益有直接联系。在一般情况下，减少和避免贷款风险，贷款经济效益就会比较好。而贷款经济效益好，就意味着贷款投放有效，企业经营正常，信贷资金回流顺利；如果贷款经济效益差，则意味着企业资金周转不正常，贷款使用不合理，贷款不能如期归还。由此可见，加强贷款风险管理和实现贷款经济效益的要求是一致的。

（3）强化企业贷款风险管理是改善银行信贷资产质量状况、提高资产效益的主要途径。银行信贷资产流动性低、质量差、风险大、逾期和催收贷款占用率高，是困扰银行经营状况和财务成果的一个重大问题。所以，为了改变这种情况，根本的解决办法就是引入风险机制，强化风险管理。

第二节　企业授信风险管理

6. 什么是授信风险

授信风险是银行经营中所面临的最主要风险之一。银行在办理贷款、贴现、担保、押汇、开立信用证等授信业务时，因受各种不确定因素影响，可能无法按期收回本息而形成资金损失，就会形成授信风险。

7. 银行授信风险主要来自哪个方面

银行授信风险主要来自两个方面：

一是外部风险，即由于国家政策、经营环境、银行客户等外部因素发生变化而导致的风险。

二是内部风险，即由于银行内部经营管理不善而造成的风险。

8. 如何建立授信风险控制体系

银行应建立一套以"统一授信、审贷分离、授权管理、资产保全、监督制约"为内容，围绕"授信决策、授信运作、授信管理、授信制约"全过程的较完备的授信风险控制体系。

9. 如何建立授信运作机制

银行应建立以统一授信、授权管理为核心的授信运作机制。目前，在银行中，还存在着多级机构、多个部门同时授信的弊端，这无疑加大了授信业务的风险，必须尽快建立实施统一授信、授权管理的授信运作机制。客户统一授信的主要内容包括四个层次：

（1）建立客户资信评价体系，定期根据客户的财务报表和行内掌握的其他资料，对授信客户的信用状况进行评级。

（2）根据客户的信用等级核定客户的风险限额。

（3）按照"分级管理"的原则对客户的各种授信实行统一管理，通过统一授信监控客户信用风险。

（4）在实施客户评级的基础上，向客户提供授信额度支持，提高授信业务运作效率，加强金融服务。

10. 企业授信的原则是什么

企业授信应本着调查、评级、授信同时进行的原则，提升授信效率。

11. 如何核定企业授信的风险限额

授信风险限额的核定是判断客户的最高债务承受能力，即核定客户的授信风险限额，是整个授信评审工作中最重要的几个环节之一，它是中小商业银行在风险承受范围内愿意向客户提供的最大授信额度。结合银行的实际情况，核定客户授信风险限额可以重点考虑以下五个因素：

（1）资本净额。它是衡量客户经济实力和抗风险能力的一个重要指标，资本净额越高，抗风险能力越强，授信风险限额越高。

（2）销售收入。销售收入是客户产生现金流量的重要来源，销售收入越高，还款来源越多，授信风险限额越高。

（3）利润总额。它是企业持续发展的内在动力，利润总额越高，盈利能力越强，授信风险限额越高。

第三节　企业贷款调查评价

（4）信用等级。信用等级的高低与授信风险限额的高低成正比例关系，信用等级越高，授信风险限额越高。

（5）在其他银行已获得的授信额度。在市场经济环境中，不仅银行可以选择客户，客户也可以选择银行，所以，任何一个客户都可能在几家银行开户并取得授信，那么，授信银行在考虑对客户的授信时还不能根据客户的最高债务承受额提供授信，还应当将客户在其他银行已经取得授信、在本银行的原有授信和准备发放的新授信业务一并加以考虑。

12. 授信贷款用途有哪些

企业贷款只能用于借款人在生产经营、商品销售、项目投资等经营活动中的流动资金周转和小型固定资产的购建等，不得用于国家法律、法规明文禁止的产品和项目。

13. 授信贷款期限有多长

企业贷款期限应符合企业借款人现金流量的特点，短期流动资金贷款期限一般不超过1年，中长期流动资金贷款期限一般不超过3年，其他固定资产投资贷款期限不超过5年。

第三节　企业贷款调查评价

14. 如何进行调查评价

进入调查评价阶段，如果客户需要银行出具贷款意向书，首先进行初步调查工作，若初步调查不合格，应及时将材料退回客户；若初步调查合格，则先出具贷款意向书，再进行全面深入的调查；如果客户不需要出具贷款意向书，则直接进行调查评价工作。

15. 如何进行调查评价和撰写报告

调查评价包括客户信用评级、业务评价及担保评价三部分，由直接评价人员、评价审查人员与评价审定人员共同完成。

（1）客户信用评级。对公司类客户，根据客户信用评级办法有关规定进行综合分析，并填写客户信用评级报告（《客户信用评级》）。如已经做过客户信用评级并在有效期内的，使用前次客户信用评级报告及近期《贷款资产检查报告》作为本次对客户的评价。对仅申请办理低风险业务的客户，可以不做客户信用评级。

（2）业务评价。按照不同的贷款业务品种的要求和方法对贷款业务的风险点和成本效益进行分析评价。对固定资产贷款、房地产开发贷款等品种，需要对贷款的项目进行全面评估。项目评估的内容和方法参照房地产开发类贷款、项目评估的有关规定执行。其他类型贷款业务的评价主要包括以下内容：

①用途及还款来源。用途是否与申请的贷款业务、项目一致，还款来源是否落实并足以履约等。

②确定贷款业务的期限、利率、费率和金额。具体确定利率与费率时，应考虑国家金融政策的有关规定、客户的具体情况、业务的风险、同业竞争、与客户的关系、银行的资金筹集成本等因素，并按照银行的有关规定确定。

③本笔贷款业务给银行带来的附带效益。从存款、结算、中间业务、提高经济效益等方面定性定量相结合加以分析。

④风险分析。分析该笔业务的风险点，贷款业务发放后的主要风险因素和防范措施。

（3）担保评价。参照《贷款担保》的方法、要求、内容对担保人和担保物进行调查和评价，并撰写担保评价报告。

16. 调查评价阶段完成后如何移交

调查评价阶段应填写《受理评价工作交接单》，确保落实责任到人。直接评价人员按上述要求在各类评价报告中签署表明同意的倾向性意见后，交评价审查人员与评价审定人员进行审核。

17. 如何审定评价报告

（1）评价审查人员审核直接评价人员撰写的各类评价报告。如评价审查人员发现基础资料的真实性和准确性以及评价程序、评价方法存在问题，有权要求直接评价人员进行修改；对于判断不一致的问题，要在评价报告相应的地方写明意见。评价审查人员对评价程序的公正性和合理性、评价方法的正确性负责。

（2）评价审定人员审定评价报告（对于客户信用评级报告，评价审定人员是贷款审批部门的有关人员）。如评价审定人员发现基础资料的真实性和准确性以及评价程序、评价方法和评价质量存在问题，有重大错误，有权要求直接评价人员、评价审查人员重新评价。对于判断不一致的问题，应在评价报告相应的地方填写意见。评价审定人员应对贷款审查材料的合规性、完整性负责，并对调查材料中的潜在风险进行揭示。

18. 如何进行信用等级审定

原则上银行应先对客户进行信用评级，再对其办理具体贷款业务。在办理额度授信或单笔业务之前，贷款人员应将客户信用评级报告及有关附件等材料报有权审批贷款的审批部门进行信用等级审定。

19. 哪些客户不必审定信用等级

如客户存在下述情况之一的，可以不必审定信用等级：
（1）信用等级在有效期内。
（2）额度授信内使用额度的。
（3）仅办理低风险贷款业务的。
（4）银行目前无法对客户进行信用评级，且无法取得银行认可的外部评级机构信用评级的。

20. 如何申报审批

认定客户信用等级后，经办部门或支行应按贷款授权规定的权限组织贷款业务申报材料，报有权审批人审批。

（1）申报审批授信额度。经办部门或支行应首先申报审批额度授信，再申报审批单笔具体贷款业务。

申报审批额度授信的情况如下：
①客户在银行无授信额度。
②原授信额度到期。
③原授信额度需要调整。
④授信额度虽在有效期内，但客户发生银行规定需重新申报审批额度授信的其他情况。

（2）授信项下单笔贷款业务申报审批。已确定授信额度且在有效期内的客户，经办部门或支行应按贷款授权规定的权限组织贷款业务申报材料确定，报有权审批人审批。

（3）对符合银行规定可不予进行额度授信的客户，可直接申报审批单笔贷款业务，不必先审批授信额度。

第四节 企业贷款审批风险控制

21. 企业贷款按照什么规定受理审批

有权审批人按照《法人授权书》或转授权文件规定的贷款授权权限受理审批贷款业务,包括报批材料合规性审查和审批。

22. 如何进行合规性审查

(1) 贷款风险合规性审查人员应在收到报批材料后 2 个工作日内,完成合规性审查并提出审查意见。

(2) 经合规性审查合规的贷款项目填写合规性审查意见单;审查不合规的申报材料,合规性审查人员有权要求有关人员修改和补充至符合要求为止。合规性审查人员应将不合规的审查意见通知有关人员,并退还其材料。合规性审查合格的贷款项目原则上在 3 个工作日内提交审批。

23. 审批方式有哪些

审批方式分为贷款审批人会议、会签、单签审批,原则上各类企业贷款应通过审批人会议审批。各类贷款业务具体的审批方式依照贷款授权方案及其他相关规定确定。

24. 如何进行审批

贷款审批人员在阅读审查申报材料的基础上,根据国家有关方针政策、法律法规和银行的贷款规章,审查贷款业务的技术、经济和商业可行性,分析申报项目的主要风险点及其风险规避和防范措施,依据该笔贷款业务预计给银行带来的风险和收益决定是否批准该笔贷款业务。贷款审批人必须独立审批决策,不得受包括申请人在内的任何其他人的不正当影响。

25. 如何做出审批结论

审批结论分为同意(含附加条件同意)、不同意和续议三种。

(1) 审批结论为同意(含附加条件同意)的,应满足审批牵头人同意(含附加有条件同意)并有超过(大于)2/3 全部参加当次审批的贷款审批人同意

(含附加有条件同意)。

(2) 审批结论为不同意的,同意(含附加条件同意)、续议的票数之和未超过 2/3 全部参加当次审批的贷款审批人人数,或审批牵头人不同意。

(3) 审批结论为续议的,申请的贷款业务未被否决,但同意(含附加条件同意)的票数未超过 2/3 全部参加当次审批的审批人人数,或审批牵头人的意见为续议。

26. 审批结论如何反馈

审批结束后,有权审批人和贷款审批部门负责整理归纳审批结论及全体审批人意见,并将结论及审批意见及时通知申报部门或支行。

(1) 审批结论为同意(含附加条件同意)的,申报部门或支行可直接进入发放环节。

(2) 审批结论为续议的,申报部门或支行可按银行的相关规定准备申报材料提请续议。原则上同一笔贷款业务只允许续议一次。

(3) 审批结论为不同意的,通知申报部门或支行告知客户,并退还相关材料。如申报部门或支行提出申请复议,可按银行的相关规定准备申报材料申请复议。如无特殊情况,一笔贷款业务只能复议一次。

第五节 企业贷款发放风险控制

27. 企业贷款发放有几个步骤

贷款业务的发放包括五个步骤:
(1) 落实贷前条件。
(2) 签订合同。
(3) 落实用款条件。
(4) 贷款支用。
(5) 贷款登记。

28. 如何落实贷前条件

经审批同意发放的贷款业务,在签订合同前贷款人员应与客户积极协商,落实审批文件确定的贷前条件。贷前条件落实以后,贷款人员提交《落实贷前条件情况报告》，提交贷款主管签字。

29. 如何签订合同

（1）落实贷前条件后，及时与申请人签订有关合同。在签订合同之前，贷款人员应将经贷款主管签字的《落实贷前条件情况报告》和已填写完整但尚未经双方或多方签字的合同文本交信贷部门审查岗进行审核。经审查无误后，贷款人员才能办理签订合同的具体手续。

（2）合同一般采用标准格式文本。特殊情况下需使用非标准格式文本的，参照《贷款法律文书》的有关规定办理。

（3）合同的填写、签订、审核等其他具体要求，参照《贷款法律文书》的有关规定。

30. 如何落实用款条件

根据审批决策意见和与客户签订的合同条款，与客户协商落实用款条件。用款条件包括：

（1）客户已按照有关法律法规规定，办妥与贷款业务有关的批准、登记、交付及其他法定手续。

（2）设有担保的，担保合同或其他担保方式已生效。

（3）客户没有发生双方约定的任一违约事项。

（4）其他约定条件已经满足。

31. 贷款如何支用

合同生效后，贷款人员办理有关手续，特别要注意与财会部门的工作衔接。对贷款业务，主要按以下要求办理，其他贷款业务品种根据各贷款业务操作的有关规定办理。

（1）核定指标。贷款人员持借款合同、经贷款主管签字的《落实贷前条件情况报告》到信贷部门审查岗办理《贷款发放通知单》。

信贷部门审查岗在填写《贷款发放通知单》时，应注意：

①借款合同号、贷款币种、核定金额、期限、利率、借款人等要素填写准确无误。

②签发人员、填写人员等要素填写清楚。

③加盖经办部门或支行公章。

（2）办理贷款支用手续。合同签订、担保落实登记、贷款发放通知取得后，贷款人员通知客户到会计柜台办理贷款支用手续。

①贷款人员通知客户填写《借款借据》凭证一式五联，交会计柜台。

②会计柜台凭《借款借据》《借款合同》和《贷款发放通知单》办理贷款开户、贷款转存等会计记账手续。

③《借款借据》凭证两联留会计柜台记账，一联交贷款人员存档，一联作为五级分类，一联送客户。

32. 如何进行贷款登记

（1）贷款台账登记。贷款业务发生后，贷款人员应及时登记贷款业务台账。

（2）及时、准确录入贷款管理信息系统。

第六节　企业贷款贷后管理

33. 贷后管理包括哪些内容

企业贷款发放后，必须加强贷后管理，贷后管理内容包括贷款资金使用审查、贷后检查、利息催收、到期贷款催收、风险监测与预警、不良贷款管理、档案管理等。

34. 贷后管理存在哪些问题

（1）经济环境复杂多变，信贷风险不易把控。

（2）信贷人员素质欠缺，不能及时识别风险。

（3）信贷人员数量不足，疲于应付各项工作。

（4）出于维护客户需要，不愿过多揭示风险。

（5）贷后管理办法落后，客户经理难以操作。

（6）贷后检查内外不分，风险类别混淆不清。

35. 如何审查贷款资金使用

客户经理必须要求借款人严格按合同约定用途使用贷款，对贷款资金使用进行签批，对于与申请用途不符的资金使用，应严格限制。对于大额支付，即超过贷款额20%以上（含20%）的支付，可要求企业出具采购合同或其他与资金使用用途有关的证明文件。

36. 如何确定贷后检查

贷款发放后，客户经理应定期或不定期对借款人进行贷后检查，贷后检查以日常检查为主，并根据实际情况采取不定期检查。

37. 首次检查有哪些要求

首次检查应在贷款发放后一个月内进行，重点检查贷款资金使用情况，信贷资金是否存在挪用情况等。

38. 日常检查有什么要求

日常检查应以定期检查为主，对正常类贷款每季度至少检查一次，其他贷款每月至少检查一次。

39. 贷后检查要对哪些方面进行检查

贷后检查要对资金使用效果、企业资金流转情况、现金流等进行详细细致的检查。对可能影响第一还款来源的因素，客户经理应及时汇报，必要时，可要求企业提供担保或提前终止合同，收回贷款。

40. 贷后检查应重点检查哪些情况

贷后检查应以实地调查为主，并重点就以下情况进行检查：
（1）企业经营所依赖的外部经济、政策、法律等环境是否发生重大变化或正在发生重大变化。
（2）企业主要经营范围是否发生明显变化。
（3）企业主要投资人或法人代表是否发生变化。
（4）企业是否涉及诉讼。
（5）企业在本行现金流是否发生明显减少，本行对第一还款来源能否继续有效监控。
（6）企业是否有重大违约情况发生。
（7）企业主要技术人员、主要生产设备、技术等是否发生变化，技术水平是否淘汰。
（8）企业是否发生重组、并购、破产等重大事件。
（9）企业主要设备或核心资产是否减少，存货是否大量增加。
（10）企业是否对外大量提供担保。

第六节 企业贷款贷后管理

（11）企业法人代表债务是否增长较快。
（12）企业产品是否过时、主要销售区域是否变化。
（13）企业主要客户群体是否存在流失，客户集中度现象有无明显变化。
（14）抵（质）押物价值是否发生明显减少。
（15）其他可能影响贷款安全的主要因素。

41. 发生什么情况时应及时进行贷后检查

当客户发生突发事件时，客户经理应立即进行实地调查落实，对可能影响贷款安全的重大事件，支行应采取有效措施防范风险。当发生下列情况时，客户经理应及时进行贷后检查：
（1）法人代表或主要负责人无法联系。
（2）本行账户流水异常减少。
（3）市场环境、产业政策发生严重变化。
（4）社会上发生可能影响公司经营或存续的报道。
（5）主要管理人员或技术人员流失。
（6）企业财务报表异常。
（7）企业连续多次未按期还息的。

42. 如何与借款人保持沟通

客户经理除定期进行实地检查外，还应保持与借款人的经常沟通，了解借款人经营变化情况、市场情况等。

43. 如何确认贷后检查报告

贷后检查应有书面检查报告，借款人盖章确认，客户经理签字确认，并与档案材料一起进行保管。

44. 何时提醒借款人还款

贷款到期前 15 日，应及时提醒借款人及时还款。

45. 不良贷款何时上报

不良贷款应及时上报风险合规部门，说明不良贷款产生的原因及下一步清收措施。

46. 如何发送逾期贷款催收通知

不良贷款应及时向借款人发出逾期贷款催收通知，并要求借款人及担保人签字确认。对于拒绝签字确认的，采取邮寄送达、公证送达或诉讼等手段确保贷款诉讼时效。

47. 发现借款人逃废债行为时如何清收

在不良贷款催收过程中，发现存在借款人恶意欠债、很难联系、怠于还款等逃废债行为时，要及时采取法律措施清收。

48. 对于未及时处置的不良贷款应如何处理

不良贷款要及时进行处置，对于超过强制执行期限未给予处置的，要向银行作出书面解释说明。对于需要通过法律手段清收的，应及时采取法律手段清收。

第七节 企业贷款风险类型及种类

49. 企业贷款风险有哪些类型

企业贷款风险可按不同分类分为多种类型：可按风险性质、风险产生的破坏力、贷款期限及币种、资金偿还、贷款流程等不同分类区分多种类型风险。

50. 按风险性质不同分类有哪些风险

（1）违约风险。贷款企业不能按期归还到期债务，导致银行资金受损甚至引起法律诉讼的可能性。

（2）道德风险。主要是指贷款企业在贷款过程中，向银行提供失真的资料，如虚假的财务报表。

（3）法律风险。在贷款过程中，由于贷款企业某些环节违规、造假或欺骗行为，导致触犯刑律的可能性。

51. 按风险产生的破坏力不同分类有哪些风险

按风险的破坏力及波及面大小不同可以分为：

(1) 局部风险。对贷款企业短期内或部分利益产生不利影响，如贷款损失、信誉受损，对银行造成部分影响。

(2) 系统风险。贷款企业影响到银行生存或使银行的发展方向产生重大变更，影响到可持续发展的可能性。

52. 按贷款期限及币种不同分类有哪些风险

(1) 中长期贷款，如利率风险。
(2) 短期贷款，如逾期风险。
(3) 外汇贷款，如汇率风险。
(4) 境外机构贷款，如诈骗风险。

53. 按资金偿还不同分类有哪些风险

(1) 资金不能如数偿还风险。
(2) 资金不能按期偿还风险。

54. 按贷款流程的不同阶段分类有哪些风险

(1) 贷款调查与评估审批阶段，如决策风险。
(2) 贷款发放阶段，如签约支付风险。
(3) 贷款运用阶段，如贷款用途风险。
(4) 贷款归还阶段，如违约风险、诉讼风险。

55. 中小企业贷款风险有哪些

(1) 信息不对称风险。中小企业可能对银行隐瞒某些重大信息。

(2) 市场风险。中小企业规模相对较小，知名度较低，实力不足，财务管理水平较低，竞争力较弱，抗风险能力较差。

(3) 信用风险。大多数中小企业担保机制不健全，信用和法律观念薄弱，信用可靠度低。

(4) 经营风险。大多数中小企业缺乏完善的公司治理结构，短期行为严重，缺乏核心竞争力或特色经营。

(5) 道德风险。大多数中小企业财务管理制度不规范，财务报表失真现象时有发生。

56. 关联企业贷款风险有哪些

关联企业贷款有六大风险：
（1）信用膨胀风险。
（2）资金挪用风险。
（3）资本抽逃风险。
（4）信息虚假风险。
（5）担保虚化风险。
（6）道德缺失风险。

57. 信用膨胀风险有什么表现

信用膨胀风险，表现为企业集团不断成立关联企业，多头开户、多头贷款，资金规模难以控制。关联企业资金来源多元化和企业资金使用权的高度集中，使银行难以确定关联企业的贷款规模，甚至银行贷款总额远远超过其正常生产周转需求，造成企业集团整体的信用膨胀，助长其盲目扩张的欲望。同时关联方关系日趋隐蔽、复杂，加之目前客户信息系统不健全，增加了控制关联贷款的难度，不可避免地发生同一企业集团的关联成员在同一银行的分支机构取得交叉贷款或重复贷款。由于关联企业之间的经营状况、财务状况具有很大的同质性和关联性，债务链十分脆弱，一旦某个企业生产经营出现风险，就有可能影响到整个企业集团的贷款安全。

58. 资金挪用风险有什么表现

资金挪用风险，表现为关联企业之间资金调拨频繁，贷款用途难以监督，增加了贷款风险。

59. 资本抽逃风险有什么表现

资本抽逃风险，表现为企业集团内部利用关联交易和不合理的转移定价抽逃资产或资金，违背资本真实性原则，降低借款企业的偿债能力，把风险留给了银行。

60. 信息虚假风险有什么表现

信息虚假风险，表现为企业集团通过关联交易可以很容易地调整和控制财务状况和经营成果及集团内各企业的资产负债结构，使银行很难准确掌握客户真实的资产负债、效益和经营情况，直接影响银行贷前调查和贷后管理决策的准确性。

61. 担保虚化风险有什么表现

担保虚化风险，表现为关联企业贷款互保、联保现象普遍，担保责任难以落实。

62. 道德缺失风险有什么表现

道德缺失风险，表现为企业集团通过关联交易在成员企业间进行资产、债务重组或改制，蓄意逃废银行债务。

第八节 企业贷款风险分析与评估

63. 企业贷款风险主要源自什么风险

银行企业贷款的风险主要来自借款人的风险，尤其是借款人的经营风险。而借款人经营风险的大小又与借款人一定时期内的信用状况好坏有着直接的联系。因此，对借款人信用状况的分析是贷款风险管理的基础，也是贷款风险评估的主要内容。

64. 企业贷款风险对借款人评估涉及哪些方面

（1）借款人经营实力评价。
（2）借款人经营环境评估。
（3）借款人管理能力评估。
（4）借款人财务状况评估。
（5）风险评估结论。

65. 如何评价借款人经营实力

借款人经营实力是借款人销售能力、生产（供应）能力、技术能力的综合体现。借款人经营风险的大小与借款人经营实力的强弱有着密切的关系。经营实力越强，表明借款人的应变能力和风险承受能力越强，因而经营风险就越小，相应的银行贷款风险也就越小；反之，经营实力越差，表明借款人越是缺乏应变能力和风险承受能力，因而经营风险也就越大，相应的银行贷款风险也就越大。

评估借款人的经营实力一般从三个方面入手：

（1）借款人推销其产品的能力。

（2）借款人的生产能力。

（3）借款人的技术能力。

66. 如何评估借款人经营环境

借款人的经营环境是其生产经营的外部条件，借款人企业的经营和发展离不开外部环境。如果借款人能够利用好其外部环境，就可能会给借款人带来获利的机会；如果利用不好，就会给借款人带来危险。因此，借款人的外部经营环境与其经营风险之间有着十分密切的联系。外部环境的评估涉及评价借款人外部环境对其经营行为和经营成果的影响，一般从以下两个方面着手：

（1）分析借款人生产经营的产品是否有市场、市场容量有多大、竞争程度如何、竞争对手的情况、市场的发展趋势等。

（2）分析国家的法律、法规和政策对企业生产经营的影响。

67. 如何评估借款人管理能力

（1）借款人经营管理经验、业务知识和判断能力。借款人作出的任何一项决策，都与其自身的知识、经验和判断力密切相关。

（2）借款人的领导管理能力、对市场判断是否到位。借款人的领导管理能力的高低、业务知识的强弱、对市场的基本判断的对错都关系到借款人决策的成败。管理能力评估就是要对借款企业管理层的经营管理经验、业务知识、判断力等各方面作出评价，并分析其对企业生产经营的影响。

68. 如何评估借款人财务状况

对借款人财务状况的分析是贷款分析的主要内容，其结果是银行决定贷款与否、贷款多少的核心依据。借款人一旦向银行申请贷款，就应该主动向银行提供历年的财务报表，银行根据其财务报表提供的数据，进行财务比率分析，对借款人的财务状况、盈利能力、现金流量和还款能力作出评价。财务比率分析要测算的内容如下：

（1）流动比率（短期偿债能力指标）。

流动比率 = 流动资产/流动负债 × 100%

流动资金＝现金（包括存款）＋有价证券＋应收款＋存货

流动负债＝应付款＋应付票据到期部分＋应付税款＋应付利息

流动比率反映借款人在近期内流动资金的需求状况。流动比率越大，表明借款人以流动资金抵偿流动负债的程度越高，流动负债获得清偿的可能性也就越大，也就意味着贷款的保障程度也就越高。

（2）速动比率（短期偿债能力指标）。

速动比率＝速动资产/流动负债×100%

速动资产＝流动资产－存货

速动比率越高，企业偿债能力越强。由于存货价值的变现一般都要打一个折扣，因此在流动资中剔除存货更能体现出借款人的短期偿债能力。

（3）资产负债率（长期偿债能力指标）。

资产负债率＝负债总额/资产总额×100%

资产负债率越小，企业长期偿债能力越强，必须小于70%，最好低于55%。

（4）销售利润率（盈利能力指标）。

销售利润率＝税后净利润/总资产×100%

销售利润率反映每单位销售额所能带来的净收益。销售利润率越高，借款人的经营管理就越有效，相应地，贷款的风险也就越小。

69. 如何识别关联企业贷款风险

企业集团关联交易是普遍存在的经济现象，以此可以降低经营成本、发挥规模效益、优化资产结构、实现利润最大化和提高市场竞争能力，但是借款企业隐蔽关联企业关系，通过关联企业贷款来申请贷款，过度增加实际贷款授信，一定程度上增加了信贷资产的营运风险。

70. 如何识别中小企业贷款风险

银行识别中小企业的贷款风险，就是找出那些风险相对较低、值得给贷款的企业。中小企业负责人对于企业的影响是巨大的，是起决定性作用的。因此，评估一个中小企业的贷款风险，首先应该评估贷款企业的负责人，其方法包括：

（1）看负责人的出身和过往从业经验。

先看简历，再聊天。看负责人的出身和过往的从业经验，与当前企业的经营发展是否契合。评估作为中小企业的负责人，是否具备把企业管理好的能力。

（2）听负责人对公司业务的介绍。

中小企业负责人应该是对企业各方面情况最了解的人。听负责人介绍公司业务的逻辑、商业模式思考的深度、未来发展规划的清晰度，以及对本次银行贷款的原因、用途和还款来源等的阐述。

（3）观察负责人的神态、语言、肢体动作等。

有时候可以从企业负责人的神态、语言以及肢体语言等方面得到一些意想不到的信息。银行贷款最怕的是道德风险，也就是骗贷。注意观察其借款的目的，如借款就没想过还款，这种贷款风险是肯定的。如企业已经在垂死的边缘了，借款活命，这种企业贷款的风险也很大。

第九节　企业贷款风险预警与持续监测

71. 如何进行风险预警

应建立风险贷款预警名单，贷后检查中发现借款人存在潜在的经营风险，但还未影响贷款安全的，应列出名单，加强管理，进行持续监控。

72. 防范风险应采取哪些措施

贷后检查中发现的问题，可能影响贷款安全的，应采取有效措施防范风险进一步扩大，有效措施包括但不限于以下措施：
（1）对未使用授信停止使用。
（2）要求担保人履行担保责任，或要求借款人追加担保，或行使担保权。
（3）依法冻结借款人账户。
（4）其他必要的处理措施。

73. 如何监控出现行业风险

出现行业风险的，该行业所有贷款客户都应列入风险预警名单，进行持续监控。

74. 企业贷款何时录入信贷查询系统

对发放的企业贷款，应及时录入信贷查询系统，企业贷款违约或归还时，也应及时准确地录入信贷查询系统。

第十节 企业贷款风险定价

75. 风险定价的原则是什么

在法律和法规允许的范围内,坚持收益覆盖成本和风险的原则,根据风险水平、资金成本、管理成本、目标收益及市场利率水平等因素,实行差别定价。

76. 贷款利率浮动应参考哪些指标

贷款利率浮动应根据企业经营风险度、贷款期限、担保方式、结算比率和贷款市场报价利率(LPR)等方面综合确定,综合考虑各个方面的权重,确定贷款利率浮动比例。

(1) 企业经营风险度应参照管理素质、信用状况、行业前景、技术水平、财务状况等因素进行确定,企业信用评定等级低的,贷款利率应适当提高。

(2) 贷款期限长的,贷款利率应适当提高。

(3) 担保比率低于本行规定的担保比率的,贷款利率应适当提高。抵(质)押物变现能力相对差的,贷款利率应适当提高。

(4) 结算比率指客户实际结算量与在本行贷款额之比,结算比率较低,贷款利率应适当提高。

(5) 贷款市场报价利率(LPR)是由具有代表性的报价行,根据本行对最优质客户的贷款利率,以公开市场操作利率加点形成的方式报价,由人民银行授权全国银行间同业拆借中心计算并公布的基础性的贷款参考利率。

77. 如何定价贷款利率

贷款利率定价方法为:贷款利率定价 = 基准利率 × (1 + 上浮比例)。

78. 如何执行企业贷款利率

企业贷款利率最低上浮比例原则上不低于同期基准利率的50%。对企业贷款利率低于规定的企业贷款最低利率标准的,应详细说明原因。对本行存款贡献高、综合回报率高、忠诚度较好的特殊贡献借款人,可适当给予一定的利率优惠。

第十一节 企业贷款违约信息通报

79. 哪些违约信息可以予其通报

对于符合以下条件的企业贷款，本行可给予其通报：
（1）贷款期内贷款人连续三个月未还利息。
（2）贷款期内贷款人未按合同约定的还款计划或其他约定执行。
（3）贷款到期后三个月内未还款。
（4）贷款期内贷款人未按照诚实守信原则向本行提供相关经营信息或本行要求的其他信息。

80. 违约通报哪些信息内容

企业贷款违约通报信息的具体内容包括：
（1）企业名称（或贷款人姓名）、组织机构代码（或身份证号码）、地址、企业法人代表姓名及身份证号码、贷款本金或利息违约时间、违约金额等。
（2）对同一企业在本行的多笔贷款违约信息，应逐笔收集，逐笔通报。

第十二节 企业贷款风险控制

81. 如何做好企业贷款风险控制工作

对企业贷款应做好风险控制工作，应运用多种风险控制技术识别借款人风险，争取及时发现借款人潜在的经营风险，并及时采取有效措施化解风险。

82. 如何防控中小企业贷款的风险

（1）拓展营销贷款要把风险防控放在首位。
银行在复杂多变的经济形势下，企业贷款风险多变，中小企业虽然处在各个不同行业，但是都会受到整体经济形势影响。因此，银行在拓展市场时，不仅要做大规模，提升速度，更要在对经济形势的把握上有敏感性与洞察力。在风险防控上，具有识别风险、规避风险、控制好风险的技能，树立风险控制优先经营理念，审慎发放好每一笔贷款。

（2）谨慎处置停产和半停产企业贷款。

1）对彻底停产企业的处置。要在贷款到期前提前采取控制措施，该退出的要果断退出，还可救助扶持的，要在担保措施完备的情况下适当扶持。同时还要搞清信贷资金究竟被企业用在何处，是投资其他行业还是参与民间融资了，对没有用于主业、参与民间融资的必须坚决收回。

2）对半停产或临时停产的企业的处置。对这类企业要根据企业实际生产资金需求情况，灵活把握授信政策，掌握好用信节奏与放款额度，做到适时、适度支持，对发展前景看好的继续支持，在支持中对没有起色、无可救药的企业也可较为轻松地退出。

83. 如何防范关联企业贷款风险

银行防范关联企业贷款风险应采取以下措施：
（1）先授信后用信，实行统一授信。
（2）掌握关联交易，沟通银企信息。
（3）重视贷前调查，选择贷款主体。
（4）强化物权担保，防止担保虚化。
（5）加强贷后管理，提高防范能力。

84. 如何对集团客户实行统一授信

银行统一授信可以避免关联企业因资本或资产的虚增而导致的信用膨胀，从而防止分散授信情况下集团信用总量的高估。对于控股结构型管理模式的关联企业集团，结合对集团的统一授信和对成员企业的单独授信进行双重风险控制。

85. 如何解决银企信息不对称问题

银行应充分利用已经建立的企业征信和个人征信系统，为防范和控制关联企业贷款风险提供统一的信息平台，支持全行业的关联企业客户贷款风险预警。根据多方面信息，认真评审集团内各企业经营管理和财务管理的合理性和准确性；严格审查企业集团内部销售收入的真实性，掌握实际经营情况；重点关注集团内各企业间是否存在资金挪用或混用情况。要厘清企业集团的关联方关系，分析整个企业集团的经营风险、关联企业的担保能力。

86. 如何掌握企业关联交易

银行要掌握企业关联交易的实质及影响，了解关联交易的性质及目的，分清其是正常的关联交易还是非正常的关联交易，交易的目的是什么，是否存在套取贷款、转移资产、逃废债务等侵害债权人利益的行为。要约定重大的关联交易应事先征得债权人的同意，要重点监控借款人的关联交易构成，严格监控关联交易中有关资产的无偿或低价转移行为，通过设立限制性条款来约束对银行授信不利的非公平关联交易。

87. 如何做好贷前调查

银行在贷前调查中，要多渠道收集关联企业信息，认真识别其中的关联交易，切实防范关联企业风险。要重点做好借款企业的现金流分析和预测，使贷款发放的金额和期限尽量与企业的现金流相匹配，并将其他银行的关联企业贷款认真仔细核实，摸清其真实的净资产、真实负债、真实的收入情况，将其作为贷款的重要依据。

88. 如何选择合适的贷款主体

在贷款主体上应选择真正还款来源实体，或企业集团内从事核心业务和利润水平较高的企业，或处于控制地位，对集团内部其他成员控制能力较强的企业，采取统一融资的方式。在合同安排上，由借款企业与银行签订总融资合同，集团一个债务人主体统一授信，同时要求实际使用贷款的成员企业出具承诺函，明确同意接受总融资合同的约束，使整个企业集团成为共同债务承担主体。这种方式便于对关联企业整体授信和控制，一旦出现风险可及时追索核心企业或控制企业，避免中间环节。

89. 如何选择担保方式

银行在选择关联企业融资担保方式时，应当以抵押、质押等物权担保方式为主，尽量少采用关联企业间的互保或联保。对确需采取担保的，则一定要审慎处理。

（1）要求企业集团内的核心企业或控制企业提供担保。

（2）要严格按有关法律规定办理各种担保手续，落实担保合同的法律效力。

（3）在担保人不履行保证责任时，及时采取保全措施，尤其要充分运用股权查封等法律手段。

第十二节 企业贷款风险控制

90. 如何提高风险预警和防范能力

（1）银行要加强对资金使用情况的监管，严密监控企业集团成员间大额资金的往来，防止资产、利润的非正常转移。

（2）密切关注借款企业及整个企业集团的经营状况、财务状况、重大资产处置情况。

（3）关注企业集团成员间的关联交易行为或异常情况。

（4）要定期开展针对整个企业集团业务经营和内部管理的调查，深入了解和分析企业可能存在的问题和潜伏的风险。

（5）要设置合理的风险预警线，提高风险预警能力。

（6）对已经出现的风险要及时采取有效措施进行资产保全，尽量减少资金损失。

91. 如何提前收回贷款或追究违约责任

借款人有下列情况之一的，贷款行有权提前收回贷款或追究违约责任：

（1）不按借款合同约定用途使用贷款的。

（2）隐瞒重要事实，可能影响贷款安全的。

（3）对贷款人的监督检查拒绝或不配合的。

（4）不如实提供企业财务情况或账户活动情况的。

（5）经常存在欠息或违约行为的。

第十七章 银行互联网贷款风险管理

第一节 互联网贷款风险管理的依据和原则

1. 什么是互联网贷款

互联网贷款是指银行运用互联网和移动通信等信息通信技术,基于风险数据和风险模型进行交叉验证和风险管理,线上自动受理贷款申请及开展风险评估,并完成授信审批、合同签订、贷款支付、贷后管理等核心业务环节操作,为符合条件的借款人提供的用于消费、日常生产经营周转等的个人贷款和流动资金贷款。

2. 什么是风险数据

风险数据是指银行在对借款人进行身份确认,以及贷款风险识别、分析、评价、监测、预警和处置等环节收集、使用的各类内外部数据。

3. 什么是风险模型

风险模型是指应用于互联网贷款业务全流程的各类模型,包括但不限于身份认证模型、反欺诈模型、反洗钱模型、合规模型、风险评价模型、风险定价模型、授信审批模型、风险预警模型、贷款清收模型等。

4. 什么是合作机构

合作机构是指在互联网贷款业务中,与银行在营销获客、共同出资发放贷款、支付结算、风险分担、信息科技、逾期清收等方面开展合作的各类机构,包括但不限于银行业金融机构、保险公司等金融机构和小额贷款公司、融资担保公司、电子商务公司、非银行支付机构、信息科技公司等非金融机构。

第一节　互联网贷款风险管理的依据和原则

5. 互联网贷款风险管理的依据是什么

为了规范银行互联网贷款业务经营行为，促进互联网贷款业务健康发展，依据中国银行保险监督管理委员会《银行互联网贷款管理办法》对银行互联网贷款风险进行管理。

6. 哪些贷款不属于互联网贷款

（1）借款人虽在线上进行贷款申请等操作，银行线下或主要通过线下进行贷前调查、风险评估和授信审批，贷款授信核心判断来源于线下的贷款。

（2）银行发放的抵（质）押贷款，且押品需进行线下或主要经过线下评估登记和交付保管。

7. 互联网贷款应当遵循什么原则

互联网贷款应当遵循小额、短期、高效和风险可控的原则。

（1）单户用于消费的个人信用贷款授信额度应当不超过人民币 20 万元，到期一次性还本的，授信期限不超过一年。银保监会可以根据银行的经营管理情况、风险水平和互联网贷款业务开展情况等对上述额度进行调整。银行应在上述规定额度内，根据本行客群特征、客群消费场景等，制定差异化授信额度。

（2）银行应根据自身风险管理能力，按照互联网贷款的区域、行业、品种等，确定单户用于生产经营的个人贷款和流动资金贷款授信额度上限。对期限超过一年的上述贷款，至少每年对该笔贷款对应的授信进行重新评估和审批。

8. 银行如何对互联网贷款进行管理

银行应当对互联网贷款业务实行统一管理，将互联网贷款业务纳入全面风险管理体系，建立健全适应互联网贷款业务特点的风险治理架构、风险管理政策和程序、内部控制和审计体系，有效识别、评估、监测和控制互联网贷款业务风险，确保互联网贷款业务发展与自身风险偏好、风险管理能力相适应。互联网贷款业务涉及合作机构的，授信审批、合同签订等核心风控环节应当由银行独立有效开展。

9. 地方法人银行开展互联网贷款业务范围如何规定

银保监会规定：地方法人银行开展互联网贷款业务，应主要服务于当地客户，审慎开展跨注册地辖区业务，有效识别和监测跨注册地辖区业务开展情况。

无实体经营网点,业务主要在线上开展,且符合中国银行保险监督管理委员会其他规定条件的除外。在外省(自治区、直辖市)设立分支机构的,对分支机构所在地行政区域内客户开展的业务,不属于所称跨注册地辖区业务。

10. 如何保护借款人权益

银行应当建立健全借款人权益保护机制,完善消费者权益保护内部考核体系,切实承担借款人数据保护的主体责任,加强借款人隐私数据保护,构建安全有效的业务咨询和投诉处理渠道,确保借款人享有不低于线下贷款业务的相应服务,将消费者保护要求嵌入互联网贷款业务全流程管理体系。

11. 谁对银行互联网贷款业务进行监管

中国银行保险监督管理委员会及其派出机构(银行业监督管理机构)依照《银行互联网贷款管理办法》对银行互联网贷款业务实施监督管理。

第二节　互联网贷款风险管理体系

12. 如何架构互联网贷款风险管理

银行应当建立健全互联网贷款风险治理架构,明确董事会和高级管理层对互联网贷款风险管理的职责,建立考核和问责机制。

13. 董事会应履行哪些职责

银行董事会承担互联网贷款风险管理的最终责任,应当履行以下职责:
(1)审议批准互联网贷款业务规划、合作机构管理政策以及跨区域经营管理政策。
(2)审议批准互联网贷款风险管理制度。
(3)监督高级管理层对互联网贷款风险实施管理和控制。
(4)定期获取互联网贷款业务评估报告,及时了解互联网贷款业务经营管理、风险水平、消费者保护等情况。
(5)其他有关职责。

14. 高级管理层应履行哪些职责

银行高级管理层应当履行以下职责:

（1）确定互联网贷款经营管理架构，明确各部门职责分工。

（2）制定、评估和监督执行互联网贷款业务规划、风险管理政策和程序，合作机构管理政策和程序以及跨区域经营管理政策。

（3）制定互联网贷款业务的风险管控指标，包括但不限于互联网贷款限额、与合作机构共同出资发放贷款的限额及出资比例、合作机构集中度、不良贷款率等。

（4）建立互联网贷款业务的风险管理机制，持续有效监测、控制和报告各类风险，及时应对风险事件。

（5）充分了解并定期评估互联网贷款业务发展情况、风险水平及管理状况、消费者保护情况，及时了解其重大变化，并向董事会定期报告。

（6）其他有关职责。

15. 如何有效开展互联网贷款风险管理

银行应当确保具有足够的资源，独立、有效开展互联网贷款风险管理，确保董事会和高级管理层能及时知悉风险状况，准确理解风险数据和风险模型的作用与局限。

16. 互联网贷款风险管理制度应当涵盖哪些方面

银行互联网贷款风险管理制度应当涵盖营销、调查、授信、签约、放款、支付、跟踪、收回等贷款业务全流程。

17. 如何开展互联网贷款营销

银行应当通过合法渠道和方式获取目标客户数据，开展贷款营销，并充分评估目标客户的资金需求、还款意愿和还款能力。银行应当在贷款申请流程中，加入强制阅读贷款合同环节，并设置合理的阅读时间限制。

银行自身或通过合作机构向目标客户推介互联网贷款产品时，应当在醒目位置充分披露贷款主体、贷款条件、实际年利率、年化综合资金成本、还本付息安排、逾期清收、咨询投诉渠道和违约责任等基本信息，保障客户的知情权和自主选择权，不得采取默认勾选、强制捆绑销售等方式剥夺消费者意愿表达的权利。

18. 如何获得借款人的身份数据

银行应当按照反洗钱和反恐怖融资等要求，通过构建身份认证模型，采取联网核查、生物识别等有效措施识别客户,线上对借款人的身份数据、借款意愿进行核验并留存,确保借款人的身份数据真实有效,借款人的意思表示真实。银行对借款人的身份核验不得全权委托合作机构办理。

19. 如何保障信贷资金安全

银行应当建立有效的反欺诈机制,实时监测欺诈行为,定期分析欺诈风险变化情况,不断完善反欺诈的模型审核规则和相关技术手段,防范冒充他人身份、恶意骗取银行贷款的行为,保障信贷资金安全。

20. 如何获得借款人的信息

银行应当在获得授权后查询借款人的征信信息,通过合法渠道和手段线上收集、查询和验证借款人相关定性和定量信息,可以包括但不限于税务、社会保险基金、住房公积金等信息,全面了解借款人信用状况。

21. 如何加强互联网贷款的授信管理

银行应当构建有效的风险评估、授信审批和风险定价模型,加强统一授信管理,运用风险数据,结合借款人已有债务情况,审慎评估借款人还款能力,确定借款人信用等级和授信方案。

22. 为何建立人工复核验证机制

银行应当建立人工复核验证机制,作为对风险模型自动审批的必要补充。银行应当明确人工复核验证的触发条件,合理设置人工复核验证的操作规程。

23. 如何签订借款合同

银行应当与借款人及其他当事人采用数据电文形式签订借款合同及其他文书。借款合同及其他文书应当符合《中华人民共和国合同法》《中华人民共和国电子签名法》等法律法规的规定。

24. 贷款资金不得用于哪些事项

银行应当与借款人约定明确、合法的贷款用途。贷款资金不得用于以下事项:

(1)购房及偿还住房抵押贷款。
(2)股票、债券、期货、金融衍生产品和资产管理产品等投资。

（3）固定资产、股本权益性投资。
（4）法律法规禁止的其他用途。

25. 如何保存相关数据

银行应当按照相关法律法规的要求，储存、传递、归档以数据电文形式签订的借款合同、信贷流程关键环节和节点的数据。已签订的借款合同及相关数据应可供借款人随时调取查用。

26. 如何及时获取借款人信用状况

授信与首笔贷款发放时间间隔超过1个月的，银行应当在贷款发放前对借款人信用状况进行再评估，根据借款人特征、贷款金额，确定跟踪其信贷记录的频率，以保证及时获取其全面信用状况。

27. 如何管控贷款资金的支付

银行应当按照借款合同约定，对贷款资金的支付进行管理与控制，贷款支付应由具有合法支付业务资质的机构执行。银行应加强对支付账户的监测和对账管理，发现风险隐患的，应立即预警并采取相关措施。采用自主支付方式的，应当根据借款人过往行为数据、交易数据和信用数据等，确定单日贷款支付限额。

28. 如何确定差异化的受托支付限额

银行应遵守银保监会《个人贷款管理暂行办法》和《流动资金贷款管理暂行办法》的受托支付管理规定，同时根据自身风险管理水平、互联网贷款的规模和结构、应用场景、增信手段等确定差异化的受托支付限额。

29. 如何对借款人的情况进行监测

银行应当通过建立风险监测预警模型，对借款人财务、信用、经营等情况进行监测，设置合理的预警指标与预警触发条件，及时发出预警信号，必要时应通过人工核查作为补充手段。

30. 如何对贷款用途进行监测

银行应当采取适当方式对贷款用途进行监测，发现借款人违反法律法规或未按照约定用途使用贷款资金的，应当按照合同约定提前收回贷款，并追究借款人相应责任。

31. 如何对互联网贷款进行专项审计

银行应当完善内部审计体系，独立客观开展内部审计，审查评价、督促改善互联网贷款业务经营、风险管理和内控合规效果。银行业监督管理机构可以要求银行提交互联网贷款专项内部审计报告。

32. 互联网贷款形成不良的如何处置

互联网贷款形成不良的，银行应当按照其性质及时制订差异化的处置方案，提升处置效率。

第三节 互联网贷款风险数据和模型管理

33. 如何获取借款人风险数据

银行进行借款人身份验证、贷前调查、风险评估和授信审查、贷后管理时，应当至少包含借款人姓名、身份证号、联系电话、银行账户以及其他开展风险评估所必需的基本信息。如果需要从合作机构获取借款人风险数据，应通过适当方式确认合作机构的数据来源合法合规、真实有效，对外提供数据不违反法律法规要求，并已获得信息主体本人的明确授权。银行不得与违规收集和使用个人信息的第三方开展数据合作。

34. 借款人风险数据的收集使用原则是什么

银行收集、使用借款人风险数据应当遵循合法、必要、有效的原则，不得违反法律法规和借贷双方约定，不得将风险数据用于从事与贷款业务无关或有损借款人合法权益的活动，不得向第三方提供借款人风险数据，法律法规另有规定的除外。

35. 如何管理风险数据安全

银行应当建立风险数据安全管理的策略与标准，采取有效技术措施，保障借款人风险数据在采集、传输、存储、处理和销毁过程中的安全，防范数据泄露、丢失或被篡改的风险。

36. 风险模型对风险数据有哪些要求

银行应当对风险数据进行必要的处理，以满足风险模型对数据精确性、完整性、一致性、时效性、有效性等的要求。

37. 如何管理风险模型

银行应当合理分配风险模型开发测试、评审、监测、退出等环节的职责和权限，做到分工明确、责任清晰。银行不得将上述风险模型的管理职责外包，并应当加强风险模型的保密管理。

38. 如何构建风险模型

银行应当结合贷款产品特点、目标客户特征、风险数据和风险管理策略等因素，选择合适的技术标准和建模方法，科学设置模型参数，构建风险模型，并测试在正常和压力情境下模型的有效性和稳定性。

39. 风险模型如何评审

银行应当建立风险模型评审机制，成立模型评审委员会负责风险模型评审工作。风险模型评审应当独立于风险模型开发，评审工作应当重点关注风险模型有效性和稳定性，确保与银行授信审批条件和风险控制标准相一致。经评审通过后风险模型方可上线应用。

40. 如何监测风险模型

银行应当建立有效的风险模型日常监测体系，监测至少包括已上线风险模型的有效性与稳定性，所有经模型审批通过贷款的实际违约情况等。监测发现模型缺陷或者已不符合模型设计目标的，应当保证能及时提示风险模型开发和测试部门或团队进行重新测试、优化，以保证风险模型持续适应风险管理要求。

41. 为何建立风险模型退出处置机制

银行应当建立风险模型退出处置机制。对于无法继续满足风险管理要求的风险模型，应当立即停止使用，并及时采取相应措施，消除模型退出给贷款风险管理带来的不利影响。

42. 如何记录风险模型

银行应当全面记录风险模型开发至退出的全过程，并进行文档化归档和管

第十七章 银行互联网贷款风险管理

理,供本行和银行业监督管理机构随时查阅。

第四节 互联网贷款信息科技风险管理

43. 如何满足互联网贷款风险管理需要

银行应当建立安全、合规、高效和可靠的互联网贷款信息系统,以满足互联网贷款业务经营和风险管理需要。

44. 如何确保互联网贷款信息系统安全运营

银行应当注重提高互联网贷款信息系统的可用性和可靠性,加强对互联网贷款信息系统的安全运营管理和维护,定期开展安全测试和压力测试,确保系统安全、稳定、持续运行。

45. 如何有效防范网络攻击

银行应当采取必要的网络安全防护措施,加强网络访问控制和行为监测,有效防范网络攻击等威胁。与合作机构涉及数据交互行为的,应当采取切实措施,实现敏感数据的有效隔离,保证数据交互在安全、合规的环境下进行。

46. 如何保障互联网贷款信息系统客户端程序安全

银行应当加强对部署在借款人一方的互联网贷款信息系统客户端程序(包括但不限于浏览器插件程序、桌面客户端程序和移动客户端程序等)的安全加固,提高客户端程序的防攻击、防入侵、防篡改、抗反编译等安全能力。

47. 如何保障借款人数据安全

银行应当采用有效技术手段,保障借款人数据安全,确保银行与借款人、合作机构之间传输数据、签订合同、记录交易等各个环节数据的保密性、完整性、真实性和抗抵赖性,并做好定期数据备份工作。

48. 如何评估信息科技风险

银行应当充分评估合作机构的信息系统服务能力、可靠性和安全性以及敏感数据的安全保护能力,开展联合演练和测试,加强合同约束。

银行每年应对与合作机构的数据交互进行信息科技风险评估，并形成风险评估报告，确保不因合作而降低银行信息系统的安全性，确保业务连续性。

第五节 互联网贷款合作管理

49. 如何管理互联网贷款合作机构

银行应当建立覆盖各类合作机构的全行统一的准入机制，明确相应标准和程序，并实行名单制管理。

银行应根据合作内容、对客户的影响范围和程度、对银行财务稳健性的影响程度等，对合作机构实施分层分类管理，并按照其层级和类别确定相应审批权限。

50. 如何确定互联网贷款合作机构

银行应当按照合作机构资质和其承担的职能相匹配的原则，对合作机构进行准入前评估，确保合作机构与合作事项符合法律法规和监管要求。

银行应当主要从经营情况、管理能力、风控水平、技术实力、服务质量、业务合规和机构声誉等方面对合作机构进行准入前评估。选择共同出资发放贷款的合作机构，还应重点关注合作方资本充足水平、杠杆率、流动性水平、不良贷款率、贷款集中度及其变化，审慎确定合作机构名单。

51. 银行与合作机构如何签订书面合作协议

银行应当与合作机构签订书面合作协议。书面合作协议应当按照收益和风险相匹配的原则，明确约定合作范围、操作流程、各方权责、收益分配、风险分担、客户权益保护、数据保密、争议解决、合作事项变更或终止的过渡安排、违约责任以及合作机构承诺配合银行接受银行业监督管理机构的检查并提供有关信息和资料等内容。

银行应当自主确定目标客户群、授信额度和贷款定价标准；银行不得向合作机构自身及其关联方直接或变相进行融资用于放贷。除共同出资发放贷款的合作机构以外，银行不得将贷款发放、本息回收、止付等关键环节操作全权委托合作机构执行。银行应当在书面合作协议中明确要求合作机构不得以任何形式向借款人收取息费，保险公司和有担保资质的机构除外。

52. 银行应在线上相关页面披露和提示哪些内容

（1）银行应当在相关页面醒目位置向借款人充分披露自身与合作机构信息、合作类产品的信息、自身与合作各方权利责任，按照适当性原则充分揭示合作业务风险，避免客户产生品牌混同。

（2）银行应在借款合同和产品要素说明界面等相关页面中，以醒目方式向借款人充分披露合作类产品的贷款主体、实际年利率、年化综合资金成本、还本付息安排、逾期清收、咨询投诉渠道、违约责任等信息。

（3）银行需要向借款人获取风险数据授权时，应在线上相关页面醒目位置提示借款人详细阅读授权书内容，并在授权书醒目位置披露授权风险数据内容和期限，确保借款人完成授权书阅读后签署同意。

53. 对银行与机构合作发放互联网贷款的如何管理

（1）银行与其他有贷款资质的机构共同出资发放互联网贷款的，应当建立相应的内部管理制度，明确本行与合作机构共同出资发放贷款的管理机制，并在合作协议中明确各方的权利和义务关系。

（2）银行应当独立对所出资的贷款进行风险评估和授信审批，并对贷后管理承担主体责任。

（3）银行不得以任何形式为无放贷业务资质的合作机构提供资金用于发放贷款，不得与无放贷业务资质的合作机构共同出资发放贷款。

（4）银行应当按照适度分散的原则审慎选择合作机构，制定因合作机构导致业务中断的应急与恢复预案，避免对单一合作机构过度依赖而产生的风险。

54. 对银行与合作机构发放的贷款如何进行风险管理

银行应当充分考虑自身发展战略、经营模式、资产负债结构和风险管理能力，将与合作机构共同出资发放贷款总额按照零售贷款总额或者贷款总额相应比例纳入限额管理，并加强共同出资发放贷款合作机构的集中度风险管理。银行应当对单笔贷款出资比例实行区间管理，与合作方合理分担风险。

55. 如何管控担保增信

银行不得接受无担保资质和不符合信用保险和保证保险经营资质监管要求的合作机构提供的直接或变相增信服务。银行与有担保资质和符合信用保险和保证保险经营资质监管要求的合作机构合作时，应当充分考虑上述机构的增信能力和集中度风险。银行不得因引入担保增信放松对贷款质量管控。

56. 什么情况下银行不得委托第三方机构进行贷款清收

（1）银行不得委托有暴力催收等违法违规记录的第三方机构进行贷款清收。

（2）银行应明确与第三方机构的权责，要求其不得对与贷款无关的第三人进行清收。

（3）银行发现合作机构存在暴力催收等违法违规行为的，应当立即终止合作，并将违法违规线索及时移交相关部门。

57. 银行如何持续对合作机构进行管理

银行应当持续对合作机构进行管理，及时识别、评估和缓释因合作机构违约或经营失败等导致的风险。对合作机构应当至少每年全面评估一次，发现合作机构无法继续满足准入条件的，应当及时终止合作关系，合作机构在合作期间有严重违法违规行为的，应当及时将其列入本行禁止合作机构名单。

第六节 互联网贷款监督管理

58. 互联网贷款监管报告内容及如何上报

银行首次开展互联网贷款业务的，应当于产品上线后 10 个工作日内，向其监管机构提交书面报告，内容包括：

（1）业务规划情况，包括年度及中长期互联网贷款业务模式、业务对象、业务领域、地域范围和合作机构管理等。

（2）风险管控措施，包括互联网贷款业务治理架构和管理体系，互联网贷款风险偏好、风险管理政策和程序，信息系统建设情况及信息科技风险评估，反洗钱、反恐怖融资制度，互联网贷款合作机构管理政策和程序，互联网贷款业务限额、与合作机构共同出资发放贷款的限额及出资比例、合作机构集中度等重要风险管控指标。

（3）上线的互联网贷款产品基本情况，包括产品合规性评估、产品风险评估、风险数据、风险模型管理情况以及是否符合本办法相关要求。

（4）消费者权益保护及其配套服务情况。

（5）银行业监督管理机构要求提供的其他材料。

59. 监督机构如何评估互联网贷款报告

银行业监督管理机构应当结合日常监管情况和银行风险状况等，对银行提交的开展互联网贷款业务报告和相关材料进行评估，重点评估：

（1）互联网贷款业务规划与自身业务定位、差异化发展战略是否匹配。

（2）是否独立掌握授信审批、合同签订等核心风控环节。

（3）信息科技风险基础防范措施是否健全。

（4）上线产品的授信额度、期限、放款控制、数据保护、合作机构管理等是否符合本办法要求。

（5）消费者权益保护是否全面有效。

如发现不符合监管机构要求，应当要求银行限期整改、暂停业务等。

60. 互联网贷款年度评估报告内容及如何上报

银行应当按照监管机构要求，对互联网贷款业务开展情况进行年度评估，并于每年 4 月 30 日前向银行业监督管理机构报送上一年年度评估报告。年度评估报告包括但不限于以下内容：

（1）业务基本情况。

（2）年度业务经营管理情况分析。

（3）业务风险分析和监管指标表现分析。

（4）识别、计量、监测、控制风险的主要方法及改进情况，信息科技风险防控措施的有效性。

（5）风险模型的监测与验证情况。

（6）合规管理和内控管理情况。

（7）投诉及处理情况。

（8）下一年度业务发展规划。

（9）银行业监督管理机构要求报告的其他事项。

61. 互联网贷款的事项调整如何报告

互联网贷款的风险治理架构、风险管理策略和程序、数据质量控制机制、管理信息系统和合作机构管理等在经营期间发生重大调整的，银行应当在调整后的 10 个工作日内向银行业监督管理机构书面报告调整情况。

62. 监管机构如何提出监管要求

银行业监督管理机构可以根据银行的经营管理情况、风险水平和互联网贷

第六节 互联网贷款监督管理

款业务开展情况等对银行与合作机构共同出资发放贷款的出资比例及相关集中度风险、跨注册地辖区业务等提出相关审慎性监管要求。

63. 监管机构通过什么方式监管互联网贷款业务

银行业监督管理机构可以通过非现场监管、现场检查等方式，实施对银行互联网贷款业务的监督检查。银行业监督管理机构开展对银行互联网贷款业务的数据统计与监测、重要风险因素评估等工作。

64. 违反互联网贷款规定的如何处理

银行违反本办法规定办理互联网贷款的，银行业监督管理机构可根据《中华人民共和国银行业监督管理法》责令其限期改正；逾期未改正，或其行为严重危及银行稳健运行、损害客户合法权益的，应采取相应的监管措施。严重违反规定的，实施行政处罚。

第十八章 并购贷款风险管理

第一节 并购贷款风险管理的依据和原则

1. 什么是并购

并购是指境内并购方企业通过受让现有股权、认购新增股权,或收购资产、承接债务等方式以实现合并或实际控制已设立并持续经营的目标企业或资产的交易行为。

并购可由并购方通过其专门设立的无其他业务经营活动的全资或控股子公司进行。

2. 什么是并购贷款

并购贷款是指银行向并购方或其子公司发放的,用于支付并购交易价款和费用的贷款。

3. 银行并购贷款风险管理的目的是什么

为规范银行并购贷款经营行为,提高银行并购贷款风险管理能力,加强银行对经济结构调整和资源优化配置的支持力度,促进银行业公平竞争,维护银行业合法稳健运行。

4. 并购贷款风险管理的依据是什么

银行并购贷款风险管理的依据是中国银保监会《商业银行并购贷款风险管理指引》规定和本银行制定的有关并购贷款风险管理的规定。

第一节 并购贷款风险管理的依据和原则

5. 开办并购贷款业务应符合哪些条件

开办并购贷款业务的银行法人机构应当符合以下条件：
（1）有健全的风险管理和有效的内控机制。
（2）资本充足率不低于10%。
（3）有并购贷款尽职调查和风险评估的专业团队。
（4）其他各项监管指标符合监管要求。

6. 开办并购贷款业务前后有什么要求

银行开办并购贷款业务前，应当制定并购贷款业务流程和内控制度，并向监管机构报告。银行开办并购贷款业务后，如发生不能持续满足上述条件之一的情况，应当停止办理新的并购贷款业务。

7. 开办并购贷款业务应当遵循什么原则

银行开办并购贷款业务应当遵循依法合规、审慎经营、风险可控、商业可持续的原则。

8. 制定并购贷款业务发展策略应考虑哪些风险特征

银行应制定并购贷款业务发展策略，充分考虑国家产业、土地、环保等相关政策，明确发展并购贷款业务的目标、客户范围、风险承受限额及其主要风险特征，合理满足企业兼并重组融资需求。

9. 如何建立相应的并购贷款管理制度

银行应按照管理强度高于其他贷款种类的原则建立相应的并购贷款管理制度和管理信息系统，确保业务流程、内控制度以及管理信息系统能够有效地识别、计量、监测和控制并购贷款的风险。

银行应按照监管要求建立并购贷款统计制度，做好并购贷款的统计、汇总、分析等工作。

10. 监管机构如何对并购贷款业务实施监管

银保监会及其派出机构依法对银行并购贷款业务实施监督管理，发现银行不符合业务开办条件或违反《商业银行并购贷款风险管理指引》有关规定，不能有效控制并购贷款风险的，可根据有关法律法规采取责令银行暂停并购贷款业务等监管措施。

第二节 并购贷款风险评估

11. 如何评估并购贷款风险

银行应在全面分析战略风险、法律与合规风险、整合风险、经营风险以及财务风险等与并购有关的各项风险的基础上评估并购贷款的风险。银行并购贷款涉及跨境交易的,还应分析国别风险、汇率风险和资金过境风险等。

12. 评估战略风险分析哪些内容

银行评估战略风险,应从并购双方行业前景、市场结构、经营战略、管理团队、企业文化和股东支持等方面进行分析,包括但不限于以下内容:
(1) 并购双方的产业相关度和战略相关性,以及可能形成的协同效应。
(2) 并购双方从战略、管理、技术和市场整合等方面取得额外回报的机会。
(3) 并购后的预期战略成效及企业价值增长的动力来源。
(4) 并购后新的管理团队实现新战略目标的可能性。
(5) 并购的投机性及相应风险控制对策。
(6) 协同效应未能实现时,并购方可能采取的风险控制措施或退出策略。

13. 评估法律与合规风险分析哪些内容

银行评估法律与合规风险,包括但不限于分析以下内容:
(1) 并购交易各方是否具备并购交易主体资格。
(2) 并购交易是否按有关规定已经或即将获得批准,并履行必要的登记、公告等手续。
(3) 法律法规对并购交易的资金来源是否有限制性规定。
(4) 担保的法律结构是否合法有效并履行了必要的法定程序。
(5) 借款人对还款现金流的控制是否合法合规。
(6) 贷款人权利能否获得有效的法律保障。
(7) 与并购、并购融资法律结构有关的其他方面的合规性。

14. 评估整合风险分析哪些内容

银行评估整合风险,包括但不限于分析并购双方是否有能力通过以下方面

第二节 并购贷款风险评估

的整合实现协同效应：

(1) 发展战略整合。

(2) 组织整合。

(3) 资产整合。

(4) 业务整合。

(5) 人力资源及文化整合。

15. 评估经营及财务风险分析哪些内容

银行评估经营及财务风险，包括但不限于分析以下内容：

(1) 并购后企业经营的主要风险，如行业发展和市场份额是否能保持稳定或增长趋势，公司治理是否有效，管理团队是否稳定并且具有足够能力，技术是否成熟并能提高企业竞争力，财务管理是否有效等。

(2) 并购双方的未来现金流及其稳定程度。

(3) 并购股权（或资产）定价高于目标企业股权（或资产）合理估值的风险。

(4) 并购双方的分红策略及其对并购贷款还款来源造成的影响。

(5) 并购中使用的债务融资工具及其对并购贷款还款来源造成的影响。

(6) 汇率和利率等因素变动对并购贷款还款来源造成的影响。

银行应当综合考虑上述风险因素，根据并购双方经营和财务状况、并购融资方式和金额等情况，合理测算并购贷款还款来源，审慎确定并购贷款所支持的并购项目的财务杠杆率，确保并购的资金来源中含有合理比例的权益性资金，防范高杠杆并购融资带来的风险。

16. 如何建立审慎的财务模型

银行应在全面分析与并购有关的各项风险的基础上，建立审慎的财务模型，测算并购双方未来财务数据，以及对并购贷款风险有重要影响的关键财务杠杆和偿债能力指标。

17. 对并购贷款风险的不利情形有哪些

银行应在财务模型测算的基础上，充分考虑各种不利情形对并购贷款风险的影响。不利情形包括但不限于：

(1) 并购双方的经营业绩（包括现金流）在还款期内未能保持稳定或增长趋势。

（2）并购双方的治理结构不健全，管理团队不稳定或不能胜任。

（3）并购后并购方与目标企业未能产生协同效应。

（4）并购方与目标企业存在关联关系，尤其是并购方与目标企业受同一实际控制人控制的情形。

18. 如何确认并购交易的真实性

银行应在全面评估并购贷款风险的基础上，确认并购交易的真实性，综合判断借款人的还款资金来源是否充足，还款来源与还款计划是否匹配，借款人是否能够按照合同约定支付贷款利息和本金等，并提出并购贷款质量下滑时可采取的应对措施或退出策略，形成贷款评审报告。

第三节 并购贷款风险管理

19. 并购贷款余额占一级资本净额的比例是多少

银行全部并购贷款余额占同期本行一级资本净额的比例不应超过50%。

20. 如何对并购贷款集中度建立相应的限额控制体系

银行应按照本银行并购贷款业务发展策略，分别按单一借款人、集团客户、行业类别、国家或地区对并购贷款集中度建立相应的限额控制体系，并向银保监会或其派出机构报告。

21. 单一借款人的并购贷款余额占一级资本净额的比例是多少

银行对单一借款人的并购贷款余额占同期本行一级资本净额的比例不应超过5%。

22. 并购交易价款中并购贷款所占比例是多少

并购交易价款中并购贷款所占比例不应高于60%。

23. 并购贷款期限多长

并购贷款期限一般不超过7年。

第三节 并购贷款风险管理

24. 并购贷款业务专业人员应具有什么知识

银行应具有与本行并购贷款业务规模和复杂程度相适应的，熟悉并购相关法律、财务、行业等知识的专业人员。

25. 如何组织并购贷款尽职调查和风险评估的专业团队

银行应在内部组织并购贷款尽职调查和风险评估的专业团队，对 12~18 问的内容进行调查、分析和评估，并形成书面报告。

专业团队的负责人应有 3 年以上并购从业经验，成员可包括但不限于并购专家、信贷专家、行业专家、法律专家和财务专家等。

26. 并购贷款业务应在哪些环节加强管理

银行应在并购贷款业务受理、尽职调查、风险评估、合同签订、贷款发放、贷后管理等主要业务环节以及内部控制体系中加强专业化的管理与控制。

27. 受理并购贷款申请应符合哪些条件

银行受理的并购贷款申请应符合以下基本条件：
（1）并购方依法合规经营，信用状况良好，没有信贷违约、逃废银行债务等不良记录。
（2）并购交易合法合规，涉及国家产业政策、行业准入、反垄断、国有资产转让等事项的，应按相关法律法规和政策要求，取得有关方面的批准和履行相关手续。
（3）并购方与目标企业之间具有较高的产业相关度或战略相关性，并购方通过并购能够获得目标企业的研发能力、关键技术与工艺、商标、特许权、供应或分销网络等战略性资源以提高其核心竞争能力。

28. 并购贷款业务调查如何与中介机构合作

银行可根据并购交易的复杂性、专业性和技术性，聘请中介机构进行有关调查并在风险评估时使用该中介机构的调查报告。

银行应建立相应的中介机构管理制度，并通过书面合同明确中介机构的法律责任。

29. 如何加强贷前调查

并购方与目标企业存在关联关系的，银行应当加强贷前调查，了解和掌握并购交易的经济动机、并购双方整合的可行性、协同效应的可能性等相关情况，核实并购交易的真实性以及并购交易价格的合理性，防范关联企业之间利用虚假并购交易套取银行信贷资金的行为。

30. 如何做好并购贷款风险的担保

银行原则上应要求借款人提供充足的能够覆盖并购贷款风险的担保，包括但不限于资产抵押、股权质押、第三方保证，以及符合法律规定的其他形式的担保。以目标企业股权质押时，银行应采用更为审慎的方法评估其股权价值和确定质押率。

31. 如何审慎确定借款合同

银行应根据并购贷款风险评估结果，审慎确定借款合同中贷款金额、期限、利率、分期还款计划、担保方式等基本条款的内容。

32. 如何保护贷款人利益

银行应在借款合同中约定保护贷款人利益的关键条款，包括但不限于：
（1）对借款人或并购后企业重要财务指标的约束性条款。
（2）对借款人特定情形下获得的额外现金流用于提前还款的强制性条款。
（3）对借款人或并购后企业的主要或专用账户的监控条款。
（4）确保贷款人对重大事项知情权或认可权的借款人承诺条款。

33. 并购双方出现什么情形时可采取风险控制措施

银行应通过32问所述的关键条款约定在并购双方出现以下情形时可采取的风险控制措施：
（1）重要股东的变化。
（2）经营战略的重大变化。
（3）重大投资项目变化。
（4）营运成本的异常变化。
（5）品牌、客户、市场渠道等的重大不利变化。
（6）产生新的重大债务或对外担保。
（7）重大资产出售。
（8）分红策略的重大变化。
（9）担保人的担保能力或抵（质）押物发生重大变化。

（10）影响企业持续经营的其他重大事项。

34. 如何加强对贷款资金的提款和支付管理

银行应在借款合同中约定提款条件以及与贷款支付使用相关的条款，提款条件应至少包括并购方自筹资金已足额到位和并购合规性条件已满足等内容。

银行应按照借款合同约定，加强对贷款资金的提款和支付管理，做好资金流向监控，防范关联企业借助虚假并购交易套取贷款资金，确保贷款资金不被挪用。

35. 如何约定贷款人需要的相关资料

银行应在借款合同中约定，借款人有义务在贷款存续期间定期报送并购双方、担保人的财务报表以及贷款人需要的其他相关资料。

36. 如何加强贷后管理

（1）银行在贷款存续期间，应加强贷后检查，及时跟踪并购实施情况，定期评估并购双方未来现金流的可预测性和稳定性，定期评估借款人的还款计划与还款来源是否匹配，对并购交易或者并购双方出现异常情况的，及时采取有效措施保障贷款安全。

（2）并购方与目标企业存在关联关系的，银行应加大贷后管理力度，特别是应确认并购交易得到实际执行以及并购方对目标企业真正实施整合。

（3）银行在贷款存续期间，应密切关注借款合同中关键条款的履行情况。

（4）银行应按照不低于其他贷款种类的频率和标准对并购贷款进行风险分类和计提拨备。

（5）并购贷款出现不良时，银行应及时采取贷款清收、保全，以及处置抵（质）押物、依法接管企业经营权等风险控制措施。

37. 如何做好并购贷款业务内部报告、检查和评估

银行应明确并购贷款业务内部报告的内容、路线和频率，并应至少每年对并购贷款业务的合规性和资产价值变化进行内部检查和独立的内部审计，对其风险状况进行全面评估。当出现并购贷款集中度趋高、贷款风险分类趋降等情形时，银行应提高内部报告、检查和评估的频率。

38. 并购不良贷款上升时如何加强报告、检查和评估

银行在并购贷款的不良贷款额或不良率上升时应加强对以下内容的报告、

检查和评估：

(1) 并购贷款担保的方式、构成和覆盖贷款本息的情况。

(2) 针对不良贷款所采取的清收和保全措施。

(3) 处置质押股权的情况。

(4) 依法接管企业经营权的情况。

(5) 并购贷款的呆账核销情况。

第十九章 集团客户授信风险管理

第一节 集团客户授信风险管理的原则和标准

1. 什么是集团客户

集团客户是指在企业财务和经营决策中，相互之间具有控制、被控制、同受第三方控制关系，或者一方对另一方具有共同控制的独立法人（含具有独立融资权的非法人机构）组成的客户群。

2. 什么是授信

授信是指银行向客户直接提供资金支持，或者对客户在有关经济活动中可能产生的赔偿、支付责任做出保证，包括但不限于贷款、贸易融资、票据承兑和贴现、透支、保理、担保、贷款承诺、开立信用证等表内外业务。

3. 哪些债券资产纳入风险管理

银行持有的集团客户成员企业发行的公司债券、企业债券、短期融资券、中期票据等债券资产以及通过衍生产品等交易行为所产生的信用风险暴露应纳入集团客户授信业务进行风险管理。

4. 什么是集团客户授信业务风险

集团客户授信业务风险是指由于银行对集团客户多头授信、过度授信和不适当分配授信额度，或集团客户经营不善以及集团客户通过关联交易、资产重组等手段在内部关联方之间不按公允价格原则转移资产或利润等情况，导致银行不能按时收回由于授信产生的贷款本金及利息，或给银行带来其他损失的可能性。

5. 集团客户授信有哪些特征对象

集团客户是指具有以下特征的银行的企事业法人授信对象：

（1）在股权上或者经营决策上直接或间接控制其他企事业法人或被其他企事业法人控制的。

（2）共同被第三方企事业法人所控制的。

（3）主要投资者个人、关键管理人员或与其近亲属（包括三代以内直系亲属关系和二代以内旁系亲属关系）共同直接控制或间接控制的。

（4）存在其他关联关系，可能不按公允价格原则转移资产和利润，银行认为应当视同集团客户进行授信管理的。

6. 集团客户授信业务风险管理的目的是什么

集团客户授信业务风险管理的目的是：切实防范风险，准确识别与计量集团客户，有效防范和控制集团客户信用风险，促进银行加强对集团客户授信业务的风险管理。

7. 集团客户授信业务风险管理的依据是什么

银行集团客户授信业务风险管理的根据是：中国银行保险监督管理委员会《商业银行集团客户授信业务风险管理指引》的规定和本银行制定的集团客户授信业务风险管理制度。

8. 集团客户授信原则是什么

银行对集团客户授信应当遵循以下原则：

（1）统一原则。银行对集团客户授信实行统一管理，集中对集团客户授信进行风险控制。

（2）适度原则。银行应当根据授信客体风险大小和自身风险承担能力，合理确定对集团客户的总体授信额度，防止过度集中风险。

（3）预警原则。银行应当建立风险预警机制，及时防范和化解集团客户授信风险。

9. 集团客户认定标准有哪些

（一）对于纳入集团客户识别范围的法人客户，在确认符合下列标准后认定

第一节 集团客户授信风险管理的原则和标准

为集团客户：

（1）在股权上或者经营决策上直接或间接控制其他企事业法人或被其他企事业法人控制的。

（2）共同被第三方企事业法人所控制的。

（3）主要投资者个人、关键管理人员或与其近亲属（包括三代以内直系亲属关系和二代以内旁系亲属关系）共同直接控制或间接控制的。

（4）存在其他关联关系，可能不按公允价格转移资产和利润，银行认为应视同集团客户进行授信管理的。

上述控制或者被共同控制关系，应从财务管理、资金调度、人事控制（高层）、重大经营决策等角度，进行实质性判断。

（二）双方或与共同第三方之间出现以下情形的，应判断为集团客户：

（1）一方直接拥有、间接拥有，或直接和间接拥有另一方超过50%表决权资本。

（2）虽然一方拥有另一方表决权资本的比例不超过50%，但可通过拥有的表决权资本等其他方式达到对另一方的控制。

（3）纳入合并财务报表的。

（4）实行财务集中管理，可以随时了解资金余额、收支情况或进行控制的。

（5）统一或者分别借款（融资）、资金统一调度使用的。

（6）存在大量、长期占用资金、资产的。

（7）通过关联交易等行为转移资金、利润，虚增资产、销售收入、利润的。

（8）能够直接任免或独家提名董事长、总经理、财务总监等企业高管人员，或者可以决定其薪酬的。

（9）在董事会拥有过半数席位的。

（10）民营企业的法定代表人、企业实际控制人为同一人或为直系亲属、夫妻、兄弟（姐妹）关系的。

（11）属于同一个家族企业；有投资、担保决定权的。

（12）合营各方所持表决权资本的比例相同，并按合同约定共同控制。

（13）合营各方虽然所持表决权的比例不同，但按合同约定共同控制。

（三）一个法人客户与另一个已认定属于某个集团客户的法人客户存在控制或被共同控制关系的，一般应将该法人客户归属该集团。

（四）对于跨多行业经营的多元化集团，即使并不存在子公司，也应纳入集团客户范畴。

（五）对于纳入集团客户识别范围的法人客户，符合下列情形的可以不认定为集团客户：

（1）国有企事业法人客户在股权、人事管理上归属于同一国资委、国有资产经营公司或行业性控股公司，但在经营决策、财务管理等方面不存在控制或者被共同控制的。

（2）仅因为股权上的关联关系纳入集团客户识别范围，但主要股东属于专业投资机构，不具体参与被投资企业经营管理的。

10. 集团客户类型有几种

根据集团客户关联关系及组织紧密程度，集团客户可以分以下三种类型：

（1）第一类型集团客户。集团客户关联关系为股权控制或关系人控制，且能够取得集团合并会计报表的集团客户。

（2）第二类型集团客户。由若干分公司或子公司组成，财务实行统一管理、统一核算的总分制集团客户或财务管理高度集中，实行统贷统还融资模式，集团子公司及其他分支机构均无对外独立融资权的集团客户。

（3）第三类型集团客户。虽存在股权控制或关系人控制，但没有或无法取得集团合并会计报表的集团客户。

第二节　集团客户授信风险管理机构与职责

11. 如何制定授信风险管理制度

银行应当根据银保监会《商业银行集团客户授信业务风险管理指引》的规定，结合自身的经营管理水平和信贷管理信息系统的状况，制定集团客户授信业务风险管理制度，其内容应包括集团客户授信业务风险管理的组织建设、风险管理与防范的具体措施、确定单一集团客户的范围所依据的准则、对单一集团客户的授信限额标准、内部报告程序以及内部责任分配等。

12. 如何建立授信风险管理机制

银行应当建立与集团客户授信业务风险管理特点相适应的管理机制，各级行应当指定部门负责全行集团客户授信活动的组织管理，负责组织对集团客户授信的信息收集、信息服务和信息管理。

13. 如何设置集团客户授信主管机构

银行对集团客户授信，应当由集团客户总部所在地的分支机构或总行指定机构为主管机构。主管机构应当负责集团客户统一授信的限额设定和调整或提出相应方案，按规定程序批准后执行，同时应当负责集团客户经营管理信息的跟踪收集和风险预警通报等工作。

14. 集团客户授信何人负责日常管理工作

银行对集团客户授信应当实行客户经理制。银行对集团客户授信的主管机构，要指定专人负责集团客户授信的日常管理工作。

15. 如何管理集团客户授信风险

集团客户授信风险由主办行、协办行的客户营销机构、信贷管理部门和风险管理部门共同管理。

16. 什么是主办行

主办行是指牵头组织集团客户授信业务风险管理的管辖分支行、管辖分支行公司业务部门、二级支行。主办行应根据银行授信的关联企业成员在其集团的内部地位，按照控股公司或母公司、核心企业、紧密型企业、非紧密型企业的顺序在属地行中确定。关联企业成员地位等同的，按授信关系建立先后或授信余额大小确定。

17. 主办行主要职责有哪些

（1）负责全面调查了解集团客户整体情况，在总行、管辖分支行指导下与集团总部进行统一授信业务谈判，提出纳入统一授信的集团客户成员企业名单，初步确定整体合作方案。

（2）负责起草集团统一授信调查报告，经管辖分支行审批后上报总行，当辖内集团及成员企业的授信额度不足时，向总行、管辖分支行信贷管理部门提出调增授信额度的申请。

（3）负责集团客户总部的客户关系维护，协助总行、管辖分支行协调解决在与集团整体合作中出现的问题。

（4）负责集团客户贷后管理，全面收集集团客户的各类信息，及时了解掌握重要业务机会或重大经营变化并及时向总行、管辖分支行报告、向协办行通报。

（5）负责本行管理集团客户重大风险的预警、处置和化解。

（6）负责信用风险管理系统集团成员业务信息的更新和维护。

（7）负责发起并申报集团客户信用等级认定和授信方案，主动与集团客户总部联系，争取集团客户配合，合理确定授信申报时间，并将材料组织要求、申报截止时间通知各协办行。

18. 什么是协办行

协办行是指主办行之外的、集团客户成员所在地且与集团成员有信贷关系或拟发生信贷关系的管辖分支行、二级支行。

19. 协办行主要职责有哪些

（1）负责对辖内集团客户成员企业授信现状和潜在需求进行调查，负责落实集团客户统一授信额度使用的规定。

（2）负责组织辖内集团客户成员企业的营销及授信上报工作，当辖内集团客户成员企业的授信额度不足时，向总行、管辖分支行信贷管理部门提出调增授信额度的申请。

（3）负责辖内集团客户成员企业的日常客户关系维护，协助总行、管辖分支行协调解决在与成员企业合作中出现的问题。

（4）负责集团客户成员企业贷后管理，全面收集成员企业的各类信息，及时了解掌握重要业务机会和客户重大经营变化。

（5）负责本行管理的集团客户成员企业重大风险的预警、处置和化解。

（6）负责信用风险管理系统集团成员业务信息的更新和维护。

（7）负责将成员企业的授信申报材料报主办行，由主办行汇总制订集团客户整体授信方案。

20. 信贷管理部门主要职责有哪些

（1）对集团客户识别与认定进行审查，并提交有权审批人审批。

（2）在业务审查过程中发现的有可能为集团客户关系的，及时向相关管辖分支行公司业务部门建议，由公司业务部门发起集团客户认定。

（3）负责集团客户评级授信业务的审查。

（4）负责集团客户的用信监控，限制性条款的落实，担保有效性的检查。

（5）组织集团客户贷后管理，并对潜在风险客户进行信贷退出管理。

21. 总行风险管理部门主要职责有哪些

（1）负责集团客户风险管理制度的制定与完善。
（2）组织开展集团客户风险预警以及风险管理、处理措施的督导。
（3）组织开展集团客户在线监控和检查，对发现的重大问题组织现场核查。
（4）负责开发信用风险系统，将集团客户认定、评级及授信等流程纳入系统中。
（5）负责建立和落实集团客户风险报告程序。
（6）组织开展集团客户信贷资产风险分类。
（7）协助相关部门做好集团客户风险控制。

22. 管辖分支行公司业务部职责有哪些

（1）管辖分支行公司业务部与二级支行共同管理的集团客户，应确定公司业务部为主办行。
（2）负责管辖分支行集团客户的认定发起工作，对跨管辖支行的，在总行信贷管理部门确定主办行、协办行后，履行相应职责。总行公司业务部门牵头跨管辖分支行的集团客户认定。

第三节　集团客户的识别和认定

23. 集团客户如何识别和认定

集团客户识别和认定应按照实质重于形式的要求，根据集团客户组织结构特点，主要识别控制或股权关系、关系人关系以及其他关联关系等。

24. 集团客户识别主要收集哪些材料

集团客户识别主要收集的材料包括集团组织架构图或股权结构图、各成员客户关联关系、集团客户和主要成员基本信息、集团会计报表合并范围及集团审计报告、集团高级管理人员情况等。

25. 客户关联关系识别有哪些手段

各级行客户营销部门应通过尽职调查、查询内外部信息系统（包括但不限于本行信贷管理系统、信用风险管理系统、人行征信系统、银保监会新版客户风险预警系统）和信息来源（包括但不限于关联企业自身、监管机构、政府部门、中介征信机构、互联网、媒体等内外部信息渠道）等手段，发现法人客户关联关系。

26. 如何认定集团客户

集团客户的认定采取"自上而下"与"自下而上"相结合的方式进行。总行公司业务部负责跨管辖分支行集团客户的认定，管辖分支行负责辖内集团客户的认定。总行、管辖分支行定期集中一次组织开展认定工作。支行办理具体信贷业务时，发现需纳入集团客户管理的，应及时上报管辖分支行公司业务部，申请进行识别认定，管辖分支行公司业务部应及时认定，确定主办行、协办行。

集团客户认定包括初始认定和动态调整。

27. 集团客户初始认定的情况和流程是什么

初始认定适用于两种情况：一是在全行范围针对所有存量客户开展全面的关联企业客户认定工作；二是对新形成的关联企业客户进行认定。集团客户初始认定的具体流程为：

（1）总行、管辖分支行负责组织对存量集团企业成员构成情况进行全面调查。调查范围应包括但不限于已与集团客户企业成员发生信贷关系的所辖行。总行公司业务部门下发关联企业台账，管辖分支行根据识别的范围和认定的标准，将符合集团客户认定标准的，全部统计到台账中，实行名单制管理。

（2）总行公司业务部门将关联企业台账反馈给总行信贷管理部门，由总行信贷管理部门牵头确定各集团客户成员名单、主办行和协办行，总行信贷管理部门将确定后的台账反馈总行风险管理部门和各管辖分支行，据此进行评级授信业务管理工作。

28. 集团客户动态调整的认定和流程是什么

动态调整主要指对集团客户企业成员有增减变化的存量及新增集团客户名单进行重新认定。

动态调整的具体流程为：

各级行客户营销部门发现关联企业其他成员企业在银行存在信用，或发现因产权结构调整等因素导致所属关联企业变化，协办行应及时向关联企业主办行报告变化情况，并由主办行补充关联企业台账重新认定，流程参照初始认定执行。

29. 集团客户业务台账如何管理

总行及各管辖分支行建立集团客户集中管理业务台账,信用风险管理系统上线后,集团客户认定、授信审批、贷后管理和风险监测通过系统进行。

第四节 集团客户的评级授信管理

30. 集团客户评级方式有几种

根据集团客户三种不同类型,将集团客户评级分为"集团整体、集团成员客户均需单独进行评级""整体评级授信、统一使用""只对集团客户成员企业单独评级"三种方式。

31. 有合并报表的集团客户如何评级

(1)专业化集团。使用合并报表按照集团客户的主营业务行业所属的业务领域对应的评级模型对整个集团进行信用评级。

(2)多元化集团。若能够获得集团各业务领域的收入情况,则使用合并报表按照集团客户对应的评级模型进行信用评级;若不能获得集团各业务领域的收入情况,则按照集团客户的主营业务行业所属的业务领域对应的打分卡对整个集团进行信用评级,再根据对应比例调整规则调整。

32. 无合并报表集团如何评级

对于不能获得合并报表的专业化集团和多元化集团客户,则对各成员单位按照单一客户评级方法分别进行评级,经审定得到最终评级,转换为相应的评级系数,再根据各成员单位的净资产进行加权平均,计算得到整个集团客户的评级系数,并对应为集团客户的系统评级。

33. 什么是集团客户授信风险

集团客户授信业务风险主要是指由于对集团客户多头授信、过度授信、关联担保或集团客户经营不善,以及通过关联交易、资产重组等手段在内部关联方之间不按公允价格转移资产或利润等情况,导致银行不能按时收回信用本息或带来其他损失的可能性。

34. 如何管理集团客户授信权限

集团客户授信权限管理按照每年授权书执行，原则上由各管辖分支行负责评级授信。集团客户总体授信额度超过权限的或集团客户成员跨管辖分支行的，由主办行牵头发起上报总行审批。权限参照每年的授权文件。

35. 集团客户的准入有哪些限制

集团客户的准入限制。对具有以下特征的集团客户，应审慎或不介入：

（1）主业分散、核心业务不突出、业务板块缺乏关联度、管理无力等的关联企业客户。

（2）集团客户内部股权结构复杂，难以进行梳理和风险判断，或公司现有的业务运作中公司治理结构形同虚设，部分领导独断专行，缺乏公司治理的监控和管理的关联企业客户。

（3）组织结构庞杂、资本运作频繁，负面新闻较多、业务运作冒险激进，或者关联企业整体资产负债率高于行业平均水平的。

（4）集团客户母公司或核心企业在银行信用等级在 BB 以下的。

（5）行内预警、外部监管机构提示风险、在同业金融机构中已经有实质性违约记录、他行退出类客户。

（6）集团客户内部任一成员主业或副业从事民间借贷、拆借搭桥资金、倒卖票据和融资性担保等业务。

36. 集团客户授信应提供哪些信息资料

在对集团客户授信时，银行应当要求集团客户提供真实、完整的信息资料，包括但不限于集团客户各成员的名称、相互之间的关联关系、组织机构代码、法定代表人及证件、实际控制人及证件、注册地、注册资本、主营业务、股权结构、高级管理人员情况、财务状况、重大资产项目、担保情况和重大诉讼情况以及在其他金融机构授信情况等。

必要时，银行可要求集团客户聘请独立的具有公证效力的第三方出具资料真实性证明。

37. 集团客户授信如何尽职调查

在给集团客户授信时，银行应当进行充分的资信尽职调查，要对照授信对

第四节 集团客户的评级授信管理

象提供的资料，对重点内容或存在疑问的内容进行实地核查，并在授信调查报告中反映出来。调查人员应当对调查报告的真实性负责。

38. 如何调查跨国集团客户授信

对跨国集团客户在境内机构授信时，银行除了要对其境内机构进行调查外，还要关注其境外公司的背景、信用评级、经营和财务、担保和重大诉讼等情况，并在调查报告中记录相关情况。

39. 集团客户授信应提供哪些关联交易情况

在对集团客户授信时，银行应当在授信协议中约定，要求集团客户及时报告被授信人净资产10%以上关联交易的情况，包括但不限于：
（1）交易各方的关联关系。
（2）交易项目和交易性质。
（3）交易的金额或相应的比例。
（4）定价政策（包括没有金额或只有象征性金额的交易）。

40. 集团客户授信有哪些方法

（1）第一种类型集团客户，可针对集团或集团成员授信。
（2）第二种类型集团客户，财务高度统一，统贷统还模式，只针对集团授信。
（3）第三种类型集团客户，无合并报表，分贷分还模式，只对集团成员授信。

41. 如何办理集团客户评级授信流程

集团客户评级授信流程按照本行客户评级管理制度和集团客户授信操作流程等相关规定办理。

集团客户授信原则上所有有信贷关系的集团成员企业同时发起，跨管辖分支行的集团客户的授信，原则上由主办行通知协办行集中通过信贷系统发起各自授信。

42. 如何管理集团客户授信额度

（1）额度结构与要素。
1）集团客户授信额度结构包括集团授信额度、成员综合授信额度。

2）集团授信方案必须明确集团授信额度，及其集团成员综合授信额度以及成员综合授信额度项下的具体业务额度，包括金额、币种、品种、期限、担保方式、利率等授信要素。

（2）额度有效期。

集团客户成员企业综合额度有效期可以与集团授信额度相同，也可以短于集团授信额度。成员企业综合授信额度已到期，但集团授信额度未到期，该成员综合授信额度为零，集团授信额度不变。

（3）授信额度核定。

授信额度核定以按年度核定与动态调整相结合的方式开展。集团整体授信有效期内授信额度调剂或调整的，调剂或调整授信额度有效期不得超过原核定集团整体授信有效期。

（4）集团授信额度到期前。

集团客户主办行及协办行原则上应在集团授信额度有效期到期前两个月开始新年度集团授信额度核定的材料收集和调查工作，有权审批行相关部门要按照限时办结制度有关要求完成授信额度的核定工作。

（5）集团授信额度到期后。

集团客户主办行公司业务部门已受理或已开展授信调查，且初步调查表明集团客户未发生重大不良变化的，或因客户收购、兼并等重组或经审计的财务信息尚未披露等特殊原因，未能及时核定新授信额度的，可在报经原授信审批行批准的情况下，适当延长原集团客户授信额度的有效期，延期原则上不超过三个月，最多不超过六个月。在授信条件具备的情况下，有关行要抓紧组织材料，及时报批。

43. 核定授信额度考虑哪些状况

银行对集团客户内各个授信对象核定最高授信额度时，在充分考虑各个授信对象自身的信用状况、经营状况和财务状况的同时，还应当充分考虑集团客户的整体信用状况、经营状况和财务状况。最高授信额度应当根据集团客户的经营和财务状况变化及时做出调整。

44. 如何调剂集团客户授信额度

授信额度调剂是指集团客户整体授信额度确定后，在不突破已核定的集团整体授信额度的前提下，增加集团客户内新的用信主体、集团各成员之间授信额度重新分配、切分预留授信额度、授信单项业务额度调剂、担保方式变更、

第五节 集团客户的担保管理

授信币种变更及授信期限变更等授信方案的变更。集团客户主办行客户部门负责受理、调查集团客户的授信额度调剂业务。

45. 如何调整集团客户授信额度

集团客户授信额度调整由需增加授信额度的成员企业经办行受理并组织相关材料，并通知集团客户主办行重新发起评级授信。

46. 如何约定集团客户授信贷款合同

在给集团客户贷款时，银行应当在贷款合同中约定，贷款对象有下列情形之一的，贷款人有权单方决定停止支付借款人尚未使用的贷款，并提前收回部分或全部贷款本息，并依法采取其他措施：

（1）提供虚假材料或隐瞒重要经营财务事实的。

（2）未经贷款人同意擅自改变贷款原定用途，挪用贷款或用银行贷款从事非法、违规交易的。

（3）利用与关联方之间的虚假合同，以无真实贸易背景的应收票据、应收账款等债权到银行贴现或质押，套取银行资金或授信的。

（4）拒绝接受贷款人对其信贷资金使用情况和有关经营财务活动进行监督和检查的。

（5）出现重大兼并、收购重组等情况，贷款人认为可能影响到贷款安全的。

（6）通过关联交易，有意逃废银行债权的。

（7）银行认定的其他重大违约行为。

第五节　集团客户的担保管理

47. 如何控制客户相互担保风险

银行应从严控制集团客户企业成员之间互相担保的风险。

（1）对于存量集团客户存在关联企业成员互相提供保证担保且为唯一保证担保的，除要落实有效抵（质）押担保或关联企业成员外企业提供保证担保外，原则上不得再对其增加新的授信额度，并要逐步压缩保证担保比例，直至关联企业成员唯一担保贷款全部收回。

（2）对于新增集团客户，不得由关联企业内部成员提供唯一保证担保。

48. 如何测算关联担保比例

集团客户成员企业核定授信额度时，对于同一笔用信中同时存在多种担保方式的，在测算关联担保比例时，抵押、质押部分可以从关联担保额度中剔除。

49. 如何管理关联保证担保超额度

当集团客户内部关联保证担保超过其在各家金融机构用信总额的30%时，应由主办行进行风险预警并制定风险化解措施。

第六节 集团客户信息管理和风险预警

50. 信息管理系统如何建立

银行应当建立健全信贷管理信息系统，为对集团客户授信业务的管理提供有效的信息支持。银行通过信贷管理信息系统应当能够有效识别集团客户的各关联方，能够使银行各个机构共享集团客户的信息，能够支持银行全系统的集团客户贷款风险预警。

51. 如何防止对集团客户过度授信

银行在给集团客户授信前，应当通过查询贷款卡信息及其他合法途径，充分掌握集团客户的负债信息、关联方信息、对外对内担保信息和诉讼情况等重大事项，防止对集团客户过度授信。

52. 如何登记集团客户信息

银行给集团客户授信后，应当及时将授信总额、期限和被授信人的法定代表人、关联方等信息登录到银行业监督管理机构或其他相关部门的信贷登记系统，同时应做好集团客户授信后信息收集与整理工作，集团客户贷款的变化、经营财务状况的异常变化、关键管理人员的变动以及集团客户的违规经营、被起诉、欠息、逃废债、提供虚假资料等重大事项必须及时登录到本行信贷信息管理系统。

53. 如何建立风险监控和预警机制

银行各级行应建立健全风险监控和预警机制，充分利用信用风险管理系统、

第六节　集团客户信息管理和风险预警

新一代信贷管理系统、人民银行企业（个人）征信、银保监会客户风险预警系统等信息，加强集团客户的预警和风险监控。

54. 如何识别集团客户风险预警信号

主办行及协办行应考虑但不局限于以下几方面，识别集团客户早期授信风险预警信号：

（1）与客户品质有关的信号。

1）企业负责人失踪或无法联系。

2）资产或抵押品高估。

3）有破产经历。

4）客户内部或客户的审计机构使用的会计政策不够审慎等。

（2）客户在银行账户变化的信号。

1）客户在银行的头寸不断减少。

2）对授信的长期占用。

3）缺乏财务计划，如总是突然向银行提出借款需求等。

（3）客户管理层变化的信号。

1）业务战略频繁变化。

2）对竞争变化或其他外部条件变化缺少对策。

3）核心盈利业务削弱或偏离。

4）管理层主要成员出现问题等。

（4）运营环境变化的信号。

1）库存水平的异常变化。

2）工厂维护或设备管理落后。

3）核心业务发生变动等。

（5）状况变化信号。

1）付息或还本拖延，不断申请延期支付或申请实施新的授信或不断透支。

2）申请实施授信支付其他银行的债务，不交割抵押品，授信抵押品情况恶化等。

（6）履约能力信号。

1）成本与费用失控。

2）客户现金流出现问题。

3）客户产品或服务的市场需求下降。

4）还款记录不正常等。

（7）其他预警信号。

1）业务领域收缩。

2）无核心业务并过分追求多样化。

3）业务增长过快。

4）市场份额下降等。

55. 如何报告集团客户风险预警

按照集团客户风险影响程度、对信贷资产安全危害大小和预计形成损失等因素，将所有风险进行分级管理，并按照本行风险报告制度及时报送。

56. 如何处置集团客户授信风险

集团客户授信风险暴露后，主办行及各协办行应及时采取资产保全措施，必要时可组织联合清收小组，统一清收处置。

57. 银行同业如何合作

各银行之间应当加强合作，相互征询集团客户的资信时，应当按商业原则依法提供必要的信息和查询协助。

58. 银行与中介如何合作

银行应当与信誉好的会计师事务所、律师事务所等中介机构建立稳定的业务合作关系，必要时应当要求授信对象出具经银行认可的中介机构的相关意见。

第七节 集团客户的贷后检查和责任追究

59. 集团客户贷后如何检查

集团客户主办行及协办行应按照单一客户的贷后检查频率和要求，对集团客户成员企业进行定期、不定期的贷后检查，对所有风险因素进行持续监测。贷后检查中发现集团客户成员企业存在风险的，主办行及协办行应相互通报，并由主办行汇总向管辖分支行、总行报告。

60. 集团客户贷后检查哪些内容

贷后重点检查的内容包括：信贷资金流向、客户经营情况、财务状况、关

第七节 集团客户的贷后检查和责任追究

联交易、担保风险、集团客户范围的重大变化，集团范围内主要管理层成员或财务、经营、集团架构等重大变化情况等。

61. 集团客户办理行如何报送贷后检查情况

（1）协办行应按频率将本行管理的集团客户成员企业贷后检查情况报送主办行。

（2）主办行至少每半年对集团客户成员企业的贷后检查报告进行汇总、整合，并将集团客户贷后检查报告发送总行、管辖分支行及各协办行。对于部分授信风险较高的集团客户如有必要可加大报告频率。

62. 如何制订集团客户贷后管理方案

集团客户贷后管理方案由主办行牵头、协办行参与制订，其内容应包括：客户基本情况、贷后潜在的主要风险以及化解风险的措施等。协办行根据审批要求和已制定的贷后管理要求进行贷后管理，并作为评价协办行贷后管理是否尽职的依据。

63. 如何建立集团客户整体评价机制

集团客户整体评价由主办行统一组织，协办行参与，可结合年度授信额度核定工作一并进行，也可单独进行整体评价。整体评价可作为全面掌握集团客户的价值及风险状况、确定授信额度及授信方式、制定金融产品组合等信贷决策的重要依据。总行信贷管理部门于年后，形成年度报告，综合反映集团整体授信风险状况、集团授信限额和授信总量执行情况。

64. 如何组织集团客户联席协调会议

主办行应定期组织集团客户联席协调会议，及时通报集团客户经营、投资、资金往来、授信、用信等情况，综合评价集团客户整体风险状况，制定、调整信贷政策和风险防范措施。

65. 如何处理违法违规行为

银行对各级信贷人员在集团客户授信业务中，未履行工作职责、有违法违规行为的，按照本行员工违规违纪行为处理有关规定对责任人进行责任追究；触犯刑律的，移交司法机关处理。

66. 集团客户授信业务违规行为包括哪些方面

集团客户授信业务违规行为包括但不限于以下几个方面：

（1）未按规定开展信用等级评定、信用等级评定结果失实或人为调整信用等级的。

（2）未按规定流程认定集团客户的。

（3）未执行集团客户识别和认定标准，导致集团客户成员企业遗漏的。

（4）未按规定流程申报集团客户评级授信的。

（5）未按规定对集团客户实行统一授信的。

（6）未按相关授信限额及担保规定核定授信额度，导致过度授信的。

（7）集团客户授信总额超过银行资本净额15%的。

（8）未按规定开展贷后检查的。

（9）未按规定进行风险预警的。

（10）未及时采取有效措施化解风险的。

（11）其他有关违规违纪行为的。

67. 银行可对哪些机构和人员进行表彰奖励

对及时、有效完成集团客户认定、授信额度核定等环节工作且产生可量化效益的机构、部门及个人，银行可进行表彰奖励。相关人员因不可抗拒因素出现集团客户认定及管理不到位的问题，可视情况减轻或免除责任。

第八节　集团客户授信风险监管

68. 集团客户授信风险管理制度如何报备

银行制定的集团客户授信业务风险管理制度应当报银行业监督管理机构备案。

69. 集团客户授信风险监管如何分析通报

银保监会建立大额集团客户授信业务统计和风险分析制度，并视个别集团客户风险状况进行通报。

70. 集团客户授信风险评估如何报告

银行总行每年应对全行集团客户授信风险做一次综合评估，同时应当检查分支机构对相关制度的执行情况，对违反规定的行为应当严肃查处。银行每年应至少向银行业监督管理机构提交一次相关风险评估报告。

71. 集团客户授信风险如何监管检查

银行业监督管理机构按中国银行保险监督管理委员会《商业银行集团客户授信业务风险管理指引》的要求加强对银行集团客户授信业务的监管，定期或不定期进行检查，重点检查银行对集团客户授信管理制度的建设、执行情况和信贷信息系统的建设情况。

第二十章　贷款风险分类管理

第一节　贷款风险分类管理的目标和原则

1. 什么是贷款风险分类

贷款风险分类是指商业银行按照风险程度将贷款划分为不同档次的过程，其实质是判断债务人及时足额偿还贷款本息的可能性。

2. 贷款风险分类的目标是什么

银行通过贷款分类应达到以下目标：
（1）揭示贷款的实际价值和风险程度，真实、全面、动态地反映贷款质量。
（2）及时发现信贷管理过程中存在的问题，加强贷款管理。
（3）为判断贷款损失准备金是否充足提供依据。

3. 贷款风险分类应遵循什么原则

银行贷款风险分类应遵循以下原则：
（1）真实性原则。分类应真实客观地反映贷款的风险状况。
（2）及时性原则。应及时、动态地根据借款人经营管理等状况的变化调整分类结果。
（3）重要性原则。对影响贷款分类的诸多因素，要根据风险分类的核心定义确定关键因素进行评估和分类。
（4）审慎性原则。对难以准确判断借款人还款能力的贷款，应适度下调其分类等级。

第一节 贷款风险分类管理的目标和原则

4. 在贷款分类中应当做哪些工作

银行在贷款分类中应当做到：

（1）制定和修订信贷资产风险分类的管理政策、操作实施细则或业务操作流程。

（2）开发和运用信贷资产风险分类操作实施系统和信息管理系统。

（3）保证信贷资产分类人员具备必要的分类知识和业务素质。

（4）建立完整的信贷档案，保证分类资料信息准确、连续、完整。

（5）建立有效的信贷组织管理体制，形成相互监督制约的内部控制机制，保证贷款分类的独立、连续、可靠。

银行高级管理层要对贷款分类制度的执行、贷款分类的结果承担责任。

5. 如何制定贷款风险分类制度

银行应按照中国银行保险监督管理委员会《贷款风险分类指引》的标准和要求，根据自身实际制定贷款分类制度，细化分类方法，并与《贷款风险分类指引》的贷款风险分类方法具有明确的对应和转换关系。

银行制定的贷款分类制度应向中国银行保险监督管理委员会或其派出机构进行报备。

6. 为什么把贷款分类纳入日常的贷款管理

贷款风险分类是评价贷款风险状态的一种方法。严格按照贷款风险分类标准、方法和程序对银行的贷款风险进行评价和揭示，并及时提取贷款损失准备金，是防范经营风险的重要手段，因此必须把贷款风险分类纳入日常贷款管理工作。

7. 银保监部门通过什么方式对贷款分类进行监管

中国银行保险监督管理委员会及其派出机构通过现场检查和非现场监管对贷款分类及其质量进行监督管理。

8. 银行应向银保监部门报送贷款分类的资料吗

银行应当按照相关规定，向中国银行保险监督管理委员会及其派出机构报送贷款分类的数据资料。

第二节　贷款风险分类的标准及特征

9. 银行如何披露贷款分类信息

银行应依据有关信息披露的规定，披露贷款分类方法、程序、结果及贷款损失计提、贷款损失核销等信息。

10. 贷款风险分类应划分为几类

贷款风险分类按贷款收回的可能性即风险程度应将贷款划分为正常、关注、次级、可疑和损失五个类别，其中，次级、可疑和损失类合并称为不良贷款。

11. 贷款风险分类应考虑哪些因素

银行对贷款风险分类，应主要考虑以下因素：
（1）借款人的还款能力。
（2）借款人的还款记录。
（3）借款人的还款意愿。
（4）贷款项目的盈利能力。
（5）贷款的担保。
（6）贷款偿还的法律责任。
（7）银行的信贷管理状况。

12. 贷款风险分类要以什么为核心

银行在对贷款进行分类时，要以评估借款人的还款能力为核心，把借款人的正常营业收入作为贷款的主要还款来源，贷款的担保作为次要还款来源。

借款人的还款能力包括借款人现金流量、财务状况、影响还款能力的非财务因素等。

不能用客户的信用评级代替对贷款的分类，信用评级只能作为贷款分类的参考因素。

13. 什么是贷款风险分类的重要参考指标

逾期天数是贷款风险分类的重要参考指标。银行应加强对贷款的期限管理。

第二节 贷款风险分类的标准及特征

14. 什么是正常贷款

正常贷款是借款人能够履行，没有足够理由怀疑贷款本息不能按时足额偿还的贷款。

15. 正常贷款有哪些主要特征

正常贷款主要表现为以下特征：

（1）借款人贷款本息未逾期。

（2）借款人生产、经营稳定，近两年经营收入稳定增长，盈利水平稳定，无大起大落现象。

（3）借款人正常经营活动产生的现金流量能正常还本付息，银行对借款人最终还款有充分把握。

（4）借款人贷款资料齐全。

16. 什么是关注贷款

关注贷款是尽管借款人目前有能力偿还贷款本息，但存在一些可能对偿还产生不利影响的因素的贷款。

17. 关注贷款有哪些主要特征

关注贷款主要表现为以下特征：

（1）借款人本金和利息虽尚未逾期，但借款人有利用兼并、重组、分立等形式恶意逃避银行债务的嫌疑。

（2）借新还旧（展期），或者需通过其他融资方式偿还。

（3）贷款本息已经逾期。

（4）借款人出现流动资金不足的早期征兆，如还款时间出现延误、净现金流量明显降低等。

（5）同一借款人在本行或其他银行的部分债务已经不良。

（6）贷款担保出现问题，如抵（质）押物价值明显降低、抵（质）押物控制权出现问题等。

（7）借款人信用状况出现可疑征兆，如未能及时取得适当的资料和文件、借款人不合作或难以联络等。

（8）其他可能影响借款人财务状况的重大事件，如借款人或借款企业主要负责人健康状况出现问题、借款人或借款企业涉及法律诉讼等。

301

18. 什么是次级贷款

次级贷款是借款人的还款能力出现明显问题，完全依靠其正常营业收入无法足额偿还贷款本息，即使执行担保，也可能会造成一定损失的贷款。

19. 次级贷款有哪些主要特征

次级贷款主要特征表现为：

（1）贷款本息逾期（含展期）超过3个月。

（2）借款人的经营状况出现明显问题，营业收入、财务状况、现金流量等重要指标出现恶化趋势，如销售收入大幅下降、经营亏损增大、现金净流量为负值，借款人已不能正常归还贷款本息，还款需要执行担保。

（3）担保的价值可能不足以保证贷款本息的足额偿还。

（4）借款人贷款记录或还款记录不佳，或在向其他债权人还款方面出现困难。

（5）贷款资料不全、重要文件缺失，可能影响借款人还款及担保的法律责任。

（6）借款人还款意愿较差，有明显的逃废债务企图。

（7）借款人借债过多，负债比例较高。

（8）借款人将贷款挪作他用，影响正常还款。

（9）借款人出现其他影响还款的非财务性重大事件。

（10）预计贷款损失率在30%以下。

20. 什么是可疑贷款

可疑贷款是借款人无法足额偿还贷款本息，即使执行担保，也肯定要造成较大损失的贷款。

21. 可疑贷款有哪些主要特征

可疑贷款主要特征表现为：

（1）贷款本息逾期超过6个月。

（2）贷款担保价值严重不足。

（3）已知借款人失踪、死亡或实际破产。

（4）借款人已停业或即将停业或准备清盘。

（5）已知借款人恶意逃废债务且追索困难。

(6) 借款人的还款责任出现法律纠纷且已进入诉讼程序。
(7) 预计损失率为30%~90%。

22. 什么是损失贷款

损失贷款是在采取所有可能的措施或一切必要的法律程序之后，本息无法收回，或只能收回很少部分的贷款。

23. 损失贷款有哪些主要特征

损失贷款主要特征表现为：

（1）经法院强制执行未能收回的贷款。法院终审判决银行全额败诉的贷款。虽胜诉但未在规定时间内向法院申请执行，或借款人无财产收入可执行，或因其他不可抗力无法执行而损失的贷款。

（2）根据贷款企业的净资产的确认，贷款无法收回或只能收回极少部分的贷款。

（3）贷款主合同已超过诉讼时效，借款人对任何主张债权的文件不予确认，通过所有可能的措施和必要的法律程序无法收回的贷款。

（4）未与借款人签订贷款合同（协议），或贷款合同（协议）原件灭失，以任何方式主张债权，借款人均不予确认贷款。

（5）债务人和保证人依法宣告破产、解散、被撤销（关闭），并终止法人资格，银行对债务人和保证人进行追偿后，未能收回的债权。

（6）借款人和保证人虽未依法宣告破产、解散、被撤销（关闭），但已完全停止经营活动，被工商行政管理部门依法吊销营业执照，终止法人资格，银行对债务人和保证人进行追偿后，未能收回的债权。

（7）借款人没有任何还款能力和资产，而且贷款保证已过保证期间，保证人拒不履行保证责任的贷款；或保证人企业已破产、被公告注销、被撤销（关闭）；或保证人经营状况恶化，财务亏损，严重资不抵债，已完全不能履行保证责任的贷款。

（8）借款人死亡，或者按照《中华人民共和国民法通则》的规定宣告失踪或者死亡，银行依法对其财产或遗产进行清除，并对保证人进行清偿和对保证人进行追偿后，未能收回的债权。

（9）借款人遭受重大自然灾害或意外事故，损失巨大且不能获得保险赔偿，或者接受保险赔偿后，确实偿还部分或全部债务，银行对其财产或遗产进行清偿和对保证人进行追偿后，未能收回的债权。

（10）借款人触犯刑律，依法受到制裁，其财产不足归还所借债务，又无其他债务承担者，银行经追偿后确实无法收回的债务。

（11）借款人已不能偿还到期债务，银行对依法取得的抵债资产，按评估确认的市场公允价值入账后，扣除抵债资产接收费用，小于债权的差额，经追偿后无法收回的债权。

（12）预计贷款损失率在90%以上。

第三节 贷款风险分类的特别规定

24. 哪些贷款应归为关注类

下列贷款应至少归为关注类：

（1）本金和利息虽尚未逾期，但借款人有利用兼并、重组、分立等形式恶意逃废银行债务的嫌疑。

（2）借新还旧，或者需通过其他融资方式偿还。

（3）改变贷款用途。

（4）本金或者利息逾期。

（5）同一借款人在本行或其他银行的部分债务已经不良。

（6）违反国家有关法律和法规发放的贷款。

25. 哪些贷款应归为次级类

下列贷款应至少归为次级类：

（1）逾期（含展期后）超过一定期限、其应收利息不再计入当期损益。

（2）借款人利用合并、分立等形式恶意逃废银行债务，本金或者利息已经逾期。

26. 哪些重组的贷款应归为次级类

需要重组的贷款应至少归为次级类。

重组贷款是指银行由于借款人财务状况恶化，或无力还款而对借款合同还款条款作出调整的贷款。

重组后的贷款（简称重组贷款）如果仍然逾期，或借款人仍然无力归还贷款，应至少归为可疑类。

第三节 贷款风险分类的特别规定

重组贷款的分类档次在至少 6 个月的观察期内不得调高，观察期结束后，应严格按照规定进行分类。

27. 对零售贷款如何划分风险类别

银行对零售贷款如自然人和小企业贷款主要采取脱期法，依据贷款逾期时间长短直接划分风险类别。对农户、农村微型企业贷款可同时结合信用等级、担保情况等进行风险分类。

28. 同一笔贷款可否拆分分类

同一笔贷款不得进行拆分分类。

29. 如何进行贷款风险分类

贷款风险分类必须严格按照分类的标准、程序、方法进行初分和认定，并按审批权限进行审批。

30. 什么时间对贷款进行分类

银行应至少每季度对全部贷款进行一次分类。

如果影响借款人财务状况或贷款偿还因素发生重大变化，应及时调整对贷款的分类。

对不良贷款应严密监控，加大分析和分类的频率，根据贷款的风险状况采取相应的管理措施。

31. 如何对贷款以外的各类资产分类

银行对贷款以外的各类资产，包括表外项目中的直接信用替代项目，也应根据资产的净值、债务人的偿还能力、债务人的信用评级情况和担保情况划分为正常、关注、次级、可疑、损失五类，其中后三类合称为不良资产。

分类时，要以资产价值的安全程度为核心，具体可参照贷款风险分类的标准和要求。

32. 什么是贷款风险分类的客观标准

贷款本息逾期时间是贷款风险分类中十分重要的客观标准。如无充足的理由，该项贷款的分类不应高于基于逾期时间的分类级别。

33. 如何确定贷款风险分类结果

正常、关注、次级、可疑类贷款的基本特征是各类贷款的风险表现形式，除特别规定外，它们只是贷款分类的重要参考因素，而不是唯一的决定因素。

分类时，关键是要把握借款人的还款能力和贷款的损失程度，对照核心定义，确定分类结果。

34. 贷款本息逾期时间未达标准如何分类

即使贷款本息逾期时间未达到某类别的标准，如贷款符合该类别的其他主要特征，该项贷款的分类也不应高于该类别。

35. 贷款符合多项类别的如何分类

如贷款符合多项类别的分类标准，则该贷款的分类应归入这些类别的最低一档。

36. 重组贷款如何分类

重组贷款是指因借款人无法正常还款而对还款条件做出调整的贷款，包括直接转期的借新还旧贷款和为盘活资产而追加的贷款。需要重组贷款的分类不得高于次级类。重组贷款如按修订后的还款条件正常还款（其中按月正常还款6个月以上的，按季或半年正常还款一年以上的，按年正常还款2年以上），可考虑升级至关注类或正常类。

37. 违反规定发放的贷款如何分类

违反国家有关法律法规和严重违反银行内部规章制度发放的贷款，分类应比照同等情况一般贷款下调一级分类。

38. 恶意逃废债务的贷款如何分类

对借款人利用破产、解散、分立、兼并、租赁、转让、承包等形式恶意逃废债务的，如贷款本息未逾期，则其分类不得高于次级类。

39. 非银行意愿的贷款如何分类

非银行意愿、因政府行政干预发放的贷款，其风险分类应比照同等情况一般贷款下调一级分类。

40. 信用贷款和保证贷款如何分类

除非有足够的理由，信用贷款和保证贷款应比照同等情况一般贷款下调一级分类。

41. 同一借款人有多笔贷款的如何分类

对同一借款人有多笔贷款的，如果担保条件完全相同，在不影响总的分类结果的前提下，可以将多笔贷款合并后进行风险分类。对能够明确界定可能偿还比例的单笔贷款，可以按偿还可能性拆分成多笔进行风险分类。

42. 低风险贷款如何分类

对于存单（国债、银行承兑汇票）质押贷款、银行承兑汇票贴现等低风险贷款，存单票据真实、资料授权健全，则划分为正常类，质权、票据有问题或存在其他影响还款的特殊因素则按照分类标准和特征逐笔分类。

43. 自然人和企业贷款如何分类

（1）按季结息、一次性还本的自然人、企业贷款，包括流动资金贷款和消费贷款，按照以下标准进行分类。

贷款方式	逾期及欠息情况	逾期30天以下或欠息1季	逾期31~90天或欠息2季	逾期91~180天或欠息3季	逾期180天或欠息4季
消费贷款		正常	关注	次级	可疑
流动资金贷款	抵押	正常	关注	关注/次级	次级/可疑
	保证	关注	次级	可疑	可疑
	信用	关注	次级	可疑	可疑

（2）自然人、企业损失类贷款按照相关标准执行。

第四节　贷款风险分类的基本流程

44. 贷款风险分类的基本流程分为几个阶段

银行贷款风险分类的基本流程为分类准备、初步分类、分类认定、分类结果审批、提出改进意见五个阶段。

45. 如何做好分类准备

（1）整理、收集贷款档案资料。银行由各分支机构收集借款人基本信息，为贷款风险分类做好准备。

（2）录入贷款信息系统。银行各分支机构负责借款人信息资料的信息录入。

（3）及时补充、更新借款人资料。

46. 如何做好初步分类

银行各分支机构分析借款人资料，按照五级分类的标准、方法和要求，撰写初步分类意见报告，上报信贷管理部门。信贷风险部门应与各分支机构充分沟通，对分类初步意见充分讨论后，提出审查意见，提交有权人审批。

47. 如何做好分类认定

银行信贷管理部门根据分类资料进行综合判断，提出分类认定意见。

48. 如何做好分类结果审批

根据贷款风险分类的审批权限规定，由各有权人对贷款风险分类结果进行审批。

49. 如何提出改进意见

银行贷款审查委员会、贷款风险管理部门及其他相关部门在分类、认定和审批过程中，应对贷款经营和管理中存在的问题提出意见并及时反馈给各分支机构。

第五节　贷款风险分类的操作方法

50. 为保证分类准确如何阅读和收集信息

银行进行贷款风险分类，应全面阅读信贷档案资料，并结合宏观经济政策、行业政策、行业信息、经济环境等综合经济信息，确定类别。为保证分类准确，分类前应广泛收集信息（包括日常贷款管理及贷后管理资料）。

51. 贷款风险分类应了解哪些信贷资料

贷款风险分类应全面了解信贷档案资料，主要包括：

（1）客户基本情况。

1）借款人的营业执照、组织机构代码证、税务登记证、特殊行业生产许可证、公司章程、法定代表人身份有效证明等资料的原件或复印件。

2）组织结构、业主和高级管理人员的情况以及附属机构的情况。

3）借款人的经营历史、信用等级、客户类别、授信内容，以及保证人的基本情况。

（2）借款人和保证人的财务信息。

借款人和保证人的资产负债表、损益表、现金流量表、外部审计的报告、借款人其他财务信息。

（3）重要文件。

1）借款人的申请。

2）银行信贷调查、审查、贷审会审议、董事会审议等文本资料。

3）贷款的法律文件，包括借款合同、借据、抵押合同、质押合同、保证合同、物权凭证，以及依法办理的有关登记文件等。

4）借款人还款计划和还款承诺。

（4）借款人还款记录和银行催收通知。

（5）贷款检查报告，包括定期或不定期的各类贷款检查分析。

（6）以前分类资料。

52. 贷款风险分类应分析哪些因素

银行使用贷款风险分类方法对贷款质量进行分类，实际上是判断借款人及时足额归还贷款本息的可能性。应分析的主要因素：

（1）借款人的还款能力。借款人的还款能力是决定贷款本息是否能及时收回的主要因素，需要分析借款人财务状况、现金流量、影响还款能力的非财务因素，同时还要考虑影响借款人还款能力的行业和政策风险等。

（2）借款人的还款记录。借款人的还款记录能够反映贷款的偿还状况和逾期状况，以判断借款人的偿债能力和信用状况等。

（3）借款人的还款意愿。应根据借款人的品行和信用记录等因素综合判断借款人的还款意愿。

（4）贷款的担保。贷款担保是贷款本息偿还的第二还款来源，其重要性仅次于借款人的还款能力，分类时应注意分析担保合法的有效性、抵（质）押的充足性、抵（质）押物变现的可能性等。

53. 贷款风险分类应按什么原则进行

银行贷款风险分类应按"及时认定、按月监测，按季清分"的原则进行。

（1）及时认定、按月监测。新发放贷款，除特殊情况外，一般列入正常类，如不能列入正常类的，由银行在贷款批复中确定本笔贷款的具体形态；在日常的信贷管理中，各分支机构要按有关规定进行贷后检查，如果发现影响借款人财务状况或贷款偿还的因素发生变化，要根据贷款风险分类的定义、特征、方法，及时进行贷款形态的认定和调整，并按规定上报有权部门审批。有权审批部门要在五个工作日内审核认定并下达批复。

（2）按季清分。每年3月31日、6月30日、9月30日和12月31日对以前的贷款余额进行一次全面清分。

54. 贷款风险分类时对哪些贷款可分别进行捆绑处理

银行可根据部分贷款业务特点，为简化操作，贷款风险分类时对以下贷款可分别进行捆绑处理：

（1）将非异常情况的"存单（国债、承兑汇票）质押贷款"余额合计和其他余额合计分别作为一笔贷款划分为正常类，结果可直接填入《贷款风险分类认定表》。

（2）非存单（国债、承兑汇票）质押的自然人贷款的分类依据和分类标准，按照个人消费贷款的品种和个人流动资金贷款和分类结果进行捆绑处理，可填写《贷款风险分类认定表》。

55. 哪些贷款分类不能通过捆绑处理

贷款分类情况特殊不能通过捆绑处理的个人贷款（包括个人损失类贷款）逐笔进行分类，填写《个人贷款分类认定表》。

法人客户逐笔分类，填写《企业贷款分类认定表》。

56. 贷款分类每次清分时应填写哪些汇总表

贷款分类每次清分时，应填写以下汇总表：
（1）贷款风险分类汇总表——贷款质量分布表。
（2）贷款分类汇总表——关注类。
（3）贷款分类汇总表——次级类。
（4）贷款分类汇总表——可疑类。

（5）贷款分类汇总表——损失类。

57. 如何计提贷款损失准备

银行应在贷款分类的基础上，根据有关规定及时足额计提贷款损失准备，核销贷款损失。

第六节 贷款风险分类审批

58. 贷款风险分类要按照什么制度进行审批

贷款风险分类要按照"分级授权、分级审批"的制度进行审批，保证贷款风险分类的有序进行。

59. 谁负责贷款风险初步分类和认定工作

银行各分支机构负责本部门经营全部贷款分类资料的收集、贷款风险初步分类和参加分类认定工作。

60. 谁负责贷款风险分类管理和审批工作

为明确贷款风险分类责任，加强贷款的日常风险管理，银行应设置贷款风险管理部门和有权审批人，负责贷款的风险管理和审批工作。

（1）银行单户金额×××万元以下的正常和关注类贷款的风险分类可由主管信贷的行长进行认定，不再提交银行贷审会审议认定。

（2）银行各分支机构认定结果中单户金额×××万元以下的不良（次级、可疑、损失）贷款进行上报，信贷管理部门提出意见。

（3）信贷管理部门负责贷款风险分类的组织工作，对单户余额×××万元以下贷款的正常、关注、次级和可疑、损失类进行审查，并将全部分类结果上报贷款审查委员会审议审批。

第七节 贷款风险分类的部门及职责

61. 贷款风险分类工作涉及银行哪些部门

贷款风险分类工作涉及银行各分支机构、信贷管理部门、风险合规部门、会计财务部门等相关部门。

62. 分支机构主要职责是什么

银行分支机构主要职责：

（1）负责收集借款人信息并及时补充更新贷款档案资料，并对分类基础的真实、完整和及时负责。

（2）负责贷款风险分类的初分，参与分类的认定。

（3）建立和保管客户资料、分类台账，进行系统录入。

（4）对分类后贷款进行检测，风险发生变化的贷款要及时进行调整。

（5）落实贷款风险管理等部门提出的分类整改意见。

（6）上报各类贷款分类汇总表。

63. 信贷管理部门的主要职责是什么

银行信贷管理部门的主要职责：

（1）全面负责贷款风险分类的组织实施和培训。

（2）审查和分析各分支机构提供的借款人贷款资料、分类资料的真实性、准确性和完整性。

（3）对各分支机构的初分结果进行复审。

（4）根据审批权限对分类结果进行认定和审批。

（5）向监管部门提供贷款风险分类信息。

（6）负责分类材料的存档和管理。

（7）对贷款风险结果进行连续检测、考核及检查指导。

64. 风险合规部门的主要职责是什么

银行风险合规部门的主要职责：

（1）负责审查贷款风险分类政策、制度是否符合有关法律法规，是否足够审慎。

（2）负责审查贷款风险分类的操作是否符合规定的标准、方法、程序和审批权限。

（3）负责审查贷款损失准备金的提取是否符合规定的标准、方法、程序和审批权限。

（4）负责审查分类基础资料是否真实、准确和完整。

65. 会计财务部门的主要职责是什么

银行会计财务部门的主要职责：

（1）负责制订贷款损失准备金的提取方案。
（2）参与贷款损失准备金提取的审批。
（3）对批准的分类结果和贷款损失准备金提取进行相关财务处理。

第八节　贷款风险分类的管理

66. 贷款风险分类结果纳入银行的考核吗

贷款风险分类结果将逐步纳入银行全行的考核内容。

67. 贷款风险分类后的管理措施有哪些

银行在贷款风险分类后要根据风险状况及特点采取有针对性的管理措施。
（1）对正常类贷款，要注意加强风险预警。
（2）对关注类贷款，要密切跟踪潜在风险因素的变化情况，分析评价其对贷款安全的影响，在风险因素未好转之前，不得增加贷款。
（3）对次级类贷款，要加强贷款本息的催收，保证贷款诉讼时效，密切注意贷款保证及抵（质）押物情况的变化，必要时对债务实施重组，并尽可能地压缩贷款。
（4）对可疑类贷款，要利用法律措施催收，依法追究担保人责任和行使抵押权，并加强对借款资产的监控，密切注意与借款人有关的合并、重组等不确定因素，采取相应的资产保全措施，防止借款人资产的流失。
（5）对损失类贷款，要及时足额申报债权，依法参与破产清算，采取一切必要的手段清收，尽可能地减少贷款损失。

68. 如何对贷款风险分类进行检查和评估

银行内部审计部门应对信贷资产分类政策、程序和执行情况进行检查和评估，将结果向银行或董事会作出书面汇报，并报送中国银行保险监督管理委员会或其派出机构。检查、评估的频率每年不得少于一次。

69. 贷款风险分类后的检查内容有哪些

银行风险合规部门应将贷款风险分类的检查列入日常工作，应以定期和不定期、现场和非现场相结合的形式进行检查，主要检查以下内容：

（1）贷款风险分类政策、制度是否符合有关法律法规，是否足够审慎。

（2）贷款风险分类的操作是否符合规定的标准、方法、程序和审批权限；贷款分类结果是否准确。

（3）贷款损失准备金的提取是否符合规定的标准、方法、程序和审批权限；准备金提取是否准确。

（4）分类基础资料是否真实、准确和完整。

70. 如何对贷款风险分类的责任进行认定

银行应对存在下列行为的责任人，进行责任认定，并根据性质和情节给予通报批评直至纪律处分：

（1）由于主观原因，未按规范程序操作，导致分类不准确。

（2）不真实反映贷款风险分类结果。

（3）因主观原因，未按时上报贷款风险分类数据及资料，影响全行贷款的审查、上报、认定和汇总分析。

（4）未将贷款风险分类列入常规审计、检查，或在审计检查过程中蓄意隐瞒存在问题。

（5）对贷款风险分类工作审查不严、检查敷衍了事。

（6）部门之间互相推诿影响贷款风险分类工作正常进行。

71. 如何做好贷款风险分类材料的档案管理

（1）各分支机构进行初分时资料应一式两份，初分、认定后全部上报，经有权部门批复后，返还营销部、支行一份，信贷管理部保存一份。

（2）各分支机构五级分类资料归档。

1）各分支机构应将逐笔认定的贷款质量分类认定资料存入该客户的档案，作为贷后资料。

2）原件按照档案管理的要求，编写目录、打号后装订成册入档。

3）档案排列顺序：全面清分的资料按贷款风险分类报告、汇总表、认定表（每个客户贷款分类认定过程中的其他资料附于认定表后）进行排列；平时进行检测管理过程中进行贷款质量分类调整的，按调整时间顺序排列进行装订归档。

（3）银行信贷管理部门对贷款风险分类的全部资料按照要求存档。

第二十一章 信贷风险预警管理

第一节 信贷风险预警管理的概念

1. 什么是信贷风险预警

信贷风险预警是指通过贷后监控,发现风险程度加剧的早期信号,识别风险类型,分析风险的成因、程度和发展趋势,及时采取相应的措施,积极主动地防范、控制和化解信贷风险的管理手段。

2. 什么是风险预警信号

风险预警信号是指借款人的内部经营运作和外部环境中出现可能会对其经营、发展产生不利影响并且可能会危及银行信贷资产安全的应引起关注的信号。

3. 什么是风险调整

风险调整是指借款人出现预警信号并且存在影响银行信贷资产安全的不确定因素时,调整授信方案(包括调整担保、调减授信额度、转换授信品种等),以控制风险。

4. 什么是风险减持

风险减持是指在借款人出现预警信号并且可能会一定程度地危及银行信贷资产安全,但不适宜或不能马上全部退出的情况下,采取的逐步退出方法。

5. 如何主动清户退出

主动清户退出是指借款人出现预警信号将严重危及银行信贷资产安全,应

第二十一章 信贷风险预警管理

尽早采取抢救措施，争取全面退出，尽可能减少损失。

6. 信贷风险预警管理的目的是什么

信贷风险预警管理的目的是规范和加强银行信用风险控制和管理，提高各级信贷人员的风险防范意识，通过对借款人的持续贷后监控，及早发现借款人出现可能会危及信贷资产安全的预警信号，最大限度地减少损失。

7. 信贷风险预警应遵守什么原则

信贷风险预警应遵守及时、保密原则和动态监管、分层预警原则。
（1）遵守及时、保密原则，把握最佳时机，及时采取保全措施，最大限度地减少损失。
（2）遵守动态监管、分层预警原则，通过适时监管及各部门、各层级参与预警，及时发现信贷风险预警信号。

8. 如何建立信贷风险预警报告制度

银行建立信贷风险预警报告制度，一旦出现信贷风险预警信号，及时制订控制和化解信贷风险方案，撰写信贷风险预警报告，并完成审批工作。审批方案按照授信权限实行报备制，提请主管行对审批方案提出其他意见。

9. 信贷风险预警适用范围是什么

信贷风险预警适用于银行的正常类、关注类借款人。
出现信贷风险预警，资产分类调整为次级类（含）以下的，按照银行不良信贷资产相关管理规定进行管理。

第二节 信贷风险预警管理职责分工

10. 银行机构管理层负有哪些职责

银行机构管理层负责组织领导信贷风险预警管理工作，负责建立健全信贷风险预警管理制度，完善工作机制，检查落实信贷风险预警管理工作。

11. 综合业务部门负有哪些职责

综合业务部门是监控借款人预警信号的最主要责任岗，职责包括：

（1）负责对借款人进行持续的贷后监控，及时发现预警信号，撰写信贷风险预警报告，提出调整、减持或主动清户退出的方案，报送风险合规部门审查，审查通过后由风险合规部门报贷款审查委员会审定。

（2）按照批复（审批）意见实施方案。

（3）对于集团客户，作为协办行应当将审批通过的信贷风险预警报告及实施方案报备牵头行。牵头行负责汇总实施。

12. 风险合规部门和贷款审查委员会负有哪些职责

风险合规部门和贷款审查委员会职责包括：

（1）负责完成综合业务部门报送的方案审查，提出客观、合理的审查意见。

（2）负责综合业务部门方案的实施。

（3）负责指导和监督各分支机构审查工作。

（4）风险合规部门负责向全辖发布行业、地区、政策、企业等风险提示。

第三节　信贷风险预警信号

13. 什么是信贷风险预警信号

信贷风险预警信号是正常类借款人向关注类借款人或其他类借款人（次级、可疑、损失）转变过程中较普遍出现的早期特征。

14. 信贷风险预警包括哪些信号

信贷风险预警信号包括：
（1）客户品质信号。
（2）客户及主要股东信号。
（3）客户银行账户变化信号。
（4）客户管理层及关键技术人员变化信号。
（5）运营环境变化信号。
（6）财务状况变化信号。
（7）履约能力变化信号。

15. 客户品质信号有哪些

与客户品质有关的信号包括：

(1) 客户关键人员如经营决策人员、主要执行人员和技术人员失踪或无法联系。

(2) 客户拒绝提供与信用审核有关的文件。

(3) 客户隐瞒重要信息或提供虚假信息，如隐瞒资产、债务或抵（质）押品真实情况。

(4) 客户无恰当理由突然改变会计政策或核算方法以及折旧计提方式、存货计价方式等。

(5) 客户无正当理由撤回或延迟提供与财务、业务、税收或抵押担保有关的信息或要求提供的其他文件。

(6) 客户的竞争者、供应商或其他客户对授信客户的负面评价，以及媒体的负面报道。

(7) 客户改变主要授信银行，向许多银行借款或不断在这些银行之间借新还旧。

(8) 客户频繁更换会计人员或主要管理人员。

(9) 客户卷入法律纠纷。

(10) 客户有破产和解或破产重整经历。

16. 客户及主要股东信号有哪些

企业业主及主要股东个人信息存在：
(1) 有赌博、涉毒、嫖娼等违法或违反社会公德的行为。
(2) 持有外国护照或拥有外国永久居住权，或在国外开设分支机构。
(3) 被公众媒体披露的其他不端行为。
(4) 社会公众对客户法定代表人或经营者个人品质、行为反映不良。
(5) 客户法定代表人或经营者个人纳税额大幅度下降。

17. 客户银行账户变化信号有哪些

客户在银行账户变化的信号包括：
(1) 客户在银行的存款不断减少或出现异常变化。
(2) 对授信的长期占用。
(3) 缺乏财务计划，如总是突然向银行提出借款需求。
(4) 短期授信和长期授信错配。
(5) 经常接到供货商查询核实存款情况的电话。
(6) 突然出现大额资金向新交易商转移。

18. 客户管理层及关键技术人员变化信号有哪些

客户管理层或关键技术人员变化的信号包括：
（1）关键管理人员或技术人员行为异常。
（2）财务计划和报告质量下降。
（3）主要业务频繁变化。
（4）对竞争变化或其他外部条件变化缺少对策。
（5）核心盈利业务削弱和偏离。
（6）以往的合作伙伴不再与其合作。
（7）不遵守授信承诺。
（8）管理层能力不足或构成缺乏代表性。
（9）缺乏技术工人、工资不能正常发放或有劳资争议。

19. 业务运营环境变化的信号有哪些

业务运营环境变化的信号包括：
（1）存货异常变化。
（2）工厂维护或设备管理落后。
（3）主要业务发生变动。
（4）缺乏操作控制、程序、质量控制等。
（5）主要产品线上的供货商或客户流失。
（6）水电费或其他公用事业收费的支出显著减少。

20. 财务状况变化信号有哪些

财务状况变化信号包括：
（1）付息或还本拖延，经常申请延期支付，或申请实施新的授信，或不断透支。
（2）申请实施授信支付其他银行的债务，授信抵押品情况恶化或再次用于抵押。
（3）客户或其业主或其主要股东向其他企业或个人提供抵（质）押物担保或保证。
（4）客户主要股东向其他人转让或拟转让股权。
（5）客户财务比率指标恶化，包括：
1）流动性比率（如流动比率、速动比率）等过低。
2）杠杆比率（如负债比率）过高，经常用短期债务支付长期债务或作为长期资金使用。

3）保障比率（如利息保障倍数）过低，现金流不足以支付利息。
4）获利能力比率（如资产收益率、资本收益率）等大幅下降。
（6）应收、应付项目发生异常变化。
（7）支票收益人要求核实客户支票账户的余额。
（8）定期存款余额减少。
（9）授信需求增加，短期债务超常增加。
（10）客户自身的配套资金不到位或不充足。
（11）其他银行提高对同一客户的利率。
（12）客户申请无抵（质）押授信产品或申请特殊还款方式。
（13）银行无法控制抵押品和质押权。
（14）客户无形资产占比过高或者无形资产估价过高。
（15）客户或有负债大幅增加。
（16）客户关联交易增多。

21. 客户履约能力变化信号有哪些

客户履约能力变化的信号包括：
（1）客户现金流出现问题。
（2）客户产品或服务的市场需求下降。
（3）客户还款记录不正常或未按合同还款。
（4）客户欺诈，如在对方付款后故意不提供相应的产品或服务。
（5）客户弄虚作假。
（6）客户主要业务或经营环境的重大变动。

22. 哪些信息应纳入风险监控范围

对借款人监控时，不应仅限于上述列举的预警信号，凡是可能对借款人的经营运作产生不利影响和危及银行信贷资产安全的信息都应纳入监控范围。

第四节　信贷风险预警信号处理

23. 出现哪些预警信号应及时分析调整处理

借款人出现下列预警信号之一的，应及时分析风险成因、程度及发展，调

第四节 信贷风险预警信号处理

整资产分类结果，做好资产保全工作，存量贷款应采取主动清户退出措施。

（1）已经拖欠到期贷款本金或利息。

（2）产品积压滞销、出现非正常停工停产。

（3）严重亏损或资不抵债（企业名存实亡）。

（4）已经或准备申请破产或清算，以及正在破产清算。

（5）发生了重大损失的安全事故、泄密事件或重大人事变动，可能或已经严重影响企业生存发展或债务清偿能力。

（6）涉及重大法律诉讼、仲裁或重大经济纠纷，不能正常经营和还贷。

（7）未经银行同意擅自处理抵（质）押物。

（8）借款人及其主要经营管理人员违法乱纪、走私贩私、商业侵权贪污腐败以及生产经营伪劣假冒产品。

（9）被吊销（或停止使用）贷款卡、法人营业执照、专营权、主导产品生产许可证，或被勒令停产整顿，被查封、冻结财产。

（10）借款人被外管局、人民银行等权威机构列入"黑名单"或取消有关资格。

（11）抵（质）押物市场价值大幅下降（下降幅度超过评估抵押价值的35%）。

（12）抵（质）押物出现破损、变质及其他影响价值的变化（减值幅度超过评估抵押价值的35%）。

（13）抵押物被物权持有人以各种方式转移，可能影响银行债权实现。

24. 出现哪些预警信号应及时分析提出处理措施

借款人出现下列一项预警信号的，应及时分析风险成因、程度及发展趋势，制定控制与化解风险措施，提出是否需要调整资产分类结果，是否需要调整授信方案或减持；借款人同时出现下列两项预警信号的，应及时分析风险成因、程度及发展趋势，调整资产分类结果，采取减持或主动清户退出、资产保全措施；借款人同时出现下列三项或三项以上预警信号的，应及时分析风险成因、程度及发展，调整资产分类结果，做好资产保全工作，采取主动清户退出措施。

（1）其他金融机构对企业实行退出政策。

（2）无法解释的应收款、存货增加。

（3）负债迅速增长（特别是短期银行借款的增长超过正常生产经营的需要）。

（4）销售额增长但利润减少。

（5）准备实施重大的经营决策。

（6）净现金流量大量减少或出现负值，不足以支持正常业务。

（7）关联企业间非正常大量转移资金。

（8）借款人出售、变卖主要的生产、经营性固定资产。

（9）坏账损失增加。

（10）扭盈为亏，亏损额呈逐步增加的态势。

（11）国家出台了不利于企业的法规政策。

（12）企业业主或主要经营管理人员突然出国、死亡或失踪。

（13）准备进行兼并、收购、分立、股份制改造、资产重组等重大改制。

（14）或有负债接近或超过自身承受能力。

（15）借款人建设项目突然取消或停缓建。

（16）贷款保证人出现财务风险支付风险。

（17）因较为严重的不良行为被新闻媒体曝光。

（18）以各种形式悬空或逃避债务（包括非银行债务）。

（19）不按规定用途使用贷款。

（20）借款企业的上下游企业存在较大经营风险或出现预警信号，或反映借款企业信誉不良。

（21）企业主要经营者存在不良嗜好或个人信誉不良记录。

（22）企业主或主要经营管理人员亲属、密友中出现重大经济问题。

（23）国家相关政策出现不利于同类抵（质）押物变现或其他影响情况。

（24）因不可抗力造成抵（质）押物毁损。

25. 预警信号处理程序

（1）银行综合业务部门通过对借款人进行实地和间接检查，通过媒体或第三方获取有关信息，通过全面贷后检查，通过风险合规部门发布的风险提示等定期或不定期监控借款人是否出现预警信号。当借款人出现预警信号时，应立即识别风险、分析风险成因、发展趋势等，按照规定制订相应方案，撰写信贷风险预警报告，经分管行长签署意见后，报送贷款审查委员会审查。

（2）贷款审查委员会审查方案，审批后将审批意见交送综合业务部门。

（3）对于集团客户，协办行将审批通过的信贷风险预警报告及实施方案报备牵头行，牵头行汇总后，制订集团整体的方案，按照规定报批。

（4）综合业务部门按照批复意见，实施调整、减持或主动清户退出方案，信贷人员承担主要工作。

第五节 信贷风险预警信号的解除

26. 信贷风险预警报告包括哪些内容

信贷风险预警报告主要内容应包括：报告的目的、基本情况（包括借款人所有制性质、所属行业、股东情况、营业范围、高级管理层情况等）、与银行的授信关系（包括授信额度、授信产品、期限、利率、担保方式，在银行的结算量、存款等）、保证人或抵（质）押物情况［包括保证人基本情况、生产经营管理情况、财务状况；抵（质）押物价值变化等］、防范措施（包括出现预警后，我方采取的措施；授信调整或减持或主动清户退出方案，制定控制和化解风险措施；方案可行性分析）、预期结果和结论。

第五节 信贷风险预警信号的解除

27. 信贷风险预警信号如何解除

借款人出现预警信号后，通过有效控制和化解，预警信号消失或显著减弱，影响银行信贷资产安全的潜在风险已基本或完全消失，信贷人员撰写信贷风险预警解除报告，经贷款审查委员会审查同意后，解除预警信号。

集团各成员借款人解除风险预警信号时，协办行还应定期报备。

28. 信贷风险预警解除报告包括哪些内容

信贷风险预警解除报告主要内容应包括报告的目的、基本情况、与银行的授信关系、保证人或抵（质）押物情况、风险预警信号解除理由和结论。

29. 谁负责监督检查信贷风险预警管理情况

（1）银行风险合规部门主要负责监督检查信贷风险预警管理情况。
（2）综合业务部门主要负责检查信贷风险预警管理情况。
（3）贷款审查委员会主要负责审查信贷风险预警管理情况。

30. 监督检查包括哪些内容

信贷风险预警管理监督检查内容包括：
（1）出现风险预警信号后，是否及时提出风险防范措施。
（2）是否按本办法的要求及时报告信贷风险预警。

（3）是否按批复意见的要求认真、有效执行调整、减持或主动清户退出方案。

（4）其他需要检查的情况。

31. 如何对信贷风险预警管理工作进行奖罚

（1）对及时发现预警信号而避免银行信贷资产损失的有功人员给予奖励。

（2）对于拖延、隐瞒上报风险预警信息，致使贷款风险未及时防范，使风险蔓延，造成经济损失的，按违规处理。

（3）对因玩忽职守，没有及时发现预警信号或虽发现预警信号但没有及时采取调整方案或减持或主动清户退出措施，导致资产风险分类结果调整为次级（含）以下的，追究有关责任人的责任。

第二十二章 信贷业务违规风险管理

第一节 信贷业务违规风险管理的目的和原则

1. 信贷业务违规风险管理的目的和依据是什么

为了促进银行信贷业务的规范有序发展，有效防范和规避贷款风险，切实提高信贷资产质量，减少信贷人员操作差错，杜绝各类违规违章现象的发生，增强信贷业务人员的责任意识，依据国家金融法律法规和本银行制定的相关管理规定执行。

2. 信贷业务违规管理适用哪些范围

银行信贷业务违规管理适用于银行各营业网点和个人违反国家金融法规和信贷各项规章制度但未构成犯罪行为的处罚。

3. 贷款责任人有哪些

贷款审批责任人，是指本行行长、主管副行长、支行行长（或负责人）、部门负责人及有权审批人（含信贷管理系统审批人）。

贷款经营责任人，是指主管副行长、支行行长（或负责人）、部门负责人及相关责任人。

贷款经办责任人，是指贷前受理和调查人员、贷款审核人员、贷款审批受理人员、贷款发放人员、会计岗人员、贷后管理人员及相关责任人等。

4. 违规行为如何认定

对违规违章行为和业务差错的认定，以事实为依据，与当事人承担的责任相适应。

5. 责任认定与处理的基本原则是什么

责任认定与处理的基本原则是"依法合规、公正公开,事实清楚、责任明晰,违规必惩、尽职免责"。

6. 责任认定及处理的基本程序是什么

责任认定及处理的基本程序为"严格检查、自主申辩、分级组织、集体审议、建档管理、持续跟踪"。

7. 违规行为如何处理和处罚

违规违章行为,依照有关金融法规、信贷各项规章制度的规定予以下列相应的处理和处罚:

(1) 责令限期纠正违规事项。
(2) 通报批评。
(3) 经济处罚。
1) 没收违规违章所得。
2) 扣减工资及绩效收入。
3) 赔偿经济损失。
4) 罚款等。
(4) 其他处罚。
1) 批评教育。包括责令书面检查、离岗清收、诫勉谈话、撤销荣誉称号。
2) 组织处理。包括调离原岗位、停职、免职、责令辞职、解聘、限期调离等。
3) 变更劳动关系。即与案件责任人依法解除劳动合同、辞退。

以上处罚可以并处,同一业务不同环节违规的按就重不就轻的原则实施处罚。

第二节 受理环节违规行为处理

8. 未准确地向客户介绍贷款产品造成不良影响和后果的如何处理

在规定的业务范围内,未准确地向客户介绍贷款条件、所需申请材料、利率、期限、用途、银行可接受的担保方式、可供选择的还款方式、办理程序、所需承担的各项费用、违约处理等有关规定，造成不良影响和后果的，给予贷款经办责任人通报批评或经济处罚。

9. 贷款资料收集不齐全的如何处理

未按规定对申请贷款客户资料进行完整性的收集；或对于客户提交的材料存在不完整或不符合规范的，未及时要求客户补齐材料或重新提供材料就将贷款申请等材料交至贷款调查人员进行调查，形成部分无效调查或影响后面环节进度等问题的，每缺少一份资料，给予贷款经办人员一定的经济处罚。

10. 未确保留存复印件与原件一致的如何处理

未对客户提供相关基础资料（包括借款人及配偶身份证明、婚姻证明、信用报告、收入证明、资产证明、财务报表、贷款用途、担保材料和银行要求提供的其他材料等）的完整性、规范性进行初步核实确认，并未确保留存复印件与原件一致（且加盖"与原件核对一致"章）的，给予贷款经办责任人适当的经济处罚。

第三节 调查环节违规行为处理

11. 贷款受理资料交接缺少的如何处理

调查人员不得接收不完整的受理资料，缺少的资料要求受理人员进行补充完善，若交接每缺少一份材料，给予调查贷款经办责任人适当的经济处罚。

12. 未按贷前双人尽职调查的如何处理

未按规定对客户进行贷前双人尽职调查（本行规定的额度内除外），包括借款人主体资格、资信、经营、财务状况调查不细不实，导致第一还款来源调查失真的，给予贷款经办责任人适当的经济处罚。

13. 未对客户贷款用途的真实性进行调查核实的如何处理

未对客户贷款用途的真实性进行调查核实或协助、默许客户编造虚假贷款用途、使用虚假购销合同及虚假证明材料，同时与客户串通或与外部中介机构串通等骗取贷款的问题，给予贷款经办责任人一定的经济处罚。

14. 未对客户异常情况进行调查反映的如何处理

瞒报、篡改客户不良信用记录，未对客户出现的异常情况和明显风险信号（包括不良信用记录）等进行调查反映，误导信贷决策的，给予贷款经办责任人一定的经济处罚。

15. 未按规定调查保证人或抵（质）押物的如何处理

未按规定调查保证人的保证能力和保证意愿，或未按规定调查抵押物、质押物权属的真实性和价值充足性的，给予贷款经办责任人一定的经济处罚。

16. 未对集团客户及关联客户的相关信息进行调查的如何处理

未对集团客户及关联客户的相关信息和关联关系等重要信息进行调查，或未对客户是否符合国家产业、环保政策（含绿色贷款）等情况进行调查或未如实反映的，给予贷款经办责任人适当的经济处罚。

17. 未按规定撰写贷前调查报告或撰写虚假调查报告的如何处理

未按规定撰写贷前调查报告，致使贷前调查报告不真实、不准确、不完善，主要包括未对借款人基本情况（含健康良好）、经营状况、资信、贷款用途及支付方式、还款来源、担保情况、风险因素和调查结果及贷款意见等进行全面、客观的评价和分析及认定；或撰写虚假调查报告的。而上报审查、上会的，导致审查与决策失误，造成贷款风险或者损失的，给予贷款经办责任人一定的经济处罚。

18. 贷前调查相关资料缺失或因重要关联信息出现遗漏或错误的如何处理

贷前调查环节相关资料缺失或其他原因，致使录入信贷管理系统的客户信息、财务数据等重要关联信息出现遗漏或错误的，给予贷款经办责任人一定的经济处罚。

19. 隐瞒重大问题或真实情况的如何处理

伪造、编造贷款资料或将虚假客户信息、数据等内容录入信贷管理系统，隐瞒重大问题或真实情况的，给予贷款经办责任人一定的经济处罚。

第四节 审核环节违规行为处理

20. 对客户信息资料不核准就录入信贷管理系统的如何处理

对客户提供修改个人信息资料的真实性、有效性不核准就录入信贷管理系统的，给予贷款经办责任人一定的经济处罚。

21. 其他贷前调查环节失职或违规行为如何处理

其他贷前调查环节的失职或违规行为，给予贷款经办责任人一定的经济处罚。

第四节 审核环节违规行为处理

22. 未认真审核信贷资料的如何处理

未对调查人员提交信贷资料要件的完整性、真实性、合规性进行审核的；或私自销毁、隐匿、篡改借款人资料；或授意调查人员或借款人对相关情况进行修改或隐瞒；或不尽职履行审核的审查工作，未通过审核环节有效核实借款人主体资格、资信、借款用途、借款方式、利率、期限、金额、还款来源等重点审核内容；或在审核环节参与、默许弄虚作假；或审核发现自然人借款、法人借款或担保基本资料明显欠缺，未提出意见的。给予贷款经营责任人和贷款经办责任人相应的经济处罚。

23. 审核中发现上报材料错误不规范更改的如何处理

审核中发现或未发现借款申请书、贷款客户调查表、客户面谈记录、贷款调查审核审批表、"调查报告"和"其他借款资料"中（但除借款人、借款金额、利率、期限、借款用途、担保方式、日期和调查人签章以外其他内容可以更改）的内容要素填写不全、漏写、漏签字、错写或不规范更改的；或审核人审核后未在贷款相应材料位置处签字或盖章的。每缺少一处，给予贷款经营责任人和贷款经办责任人适当的经济处罚。

24. 未签字盖章或不规范的如何处理

审核中发现或未发现信贷资料中"与原件核对一致"（含"核对人"未签字）、"个人条形章、方章""有关部门章"等的印章（红色）未加盖、加盖不

329

清楚和不规范加盖的；或信贷资料中留存要件不规范（比如扫描件、照片打印件、购销合同为原件等）的。每缺少一处，给予贷款经营责任人和贷款经办责任人适当的经济处罚。

25. 审核意见不明确的如何处理

未提出明确审核意见的；或未按规定对不同意的报备项目反馈报备审核意见的；或违反规定对未经有权调查部门调查的信贷业务进行审核，并转入下一信贷业务环节的；或未对不符合国家产业政策、信贷政策和贷款条件的信贷业务按规定进行风险提示的。给予贷款经营责任人和贷款经办责任人相应的经济处罚。

26. 审核通过抵（质）押品不符合规定的如何处理

审核通过抵（质）押品或抵（质）押率不符合规定的信贷业务，且无充分理由、未做书面风险提示；或对不符合担保管理规定或担保能力明显不足的情况未提出书面意见。给予贷款经营责任人和贷款经办责任人一定的经济处罚。

27. 审核未审核出调查环节问题的如何处理

审核通过对客户明显的经营、财务风险（包括不良信用记录）未提出书面意见；或没有审核调查报告和评估报告中明显遗漏点和风险点；或应审核未审核出调查环节明显遗漏点和风险点；或应反映未反映贷款项目中的重大风险因素，误导审议、审批工作。给予贷款经营责任人和贷款经办责任人相应的经济处罚。

28. 其他审核环节中的失职或违规行为如何处理

其他审核环节中的失职或违规行为，给予贷款经办责任人一定的经济处罚。

第五节 审批环节违规行为处理

29. 在审批受理中未按规定审查的如何处理

在审批受理中，未按规定对营业网点报送的贷款材料是否齐全、内容是否完整和是否合规等问题进行全面、细致的审查；或不坚持独立审查原则，按领

第五节 审批环节违规行为处理

导或有关方面授意违规进行审查，造成严重后果的；或向有权审批人提供虚假审查意见，误导审议、审批工作等。给予贷款经营责任人和贷款经办责任人相应的经济处罚。

30. 审批受理中对需补齐没有补齐手续的如何处理

审批受理中对已经发生的不完整、不真实和不规范手续可以补齐的，但没有要求或退还报批人员进行补齐手续的，给予贷款经营责任人和贷款经办责任人相应的经济处罚。

31. 审批受理时发现或未发现伪造虚假资料的如何处理

审批受理时发现或未发现伪造虚假信贷申请资料报审、报批的，给予贷款经营责任人和贷款经办责任人相应的经济处罚。

32. 审批受理中发现较大隐患而隐瞒不报的如何处理

在贷款业务审批受理的检查过程中，发现较大隐患而隐瞒不报或报告迟延、遗漏的，给予贷款经营责任人和贷款经办责任人相应的经济处罚。

33. 未建立审批受理台账造成一定影响的如何处理

通过审查后，未逐笔建立审批受理台账，造成一定的影响和后果的，给予贷款经办责任人一定的经济处罚。

34. 其他审批受理中的失职违规行为如何处理

其他审批受理中的失职或违规行为，给予贷款经办责任人一定的经济处罚。

35. 超越权限或变相越权审批信贷业务的如何处理

超越权限或变相越权审批信贷业务（包括应上贷审会的未上会、应由行长或主管副行长签批的未签批、应备案发放的未备案等）的，给予贷款审批责任人一定的经济处罚。

36. 不符合贷审会议事项规则行为的如何处理

审议发生以下违规情况，包括但不限于：按规定应进行审议而未审议；参会人员或人数不符合有关规定；贷审会表决不符合有关规定；主持人误导或压制不同意见；违反复议规定对信贷事项进行复议；未记录贷审会情况；或篡改、伪造会议记录或纪要；其他不符合贷审会工作规则的行为。给予贷审会成员相关责任人相应的经济处罚。

37. 未按有关规定和程序审批信贷业务的如何处理

未按有关规定和程序（包括信贷业务制度规定和信贷管理系统操作程序）审批信贷业务的，即审批通过未经（调查、审核、审查）程序的信贷业务、审批通过贷审会否决的信贷业务、直接审批需履行但未履行贷审会程序的信贷业务；或对本行明显风险提示不予落实或坚持签批的信贷业务；或逆程序或变相逆程序审批信贷业务；或擅自篡用他人信贷管理系统密码进行信贷业务审批操作的。给予贷款审批责任人一定的经济处罚。

38. 审批不符合信贷业务发放条件的如何处理

对明显不符合发放条件，且贷审会已否决的信贷业务审批发放的；或审批发放不符合信贷政策和贷款条件的信贷业务；或违规签批抵（质）押品或抵（质）押率不符合规定的信贷业务；或违规签批对严重不良记录客户的新增贷款；或不采纳贷审会审议意见、调查或审查人员意见，主观决策，签批信贷业务形成不良贷款的。给予贷款审批责任人一定的经济处罚。

39. 审批签署与审议结果不符的如何处理

依据未经核实的信息、资料审批信贷业务；或审批信贷业务时未明确签署意见；或贷款审批表未明确签署贷款业务种类、担保方式、贷款金额、贷款利率、贷款期限、贷款用途等限定性信息的贷款要素；或审批签署与审议结果不符的。给予贷款审批责任人一定的经济处罚。

40. 违规审批发放异地贷款的如何处理

违规审批发放异地贷款的，给予贷款审批责任人一定的经济处罚。

41. 违反规定审批贷款的如何处理

违反规定，利用职务之便发放多人承贷少数人使用（垒大户）或私贷公用；或审批同意发放不符合借新还旧、还旧借新条件的贷款，造成不良后果的贷款。给予贷款审批责任人一定的经济处罚。

42. 不按规定权限审批核销呆账贷款的如何处理

不按规定权限审批核销呆账贷款，伪造材料，虚报、隐瞒实际情况核销呆账贷款的,给予贷款审批责任人一定的经济处罚。

43. 其他审批环节的失职或违规行为如何处理

其他审批环节的失职或违规行为,给予相关责任人一定的经济处罚。

第六节 发放环节违规行为处理

44. 未按规定执行贷款面签制度的如何处理

未按照规定严格执行贷款面签制度,给予贷款经办责任人一定的经济处罚。

45. 借款借据要素填写不齐全的如何处理

未按规定审核借款借据中(包括借款人、借款方式、借款金额、借款用途、利率、日期、还款方式等重要信息)的要素填写是否不全、错写、不规范涂改或印章加盖不全和不规范等问题发生的。给予贷款经营责任人和贷款经办人相应的经济处罚。

46. 未按规定审核担保和前提条件未落实而核准放款的如何处理

未按规定严格审核担保和前提条件未落实而核准放款的:包括未按规定核实抵(质)押物的真实性、权属的合法性、价值评估的合理性和充足性,形成无效抵(质)押的;或质押单证未办理止付手续被支取,质押单证未经所有人书面承诺、签字形成无效质押的;或未及时办理抵(质)押手续形成重复抵(质)押和未按规定办理抵(质)押,仅保存相关权证,造成严重后果的;或存单、他项权利证明、车辆抵押登记手续等抵(质)押权利凭证未入库保管或保管不善的;或未核实保证人担保能力或超出保证人担保能力发放个人贷款的;或与他人串通提供虚假他项权利证明(书)而发放贷款的。给予贷款经营责任人和贷款经办责任人相应的经济处罚。

47. 未经有权人审批而发放贷款的如何处理

未经有权人审批而发放的贷款,责令限期收回,给予贷款经营责任人和贷款经办责任人一定的经济处罚。

48. 未办理抵押登记手续而擅自审批发放贷款的如何处理

须经审批发放登记生效的抵押贷款,但未办理抵押登记手续,而擅自审批发放贷款的,给予贷款审批责任人和贷款经办责任人一定的经济处罚。

49. 抵(质)押物的期限未涵盖贷款期限的如何处理

抵(质)押物的期限未涵盖贷款期限,给予贷款经办责任人一定的经济处罚。

50. 未按审批意见和程序发放贷款的如何处理

未按审批决策意见发放贷款,造成不良后果的;或信贷业务逆流程操作,未严格落实执行授权要求发放贷款;或未落实贷款审批(发放)条件就发放贷款;或贷款相关法律文件未生效就发放贷款的。给予贷款经营责任人和贷款经办人一定的经济处罚。

51. 未按照规定进行贷款支付的如何处理

未按照规定进行贷款支付(借款人自主支付、贷款人受托支付),或实际支付方式与借款合同文本不符(含受托支付账户名称、账户、开户行等);或以化整为零方式规避受托支付的。给予贷款经办责任人一定的经济处罚。

52. 未按规范业务操作而发放贷款的如何处理

未按规定在信贷管理系统中实施规范业务操作(含录入、审查、审核、审批)。若其中一个环节未精准填写、核查(主要是信贷管理系统中包括但不限于借款人名称、金额、利率、期限、担保方式、贷款用途、业务类型、贷款投向或必录项等重要信息)而发放,视其情节轻重,给予贷款经营责任人和贷款经办责任人一定的经济处罚。

53. 未按合同文本要求填写的如何处理

未按规定审核借款合同文本(含担保合同),致使借款合同文本条款中包括借款人、借款方式、借款金额、借款用途、利率、日期、还款方式、担保人、抵(质)押人、抵(质)押物和贷款支付等重要信息的要素填写(填选含签字)不全、错写、漏写、不规范填写(或涂改且使用非红色涂改);或未加盖、不规范加盖"合同专用章"(含骑缝加盖)、"手印""负责人或授权代理人方

第六节　发放环节违规行为处理

章"；或未装订、不规范装订和装订中缺少借款合同文本特别条款事项及页的；或无充分理由擅自删除、修改借款合同文本中特别条款事项等问题发生，致使合同法律效力受损，或损害银行正当权益，或造成不良后果的，责令立即纠正和赔偿损失，并给予贷款审批责任人、贷款经营责任人和贷款经办责任人一定的经济处罚。

54. 未按规定签订借款合同或擅自变更合同的如何处理

未按规定签订借款合同等法律性文件，致使法律性文件无效或者出现对贷款人不利的条款的，或贷款发放后不按规定报经批准而擅自变更合同的，给予贷款经营责任人一定的经济处罚。

55. 只凭借款借据发放贷款的如何处理

会计人员未审核借款合同资料、抵（质）押品（原件和他权权证）和贷款发放通知单，只凭借款借据发放贷款的，给予贷款经办人员一定的经济处罚。

56. 未按规定或按领导授意发放贷款的如何处理

未坚持独立核准放款原则，按照领导或有关方面授意进行放款核准；或擅自篡用他人密码进行信贷业务系统的放款核准的；或未按规定对信贷业务的合法性、合规性及信贷资金使用的合理性进行审核。给予贷款经办责任人适当的经济处罚。

57. 当天还款当天发放贷款的如何处理

针对当天还款的借款人当天发放贷款的，给予贷款经营责任人、贷款经办责任人一定的经济处罚。

58. 发放假名贷款或以贷收贷的如何处理

发放假（借）名、冒名贷款、以贷收贷、以贷收息或预收利息的，除责令无条件限期收回贷款本息外，给予贷款经营责任人和贷款经办责任人一定的经济处罚。

59. 发放关联贷款的如何处理

未经信贷分管领导同意，擅自发放关系户（指亲戚、同学、朋友）贷款；或向关系人审批发放信用贷款或以优于他人的条件向关系人发放担保贷款；或发放互保贷款的。给予贷款经营责任人和贷款经办责任人相应的经济处罚。

60. 向有风险贷款或保证人发放贷款的如何处理

向有次级以上风险贷款或已核销贷款的企业或自然人发放贷款的，除责令责任人收回贷款外，给予贷款经营责任人和贷款经办责任人一定的经济处罚。

保证企业或保证人未代偿又以其提供保证而发放贷款的，给予贷款经营责任人和贷款经办责任人一定的经济处罚。

61. 其他放款审核环节的失职或违规行为如何处理

其他放款审核环节的失职或违规行为，给予相关责任人适当的经济处罚。

第七节 贷后管理环节违规行为处理

62. 未建贷款台账或不规范的如何处理

未及时登记贷款台账、漏登贷款台账、登记贷款台账数据反映不清的或登记不规范的；或农户小额贷款经济档案未建立且未进行动态管理和及时更新的，或基础性工作未有效开展的。给予贷款经办责任人适当的经济处罚。

63. 未建抵（质）押物台账或不真实的如何处理

未按规定建立抵（质）押物登记台账，或建立登记台账不真实、要素不齐全，给予贷款经办责任人适当的经济处罚。

64. 随意涂改或销毁重制原始凭据的如何处理

在贷款发放后，原始借款借据、借款支付凭证和借款合同（含担保合同）文本不得随意涂改或销毁重制。如有发生，视情节轻重，给予贷款经营责任人和贷款经办责任人一定的经济处罚。

65. 在贷款发放中存在吃拿卡要现象的如何处理

在贷款发放中存在吃拿卡要现象，经查实的，解除相关责任人劳动合同；情节严重的移交司法机关进行处理。

第七节 贷后管理环节违规行为处理

66. 未按规定对信贷档案资料管理的如何处理

未按规定对信贷档案资料的完整性、合规性、有效性进行审查、审核并在规定时间内移交信贷档案管理部门；或未按规定收集、建立、保管贷款档案的；或信贷业务档案未按规定进行保管、调阅、交接、销毁，未严格执行有关保管期限，保管期满后销毁前的整理、销毁的审批、销毁等环节未按规定操作的，给予贷款经办责任人适当的经济处罚。

67. 未按规定保管信贷资料的如何处理

未按规定保管借款合同等信贷资料、抵（质）押物的权利凭证、质物、保险单据等；或没有做好信贷档案保密工作，造成不良影响的；或因管理不善、违规操作等原因导致抵（质）押物、权利证书被挪用或致使重要资料、物品丢失、损毁、更换和抽走的，使贷款风险增大。除责令其纠正和赔偿损失外，给予保管经办人一定的经济处罚。

68. 未按规定进行贷后检查或检查时发现问题未纠正的如何处理

在贷款发放后未按规定进行贷后检查或及时更新客户数据资料的，给予贷款经营责任人和贷款经办责任人相应的经济处罚。检查时发现贷款存在重大风险隐患未及时在贷后检查报告中反映，致使未能及时发现借款人违约或者严重影响其偿还能力的其他情况，给予贷款经营责任人和贷款经办责任人相应的经济处罚。发现贷款存在重大风险，但没有按照规定及时报告信贷分管领导或风险控制部门或由于自身原因未采取适当应对措施的；或发现抵押、质押贷款手续办理不合规、不合法而导致抵押、质押已失效或部分失效；或发现抵押物转移、毁损、变质等情况未及时采取有效措施，给予贷款经营责任人一定的经济处罚。

69. 未对信贷资金使用进行监测或借款人改变借款用途知情不报的如何处理

贷款发放后，未对信贷资金使用与支付进行监测，或借款人改变借款用途将贷款用于其他而未检查出或检查出而隐瞒情况不上报的，给予贷款经营责任人和贷款经办责任人一定的经济处罚。

70. 对到期贷款催收不力的如何处理

对到期贷款未及时发出催收通知；或贷款到期，因未及时催贷而导致贷逾期的；或利息到期，因未及时催收而导致利息逾期的；或贷款逾期5天，未按时上报逾期情况的，给予贷款经营责任人和贷款经办责任人相应的经济处罚。

71. 对逾期贷款未按规定办理其他催款手续的如何处理

对逾期贷款未按规定发送贷款到期通知书或者办理其他催款手续的，对已中断诉讼时效的逾期贷款在诉讼时效内未继续采取资产保全或其他催款措施的，给予贷款经营责任人和贷款经办责任人一定的经济处罚。

72. 未按时进行贷款五级分类的如何处理

在贷款风险分类中，不执行不良贷款的认定标准和程序的，给予贷款经营责任人和贷款经办责任人相应的经济处罚；故意低估或者高估贷款风险，或者违规调整分类结果，造成贷款分类结果严重失真的，给予贷款经营责任人和贷款经办责任人相应的经济处罚；未按时进行贷款五级分类，且无分类台账的，给予贷款经营责任人和贷款经办责任人相应的经济处罚。

73. 在处置抵债资产过程中有哪些情形需要处理

在接受、管理、处理抵债资产过程中，有下列情形之一的，给予贷款经营责任人和经办责任人一定的经济处罚。
（1）擅自动用抵债资产的。
（2）越权接受、处理抵债资产的。
（3）接受抵债资产时故意高估价格或者处理抵债资产时故意低估价格的。
（4）玩忽职守，不按规定处理抵债资产的，致使抵债资产损毁或灭失的。
（5）未经批准，擅自将抵债资产据为自用的。

74. 违规办理解抵（质）押手续的如何处理

未认真审查和核准提取抵（质）押物申请，造成抵（质）押物有关权证提前释放；未达到解抵（质）押要求，违规提前办理解抵（质）押手续的，给予贷款经营责任人和经办责任人一定的经济处罚。

75. 检查人员未检查出而被外部机构检查出的问题如何处理

对总部安排信贷业务专项检查，检查人员未检查出而被外部机构检查出的问题，给予检查人员一定的经济处罚。

第八节 处罚的管理

76. 按规定给予处罚的如何处理

对营业网点和个人违反规章制度的行为，应按规定给予处罚的，必须查明事实；违规事实不清的，不得给予处罚。

77. 作出处罚决定之前如何处理

作出处罚决定之前，应当告知被处罚单位及责任人违规事实、处罚依据及其应享有的权利。

78. 被处罚责任人提出陈述如何处理

被处罚单位及责任人有权进行陈述和申辩，对被处罚单位及责任人提出的事实、理由和证据，处罚部门应当复核；被处罚单位及责任人提出的事实、理由或者证据成立的，处罚部门应当采纳。处罚部门不得因责任人申辩而加重处罚。

79. 银行对贷款的责任人认定实行什么原则

银行对贷款的责任人认定实行"尽职免责、失职追责"的原则，在贷款形成不良或造成损失后，经查实有违规行为的，其责任人包括违规行为的决定人员和直接经办人员。

（1）谁直接违规，谁就是责任人。

（2）单位领导或上级部门责任人指令经办人员违规办理业务，领导或上级部门责任人为责任人；经办人员在办理过程中未提出异议或不抵制、不报告的，经办人员同为责任人。

（3）由于经办人员、营业网点或部门提供情况不实，导致决策失误，经办人员、提供情况的营业网点或部门的主要责任人为责任人；应由决策人进行事前调查而未履行职责，偏听下级提供情况导致决策失误的，决策人为责任人。

（4）经过集体研究的违规行为，参加研究的主要责任人为责任人，其他人员为次责任人。

（5）凡发生违规行为责任不清时，经办人员与其直接上级的主要责任人同为责任人。

(6) 凡是银行员工引荐的贷款，其引荐人为第一责任人。

80. 哪些违规情况应从重处罚

有下列情况之一者，应从重处罚：
(1) 严重违规造成重大经济损失或严重后果的。
(2) 拒不执行处罚决定的。
(3) 直接或变相破坏、抗拒、阻挠检查的。
(4) 明知故犯或屡查屡犯的。
(5) 嫁祸于人，打击报复的。

81. 哪些违规情况应从轻处罚

有下列情况之一者，应从轻处罚：
(1) 违规问题轻微的。
(2) 积极配合检查的。
(3) 自己主动检查并及时纠正的。

82. 处罚意见如何执行

信贷业务违规处罚依据检查报告作出处罚意见，须经本行行务会议研究决定后执行，由稽核审计部门监督执行，任何单位或个人不得干预或拒绝检查处罚决定。被处罚单位或个人对处罚结果不服的，可在接到处罚决定后15日之内向银行行务会或董事会申请复议，复议期间仍按原处罚决定执行。

83. 信贷业务违规处罚款如何管理

信贷业务违规处罚收缴的罚没款一律划转至银行财务会计部门指定账户进行统一核算，不得截流、挪用，更不得退还给被处罚人。

84. 被处罚者如何交纳罚款

被处罚者要主动交纳罚款；逾期不交的，处罚单位采取强制扣款措施。个人罚款数额较大，一次交纳有困难的，经做出处罚决定的部门同意，可分期交纳。

85. 经济处罚额度如何掌握

经济处罚金额的多少，应视违规情节轻重而定。经济处罚不是目的，只是通过经济处罚这一手段，促其达到遵守规章制度的目的。

第二十三章　不良贷款风险管理

第一节　不良贷款管理的目的和原则

1. 什么是不良贷款

不良贷款是指银行信贷资产按照五级分类标准认定的次级、可疑、损失类信贷资产，或对公司类客户按照十级分类标准认定的次级1、次级2、可疑、损失类贷款，以及已核销贷款。

2. 不良贷款管理的目的是什么

不良贷款管理的目的是适应现代商业银行风险管理的需要，规范银行不良贷款管理，防范和化解经营风险，提高不良贷款处置效率，确保不良贷款价值回收，最大化保持信贷业务持续稳健经营发展。银行应依据国家法律法规、金融规章以及本银行相关信贷管理制度，结合实际，制定不良贷款管理制度。

3. 不良贷款管理应遵循哪些原则

不良贷款管理坚持"真实反映、处置减损、专业合规、及时监测、损失补偿和责任追究"的原则。

（1）真实反映原则。要真实、准确、客观地统计和反映不良贷款分类、认定、调查、估价、问责等工作情况。

（2）处置减损原则。不良贷款形成后应通过调查和完善手续等手段防止不良贷款价值贬损并及时清收、转化和处置实现不良贷款价值回收最大化。

（3）专业合规原则。将不良贷款根据划定的范围，移交专门机构进行管理。管理与处置必须严格遵守国家有关法律、法规、政策及本行相关规定规范操作，防范道德风险和操作风险。

（4）及时监测原则。建立风险监测指标体系，及时、动态地掌握不良贷款的实际价值和风险变化，准确地反映信贷资产质量。

（5）损失补偿原则。对不良贷款要按照损失程度提取风险拨备，并及时处理与消化损失。

（6）责任追究原则。对造成不良贷款的相关责任单位或个人，以及未按规定管理不良贷款的责任单位或个人，通过经济、行政、法律及其他手段，追究相应责任。

第二节 不良贷款的管理职责

4. 不良贷款管理工作应由谁负责

（1）不良贷款可实行层级管理。分支机构应建立、完善贷款质量监管制度，对不良贷款进行认定分类、登记和催收；总分行风险管理部门对分支机构不良贷款的管理情况进行监督、检查和考核。

（2）分工负责。清收责任人、信贷主管、支行行长（网点负责人）、总分行风险管理部门在不良贷款管理中，按照各自的职责履行不良贷款管理责任。

5. 什么是清收责任人

清收责任人是指不良贷款形成时，分支机构贷款经营管理人（客户经理）或借款借据上签字确认的贷款调查人或其责任接收人。

6. 清收责任人履行哪些职责

银行清收责任人一般由客户经理兼任，客户经理岗实行一岗双责。除全面负责正常贷款的日常管理工作外，还要负责不良贷款的清收盘活工作。具体工作职责包括：

（1）负责不良贷款诉讼前的催要清收工作及诉讼后应积极配合的职责。

（2）协助本行风险管理部门清收已划转的不良贷款。

（3）负责未划转的不良贷款的清收盘活工作，并完成年度清收盘活任务。

（4）定期向上级报送不良贷款情况。

（5）定期与贷款对象对账确认债权，以确保诉讼时效的连续性。

第二节　不良贷款的管理职责

（6）定期和不定期对清收盘活工作进行分析、总结，并报告上级主管部门。

7. 信贷主管履行哪些职责

信贷主管在不良贷款管理中，主要履行以下职责：
（1）负责不良贷款信贷档案及日常管理工作。
（2）接受总分行风险管理部门的指导，在支行行长的领导下，负责不良贷款的保全、盘活、清收、处置和变现等工作。
（3）负责发放和收回不良贷款催还通知单有效回执，确保不良贷款的法律时效性。
（4）负责抵债资产的保管。
（5）提出对不良贷款进行诉讼、以资抵债及处置变现的建议并负责实施。
（6）报送相关不良贷款报表及调查资料等。
（7）按规定负责不良贷款相关责任人的考核。
（8）接受相关职能部门对其不良贷款管理的考核。

8. 支行行长履行什么职责

支行行长在不良贷款管理中，主要负责对清收责任人和信贷主管的责任认定和不良贷款的处置工作，以及对清收责任人（客户经理）和信贷主管的督办工作。

9. 风险管理部门履行哪些职责

总分行风险管理部门在不良贷款管理中，主要履行以下职责：
（1）负责组织辖内不良贷款管理工作。
（2）制订全行不良贷款清收方案和对不良贷款进行考核。
（3）根据上级的有关规定，建立和完善各项工作制度，明确部门内部的岗位分工和职责。
（4）负责全行不良贷款管理的法律咨询服务，对辖内各支行各类诉讼案件提供法律服务和支持。
（5）指导全行不良贷款的保全、盘活、清收、处置和变现等工作，提出贷款责任人的处理意见。
（6）统一指导或直接办理不良贷款诉讼执行工作。
（7）对划转的大额不良贷款进行专业清收。
（8）对抵债资产进行管理以及转让、出租和变现。

（9）负责不良贷款责任认定的调查工作。

（10）负责对支行的督办工作，对清收责任人和辖内各支行分解落实目标任务，并建立相应的考核台账。

（11）负责统计上报各类统计报表和分析报告。

（12）宣传报道不良贷款管理工作，并向上级报告情况。

（13）监测、检查辖内不良贷款管理工作进度和日常管理工作。

（14）对辖内不良贷款管理结果进行考核，并实施奖惩。

第三节　个人类不良贷款的划分标准

10. 什么是个人类不良贷款

个人类不良贷款是指自然人（农户和非农户）借款未能按原定的贷款协议按时偿还银行的贷款本息，或者已有迹象表明借款人不可能按原定的贷款协议按时偿还银行的贷款本息而形成的贷款。个人类不良贷款也指非正常贷款或有问题贷款。

11. 个人类不良贷款如何划分

按照贷款五级分类的核心定义，将次级贷款、可疑贷款和损失贷款划分为个人类不良贷款。

个人类不良贷款可根据本行具体实际分别对农户和其他自然人进行划分。

12. 什么是次级贷款

债务人的偿债能力出现明显问题，完全依靠其正常营业收入无法足额偿还贷款本息，即使执行担保，也可能会造成一定损失。

13. 什么是可疑贷款

债务人无法足额偿还贷款本息，即使执行担保，也肯定要造成较大损失。

14. 什么是损失贷款

在采取所有可能的措施或一切必要的法律程序之后，贷款本息仍然无法收回，或只能收回极少部分。

第三节 个人类不良贷款的划分标准

15. 自然人次级贷款的划分标准是什么

有下列情况之一的划入次级贷款：

（1）借款人经营亏损，支付困难并且难以获得补充来源，经营活动的现金流量为负数。

（2）借款人不能偿还其他债权人债务。

（3）借款人已不得不通过出售、变卖主要的生产、经营性固定资产来维持生产经营，或者通过拍卖抵押品、履行保证责任等途径筹集还款资金。

（4）借款人采用隐瞒事实等不正当手段取得的贷款。

（5）借款人内部管理出现问题，对正常经营构成实质性损害，妨碍债务的及时足额清偿。

（6）信贷档案不齐全，重要法律性文件遗失，并且对还款构成实质性影响。

（7）借款人在其他金融机构贷款被划为可疑类。

（8）本金或利息逾期91天至180天（含）的贷款或表外业务垫款31天至90天（含）。

16. 自然人可疑贷款的划分标准是什么

有下列情况之一的划入可疑贷款：

（1）借款人处于停产、半停产状态，固定资产贷款项目处于停建、缓建状态。

（2）借款人实际已严重资不抵债。

（3）借款人进入清算程序。

（4）借款人或其法定代表人涉及重大案件，对借款人的正常经营活动造成重大影响。

（5）借款人改制后，难以落实银行债务或虽落实债务，但不能正常还本付息。

（6）经过多次谈判，借款人明显没有还款意愿。

（7）已诉诸法律追收贷款本息。

（8）借款人在其他金融机构贷款被划为损失类。

（9）本金或利息逾期181天以上的贷款或表外业务垫款91天以上。

17. 自然人损失贷款的划分标准是什么

有下列情况之一的应划入损失贷款：

（1）符合财政部门有关金融企业呆账核销管理规定认定为呆账的信贷资产。

（2）借款人无力偿还贷款，即使处置抵（质）押物或向担保人追偿也只能收回很少的部分，预计贷款损失率超过90%。

（3）借款人已完全停止经营活动且复工无望，或者产品无市场，严重资不抵债濒临倒闭，银行依法对其财产进行清偿，并对其担保人进行追偿后未能收回的贷款。

18. 农户不良贷款如何分类

农户不良贷款主要依据贷款的五级分类标准的核心定义，结合借款农户的信用评级等级、担保因素和逾期时间进行分类。其中，农户信用评定等级依照各行的有关规定进行评定。

19. 农户信用评定等级为优秀档次的如何分类

农户信用评定等级为优秀档次的，按照以下分类：

（1）信用担保方式，次级贷款本金或利息逾期91~180天，可疑贷款本金或利息逾期181天以上。

（2）保证担保方式，次级贷款本金或利息逾期91~270天，可疑贷款本金或利息逾期271天以上。

（3）抵押担保方式，次级贷款本金或利息逾期181~270天，可疑贷款本金或利息逾期271天以上。

（4）质押担保方式，次级贷款本金或利息逾期181~360天，可疑贷款本金或利息逾期361天以上。

具备17问所列情况之一的农户贷款划为损失类贷款。

20. 农户信用评定等级为较好档次的如何分类

农户信用评定等级为较好档次的，按照以下分类：

（1）信用担保方式，次级贷款本金或利息逾期91~180天，可疑贷款本金或利息逾期181天以上。

（2）保证担保方式，次级贷款本金或利息逾期91~180天，可疑贷款本金或利息逾期181天以上。

（3）抵押担保方式，次级贷款本金或利息逾期91~180天，可疑贷款本金或利息逾期181天以上。

（4）质押担保方式，次级贷款本金或利息逾期181~270天，可疑贷款本金或利息逾期271天以上。

具备 17 问所列情况之一的农户贷款划为损失类贷款。

21. 农户信用评定等级为一般或未参加农户信用等级评定的如何分类

农户信用评定等级为一般或未参加农户信用等级评定的,按照以下分类:

(1) 信用担保方式,次级贷款本金或利息逾期 91~180 天,可疑贷款本金或利息逾期 181 天以上。

(2) 保证担保方式,次级贷款本金或利息逾期 91~180 天,可疑贷款本金或利息逾期 181 天以上。

(3) 抵押担保方式,次级贷款本金或利息逾期 91~180 天,可疑贷款本金或利息逾期 181 天以上。

(4) 质押担保方式,次级贷款本金或利息逾期 91~270 天,可疑贷款本金或利息逾期 271 天以上。

具备 17 问所列情况之一的农户贷款划为损失类贷款。

22. 分期还款的个人消费贷款如何分类

分期还款的个人消费贷款可按照五级分类标准划分:

(1) 次级贷款,借款人连续违约期数达 4~6 次,贷款本金或利息逾期 91~180 天。

(2) 可疑贷款,借款人连续违约期数达 7 次以上,贷款本金或利息逾期 181 天以上。

(3) 损失贷款,具备 17 问所列情况之一的贷款划为损失类贷款。

第四节 企业类不良贷款的划分标准

23. 什么是企业类不良贷款

企业类不良贷款是指企业借款人未能按原定的贷款协议按时偿还银行的贷款本息,或者已有迹象表明借款人不可能按原定的贷款协议按时偿还银行的贷款本息而形成的贷款。企业类不良贷款也指非正常贷款或有问题贷款。

24. 什么是信贷资产

银行机构对公司类客户发放的信贷资产,包括表内信贷资产(包括本外币贷款、贴现、贸易融资、各类信用垫款等），以及表外信贷资产（包括银行承兑、信用证、银行保函、贷款承诺等）。对表外信贷资产分类时，要将客户近期表内信贷资产分类情况作为重要参考依据。原则上同一客户表外信贷资产分类不得高于其近期表内信贷资产的分类类别。

25. 企业类不良贷款如何划分

根据企业类客户信贷资产的不同特点，将其分为以下两种类型进行风险分类。

（1）一般企业信贷资产风险分类，适用于在同一单位的授信余额在一定额度以上的公司类客户的信贷资产。

（2）小企业信贷资产风险分类，适用于在同一单位的授信余额在一定额度以下的公司类客户的信贷资产。对于低风险授信业务、重组贷款等符合特别规定情形的，遵从特别规定进行分类。

26. 企业类信贷资产风险分类应考虑哪些因素

对企业类信贷资产进行风险分类，要以评估借款人的还款能力为核心，应主要考虑以下因素：

（1）借款人的还款能力。包括借款人的现金流量、财务状况、影响还款能力的非财务因素等。

（2）借款人的还款记录。

（3）借款人的还款意愿。

（4）信贷资金的使用效益或贷款项目的盈利能力。

（5）贷款的担保。

（6）贷款偿还的法律责任。

（7）信贷管理状况。

27. 依据什么判定信贷资产风险类别

银行要通过现场、非现场查阅和分析，获取借款人的财务、现金流量、担保、非财务等方面信息，将影响借款人还款能力的各种因素综合评估得出结论，作为判定信贷资产风险类别的主要依据。

28. 什么是财务状况的评估

财务状况的评估是指在对借款人经营状况和资金实力实地调查了解的基础

第四节 企业类不良贷款的划分标准

上，对借款人财务报表中有关数据资料进行确认、比较，重点研究和分析借款人长短期偿债能力、盈利能力和营运能力等，综合评估借款人的财务状况。

29. 什么是现金流量分析

现金流量分析是指根据借款人现金流量表中现金及现金等价物的信息，评估借款人产生、使用现金和现金等价物的能力、时间和确定性，判断借款人经营活动和筹融资活动的净现金流量变化对还款能力的影响。

30. 什么是担保分析

担保分析是对由借款人或第三人提供的债权保障措施（分为保证、抵押和质押三种方式）进行分析，主要从法律上的有效性、价值上的充足性、担保续存期间的安全性和执行上的可变现性进行评估，判断担保作为第二还款来源对借款人还款能力的影响。

31. 什么是非财务因素分析

非财务因素分析包括借款人的行业风险因素（包括成本结构、行业的成长阶段、行业的经济周期性、行业的营利性和依赖性、产品的替代性、法律政策、经济和技术环境等）、经营风险因素（包括借款人规模、所处发展阶段、产品多样化程度、经营策略、产品与市场分析、生产与销售环节分析等）、管理风险因素（包括借款人组织形式、管理层素质和经验、管理层的稳定性、员工素质等）、自然社会因素、还款记录（含在其他银行偿还记录）、还款意愿、债务偿还的法律责任以及银行的信贷管理。

32. 信贷资产风险十级分类有哪些类别

十级分类分为：正常1、正常2、正常3，关注1、关注2、关注3，次级1、次级2，可疑，损失。

33. 十级分类与五级分类如何对应

十级分类与五级分类的对应关系：
（1）正常1、正常2、正常3对应原五级分类的正常类。
（2）关注1、关注2、关注3对应原五级分类的关注类。
（3）次级1、次级2对应原五级分类的次级类。
（4）可疑、损失分别对应原五级分类中的可疑、损失类。

（5）次级1、次级2、可疑和损失合称为不良信贷资产。

34. 十级分类的核心定义是什么

（1）正常1：借款人经营状况良好，连续保持良好的信用记录。借款人在行业中享有较高声誉，产品市场份额较高，所在行业前景好。借款人能够履行合同，有充分把握按时足额偿还贷款本息。

（2）正常2：借款人经营状况稳定，连续保持良好的信用记录。借款人处于良性发展状态，规模适中，所在行业前景好。借款人能够履行合同，有能力按时足额偿还贷款本息。

（3）正常3：借款人经营状况稳定，连续保持良好的信用记录。所在行业发展具有一定不确定性。借款人能够履行合同，没有足够理由怀疑贷款本息不能按时足额偿还。

（4）关注1：借款人有能力偿还贷款本息，但借款人经营稳定性一般，对借款人的持续偿债能力需加以关注。

（5）关注2：借款人目前有能力偿还贷款本息，但借款人经营稳定性和所在行业一般，存在可能影响借款人偿债能力的不利因素。

（6）关注3：借款人目前有能力偿还贷款本息，但借款人经营效益、经营性现金流量连续下降，存在可能影响借款人偿债能力的不利因素。

（7）次级1：借款人目前的还款能力不足或抵押物不足值。此类贷款存在影响贷款足额偿还的明显缺陷，如果这些缺陷不能及时纠正，银行贷款遭受损失的可能性较大。

（8）次级2：借款人的还款能力出现明显问题，完全依靠其正常营业收入无法足额偿还贷款本息，即使执行担保，也可能造成一定损失。

（9）可疑：借款人无法足额偿还贷款本息，即使执行担保，也肯定要造成较大损失。

（10）损失：在采取所有可能的措施和一切必要的法律程序后，贷款本息仍然无法收回，或只能收回极少部分。

35. 一般企业信贷资产分类标准是什么

（1）下列情况划入正常1类：
①借款人经营管理状况良好，产品（商品）市场充分。
②企业处于成长状态，货款及时回笼，盈利能力较强。还款意愿良好，能正常还本付息，连续保持良好的还款记录。

第四节 企业类不良贷款的划分标准

③被分类的信贷资产属于低风险业务。范围：全额存单质押、全额凭证式国债质押、全额银行承兑汇票质押、全额保证金项下授信业务、银票贴现、银行保证。

（2）下列情况划入正常2类：

①借款人经营管理状况良好，产品（商品）有市场。

②企业处于良性发展状态，利润继续保持增长。

③借款人能够履行合同，有能力足额偿还贷款本息。

（3）下列情况划入正常3类：

①借款人经营管理状况较好。

②财务状况、盈利能力和现金流量比较好，企业与产品的生命周期已处于顶峰或开始下滑。

③对借款人最终偿还贷款有充分把握。

（4）有下列情况之一的一般划入关注1类：

①借款人有能力偿还贷款本息，但借款人经营稳定性一般，对借款人的持续偿债能力需加以关注。

②借款人或有负债（如对外担保、签发商业汇票等）过大或与上期相比有较大幅度上升。

（5）有下列情况之一的一般划入关注2类：

①借款人目前有能力偿还贷款本息，但借款人经营稳定性和所在行业一般，存在可能影响借款人偿债能力的不利因素。

②借款人改制（如分立、兼并、租赁、承包、合资、股份制改造等）对贷款偿还可能产生不利影响。

③借款人的主要管理层发生重大变化，对企业的未来经营可能产生不利影响。

④法定代表人和主要经营者的品行出现了不利于贷款偿还的变化。

⑤贷款的抵（质）押物价值下降，可能影响贷款归还。保证人与借款人有关联关系，可能影响保证责任的履行。

⑥贷款本金或利息逾期30天以内的贷款或已发生表外业务垫款，或连续逾期3期（含）以下的抵押贷款。

（6）有下列情况之一的一般划入关注3类：

①借款人目前有能力偿还贷款本息，但借款人经营效益、经营性现金流量连续下降，存在可能影响借款人偿债能力的不利因素。

②借款人的主要股东、关联企业或母子公司等发生了重大的不利于贷款本

息偿还的变化。

③借款人经营管理存在问题，或未按合同约定用途使用贷款。

④借款人的固定资产贷款项目出现重大的不利于贷款偿还的因素（如基建项目工期延长、预算调增过大）。

⑤贷款的抵（质）押物价值下降至低于贷款发放时的评估价值，可能影响贷款归还。保证人的财务状况出现负面变化，可能影响保证责任的履行。

⑥本金或利息虽未逾期，但借款人还款意愿差，或有利用兼并、重组、分立等形式恶意逃废银行债务的嫌疑。

⑦贷款本金或利息逾期31～90天以内的贷款或表外业务垫款30天以内，或连续逾期3～6期（含6期）的抵押或按揭贷款。

⑧借款人之直接关联公司的贷款被列为次级或以下。

⑨借款人涉及对其财务状况或经营可能产生重大不利影响的未决诉讼。

⑩借款人在其他金融机构的贷款被列入次级或涉及重大诉讼。

（7）有下列情况之一的一般划入次级1类：

①借款人目前的还款能力不足或抵押物不足值，存在影响贷款本息足额偿还的明显缺陷。

②借款人已不得不通过出售、变卖主要的生产和经营性固定资产来维持生产经营，或者通过拍卖抵押品、履行保证责任等途径筹集还款资金。

③借款人内部管理出现问题，对正常经营构成实质性损害，妨碍债务的及时足额清偿。

（8）有下列情况之一的一般划入次级2类：

①借款人的还款能力出现明显问题，完全依靠其正常营业收入无法足额偿还贷款本息，即使执行担保，也可能造成一定损失。

②借款人经营出现巨额亏损，支付困难并且难以获得补充资金来源。

③借款人不能偿还其他债权人债务。

④借款人采用隐瞒事实等不正当手段取得贷款。

⑤借款人有重大违法经营行为。

⑥信贷档案不齐全，重要法律性文件遗失，并且对还款构成实质性影响。

⑦贷款本金或利息逾期91天至180天的贷款或表外垫款31天至90天。

（9）有下列情况之一的一般划入可疑类：

①借款人处于停产、半停产状态，固定资产贷款项目处于停建、缓建状态。

②借款人实际已严重资不抵债。

③借款人进入清算程序。

第四节 企业类不良贷款的划分标准

④借款人或其法定代表人涉及重大案件，对借款人的正常经营活动造成重大影响。

⑤借款人改制后，难以落实银行债务或虽落实债务，但不能正常还本付息。

⑥经过多次谈判，借款人明显没有还款意愿。

⑦已诉诸法律追收贷款本息。

⑧本金或利息逾期 181 天以上的贷款或表外业务垫款 91 天以上。

(10) 有下列情况之一的一般划入损失类：

①符合财政部门有关金融企业呆账核销管理规定的被认定为呆账条件之一的信贷资产，包括：

a. 借款人和担保人依法宣告破产、关闭、解散或撤销，并终止法人资格，金融企业对借款人和担保人进行追偿后，未能收回的债权。

b. 借款人遭受重大自然灾害或者意外事故，损失巨大且不能获得保险补偿，或者以保险赔偿后，确实无力偿还部分或者全部债务，金融企业对其财产进行清偿和对担保人进行追偿后，未能收回的债权。

c. 借款人和担保人虽未依法宣告破产、关闭、解散、撤销，但已完全停止经营活动，被县级及县级以上市场监管部门依法注销、吊销营业执照，金融企业对借款人和担保人进行追偿后，未能收回的债权。

d. 借款人和担保人虽未依法宣告破产、关闭、解散、撤销，但已完全停止经营活动或下落不明，未进行工商登记或连续两年以上未参加工商年检，金融企业对借款人和担保人进行追偿后，未能收回的债权。

e. 借款人触犯刑律，依法受到制裁，其财产不足归还所借债务，又无其他债务承担者，金融企业经追偿后确实无法收回的债权。

f. 由于借款人和担保人不能偿还到期债务，金融企业诉诸法律，借款人和担保人虽有财产，经法院对借款人和担保人强制执行超过 2 年以上仍未收回的债权；或借款人和担保人无财产可执行，法院裁定执行程序终结或终止（中止）的债权。

g. 金融企业对债务人诉诸法律后，经法院调解或经债权人会议通过，并与债务人达成和解协议或重整协议，在债务人履行完还款义务后，金融企业无法追偿的剩余债权。

h. 对借款人和担保人诉诸法律后，因借款人和担保人主体资格不符或消亡等原因，被法院驳回起诉或裁定免除（或部分免除）债务人责任；或因借款合同、担保合同等权利凭证遗失或丧失诉讼时效，法院不予受理或不予支持，金融企业经追偿后仍无法收回的债权。

i. 由于上述 a 至 h 项原因借款人不能偿还到期债务，金融企业依法取得抵债资产，抵债金额小于贷款本息的差额，经追偿后仍无法收回的债权。

j. 开立信用证、办理承兑汇票、开具保函等发生垫款时，凡开证申请人和保证人由于上述 a 至 i 项原因，无法偿还垫款，金融企业经追偿后仍无法收回的垫款。

k. 金融企业经批准采取打包出售、公开拍卖、转让等市场手段处置债权或股权后，其出售转让价格与账面价值的差额。

l. 对于小额的对公贷款，经追索 2 年以上，仍无法收回的债权。

m. 金融企业因案件导致的资产损失，经公安机关立案 2 年以上，仍无法收回的债权。

n. 经国务院专案批准核销的债权。

②借款人无力偿还贷款，即使处置抵（质）押物或向担保人追偿也只能收回很少的部分，预计贷款损失率超过 90%。

36. 小企业信贷资产分类标准是什么

（1）下列情况划入正常 1 类：
①借款人经营状况良好。
②按时还本付息。
③被分类的信贷资产为出让土地的房地产抵押贷款或低风险担保贷款。

（2）下列情况划入正常 2 类：
①借款人经营管理状况良好。
②按时还本付息。
③被分类的信贷资产为国有划拨房地产抵押贷款、在建工程抵押贷款。

（3）有下列情况之一的一般划入正常 3 类：
①借款人经营管理状况正常，按时还本付息，被分类的信贷资产属于以上述资产外的其他资产进行抵（质）押担保的贷款、保证贷款和信用贷款。
②借款人经营管理状况正常，如被分类的信贷资产为保证贷款或抵（质）押贷款的，贷款本金或利息逾期的天数在 30 天以内。
③借款人经营管理状况正常，如被分类的信贷资产为低风险担保贷款的，贷款本金或利息逾期的天数在 90 天以内。

（4）下列情况划入关注 1 类：
被分类的信贷资产为信用贷款的，贷款本金或利息逾期的天数在 30 天以内。

（5）下列情况划入关注 2 类：

第四节　企业类不良贷款的划分标准

被分类的信贷资产为保证、抵押贷款的，贷款本金或利息逾期的天数为31天（含）以上，90天以下。

（6）下列情况划入关注3类：

被分类的信贷资产为抵（质）押贷款的，贷款本金或利息逾期的天数为91天（含）以上，180天以下，或表外业务垫款30天以内。

（7）有下列情况之一的一般划入次级1类：

①被分类的信贷资产为信用贷款的，贷款本金或利息逾期的天数为31天（含）以上，90天以内。

②被分类的信贷资产为保证贷款的，贷款本金或利息逾期的天数为91天（含）以上，180天以内。

（8）下列情况划入次级2类：

被分类的信贷资产为抵（质）押贷款的，贷款本金或利息逾期的天数为181天（含）以上，360天以下，或表外业务垫款31天至90天。

（9）有下列情况之一的一般划入可疑类：

①被分类的信贷资产为信用贷款的，贷款本金或利息逾期天数为91天（含）以上，360天以下。

②被分类的信贷资产为保证贷款的，贷款本金或利息逾期天数为181天（含）以上，360天以下。

③被分类的信贷资产为抵（质）押贷款的，贷款本金或利息逾期天数为361天（含）以上。

④表外业务垫款91天（含）以上。

（10）有下列情况之一的一般划入损失类：

①被分类的信贷资产为信用或保证贷款的，贷款本金或利息逾期天数为361天（含）以上。

②符合"一般企业"规定的被认定为损失条件之一的贷款。

37. 企业信贷资产分类有哪些特别规定

（1）低风险授信业务：凡符合低风险的授信业务，如全额存单质押、全额凭证式国债质押、金融债质押、黄金质押、全额银行承兑汇票质押、全额保证金项下授信业务、银票贴现、银行保证、中国出口信用担保公司担保的贷款，授信业务逾期未超过90天，操作手续合法合规，可划为"正常3"类；否则要根据风险程度至少分为"关注2"（含）以下（如出现项目严重超支、设计变更、建设工期延长、资本金不能按时足额到位等）。

（2）固定资产和在建工程项目贷款：该类贷款，应综合贷款期限、预期效益、项目按计划进行情况、现金流量与预测数是否一致、能否保证贷款如期偿还等因素来评估贷款的风险程度。各方面情况正常，预期经济效益可以实现的贷款，可归为"正常1"或"正常2"；出现了重大不利于贷款偿还因素的，最高划为"关注3"（含）。

（3）资本金不到位：借款企业有虚假验资、抽逃资本金或资本金未按约定到位情况的，分类结果下调一级。

（4）社团贷款：社团贷款无论各成员单位额度大小，均应按一般企业贷款标准进行分类，原则上参照社团牵头社对该贷款的分类结果，且参与社的分类结果不高于牵头社。银行对牵头社反馈的五级分类结果应根据十级分类核心定义进行细分，确定十级分类级次。

（5）集团下属企业：子公司在财务、经营上有高度自主性和独立性，可直接分类；如子公司与母公司关联程度较高，母公司对子公司的控制性强，在分类时要对子公司与母公司分别分类，原则上子公司分类结果不得高于母公司［子公司贷款有足值、易变现抵（质）押品的，不在此限］。

（6）关系人贷款：对符合《中华人民共和国商业银行法》规定的关系人所发放的贷款，如贷款条件优于一般贷款的最高划分为"关注2"。

（7）违规贷款：违反国家法律法规和信贷管理的有关制度规定、未经正常贷款审批程序而形成的信贷资产，至少归为"关注2"（含）以下。

（8）挪用贷款：凡属挪用贷款，即使从眼前看贷款的偿还有充分保证，也至少归为"关注2"（含）以下。如属明知借款人会挪用仍发放的贷款，结合被挪用贷款的用途，至少划分为"关注3"（含）以下。

（9）借新还旧贷款：需通过借新还旧，或者其他融资方式偿还，至少划为"关注2"（含）以下。为清收贷款本息、保全资产等目的发放的借新还旧贷款至少划分为"次级1"（含）以下。

（10）重组贷款：重组贷款是指借款人财务状况恶化，或无力还款而对借款合同还款条款作出调整的贷款。重组贷款至少分为"次级类"。重组后仍然逾期，或借款人仍然无力归还贷款，应至少划分为"可疑类"。重组后借款人经营性现金流量确实可以完全满足还款要求，并经过六个月观察期后或正常分期归还本金两期以上、付息正常的，可不再视为重组贷款，按相关规定进行分类。以盘活为目的而追加投放的新增贷款最高仅可划入"关注类"。

（11）担保贷款：多户企业贷款由同一保证人给予担保，如保证人对其中一笔到期贷款不予代为偿付的，则由该保证人担保的贷款分类均应下调一级。担

第四节 企业类不良贷款的划分标准

保公司担保贷款应在"正常2"（含）以下分类。

（12）信贷资料缺失：对借款企业信贷档案资料缺少，导致无法了解借款人的借款合法性、经营状况、固定资产及在建工程项目进度状况等情况时，对分类判断造成影响的，分类结果至少下调一级。

（13）表外授信业务垫款：根据垫款金额和担保方式，参照表内贷款十级分类相应档次分类标准进行分类。

（14）政府融资平台贷款：对投资公司、国有资产经营管理公司等政府融资平台贷款，区分两类情况进行认定。

①借款人自身有经营性收入，不依赖政府财政作为还款来源的，按项目贷款标准进行分类，如有足值抵押担保，最高划为"正常2"（含）。

②借款人自身无经营性收入，以政府财政作为还款来源的，应以财政偿债能力及本行贷款份额作为分类依据。地方可用财力充足，且本行贷款份额占借款人融资总额比例在20%以内，最高划为"正常3"（含）。

（15）事业单位贷款：对学校、医院、交通等事业单位贷款，应区分还款资金来源及本行贷款份额作为分类依据：

①借款人以在其他金融机构融资作为还款来源（包括偿还他行贷款）的，至少在"关注3"（含）以下分类。

②还款来源为自身经营现金流，且本行贷款占借款人融资总额比例在20%以内的，依据份额比例在"正常2"（含）以下分类。份额在20%~50%的，依据份额比例在"关注1"（含）以下分类。份额在50%以上的，至少在"关注3"（含）以下分类。

（16）组合担保贷款：对于采取组合担保方式发放的贷款和在担保基础上增加风险控制措施的贷款，应区分情况认定。

①由于单项担保不能覆盖贷款风险，在增加其他担保条件后发放的贷款（组合担保贷款），应以各项担保措施中风险保障程度最低的担保方式作为分类依据。

②对于担保条件已覆盖贷款风险，另外增加相关风险控制措施的贷款，应主要以担保条件作为分类认定依据。

38. 如何掌握以合同风险分类

以合同为单位进行风险分类，对同一客户的多笔贷款分类结果原则上应相同，且分类结果就低不就高，但存单、国债质押等低风险授信业务除外。

39. 什么是风险分类的重要参考指标

逾期天数是风险分类的重要参考指标，银行应加强贷款的期限管理。

第五节 不良贷款的认定

40. 不良贷款如何认定

不良贷款必须严格按照规范的程序进行认定，以保证不良贷款形态真实。不良贷款的认定由基层行信贷员进行初分，风险分类小组对信贷员初分建议进行讨论，形成初分意见，经基层行有关负责人审核签字。报上级行风险管理部门审核，经会议审议通过，形成最终认定结果。

41. 不良贷款认定应遵循什么原则

不良贷款的认定应遵循"本级负责，超限核准，动态管理，检查评价"的原则。支行对本级的信贷资产质量分类认定的真实性负最终责任；对超过本级认定权限的要报上级风险管理部门审核认定；将不良贷款分类认定纳入日常管理工作，根据信贷资产风险变化情况进行实时监控和调整；对不良贷款的认定标准和认定程序的执行情况要进行检查和评价。

42. 不良贷款的认定程序是什么

不良贷款的认定程序包括认定申请、审查和审批。

43. 支行提出分类认定申请时应提供哪些资料

支行提出初步分类意见和级次调整意见的申请时应提供以下资料：
（1）基本情况。包括债务人基本资料、业务审批书、有关合同和协议等。
（2）财务状况。包括债务人和保证人最近一期资产负债表、损益表、现金流量表以及有关财务分析资料。
（3）担保文件。包括担保合同、抵（质）押物所有权证、评估报告或作价依据、已办理抵（质）押登记的他项权证或有关证明文件、保险单据等。
（4）分析报告。包括贷款质量变化情况、贷款风险形成的原因分析及责任认定情况、清收转化预案等。

第六节 不良贷款的保全、清收与盘活

（5）分类认定所需要的其他相关资料。

44. 损失类贷款的认定应提供哪些资料

损失类贷款的认定，还应提供以下资料：
（1）本行风险管理部门对拟认定为损失类贷款的专题文字分析材料。
（2）内审部门的审计意见。
（3）总分行对损失类贷款的责任划分及责任人处理意见。

45. 如何执行不良贷款的认定及调整

次级、可疑、损失类贷款的认定，不良贷款级次间的调整，以及由不良转为正常信贷资产的认定，要严格按照规定程序和权限执行。

46. 对不良贷款认定情况检查哪些内容

各行应按季对不良贷款认定情况进行检查，检查包括以下内容：
（1）不良贷款的认定是否按规定的标准和程序进行，是否存在违规认定不良贷款行为。
（2）不良贷款反映是否真实，是否存在虚报、瞒报、漏报行为。
（3）对不良贷款责任人是否按规定处理，对各级检查、审计发现的问题及整改意见是否落实到位。
（4）对须上报备案的材料是否按规定上报。
（5）不良贷款管理责任及清收盘活措施是否落实。

第六节　不良贷款的保全、清收与盘活

47. 如何保全不良贷款

各行要加大不良贷款的清收与盘活力度，逐步降低信贷风险。在对不良贷款规范管理的基础上运用各种方式进行清收、转化和盘活，最终实现不良贷款回收和减损。要按照依法合规、集体决策、规范操作的原则，根据预计损失率大小、保全时效性高低和保全难易程度，有步骤地组织开展不良贷款保全工作，争取不良贷款价值回收最大化。

48. 不良贷款的保全方式有哪些

不良贷款保全方式包括现金清收、重组转化、以物抵债和呆账核销等。

49. 如何进行现金清收

现金清收是不良贷款保全最直接和最有效的方式,是对不良贷款本息进行追偿、处置并最终收回现金的行为。

50. 如何进行重组转化

重组转化即对重组价值大于清算价值的不良贷款以债务人资产重组为基础,采取兼并、收购、分立、合并、股份制等方式,由债权人通过与债务人签订还款协议、调整贷款条件等手段对不良贷款实施重组以控制、转化或降低债权风险。

51. 如何进行以物抵债

以物抵债即债权到期、债务人无法用货币资金偿还债务或债权虽未到期、但债务人已出现严重经营问题或其他足以严重影响债务人按时足额用货币资金偿还债务,或当债务人完全丧失清偿能力时担保人也无力以货币资金代为偿还债务,经本行与债务人、担保人或第三人协商同意或经人民法院、仲裁机构依法裁决,债务人、担保人或第三人以实物资产作价抵偿本行债权的行为。实施以物抵债应优先选择易保值、易变现的资产尽快实现处置回收入账并建立抵债资产减值准备制度。

52. 如何进行呆账核销

呆账核销即对经采取所有可能的措施均无法收回的不良贷款,按照规定履行必要程序后,利用呆账准备金予以冲销。呆账核销必须逐户、逐级上报、审核和审批,报批时应确定不良贷款符合核销认定条件,核销后必须对外保密,坚持账销案存、继续追索原则。

53. 不良贷款实行什么管理模式

各银行可结合本行的实际情况,对不良贷款实行不同的管理模式。一般对不良贷款实行大额集中、小额分散的管理模式。支行将可疑、损失类贷款和已置换贷款中的大额贷款,以及拟采取依法起诉或以物抵债的不良贷款全部移交给上级风险管理部门统一管理,同时加强风险管理部门与支行之间的相互协作。

第六节　不良贷款的保全、清收与盘活

54. 如何保全诉讼时效

支行要加强对不良贷款的核对和催收，通过函证方式保全诉讼时效。对有担保的，要及时函证催收，保全从合同的诉讼时效。要加强不良贷款保全资料的档案管理，定期检查。

55. 如何清收盘活不良贷款

不良贷款清收盘活坚持现金清收为主、以物抵债为辅，积极探索让利清收、风险代理、债权拍卖等方式多法清收，并严格控制贷款借新还旧。

（1）因企业改制、破产等原因造成无法足额还清的不良贷款可以实行让利清收。对改制企业实行让利清收的，须提供县级及县级以上政府部门组织的有银行参加的协调会议纪要或有关正式文字资料。对破产企业实行让利清收的，须提供法院依法宣告破产的法律文书。

（2）对依法起诉后败诉的不良贷款、依法起诉后胜诉但两年内执行不到位的不良贷款、经法律咨询后认为难以胜诉的不良贷款以及可疑贷款或呆滞贷款、损失贷款或呆账贷款中基于抢救风险需要的，可实行风险代理。

（3）对其他难以收回的不良贷款，可以通过招标委托有资质的拍卖机构进行债权拍卖。委托的中介机构资质材料、委托合同及其他相关材料必须报总分行审批备案。

56. 贷款借新还旧如何办理

贷款借新还旧必须按规定进行办理。
（1）必须同时满足以下条件：
①利息结清。
②借款人生产经营正常，有还款能力和还款意愿，能按时支付利息。
③属于周转性贷款。
④办理了足额、有效的抵押手续。
（2）按权限申报审批。
（3）凡违反上述（1）、（2）项规定的，一律视为违规发放贷款，并对相关责任人实行责任追究。

57. 到期贷款如何展期

对到期贷款进行展期的，必须按照以下规定办理：

(1) 利息结清至原到期之日。

(2) 借款人生产经营正常，有还款能力和还款意愿，能按时支付利息。

(3) 有担保合同的，必须由担保方参与签字，保持从合同的法律效力；原贷款责任人的责任不变。

(4) 按正常贷款审批权限申报审批。

58. 难以偿还的贷款如何变更债务主体

银行对难以偿还的企业贷款、村组贷款、私贷公用等贷款通过向借款人的债务人或第三人求偿的方式变更债务主体的，必须按以下规定办理：

(1) 新债务人必须同时满足以下条件：

①信用良好，有还款意愿。

②生产经营正常，有还款能力。

③签订合规合法贷款手续。

(2) 变更债务主体的贷款根据原贷款金额，按正常贷款审批权限申报审批。

(3) 凡违反上述（1）、（2）项规定的，一律视为违规发放贷款，并对相关责任人实行责任追究。

第七节　不良贷款的处置

59. 不良贷款的处置方式有哪些

不良贷款可采取催收、不良资产重组、抵（质）押物处置、单户债权转让和其他处置方式。

60. 如何进行催收

不良贷款催收包括司法催收、委外催收和常规催收。催收过程应形成书面记录，催收证据材料应留存备查。

(1) 司法催收。对资产接收后尚未采取司法催收措施的已核销资产，如无特殊理由，经营机构需在资产接收后一个月内启动诉讼、仲裁、申请支付令、参与破产及破产重整程序、行使代位权、行使撤销权等司法催收措施。对已进入司法程序的，经营机构应跟踪推进司法程序各环节的进展，利用司法强制程序加大财产处置和现金回收力度。对于已经终结（中止）执行或终结本次执行

第七节　不良贷款的处置

程序的已核销资产，在获得财产线索证据后，应及时向法院申请恢复执行。在司法催收过程中，经营机构应充分运用法院等机构对失信被执行人的联合信用惩戒机制，提升司法催收成效。对于持有银行卡产品的债务人，可协同银行卡管理部门同步采取司法催收措施。

（2）委外催收。对于符合规定条件的已核销资产，可委托外部合法机构代理催收，具体要求和流程按照本行委外催收的相关制度执行。

（3）常规催收。确有特殊理由暂时不采取司法催收措施的，应充分运用各种催收管理平台，采取短信、电话、信函、上门等多种手段进行常规催收，督促债务人偿还贷款本息。采取上门催收方式时，应由两人及以上共同完成。常规催收无效果且具备司法催收条件时，应及时启动司法催收措施。

61. 如何对不良贷款重组

包括贷款减免、以物抵债、贷款期限调整、变更借款人、变更担保方式、保证责任免除、抵（质）押解除等处置方式。具体条件和操作要求按照本行不良资产重组的制度规定执行。重组方案应综合考虑公司类和个人类等各项债权，以整体回收最大化为目标。

62. 如何对抵（质）押物处置

优先选择公开方式（招标、拍卖、竞价等）处置抵（质）押物。选择非公开方式处置的应有充足理由，并在处置方案中作专项说明。具体条件和操作要求按照本行不良资产抵（质）押物处置的制度规定执行。

63. 如何对单户债权转让

单户债权转让必须采取买断型出让方式，受让主体需符合国家监管政策要求。具体条件和操作要求按照本行不良资产单户债权转让的制度规定执行。

64. 如何采取其他处置方式

包括不良资产批量转让、不良资产证券化等国家监管政策及本行制度允许采取的其他处置方式。

对已核销股权投资等投资类资产，按照表内投资类不良资产的处置要求和处置方式执行。

65. 如何制订处置计划

（1）在财产线索核查和财产监控的基础上，对于公司类已核销债权类资产，经营机构应于资产分类结束后1个月内按户制订处置计划方案,落实处置工作计划安排。处置计划方案具体包括计划处置方式、预计处置回收金额、预计处置费用、预计处置时间、预计还款来源等内容。

(2) 经营机构应以债务人在本行对公和个人类整体债务为基础,综合考虑债务人的还款意愿、债务人有效财产线索情况、本行已采取的处置措施及效果、其他债权人已采取及拟采取的处置措施等因素,在对各项处置方式进行比较分析的基础上,制订可行的处置计划方案。制订处置计划方案过程中涉及与债务人及利益相关人谈判的应由两人及以上参加,并形成谈判记录存档备查。

(3) 制订处置计划方案应集体研究并形成书面记录。经营机构制订处置计划方案时应与不良资产诊断工作相结合,根据项目情况采用日常诊断和集中诊断方式对处置计划方案进行分析论证,增强处置方案的科学性、合理性、可行性。诊断工作按照本行不良资产诊断操作规程的要求执行。

(4) 资产情况发生变化导致原计划方案无法执行或发生变化的,应及时发起处置计划方案重检。处置计划方案制订或重检后一定的工作日内,资产保全客户经理负责将审定(含重检)的处置计划方案及项目诊断信息录入资产保全业务经营管理平台。

66. 处置方案如何申报与审批

经营机构应按照确定的处置计划方案开展催收处置工作。实施过程中涉及授权审批事项的,经营机构形成正式处置方案后通过资产保全业务经营管理平台发起处置方案申报流程。

已核销资产处置方案按照授权权限和有关业务管理规定由负责资产保全业务审批的机构进行审批。

67. 处置方案如何执行

处置方案经审批同意后,经营机构负责按照批复的方案组织实施。如确需变更且条件优于原方案的,应逐级上报至原审批机构备案;劣于原方案的,应重新上报审批。有附加条件的处置方案应落实条件后再实施。需要签署处置协议或相关法律文本的,按照相关授权规定对外签署。

已核销资产发生的回收,若无明确约定,应以债务人在本行对公和个人类整体债务为基础,优先偿还同一债务人其他已丧失诉讼时效及其他风险较大的债权,在此基础上,应先冲抵处置过程中的垫付费用,然后依次用于债权本金和利息还款。债权合同有明确约定还款顺序的,按约定顺序还款。对于在表内尚有不良债权的债务人还款，原则上应先偿还表内债权，再偿还已核销债权。

第八节 不良贷款的核销与账务处理

68. 不良贷款如何核销

贷款损失或贷款呆账的核销要认真执行国家有关政策，严格按照审批权限和核销程序办理，并报税务部门审批，维护银行的合法权益，最大限度地减少损失。

69. 不良贷款核销应提供哪些材料

支行对贷款损失或贷款呆账核销要认真调查取证，并提供以下证明材料：
（1）破产类需提供的证明材料：
①债务人或债权人向法院申请企业破产的报告。
②法院宣告企业进入破产还债程序的法律文书。
③申报支行向法院提交的债权申报书。
④企业申请破产前一个月的资产负债表。
⑤法院关于成立企业破产清算组的文件。
⑥清算组向法院提交的破产企业财产评估、清算、分配报告。
⑦债权人会议通过的重要决议。
⑧法院的破产终结法律文书。
⑨市场监管部门注销企业营业执照的证明。
⑩申报支行受偿财产（含抵押财产）清单及变现清单。
⑪担保人破产终结裁定书或县级以上市场监管部门批准关闭文件，财产分配结果或法院裁定担保效力的证明。
⑫借款合同、借据、受偿财产（含抵押财产）变现入账单等会计凭证。
⑬对造成损失贷款或呆账贷款的有关责任人的处理材料。
⑭其他证明材料。
（2）撤销、关闭、解散类需提供的证明材料：
①原审批机关批准借款人撤销、关闭、解散的证明文件。
②政府有关部门或会计（审计）师事务所对撤销、关闭、解散企业的财产进行清理的清算报告。

③市场监管部门注销或吊销企业营业执照的证明。

④申报支行受偿财产（含抵押财产）清单及变现清单。

⑤担保人破产终结裁定书或审批相关批准借款人撤销、关闭、解散文件，财产分配结果或法院裁定担保效力的证明。

⑥借款合同、借据、受偿财产（含抵押财产）变现入账单等会计凭证。

⑦对造成损失贷款或呆账贷款的有关责任人的处理材料。

⑧其他证明材料。

（3）灾害事故类需提供的证明材料：

①县以上气象、消防、公安、保险等部门出具的借款人遭受重大自然灾害或意外事故的证明。

②市场监管部门注销企业营业执照的证明。

③担保人破产终结裁定书或县级以上市场监管部门批准担保企业关闭文件、财产分配结果或法院裁定担保效力的证明。

④企业财产评估、清算、分配方案。

⑤贷款合同、借据、受偿财产（含抵押财产）变现入账单等会计凭证。

⑥借款人受灾或事故前一个月的资产负债表。

⑦其他证明材料。

（4）死亡失踪类需提供的证明材料：

①法院或公安部门出具的借款人死亡或依法宣告失踪、死亡的证明。

②财产的法定继承人用财产或遗产偿债的证明。

③借款合同、借据、受偿财产变现入账单等会计凭证。

④有担保人但已死亡的，出具①、②项规定的材料。

⑤其他证明材料。

70. 不良贷款的核销如何按程序操作

贷款损失或贷款呆账的核销按"申报→审核→审批→核销"程序进行操作。

（1）申报。由支行填制《银行贷款损失或呆账核销审批表》，写出书面报告，附借据复印件，报上级行审核。报告内容包括：借款人的基本情况、贷款发放的基本情况、对借款人和担保人的追索情况、造成损失或呆账的主要原因分析，以及对贷款责任人的认定及处理结论。必要时还须附贷款发放及贷后管理的档案资料。

（2）审核。由银行风险管理部门负责审核。

（3）审批。依据权限进行会议审批，参会人员应达应参会人员三分之二方为有效，三分之二的参会人员同意方能批准核销。

（4）核销。本行财会部门根据批复报税务部门审批后，按有关会计核算的规定进行账务处理。在核销的同时，各支行要从原贷款科目中抽出借据，专夹保管，定期核对，永久保存。

71. 如何加强对不良贷款核销的管理

银行要加强对不良贷款核销工作的检查和监督。对不按规定核销贷款损失或贷款呆账的，要追究相关责任人的责任。对在核销中弄虚作假的，从严追究。

银行对已核销的贷款实行内销外挂的管理办法。批准核销贷款损失或贷款呆账的文件是银行的商业秘密，不作为解除借贷双方债权债务关系的依据。除法院已裁定终结执行的，均应保留对借款人和担保人继续追索的权利，仍应继续组织催收，并可以按收回金额适当计提劳务费，具体比例由总分行确定，并报税务部门审批，同时报总分行备案。

72. 不良贷款的账务如何处理

不良贷款增加、不良贷款级次改变、不良贷款核销、不良贷款清收与盘活的账务核算严格按照本行财务管理规定进行处理。

第九节　不良贷款的考核与奖惩

73. 不良贷款如何考核

银行要根据不良贷款的不同类型分类考核。清收盘活任务要纳入全年业务经营考核体系，与工资奖金挂钩考核。

不良贷款考核可采取双向考核制。即每年年初，由总分行风险管理部门根据总分行整体经营管理目标，下达支行不良贷款清收任务并纳入支行经营目标责任制考核，并对支行行长、信贷主管和清收责任人按完成任务的比例兑现奖罚。

74. 对总分行和支行如何考核与奖惩

（1）总分行、支行领导班子绩效工资按一定比例与清收盘活任务挂钩，依率计酬。

（2）对完不成清收盘活年度任务的总分行行长、支行行长，通报批评。对清收盘活任务完成未过半的总分行行长、支行行长诫勉谈话。对连续两年未完成任务的总分行行长、支行行长给予通报批评或降职处分。

（3）对超额完成任务的，给予适当奖励。

75. 对员工个人如何考核与奖励

将清收盘活任务考核到人，根据完成情况依率计酬。为充分调动员工积极性，可依据结欠时间的长短、贷款利息含量的高低、收贷工作的难易程度，制定不同的奖励标准。对超额完成任务的，可另设单项奖。下欠任务的要给予经济处罚。

第十节 不良贷款的统计、监测与分析

76. 不良贷款的统计监测与分析的目的是什么

银行要加强对不良贷款的统计、监测和分析，对不良贷款的风险度和风险变化趋势进行量化反映，为科学决策提供依据。

77. 支行如何统计和上报不良贷款

支行要在规定的时间内及时、准确、全面统计和上报不良贷款管理的相关报表资料，做到会计报表与统计报表、不良贷款台账三者一致。

78. 总分行如何对统计数据进行检查

总分行风险管理部门应对统计数据的真实性和准确性进行检查，检查采取抽样方式，由上级对下级进行现场检查。

79. 不良贷款真实程度如何划分

对统计上报数据的准确性和真实性，根据不良贷款反映的真实程度进行量化考核。按照抽样推算结果与统计报表的差异，将不良贷款真实程度划分为基本真实、不够真实和严重失真三档：

（1）统计报表反映的不良贷款占比以及清收盘活占比与抽样推算结果均相差1个百分点（含）以内的，为基本真实。

第十节 不良贷款的统计、监测与分析

（2）统计报表反映的不良贷款占比以及清收盘活占比与抽样推算结果相差1～3个百分点（含）的，为不够真实。

（3）统计报表反映的不良贷款占比以及清收盘活占比与抽样推算结果相差3个百分点以上的，为严重失真。

80. 如何对不良贷款进行重点监测

银行要采取有效方式对不良贷款实时监测，对重点单位和重点客户进行重点监测。

（1）重点单位包括：不良贷款率在本地排名前五名的支行；不良贷款余额不减反增或不良贷款率不降反升在本地排名前五名的支行；风险状况发生异动的支行。

（2）重点客户包括各行不良贷款余额排名前十名的大户。

81. 不良贷款主要通过哪些指标监测

不良贷款的监测主要是通过一系列量化指标，对不良贷款风险进行准确的测算，并根据测算结果，采取相应的措施，对风险进行控制。量化指标包括贷款质量指标和不良贷款质量指标。

（1）贷款质量监测指标。主要包括关注类贷款比例、关注类贷款余额变化率、关注类贷款比例变化幅度、不良贷款比例、不良贷款比例变化、不良贷款余额变化、不良贷款余额变化率、不良贷款余额变化幅度、不良贷款比例变化幅度和现金清收比例。

①关注类贷款比例＝关注类贷款余额÷正常贷款余额×100%

②关注类贷款余额变化率＝（本期关注类贷款余额－上期关注类贷款余额）÷上期关注类贷款余额×100%

③关注类贷款比例变化幅度＝（本期关注类贷款比例－上期关注类贷款比例）÷上期关注类贷款比例×100%

④不良贷款比例＝不良贷款余额÷贷款余额×100%

⑤不良贷款比例变化＝本期不良贷款比例－上期不良贷款比例

⑥不良贷款余额变化＝本期不良贷款余额－上期不良贷款余额

⑦不良贷款余额变化率＝（本期不良贷款余额－上期不良贷款余额）÷上期不良贷款余额×100%

⑧不良贷款余额变化幅度＝（本期不良贷款变化－上期不良贷款变化）÷上期不良贷款变化×100%

⑨不良贷款比例变化幅度 =（本期不良贷款比例 - 上期不良贷款比例）÷ 上期不良贷款比例 × 100%

⑩现金清收比例 = 本期不良贷款现金清收额 ÷ 本期不良贷款收回总额 × 100%

（2）不良贷款质量监测指标。主要包括正常贷款迁徙率、次级类贷款迁徙率、可疑类贷款迁徙率、不良贷款风险值、不良贷款风险值变化、不良贷款风险值变化率、不良贷款风险值变化幅度和不良贷款资不抵债变化幅度。

①正常贷款迁徙率 =（期初正常类贷款中转为不良贷款的金额 + 期初关注类贷款中转为不良贷款的金额）÷（期初正常类贷款余额 - 期初正常类贷款期间减少金额 + 期初关注类贷款余额 - 期初关注类贷款期间减少金额）× 100%

②次级类贷款迁徙率 = 期初次级类贷款向下迁徙金额 ÷（期初次级类贷款余额 - 期初次级类贷款期间减少金额）× 100%

③可疑类贷款迁徙率 = 期初可疑类贷款向下迁徙金额 ÷（期初可疑类贷款余额 - 期初可疑类贷款期间减少金额）× 100%

④不良贷款风险值 = 不良贷款各科目余额与其风险系数乘积之和

⑤不良贷款风险值变化 = 本期不良贷款风险值 - 上期不良贷款风险值

⑥不良贷款风险值变化率 = 本期不良贷款风险值变化 ÷ 上期不良贷款风险值 × 100%

⑦不良贷款风险值变化幅度 =（本期不良贷款风险值变化 - 上期不良贷款风险值变化）÷ 上期不良贷款风险值变化 × 100%

⑧不良贷款资不抵债变化幅度 =（本期不良贷款资不抵债额变化 - 上期不良贷款资不抵债额变化）÷ 上期不良贷款资不抵债额变化 × 100%

82. 不良贷款分析报告主要包括哪些内容

银行要根据各项报表资料及各种检查资料对不良贷款实行按月监测，按季分析，对不良贷款风险状况和总体趋势作出判断和评价。对风险严重和变化明显的要重点说明，并形成分析报告。报告主要内容包括：

（1）基本情况。本期不良贷款余额、所有监测指标计算情况，对整体趋势、地区分布及重点行业分布方面出现重大变动和异常情况的，应对其原因进行重点分析。

（2）地区和客户结构情况。对重点机构和重点客户分别列表说明和分析。

（3）不良贷款清收转化情况。分别按现金清收、抵债清收、贷款核销以及其他方式进行分析。

（4）新发放贷款质量情况。对新发放贷款形成不良的监测和分析。

（5）新发生不良贷款的内部、外部原因分析及典型案例。外部原因包括企业经营管理不善或破产、企业逃废债务、企业违法违规、地方政府行政干预等，内部原因包括违反贷款"三查"制度、违反贷款授权授信规定、违法等。

（6）对不良贷款的变化趋势进行预测，提出继续抓好不良贷款管理工作的措施和意见。

83. 不良贷款统计报表与分析报告何时上报

银行对不良贷款统计报表与分析报告上报的时间应统一要求。支行的月报随业务报表一同向总分行上报，季报和年报在每季度或年度终了的一定工作日内上报。

84. 不良贷款统计监测与分析结果如何披露

银行应及时对不良贷款统计、监测与分析结果进行内部披露，并严格遵守保密规定，重要信息的披露范围仅限于内部管理层及相关领导，需要扩大范围的，必须经有关领导批示。

第十一节 信贷风险准备金

85. 建立信贷风险准备金的目的是什么

为防范和控制银行在信贷管理过程中发生风险，应建立信贷风险准备金制度。对信贷从业人员应建立信贷风险准备金。

86. 信贷风险准备金如何构成

信贷风险准备金由银行提取的贷款损失准备金、信贷从业人员风险基金和个人因贷款责任所交罚款组成。

87. 什么是贷款损失准备金

贷款风险的过程实质上是银行对贷款预期损失的认定过程，也是对贷款实际价值的评估过程，计提贷款损失准备金是对贷款预期损失的抵补。银行一般提取的贷款损失准备金有三种：普通准备金、专项准备金和特别准备金。

88. 如何提取信贷从业人员贷款损失准备金

根据银行实际情况，每年对调查、审查、审议和审批人员按个人所发放贷款月均余额确定的一定比例，提取信贷从业人员贷款损失准备金。

89. 贷款损失准备金的计提方法和比例是多少

根据中国人民银行《银行贷款损失准备计提指引》规定，银行应按季计提一般准备，一般准备年末余额不得低于年末贷款余额的1%；银行可以参照以下比例按季计提专项准备：对于关注类贷款，计提比例为2%；对于次级类贷款，计提比例为25%；对于可疑类贷款，计提比例为50%；对于损失类贷款，计提比例为100%。其中，次级和可疑类贷款的损失准备，计提比例可以上下浮动20%。特种准备由银行根据不同类别（如国别、行业）贷款的特种风险情况、风险损失概率及历史经验，自行确定按季计提比例。

90. 信贷风险准备金有哪些用途

贷款损失准备金只用于核销或冲销不可抗力因素或信贷从业人员非违法违规因素形成的不良贷款损失。信贷从业人员的风险基金和个人因贷款责任所交的罚款部分可用于弥补信贷从业人员违法违规因素形成的不良贷款损失。

91. 信贷风险准备金使用的先后顺序

信贷风险准备金用于核销或弥补不良贷款损失的顺序：先核销因不可抗力因素形成的不良贷款损失，再冲销信贷从业人员非违法违规因素形成的不良贷款损失，最后弥补因信贷从业人员违法违规因素形成的不良贷款损失。

92. 信贷风险准备金如何偿还

信贷人员退休、离职或离岗时，信贷风险准备金用于核销或弥补不可抗力因素或信贷从业人员人为因素造成的不良贷款损失后，有剩余的，经审核认定后，信贷从业人员的风险基金和个人因贷款责任所交的罚款部分予以一次性返还，虚拟提取的贷款损失准备金按余额的一定比例奖励给个人。

信贷从业人员的风险基金和个人因贷款责任所交的罚款部分不足以弥补信贷从业人员违法违规因素形成的不良贷款损失，信贷从业人员必须以现金一次性偿还。

93. 如何补充信贷从业人员风险基金

信贷风险准备金使用完毕后,信贷人员若仍从事信贷岗位工作,须补足信贷从业人员风险基金。

94. 信贷风险准备金如何管理使用

信贷风险准备金由风险管理部门管理。信贷风险准备金使用由信贷从业人员本人提出申请,经风险管理部门审核,贷款审查委员会审议,行领导审批。

第十二节 不良贷款的责任追究

95. 如何对不良贷款责任人进行责任追究

对不良贷款的责任人,要逐笔认定,严格进行责任追究,属于违法贷款的,要移交司法机关处理。

96. 如何对不良贷款责任人进行责任认定

行长离任前,由上一级审计部门对其任职期间不良贷款管理情况进行离任审计,并按有关规定进行责任认定。对以后年度发现其任职期间存在的不良贷款管理问题,追溯其应承担的责任,并追究离任审计人员责任。

97. 对不按规定进行不良贷款划分和认定的如何处理

不按规定进行不良贷款划分和认定,有下列情况之一的,对主要负责人及相关责任人按相关规定给予纪律处分:
(1) 弄虚作假,不如实反映不良贷款形态的。
(2) 不满足展期条件,对贷款进行展期的。
(3) 逆程序操作,不经调查、审查及有权部门审批,超权限认定不良贷款的。
(4) 擅自放宽认定标准,掩盖不良贷款风险的。
(5) 违规调整贷款形态的。
(6) 其他违规行为。

98. 对未落实不良贷款清收管理责任和清收管理措施的如何处理

没有按要求落实不良贷款清收管理责任和清收管理措施，有下列情况之一的，对主要负责人和相关责任人按有关规定给予纪律处分，触犯刑律的，移交司法部门处理。

（1）不及时催收，导致贷款丧失诉讼时效的。

（2）对破产、改制企业不主动介入主张债权，导致债务悬空的。

（3）遗失借款合同或重要资料，导致债务无法落实的。

（4）因保管不善，致使抵押物毁损，导致贷款无法收回的。

（5）贷款未收回之前，擅自将抵（质）押物退回，导致贷款无法收回的。

（6）隐瞒问题或发现风险未及时报告或未按上级指示及时处理，造成风险加大的。

（7）其他人为因素导致债务无法落实的。

99. 对虚假清收盘活的如何处理

搞虚假清收盘活，有下列情况之一的，按有关规定对相关责任人给予纪律处分。有套取工资奖金的，退赔套取的全部工资奖金，并处相同金额的罚款。

（1）不满足借新还旧条件，对贷款进行借新还旧处理的。

（2）不满足贷款变更债务主体条件，对贷款变更债务主体的。

100. 对不按规定进行贷款核销的如何处理

对不按规定进行贷款核销的，责令限期整改，并视情节轻重按有关规定给予相关责任人纪律处分。

101. 对不良贷款统计监测和分析不真实的如何处理

对不良贷款统计、监测、分析的有关报表资料信息反映不够真实的，对相关责任人通报批评；对信息反映严重失真的，按有关规定对相关责任人给予纪律处分。

102. 对未经允许扩大信息披露范围的如何处理

对未经允许扩大信息披露范围的，视情节轻重给予相关责任人纪律处分，触犯刑律的，依法追究法律责任。

第二十四章　贷款风险责任追究管理

第一节　贷款责任追究的目的和方式

1. 贷款责任追究的目的是什么

为了规范银行贷款行为，强化贷款责任管理，明确岗位职责，增强责任制约，防范和化解信贷风险，全面提高信贷资产质量和效益，根据相关法律法规和银行信贷管理规章制度等有关规定，结合实际，对相关责任人进行责任追究。

2. 什么是信贷人员

信贷人员是指从事信贷业务经营和管理的负责人及工作人员，包括各分支机构从事信贷业务拓展、授信、审批、风险防控等部门从事信贷业务操作和管理的所有相关岗位人员。

3. 什么是信贷业务

信贷业务是银行对客户提供的表内、外信用的总称，表内信贷业务包括贷款、项目融资、贸易融资、贴现、透支、保理、拆借和回购等；表外信贷业务包括贷款承诺、保函、信用证、票据承兑等。

4. 什么是贷款责任

贷款责任是指信贷人员因违反国家法律法规、违反银行规章制度或未尽职履职而应承担的贷款责任，包括工作责任、过失责任、违规责任、违法责任。

5. 贷款责任追究哪些范围

贷款责任追究的范围主要包括风险贷款、不良贷款、违章违规贷款以及银行认为需要追究责任的其他信贷业务。

6. 贷款责任追究的方式有哪些

贷款责任追究的方式包括违规积分、经济处罚、经济赔偿、纪律处分及其他处罚。情节严重、构成犯罪的，移送司法机关追究刑事责任。

7. 贷款责任追究领导小组由哪些人员组成

银行应成立贷款责任追究领导小组，具体负责贷款责任事项的评定追究工作。领导小组组长由行长担任，分管信贷业务副行长担任副组长，成员由零售、公司、授信、风险、审计、合规、监察、保卫和人力资源等部门负责人组成。

第二节 贷款责任追究原则

8. 贷款责任追究的原则是什么

贷款责任追究可实行尽职免责、追本溯源、违法违规严惩、"既往从宽、现在从严""积极处置从轻、消极对待从重"和"违规积分、经济处罚、经济赔偿、纪律处分相结合"的原则。

9. 什么是尽职免责原则

凡责任人在贷款调查、授信、审批、用信、贷后管理过程中尽职履职，严格执行贷款"三查"制度，贷款手续合法、合规、完整、有效，确因借款人遭遇不可抗拒的自然灾害或难以预见的因素以及市场行情的突变而形成的不良贷款，可从轻或免除银行规定的贷款责任，但应承担后续管理、催收和清收责任。

10. 什么是追本溯源原则

按照实事求是的原则对贷款进行历史成因追溯，真实反映贷款发放的过程及不良贷款的成因，客观准确认定各贷款责任人应承担的相应责任，实行贷款责任终身追究。

11. 什么是违法违规严惩原则

对违法违规贷款，无论是否造成直接资金损失，一律严格追究责任人的相应责任。情节严重、构成犯罪的，移送司法机关追究刑事责任。

12. 什么是既往从宽、现在从严原则

从贷款行为或事实发生的时间上区分，以一定日期为限从严从重追究责任人新发生的违法违规贷款责任。

13. 什么是积极处置从轻、消极对待从重原则

对采取积极有效措施化解贷款风险、努力减少资产损失的责任人从轻处罚。对隐瞒不报、态度不积极、不及时采取有效措施降低贷款风险、导致损失扩大的责任人从重处罚。

14. 什么是违规积分、经济处罚、经济赔偿、纪律处分相结合原则

对认真清收、积极赔偿的责任人，可从轻或免予纪律处分。对态度恶劣、不认真清收，不吸取教训，赔偿不能按期和拒不赔偿的责任人，从严追究行政责任，直至解除劳动合同。

第三节　贷款责任追究范围

15. 贷款责任包括哪些责任

贷款责任包括工作责任、过失责任、违规违法责任。

16. 什么是工作职责

工作责任是指按照信贷岗位分工和银行管理要求，信贷人员必须执行法律法规和信贷管理规章制度，实现年度工作目标和任务。因时间及历史原因而形成的兼管类信贷业务，接手管理责任人具有清收的工作责任。

17. 什么是过失责任

过失责任是指贷款责任人因主观上工作不履职、不负责、业务能力存在重

大缺陷等原因严重失职或渎职而导致的贷款不良或资金损失。

（1）贷前调查不实。未按规定尽职调查，对借款人或担保人的调查情况与实际情况不符，出具不实的调查报告，误导信贷决策，导致贷款形成不良或造成损失。

（2）贷时审查不严。未按规定尽职审查，对调查资料明显缺失、明显风险点未能发现，对存在明显违规问题未能指出，审查意见不准确、不充分，误导信贷决策，导致贷款形成不良或造成损失。

（3）贷款决策失误。对贷款明显风险点或不合规情况未能发现，或不采纳调查人或审查人意见，主观臆断，决策失误，导致贷款形成不良或造成损失。

（4）贷后检查不力。未按规定监督资金使用、未按规定进行贷后检查，对借款人或担保人状况发生明显异常变化未能及时发现，未及时采取有效措施，导致贷款形成不良或造成损失。

（5）贷款清收不力。未按规定进行尽职催收、清收，导致丧失最佳有利清收时机，或导致贷款失去诉讼时效，造成损失。

（6）档案资料不全。未按规定收集信贷档案资料，丧失有利证据，导致诉讼或处置困难，造成损失。

（7）其他因未严格执行相关规定或未尽职履职而导致贷款形成不良或造成资金损失的行为。

18. 什么是违规违法责任

违规违法责任是指违反有关法律、法规、信贷业务管理规定以及银行信贷规章制度规定发放的贷款，主要包括冒名贷款、借名贷款、假名贷款、超权限贷款、一户多名贷款、以贷还贷贷款、化整为零贷款、个人借款企业用贷款、夫妻父子保贷款、违反面谈面签贷款、故意编造虚假信息贷款、重大失职贷款和其他违规贷款。

19. 什么是冒名贷款

冒名贷款是指实际借款人冒他人之名借款。凭证署名借款人存在，但并不知情（或予以否认），本人也未在申请书及借款合同上签字确认，贷款责任人自身或内外勾结，利用所掌握的他人身份证明材料，骗取贷款的行为。

20. 什么是借名贷款

借名贷款是指借款人存在，合同借款人与资金实际使用人非同一人，但合

第三节 贷款责任追究范围

同借款人知情并认可实际用款人以其名义贷款，清理时，借款人、实际用款人之一无条件、全额承接贷款债务（或两人无条件、分比例、全额承接贷款债务）。

具体可分两种情况：

（1）贷款由借款人本人办理，资金为他人（实际用款人）使用。

（2）贷款非借款人本人办理，贷款手续由实际用款人以借款人名义办理，合同借款人本人未在申请书及借款合同上签字，资金为合同借款人认可的他人（实际用款人）使用。

21. 什么是假名贷款

假名贷款是指凭证署名的借款人不存在，贷款责任人自身或内外勾结，以伪造、编造的虚假借款人身份信息材料，以虚假借款人名义骗取贷款的行为。

22. 什么是超权限贷款

超权限贷款是指贷款责任人违反银行授权授信管理制度，发放超过信贷审批权限或客户授信额度及条件的贷款，包括贷款责任人为逃避信贷检查监督而向借款人发放多笔累计超过贷款审批权限的贷款（含由借款人家庭成员或他人承借的贷款）。逆程序或缺程序贷款、未经授权的贷款处置行为，如擅自放弃诉讼、执行借款人或担保人，均视同超权限贷款。

23. 什么是一户多名贷款

一户多名贷款是指贷款责任人在借款人未归还所借贷款的前提下无特殊原因故意向借款人配偶、直系亲属、其他家庭成员等多人发放的贷款（同一家庭成员经营不同的项目，资产、负债、经营活动相对独立、单独核算的除外）。

24. 什么是以贷还贷贷款

以贷还贷贷款是指以贷收本、以贷收息、未还息而以贷还贷的贷款。贷款责任人对不能按期归还的贷款，采取发放超过原贷款金额的贷款于当日或隔日收回贷款本息的贷款；借款人因归还原贷款利息而发放的贷款；借款人无力归还原贷款利息而为其以贷还贷的贷款（因历史原因盘活的贷款除外）。

25. 什么是化整为零贷款

化整为零贷款是指贷款责任人为逃避信贷检查监督而向借款人发放多笔累

计超过贷款审批权限的贷款（包括由借款人家庭成员或他人承借的贷款）。

26. 什么是个人借款企业用贷款

个人借款企业用贷款是指企业有贷款，个人借款企业用的贷款。贷款责任人明知或应当知道企业已经在支行有贷款，而继续发放以个人名义用于企业经营的贷款。

27. 什么是夫妻父子保贷款

夫妻父子保贷款是指夫妻、父子相互担保的贷款。贷款责任人发放的贷款直接由借款人配偶、直系亲属担保但实际没有偿还能力的贷款（不共同居住、有独立收入的直系亲属担保贷款，以及贷款额度与家庭收入相匹配、为完善手续而担保的贷款除外）。

28. 什么是违反面谈面签贷款

违反面谈面签贷款是指贷款责任人在借款人或担保人未亲自到场的情况下，办理虚假借款担保签字手续而发放给借款人使用的贷款。

29. 什么是故意编造虚假信息贷款

故意编造虚假信息贷款是指贷款责任人故意编造虚假调查报告、故意更改或遗漏重要信息发放的贷款。

30. 什么是重大失职贷款

重大失职贷款是指贷款责任人因重大失职行为导致贷款形成较大损失视同违规贷款处理。

31. 什么是其他违规贷款

其他违规贷款是指其他违反相关法律、法规、规章、制度的贷款。

32. 认定为责任贷款的如何追责

认定为责任贷款且由责任人赔偿后的不良贷款，明确贷款管理责任人，管理责任人承担清收和管理责任。因清收不及时、管理不到位造成损失扩大的，追究管理责任人过失责任。

第四节 责任承担及经济赔偿

33. 认定为非责任贷款的如何追责

认定为非责任贷款的,明确贷款清收责任人或管理责任人,责任人承担贷款的清收或管理责任,清收宽限期满后仍未有效处置或清收处置后损失率超过一定比例的视同过失贷款,追究过失责任。

34. 未按要求发放与支付贷款的如何追责

对在贷款发放与支付过程中,贷款发放与支付审核岗未根据合同及出账要求对贷款发放、贷款资金支付进行审核,造成贷款支付对象、用途不符或贷款资金回转的,视同过失贷款,追究过失责任。

35. 柜员未按受托支付要求支付贷款的如何追责

柜员未按照受托支付的要求对贷款资金支付进行严格有效的监督,将贷款资金划转向非约定用途或账户,直接导致贷款形成损失的,视同违规贷款,追究违规责任,一并追究贷款发放与支付审核岗的过失责任。

第四节 责任承担及经济赔偿

36. 贷款责任如何承担

在贷款操作流程中,各岗位人员因违法违规或未尽职履职,直接责任人承担全部或主要责任。上一环节人员提供的信息材料和分析意见有明显失真或隐瞒的,下一环节人员未尽职核实和分析,作出错误判断或决策,上、下环节经办人员按一定比例共同承担责任。

37. 过失责任人如何承担责任

由于过失责任而造成贷款形成不良的责任人,且当月未能收回的贷款责任人,实行在岗清收、预赔偿制度,在岗期间每笔、每岗、每月扣发一定工资,直至清理收回。贷款本息全额收回的,可以返还,并记贷款逾期记录一次。对一个月度内累计出现三次(含以上,当月未收回的)贷款逾期记录,实行下岗清收,下岗期间只发生活保障工资,其他所有工资性收入均扣划至银行预赔偿保证金账户,直至清理收回。贷款本息全额收回的,可以返还。对一个月度内

381

累计出现5次（含5次以上，当月未收回的）贷款逾期记录，或全年5次（含5次以上）出现贷款跨年度形成不良贷款的，经有关部门界定责任预计形成损失的，采取下调客户经理等级直至调离信贷岗位。

38. 违规责任人如何承担责任

由于违规责任而造成贷款形成不良的贷款责任人，要责令其下岗清收，下岗期间只发生活保障工资，其他所有工资性收入均扣划至银行预赔偿保证金账户，直至清理收回。贷款本息全额收回的，可以返还。

39. 如何对贷款损失进行经济赔偿

（1）贷款（含利息）损失，指在规定的时间内对借款人、担保人追索还款责任及担保责任后，实际形成损失的贷款。

对贷款损失部分，分为以下情况处理：

1）对通过采取公开评议、授信额度项下的贷款，确因不可抗力因素如自然灾害、火灾、爆炸、其他灾害所造成的损失，不追究客户经理责任，不纳入贷款损失考核。但因未参加保险或因保险第一受益人非银行而未获赔偿造成的损失仍然要追究相关责任人工作责任，视其情节和损失程度，相关责任人承担一定的赔偿责任。

2）对由于过失责任，明确单户借款余额上下幅度的贷款形成损失的，纳入贷款损失考评，要追究相关责任人过失责任，视其情节和损失程度，相关责任人承担一定的赔偿责任。

3）对所有违章、违规、违法贷款（不论金额大小），如在检查发现后一个月内未能收回的，视同已产生贷款风险、可能形成贷款损失。由相关责任人全额赔偿贷款本息，确定个人最高赔偿金额，并责令调离信贷岗位。

（2）贷款损失包括预期损失和实际损失。预期损失是指信贷资产出现风险后按照五级分类测算的估计损失（具体测算标准按次级、可疑、损失测算）。实际损失指在贷款形成不良后，在逾期后一年时间内，经过责任人自主清收、银行协助清收、依法诉讼执行等一系列有效措施，对借款人、担保人全部财产依法处分后未能收回的贷款本息额，认定为实际损失的贷款。由银行贷款责任追究领导小组确定具体赔偿责任，确定个人最高赔偿金额。

（3）实行预赔偿制度。经认定信贷人员负有赔偿责任的，各责任信贷人员按照责任比例先一次性从其风险补偿基金中扣罚预赔，不足部分责令相关责任人按照银行确定的标准按月进行预赔，至不良资产处理完毕或预赔款总额达到

第四节 责任承担及经济赔偿

应赔金额为止。

1）单户新增不良资产金额在银行确定额度以下（含确定额度）的，根据形成损失的原因，具体确定各岗位、人员经济赔偿金额。赔偿金先从责任人个人风险补偿基金账户中扣缴，不足部分从责任人月度工资中扣缴，责任人每岗、每人、每月预赔一定金额。

2）单户新增不良资产金额在银行确定额度以上的，根据形成损失的原因，具体确定各岗位、人员经济赔偿金额。赔偿金先从责任人个人风险补偿基金账户中扣缴，不足部分从责任人月度工资中扣缴。责任人每月只发放最低生活保障工资，其他所有工资性收入均扣划至银行预赔偿保证金账户。

3）对经认定的各类违规、违章、违法贷款，不论金额大小，一经发现，责令相关责任人在明确的工作日内按贷款本息足额赔偿，确定个人最高赔偿金额。赔偿款项先从责任人个人风险补偿基金账户中扣缴；不足部分再责令责任人现金赔偿；对现金赔偿尚不能全额到账的，则从责任人月度工资中扣缴。责任人每月只发放最低生活保障工资，其他所有工资性收入均扣划至银行预赔偿保证金账户。在规定的时间内根据清收结果，再作行政处理决定。

40. 预赔款如何管理

财务会计部门根据责任认定部门提供的风险补偿基金扣减情况，在一定的工作日内从相关责任人员风险责任金账户中扣减。风险金不足时由人力资源部根据标准从责任人工资中扣缴。

41. 违法违规贷款责任如何确认

根据"谁违规、谁负责"的原则，结合各岗位违规程度合理确定责任比例，原则上主违规责任人承担主要责任，其他责任人员承担一定的责任，具体责任比例、赔偿比例和金额由贷款责任追究领导小组确定。

42. 过失贷款责任如何确认

各岗位责任比例原则上按确定标准执行，特殊情况可视各岗位过失程度进行调整：

（1）支行权限范围内发放的贷款，调查岗、审查岗、决策审批岗及相关岗位人员分别承担一定比例的责任。客户经理及其他受权人对在权限范围内决策发放的有价证券质押贷款等，承担全部的责任。

（2）经总分行审批发放的贷款，支行承担主要责任，总分行审批承担一定的责任。

(3) 实行双人调查制度的贷款,A、B岗责任按相应比例承担。

第五节　贷款责任追究处罚

43. 贷款责任追究有哪些处罚方式

对于承担过失责任和违规违法责任的贷款责任人,给予以下相应处罚:

(1) 批评教育,通报批评。

(2) 经济处罚:包括扣发绩效工资、罚款、赔偿经济损失、没收非法所得。

(3) 纪律处分:包括警告、记过、记大过、降级、降职、撤职、留用察看、开除。

(4) 其他:限期清收、下岗清收、下岗待聘、解聘、限期调出、解除劳动合同、辞退。

44. 如何进行经济责任追究

(1) 违法违规责任贷款。责任人限期全额赔偿贷款本息,明确个人最高赔偿额度,赔偿前只发放最低生活保障工资。

(2) 过失责任贷款。自贷款逾期之日起,视放款时间的远近、金额大小,给予责任人一定的清收宽限期(一般不超过3个月),清收期满后,未能收回的部分,相关责任人按责任比例进行赔偿。

(3) 非责任贷款,在规定清收期限内未能收回的部分,视尽职履职情况按一定比例赔偿,经银行认定免责的除外。

(4) 丧失时效贷款。对丧失诉讼时效的贷款,由银行风险管理部门逐笔界定责任,确定具体赔偿标准。以虚假材料冒充催收手续或与借款人、担保人串通故意丧失诉讼时效的,视同违法违规贷款处理,并由责任人全额赔偿。

(5) 职工贷款、职工家属贷款及职工担保贷款。贷款形成不良后,视情况给予宽限期,最长不超过三个月,宽限期满后,该职工下岗,下岗期限至贷款偿还结束。

(6) 对盘活转贷、资产重组类贷款所形成的损失,根据信贷档案资料及调查的具体情况进行责任追究。

(7) 对同一笔贷款违反多个违规类型的,择其重进行赔偿。

(8) 同一责任人笔数较多或金额较大的，视情节轻重给予纪律处分；贷款损失超过最高赔偿限额的，从重追究行政责任。

(9) 责任人对责任贷款进行赔偿后，由银行对责任人赔偿部分出具债权转让证明。

45. 如何进行行政责任及其他责任追究

纪律处分及其他处罚按照银行相关规定进行处理。

(1) 客户经理发放违法违规贷款，给予客户经理下岗清收以上处理或记大过以下处分，情节严重的给予解除劳动合同处分；给予其他责任人员待岗至记大过处分。

(2) 支行行长或副行长（信贷主管）在任职期间发生违法违规贷款的，给予警告至撤职处分，情节严重的给予解除劳动合同处分。

(3) 贷款责任人未严格执行信贷管理有关规定或未尽职履职，造成一定损失的，给予相关责任人下岗清收以上处理或记大过以下处分；造成严重后果或重大损失的，给予解除劳动合同处分。

(4) 责任人未按要求及时上缴赔偿保证金的，根据实际情况对有关责任人员给予下岗清收处理。下岗清收期间，只发本地最低生活保障工资。下岗清收期满，根据具体表现给予行政责任及其他责任追究。

(5) 对因违法违规发放贷款解除劳动合同的人员及其他原因银行解除劳动合同的人员，银行保留经济追索权，并可继续追究其刑事责任。

46. 如何进行刑事责任追究

贷款责任人违反法律法规规定发放贷款，构成犯罪的，移送司法机关追究刑事责任。

第六节　贷款责任追究程序

47. 不良贷款责任追究有哪些程序

(1) 责任界定。银行风险管理部门作为贷款责任追究的牵头部门，负责整理需进行问责的不良贷款清单，会同审计部门组织实施不良贷款的事实调查及确认工作，初步界定责任及责任比例，以贷款责任认定意见书形式提交纪检监察部门。

（2）申辩复议。纪检监察部门将贷款责任认定意见书送交相关责任人，责任人在收到认定意见书7日内，有权就相关内容进行书面申辩，责任人逾期不提交书面申辩的，视同认可。

（3）事实确认。贷款责任追究领导小组对贷款责任认定意见和责任人书面申辩意见进行评定，并形成结论意见。

（4）责任追究。纪检监察部门按照贷款责任追究领导小组评定结论意见，测算贷款责任比例和赔偿保证金金额，下发《不良贷款赔偿通知书》，并负责赔偿保证金的催缴和管理工作。人力资源部门组织对责任人待岗、下岗、扣发工资等的处理，需党纪、政纪处分的，由纪检监察部门处理。

（5）档案管理。不良贷款进行责任追究后，其认定结论及责任人处罚决定列入信贷档案保管。

48. 贷款收回如何退还赔偿金

如贷款全额收回，赔偿保证金退还相关人员，如未能收回，赔偿保证金抵偿贷款本金。责任贷款赔偿后全额收回的，由责任人向支行提出申请，经支行确认，合规管理部门同意后，将已赔偿保证金款项退还至相关责任人。

第三部分

银行风险监管篇

第二十五章 银行风险核心指标监管

第一节 银行风险核心指标监管的目的和依据

1. 什么是银行风险监管核心指标

银行风险监管核心指标是对银行实施风险监管的基准,是评价、监测和预警银行风险的参照体系。

2. 银行风险监管核心指标的目的是什么

为了加强对银行风险的识别、评价和预警,有效防范金融风险。

3. 银行风险监管核心指标的依据是什么

银行风险监管核心指标的依据是:原中国银行业监督管理委员会《商业银行风险监管核心指标》的规定。

4. 风险监管核心指标如何计算

银行应按照规定口径同时计算并表的和未并表的风险监管核心指标。

5. 风险监管核心指标如何监管

银保监会对银行的各项风险监管核心指标进行水平分析、同组比较分析及检查监督,并根据具体情况有选择地采取监管措施。

第二节 银行风险监管核心指标

6. 银行风险监管核心指标分为几个层次

银行风险监管核心指标分为三个层次,即风险水平、风险迁徙和风险抵补。

7. 风险水平类指标是什么

风险水平类指标包括流动性风险指标、信用风险指标、市场风险指标和操作风险指标,以时点数据为基础,属于静态指标。

8. 什么是流动性风险指标

流动性风险指标衡量银行流动性状况及其波动性,包括流动性比例、核心负债比例和流动性缺口率,按照本币和外币分别计算。

9. 什么是流动性比例

流动性比例为流动性资产余额与流动性负债余额之比,衡量银行流动性的总体水平,不应低于25%。

(1) 计算公式:

流动性比例 = 流动性资产/流动性负债×100%

(2) 流动性资产包括:现金、黄金、超额准备金存款、一个月内到期的同业往来款项轧差后资产方净额、一个月内到期的应收利息及其他应收款、一个月内到期的合格贷款、一个月内到期的债券投资、在国内外二级市场上可随时变现的债券投资、其他一个月内到期可变现的资产(剔除其中的不良资产)。

(3) 流动性负债包括:活期存款(不含财政性存款)、一个月内到期的定期存款(不含财政性存款)、一个月内到期的同业往来款项轧差后负债方净额、一个月内到期的已发行的债券、一个月内到期的应付利息及各项应付款、一个月内到期的中央银行借款、其他一个月内到期的负债。

10. 什么是核心负债比例

核心负债比例为核心负债与负债总额之比,不应低于60%。

(1) 计算公式:

核心负债依存度 = 核心负债/总负债×100%

（2）核心负债包括距到期日三个月以上（含）定期存款和发行债券以及活期存款的 50%。

（3）总负债是指按照金融企业会计制度编制的资产负债表中负债总计的余额。

11. 什么是流动性缺口率

流动性缺口率为 90 天内表内外流动性缺口与 90 天内到期表内外流动性资产之比，不应低于 -10%。

（1）计算公式：

流动性缺口率 = 流动性缺口/90 天内到期表内外资产×100%

（2）流动性缺口为 90 天内到期的表内外资产减去 90 天内到期的表内外负债的差额。

12. 什么是信用风险指标

信用风险指标包括不良资产率、单一集团客户授信集中度、全部关联度三类指标。

13. 什么是不良资产率

不良资产率为不良资产与资产总额之比，不应高于 4%。该项指标为一级指标，包括不良贷款率一个二级指标；不良贷款率为不良贷款与贷款总额之比，不应高于 5%。

（1）计算公式：

不良资产率 = 不良信用风险资产/信用风险资产×100%

不良贷款率 =（次级类贷款 + 可疑类贷款 + 损失类贷款）/各项贷款×100%

（2）信用风险资产

信用风险资产是指银行资产负债表表内及表外承担信用风险的资产，主要包括：各项贷款、存放同业、拆放同业及买入返售资产、银行账户的债券投资、应收利息、其他应收款、承诺及或有负债等。

（3）不良信用风险资产

不良信用风险资产是指信用风险资产中分类为不良资产类别的部分。不良贷款为不良信用风险资产的一部分，定义与"不良贷款率"指标定义一致；贷款以外的信用风险资产的分类标准将由银保监会另行制定。

14. 什么是单一集团客户授信集中度

单一集团客户授信集中度为最大一家集团客户授信总额与资本净额之比,不应高于15%。该项指标为一级指标,包括单一客户贷款集中度一个二级指标;单一客户贷款集中度为最大一家客户贷款总额与资本净额之比,不应高于10%。

(1) 计算公式:

单一集团客户授信集中度 = 最大一家集团客户授信总额/资本净额 × 100%

单一客户贷款集中度 = 最大一家客户贷款总额/资本净额 × 100%

(2) 最大一家集团客户授信总额是指报告期末授信总额最高的一家集团客户的授信总额。

(3) 最大一家客户贷款总额是指报告期末各项贷款余额最高的一家客户的各项贷款的总额。

15. 什么是全部关联度

全部关联度为全部关联授信与资本净额之比,不应高于50%。

(1) 计算公式:

全部关联度 = 全部关联方授信总额/资本净额 × 100%

(2) 全部关联方授信总额是指商业银行全部关联方的授信余额,扣除授信时关联方提供的保证金存款以及质押的银行存单和国债金额。

16. 什么是市场风险指标

市场风险指标衡量银行因汇率和利率变化而面临的风险,包括累计外汇敞口头寸比例和利率风险敏感度。

17. 什么是累计外汇敞口头寸比例

累计外汇敞口头寸比例为累计外汇敞口头寸与资本净额之比,不应高于20%。具备条件的银行可同时采用其他方法(比如在险价值法和基本点现值法)计量外汇风险。

(1) 计算公式:

累计外汇敞口头寸比例 = 累计外汇敞口头寸/资本净额 × 100%

(2) 累计外汇敞口头寸为银行汇率敏感性外汇资产减去汇率敏感性外汇负债的余额。

第二节 银行风险监管核心指标

18. 什么是利率风险敏感度

利率风险敏感度为利率上升 200 个基点对银行净值的影响与资本净额之比，指标值将在相关政策出台后根据风险监管实际需要另行制定。

（1）计算公式：

利率风险敏感度 = 利率上升 200 个基点对银行净值影响／资本净额×100%

（2）本指标在假定利率平行上升 200 个基点情况下，计量利率变化对银行经济价值的影响。指标计量基于久期分析，将银行的所有生息资产和付息负债按照重新定价的期限划分到不同的时间段，在每个时间段内，将利率敏感性资产减去利率敏感性负债，再加上表外业务头寸，得到该时间段内的重新定价"缺口"。对各时段的缺口赋予相应的敏感性权重，得到加权缺口后，对所有时段的加权缺口进行汇总，以此估算给定的利率变动可能会对银行经济价值产生的影响。

（3）利率上升 200 个基点对银行净值影响是指在给定利率变动为上升 200 个基点的条件下，计算得到的对经济价值产生的影响。其中，时段的划分及各个时段的敏感性权重参照巴塞尔委员会《利率风险管理与监管原则》标准框架确定。

19. 什么是操作风险指标

操作风险指标衡量由于内部程序不完善、操作人员差错或舞弊以及外部事件造成的风险，表示为操作风险损失率，即操作造成的损失与前三期净利息收入加上非利息收入平均值之比。

20. 风险迁徙类指标是什么

风险迁徙类指标衡量银行风险变化的程度，表示为资产质量从前期到本期变化的比率，属于动态指标。风险迁徙类指标包括正常贷款迁徙率和不良贷款迁徙率。

21. 什么是正常贷款迁徙率

正常贷款迁徙率为正常贷款中变为不良贷款的金额与正常贷款之比，正常贷款包括正常类和关注类贷款。该项指标为一级指标，包括正常类贷款迁徙率和关注类贷款迁徙率两个二级指标。正常类贷款迁徙率为正常类贷款中变为后四类贷款的金额与正常类贷款之比，关注类贷款迁徙率为关注类贷款中变为不良贷款的金额与关注类贷款之比。

（1）计算公式：

正常贷款迁徙率=（期初正常类贷款中转为不良贷款的金额+期初关注类贷款中转为不良贷款的金额）/（期初正常类贷款余额－期初正常类贷款期间减少金额+期初关注类贷款余额－期初关注类贷款期间减少金额）×100%

（2）期初正常类贷款中转为不良贷款的金额，是指期初正常类贷款中，在报告期末分类为次级类/可疑类/损失类的贷款余额之和。

（3）期初关注类贷款中转为不良贷款的金额，是指期初关注类贷款中，在报告期末分类为次级类/可疑类/损失类的贷款余额之和。

（4）期初正常类贷款期间减少金额，是指期初正常类贷款中，在报告期内，由于贷款正常收回、不良贷款处置或贷款核销等原因而减少的贷款。

（5）期初关注类贷款期间减少金额，是指期初关注类贷款中，在报告期内，由于贷款正常收回、不良贷款处置或贷款核销等原因而减少的贷款。

22. 什么是正常类贷款迁徙率

正常类贷款迁徙率包括期初正常类贷款向下迁徙金额、期初正常类贷款余额、期初正常类贷款期间减少金额。

（1）计算公式：

正常类贷款迁徙率=期初正常类贷款向下迁徙金额/（期初正常类贷款余额－期初正常类贷款期间减少金额）×100%

（2）期初正常类贷款向下迁徙金额，是指期初正常类贷款中，在报告期末分类为关注类/次级类/可疑类/损失类的贷款余额之和。

23. 什么是关注类贷款迁徙率

关注类贷款迁徙率包括期初关注类贷款向下迁徙金额、期初关注类贷款余额、期初关注类贷款期间减少金额。

（1）计算公式：

关注类贷款迁徙率=期初关注类贷款向下迁徙金额/（期初关注类贷款余额－期初关注类贷款期间减少金额）×100%

（2）期初关注类贷款向下迁徙金额，是指期初关注类贷款中，在报告期末分类为次级类/可疑类/损失类的贷款余额之和。

24. 什么是不良贷款迁徙率

不良贷款迁徙率包括次级类贷款迁徙率和可疑类贷款迁徙率。次级类贷款迁徙率为次级类贷款中变为可疑类贷款和损失类贷款的金额与次级类贷款之比，可疑类贷款迁徙率为可疑类贷款中变为损失类贷款的金额与可疑类贷款之比。

25. 什么是次级类贷款迁徙率

次级类贷款迁徙率包括期初次级类贷款向下迁徙金额、期初次级类贷款余额、期初次级类贷款期间减少金额。

（1）计算公式：

次级类贷款迁徙率 = 期初次级类贷款向下迁徙金额/（期初次级类贷款余额 – 期初次级类贷款期间减少金额）×100%

（2）期初次级类贷款向下迁徙金额，是指期初次级类贷款中，在报告期末分类为可疑类/损失类的贷款余额之和。

（3）期初次级类贷款期间减少金额，是指期初次级类贷款中，在报告期内，由于贷款正常收回、不良贷款处置或贷款核销等原因而减少的贷款。

26. 什么是可疑类贷款迁徙率

可疑类贷款迁徙率包括期初可疑类贷款向下迁徙金额、期初可疑类贷款余额、期初可疑类贷款期间减少金额。

（1）计算公式：

可疑类贷款迁徙率 = 期初可疑类贷款向下迁徙金额/（期初可疑类贷款余额 – 期初可疑类贷款期间减少金额）×100%

（2）期初可疑类贷款向下迁徙金额，是指期初可疑类贷款中，在报告期末分类为损失类的贷款余额。

（3）期初可疑类贷款期间减少金额，是指期初可疑类贷款中，在报告期内，由于贷款正常收回、不良贷款处置或贷款核销等原因而减少的贷款。

27. 风险抵补类指标是什么

风险抵补类指标衡量银行抵补风险损失的能力，包括盈利能力、准备金充足程度和资本充足程度三个方面。

28. 什么是盈利能力指标

盈利能力指标包括成本收入比、资产利润率和资本利润率。成本收入比为营业费用加折旧与营业收入之比，不应高于45%；资产利润率为税后净利润与平均资产总额之比，不应低于0.6%；资本利润率为税后净利润与平均净资产之比，不应低于11%。

29. 什么是成本收入比率

成本收入比率包括营业费用和营业收入。
（1）计算公式：
成本收入比率＝营业费用/营业收入×100%
（2）营业费用是指按金融企业会计制度要求编制的损益表中营业费用。
（3）营业收入是指按金融企业会计制度要求编制的损益表中利息净收入与其他各项营业收入之和。

30. 什么是资产利润率

资产利润率包括净利润、资产平均余额。
（1）计算公式：
资产利润率＝净利润/资产平均余额×100%
（2）净利润是指按照金融企业会计制度编制损益表中净利润。
（3）资产是指按照金融企业会计制度编制的资产负债表中资产总计余额。

31. 什么是资本利润率

资本利润率包括净利润、所有者权益平均余额。
（1）计算公式：
资本利润率＝净利润/所有者权益平均余额×100%
（2）所有者权益是指按照金融企业会计制度编制的资产负债表中所有者权益余额。

32. 什么是准备金充足程度指标

准备金充足程度指标包括资产损失准备充足率和贷款损失准备充足率。资产损失准备充足率为一级指标，为信用风险资产实际计提准备与应提准备之比，不应低于100%；贷款损失准备充足率为贷款实际计提准备与应提准备之比，不应低于100%，属于二级指标。

33. 什么是资产损失准备充足率

资产损失准备充足率包括信用风险资产实际计提准备、信用风险资产应提准备。

(1) 计算公式：

资产损失准备充足率 = 信用风险资产实际计提准备/信用风险资产应提准备 ×100%

(2) 信用风险资产实际计提准备指银行根据信用风险资产预计损失而实际计提的准备。

(3) 信用风险资产应提准备是指依据信用风险资产的风险分类情况应提取准备的金额。

34. 什么是贷款损失准备充足率

贷款损失准备充足率包括贷款实际计提准备、贷款应提准备。

(1) 计算公式：

贷款损失准备充足率 = 贷款实际计提准备/贷款应提准备 ×100%

(2) 贷款实际计提准备指银行根据贷款预计损失而实际计提的准备。

35. 什么是资本充足程度指标

资本充足程度指标包括核心资本充足率和资本充足率，核心资本充足率为核心资本与风险加权资产之比，不应低于4%；资本充足率为核心资本加附属资本与风险加权资产之比，不应低于8%。

36. 什么是资本充足率

资本充足率包括资本净额、风险加权资产、12.5倍的市场风险资本。

(1) 计算公式：

资本充足率 = 资本净额/（风险加权资产 + 12.5倍的市场风险资本）×100%

(2) 资本净额等于商业银行的核心资本加附属资本之后再减去扣减项的值。

37. 什么是核心资本充足率

核心资本充足率包括核心资本净额、风险加权资产、12.5倍的市场风险资本。

(1) 计算公式：

核心资本充足率 = 核心资本净额/（风险加权资产 + 12.5倍的市场风险资本）×100%

(2) 核心资本净额等于商业银行的核心资本减去核心资本扣减项的值。

第三节 银行风险监管核心指标的检查监督

38. 统计与信息系统如何建立

银行应建立与原银监会《商业银行风险监管核心指标》相适应的统计与信息系统,准确反映风险水平、风险迁徙和风险抵补能力。

39. 非信贷资产如何分类

银行应参照《贷款风险分类指导原则》将非信贷资产分为正常类资产和不良资产,计量非信贷资产风险,评估非信贷资产质量。

40. 各项指标如何体现

银行应将各项指标体现在日常风险管理中,完善风险管理方法。

41. 如何审查各项指标

银行董事会应定期审查各项指标的实际值,并督促管理层采取纠正措施。

42. 如何进行非现场监管

银保监会将通过非现场监管系统定期采集有关数据,分析银行各项监管指标,及时评价和预警其风险水平、风险迁徙和风险抵补。

43. 如何进行现场检查

银保监会将组织现场检查核实数据的真实性,根据核心指标实际值有针对性地检查银行主要风险点,并进行诫勉谈话和风险提示。

第二十六章 银行监管评级

第一节 银行监管评级的目的和范围

1. 什么是银行监管评级

银行监管评级是指监管机构根据日常监管掌握的情况以及其他相关信息,按照《商业银行监管评级办法》对商业银行的整体风险和管理状况作出评价判断的监管过程。监管评级结果是实施差异化监管的基础。

2. 银行监管评级的目的是什么

银行监管评级的目的是加强商业银行风险监管,完善商业银行同质同类比较和差异化监管,合理分配监管资源,促进商业银行可持续健康发展。

3. 银行监管评级的依据是什么

银行监管评级的依据是中国银行保险监督管理委员会《商业银行监管评级办法》。

4. 银行监管评级的适用范围是什么

银行监管评级适用于对开业满一个完整会计年度以上的商业银行(包括中资商业银行、外商独资银行、中外合资银行)和农村合作银行、农村信用社、村镇银行的法人机构的监管评级,监管机构可依据《商业银行监管评级办法》对当年新设立的银行进行试评级。

5. 如何对商业银行监管评级

银保监会统筹组织商业银行监管评级工作，进行统一管理，规范操作流程，加强评级结果运用和质量管理。银保监会及其派出机构按照《商业银行监管评级办法》开展商业银行监管评级工作。

第二节　银行监管评级要素与评级方法

6. 银行监管评级包括哪些要素

银行监管评级要素包括资本充足、资产质量、公司治理与管理质量、盈利状况、流动性风险、市场风险、数据治理、信息科技风险和机构差异化要素。银行监管评级要素由定量和定性两类评级指标组成。

7. 银行监管评级的方法和内容是什么

银行监管评级方法主要包含以下内容：

（1）评级要素权重设置。

各监管评级要素的标准权重分配如下：资本充足（15%）、资产质量（15%）、公司治理与管理质量（20%）、盈利状况（5%）、流动性风险（15%）、市场风险（10%）、数据治理（5%）、信息科技风险（10%）、机构差异化要素（5%）。

银保监会根据监管重点、银行业务复杂程度和风险特征具体设定和调整各评级要素权重。

（2）评级指标和评级要素得分。

评级指标得分由监管人员按照评分标准评估后结合专业判断确定。评级要素得分为各评级指标得分加总。

单项要素得分按权重换算为百分制后分6个级别，90分（含）至100分为1级，75分（含）至90分为2级，60分（含）至75分为3级，45分（含）至60分为4级，30分（含）至45分为5级，30分以下为6级。

（3）评级综合得分。

评级综合得分由各评级要素得分按照要素权重加权汇总后获得。

（4）确定监管评级结果。

根据分级标准，以评级综合得分确定监管评级初步级别和档次，在此基础上，结合监管评级调整因素形成监管评级结果。

8. 银行监管评级结果分为几级

银行监管评级结果分为1~6级和S级，其中，1级进一步细分为A、B两个档次，2~4级进一步细分为A、B、C三个档次。评级结果为1~6级的，数值越大反映机构风险越大，需要越高程度的监管关注。正处于重组、被接管、实施市场退出等情况的商业银行经监管机构认定后直接列为S级，不参加当年监管评级。

监管评级综合得分在90分（含）至100分为1级，其中，95分（含）以上为1A，90分（含）至95分为1B；75分（含）至90分为2级，其中，85分（含）至90分为2A，80分（含）至85分为2B，75分（含）至80分为2C；60分（含）至75分为3级，其中，70分（含）至75分为3A，65分（含）至70分为3B，60分（含）至65分为3C；45分（含）至60分为4级，其中，55分（含）至60分为4A，50分（含）至55分为4B，45分（含）至50分为4C；30分（含）至45分为5级；30分以下为6级。

9. 什么情形下对监管评级进行调整

对于存在以下情形的商业银行，监管机构应在评级综合得分对应的初步级别和档次基础上，进行相应调整：

（1）核心监管指标不满足最低监管要求或在短期内发生重大不利变化的，监管评级结果应为3级及以下。

（2）出现下列重大负面因素严重影响机构稳健经营的，监管评级结果应为3级及以下：党的建设严重弱化，公司治理存在严重缺陷，发生重大涉刑业内案件，财务造假、数据造假问题严重，被采取重大行政处罚、监管强制措施，重大舆情应对严重不当等。

（3）无法正常经营，出现信用危机，严重影响银行消费者和其他客户合法权益及金融秩序稳定的，监管评级结果应为5级或6级。

（4）风险化解明显不力、重要监管政策和要求落实不到位的，监管评级结果不高于最近一次监管评级结果。

（5）监管机构认定的其他应下调监管评级的情形，视情节严重程度决定下调措施。

第三节　银行监管评级程序

10. 银行监管评级的周期多长

银行的监管评级周期为一年，评价期间为上一年1月1日至12月31日。年度评级工作原则上应于每年3月底前完成。

11. 银行监管评级程序包括哪些环节

银行监管评级程序包括年度评级方案制订、信息收集、初评、复评、审核、结果反馈与分析、动态调整、后评价等环节。

12. 年度监管评级方案如何制订

银保监会每年根据宏观经济金融形势、商业银行经营与风险、监管规则和关注重点等因素的变化情况，制订年度监管评级方案，明确当年评级要点、评分标准和具体时间安排。

13. 如何收集监管评级相关的信息

银保监会及其派出机构持续、全面、深入地收集与商业银行监管评级相关的内外部信息，充分反映商业银行的公司治理、风险管理、业务经营等情况。相关信息包括但不限于：非现场监管信息、现场检查报告和数据、银行有关经营管理文件、审计报告、信访和违法举报信息及其他重要内外部信息等。

银行应当确保向监管机构提供数据和信息的真实性和准确性，监管机构发现数据和信息失真时，应当及时与被评级银行确认修正，并采用修正后的数据和信息进行监管评级。监管机构可视评级需要，通过到被评级银行现场走访、监管会谈等方式进一步了解情况并收集信息。

14. 初评结果如何形成

银保监会及其派出机构综合分析被评级银行相关信息，依据《商业银行监管评级办法》规定的评级方法和标准，开展监管评级初评，形成初评结果。

监管评级初评对每一项评级要素的评价应分析深入、理由充分、判断合理，

第三节　银行监管评级程序

准确反映商业银行的实际状况。

15. 复评结果如何形成

银保监会及其派出机构在初评基础上对被评级银行的风险与管理状况进行再评价，形成复评结果。复评结果可不同于初评结果，但应阐明理由。

16. 如何确定监管评级最终结果

银保监会对复评结果进行审核调整，确定被评级银行的监管评级最终结果。最终结果可不同于复评结果，但应阐明理由。

监管评级审核应按照评级尺度统一、客观准确和公平公正原则，综合考虑单家机构特点、同类机构共性等因素，对被评级的所有同类银行的风险与管理状况、评级分数和级别进行确定。

17. 监管评级结果如何通报

银保监会及其派出机构应将商业银行的监管评级最终结果以及存在的主要风险和问题，通过会谈、审慎监管会议、监管意见书、监管通报等方式通报给商业银行，并提出监管意见和整改要求。

银保监会及其派出机构对年度监管评级工作开展情况和评级结果进行分析，总结评级发现的风险因素，提出相关政策建议。

18. 如何对监管评级结果进行动态调整

年度监管评级工作结束后，被评级银行风险或管理状况发生重大变化的，银保监会及其派出机构可对监管评级结果进行动态调整。

19. 如何对监管评级工作及效果进行后评价

银保监会结合监管评级工作实际，适时对监管评级工作及效果进行后评价，客观分析问题及原因，总结经验和教训，持续改进完善商业银行监管评级体系。

20. 如何增强监管评级工作

银保监会建设商业银行监管评级信息系统，进行集中统一的评级流程跟踪和管理，增强商业银行监管评级工作的规范性和准确性。

第四节 银行监管评级结果运用

21. 监管评级结果表示银行如何

监管评级结果应当作为衡量商业银行经营状况、风险管理能力和风险程度的主要依据。

（1）综合评级结果为1级，表示银行在各方面都是健全的，发现的问题较轻且能够在日常运营中解决，具有较强的风险抵御能力。

（2）综合评级结果为2级，表示银行基本是健全的，风险抵御能力良好，但存在一些可以在正常运行中得以纠正的弱点，若存在的弱点继续发展可能产生较大问题。

（3）综合评级结果为3级，表示银行存在一些明显的弱点，风险抵御能力一般，勉强能够抵御业务经营环境的大幅变化，但存在的弱点若不及时纠正很容易导致经营状况劣化，应当给予监管关注。

（4）综合评级结果为4级，表示银行存在的问题较多或较为严重，并且未得到有效处理或解决，需要立即采取纠正措施，否则可能损害银行的生存能力，存在引发倒闭的可能性。

（5）综合评级结果为5级和6级，表示银行为高风险机构。其中，评级结果为5级，表示银行业绩表现极差，存在非常严重的问题，需要采取措施进行风险处置或救助，以避免产生倒闭的风险；评级结果为6级，表示银行存在的问题极度严峻，可能或已经发生信用危机，严重影响银行消费者和其他客户合法权益，或者可能严重危害金融秩序、损害公众利益。

22. 监管机构如何利用监管评级结果对银行进行监管

银保监会及其派出机构应当充分利用商业银行监管评级结果，将监管评级结果作为制定监管规划、合理配置监管资源，采取监管措施和行动、开展市场准入的重要依据，结合单项要素和综合评级结果，深入分析银行存在的风险及其成因，制订每家银行的综合监管计划和监管政策，确定监管重点以及非现场监管和现场检查的频率和范围，督促商业银行对发现的问题及时整改。

23. 监管机构对单项要素问题采取什么监管措施和行动

银保监会及其派出机构应加强对商业银行单项要素评级得分情况的监管关注，结合评级反映的问题，针对该单项要素依法采取相应监管措施和行动：

（1）对于评级结果为 2 级及以下的单项要素，应当持续关注，研判变化趋势和可能出现的问题。

（2）对于评级结果为 3 级及以下的单项要素，应当加强对被评级银行该要素的非现场监管，并视情况对该要素进行现场核查或专项现场检查。

（3）对于评级结果为 4 级及以下的单项要素，应当视情况督促被评级银行制订改善该要素风险状况的计划，并在监管机构监督下实施。

（4）对于评级结果为 5 级和 6 级的单项要素，应当视情况对被评级银行依法采取限制业务准入、督促控制业务增长和风险敞口等监管措施和行动。

24. 监管机构对银行评级结果如何进行差异化监管

银保监会及其派出机构在日常监管基础上，根据监管评级结果，结合银行经营环境和风险特征，依法采取有针对性的监管措施和行动，进行差异化监管。

（1）对综合评级结果为 2 级和 3 级的银行，应根据具体评级档次的高低，按照监管投入逐步加大的原则，适当提高非现场监管分析与现场检查的频率和深度，并可依法采取下列措施和行动：监管谈话，督促控制风险较高、管理薄弱领域业务增长和风险敞口，在市场准入上采取一定的监管措施等。

（2）对综合评级结果为 4 级的银行，除可采取上述监管措施和行动外，还应区别情形依法采取下列措施和行动：控制资产增长，要求补充资本，要求补充流动性，责令限期整改，责令暂停部分业务、停止批准开办新业务，限制分配红利，限制资产转让，责令控股股东转让股权或限制有关股东的权利，责令调整董事、高级管理人员或限制其权利，停止批准增设分支机构等。

（3）对综合评级结果为 5 级的银行，在采取上述监管措施和行动的基础上，应制订实施风险处置方案。

（4）对综合评级结果为 6 级的银行，监管机构还可视情况依法安排重组、实行接管或实施市场退出。

针对银行的具体经营和风险情况，监管机构还可区别情形依法采取法律法规规定的其他监管措施和行动。

第五节　银行监管评级要求

25. 监管评级结果如何使用

银行监管评级结果原则上仅供监管机构内部使用。必要时，监管机构可以采取适当方式与有关政府部门共享商业银行监管评级结果，根据对等原则向境外监管当局提供商业银行监管评级结果，并要求其不得向第三方提供或公开。

监管评级是非现场监管的核心环节，监管评级结果作为对各家银行风险的综合评价，是监管机构科学制定监管规划、合理配置监管资源、有效实施监管措施的主要依据。《商业银行监管评级办法》明确，监管机构可以根据监管评级结果，依法采取相关监管措施和行动。在监管措施设置方面，《商业银行监管评级办法》根据银行评级级别的高低，按照监管投入逐步加大的原则，要求监管机构采取相应强度的监管措施和行动。既要关注评级较好银行可能存在的弱点和风险苗头，加大监管跟踪和风险提示；也要对评级较差银行及时采取风险纠正措施，注重"早期介入"，避免风险恶化、蔓延，防止风险隐患演变为严重问题；而对于已经出现信用危机、严重影响银行消费者和其他客户合法权益及金融秩序稳定的银行，则应稳妥制订实施风险处置方案，根据具体情况，按程序依法安排重组、实行接管或实施市场退出。

26. 监管评级结果如何保密

银行应对监管评级结果严格保密，不得将监管评级结果向无关人员提供，不得出于广告、宣传、营销等商业目的或其他考虑对外披露，确有必要向其他监管部门、政府部门等特定对象提供监管评级结果的，应报经银保监会及其派出机构同意后提供。

27. 如遇突发事件影响监管评级如何处理

如遇重大突发事件影响正常监管评级工作，监管机构可以根据突发事件的等级及影响情况，依法决定开展商业银行监管评级的时限要求及具体方式。

28. 评级结果级别限制和动态调整机制如何实施

为确保对银行风险具有重要影响的突发事件和不利因素实现及时、合理反

第五节 银行监管评级要求

映,《商业银行监管评级办法》规定实施评级结果级别限制规定和动态调整机制。一方面,设置评级结果级别限制规定。对于核心监管指标不满足"底线性"监管要求,出现党的建设严重弱化、公司治理严重不足、发生重大涉刑案件、财务或数据造假问题严重等重大负面因素严重影响机构稳健经营,风险化解明显不力、重要监管政策和要求落实不到位等情况的银行,监管机构可以对按评级要素打分得出的评级初步结果进行调整,限制评级结果的级别。另一方面,设置评级结果动态调整机制。在年度评级之间,对于风险或管理状况发生重大变化的银行,监管机构在充分事前评估、制订完善工作方案的基础上,可按照规定程序对银行最近一次监管评级结果进行动态调整,增强监管评级的时效性和敏感度,为及时、有效采取相应监管措施提供依据。

第二十七章 巴塞尔协议与银行风险监管

第一节 巴塞尔协议与巴塞尔委员会

1. 什么是巴塞尔协议

巴塞尔协议是巴塞尔银行监管委员会成员,为了维持资本市场稳定、减少国际银行间的不公平竞争、降低银行系统信用风险和市场风险,推出的资本充足比率等要求,是巴塞尔委员会制定的在全球范围内主要的银行资本和风险监管标准。

2. 巴塞尔委员会如何设立

巴塞尔委员会是由来自各个成员国家的银行监管当局组成,是国际清算银行的四个常务委员会之一。巴塞尔委员会的全称为巴塞尔银行监管委员会(Basel Commitee on Banking Supervision),委员会最初由十国集团(G10)央行行长于1974年底成立。自成立以来,巴塞尔委员会成员从G10扩大到来自28个司法管辖区的45个监管机构,由各国的银行监管当局和中央银行作为代表,其常设秘书处设在国际清算银行,委员会主席由成员国代表轮流担任。

3. 中国是何时加入巴塞尔委员会的

2009年3月,中国加入巴塞尔委员会,正式成为该组织的新成员国。此外,中国香港特别行政区政府也被邀请成为委员会成员。目前,巴塞尔委员会的成员扩展到世界上28个司法管辖区的45个监管机构,包括阿根廷、澳大利亚、比利时、巴西、加拿大、中国、中国香港、法国、德国、印度、印度尼西亚、意大利、日本、韩国、卢森堡、墨西哥、荷兰、俄罗斯、沙特阿拉伯、新加坡、南非、西班牙、瑞典、瑞士、英国、美国和土耳其等。委员会主管团体也将相应增加上述新成员的央行行长和监管机构负责人。

中国加入巴塞尔委员会是中国银行业监管史上一个重要的里程碑，标志着中国将全面参与银行监管国际标准的制定，更加有效地维护国内银行业利益，并为国际银行体系稳定作出更大贡献。

4. 巴塞尔委员会的主要职责是什么

巴塞尔委员会的主要职责是交流金融监管信息、建立各个领域能够认同的最低监管标准、加强各国监管当局的国际合作和协调、维护国际银行体系稳健运行，同时明确了以"堵塞监管中的漏洞，改善监管水平，提高全世界银行监管质量"为工作目标。

5. 巴塞尔委员会的办公地点设在哪里

巴塞尔委员会的办公地点设在国际清算银行的总部所在地——瑞士的巴塞尔，被广泛视为银行监管领域的首要国际组织。

6. 巴塞尔委员会的作用是什么

巴塞尔委员会虽然不是严格意义上的银行国际监管组织，没有任何凌驾于国家之上的正式监管银行权力，但事实上已成为银行监管国际标准的制定者。该委员会成员来自世界主要国家，一般各国会采取立法规定或其他措施，并结合本国实际情况，逐步实施巴塞尔委员会所订的监管标准与指导原则，推进落实相关建议事项。

巴塞尔委员会自成立以来，先后制定了一系列重要的银行监管规定，如《统一国际银行资本计量和资本标准的国际协议》《有效银行监管的核心原则》等。这些协议、监管标准与指导原则也可统称为巴塞尔协议。这些协议的实质是为了完善与补充单个国家对商业银行监管体制的不足，减轻银行倒闭的风险与代价，是对国际商业银行联合监管的主要形式。鉴于其合理性、科学性和可操作性，许多非成员国监管部门承认并自愿遵守巴塞尔委员会制定的协议和协定，特别是那些国际金融参与度比较高的国家和银行组织。

7. 巴塞尔协议的目的是什么

巴塞尔协议的目的是：为各国监管当局针对其银行在监管方面的合作制定

指导方针，并提出提高其效率的方法。巴塞尔银行监管委员会成员，为了维持资本市场稳定、减少国际银行间的不公平竞争、降低银行系统信用风险和市场风险，通过订立资本和风险资产的比例确立最低资本比例的方法，达到加强国际银行体系的健康和稳定发展，以利于各国商业银行在平等的基础上进行竞争。推出的资本充足比率要求，是巴塞尔委员会制定的在全球范围内主要的银行资本和风险监管标准。

第二节　巴塞尔协议的发展历程

8. 巴塞尔协议有几个版本

巴塞尔协议有 3 个版本：
(1)《巴塞尔协议Ⅰ》（英文简称 Basel Ⅰ），1988 年 7 月。
(2)《巴塞尔协议Ⅱ》（英文简称 Basel Ⅱ），2004 年 6 月。
(3)《巴塞尔协议Ⅲ》（英文简称 Basel Ⅲ），2010 年 12 月。

9. 什么是《巴塞尔协议Ⅰ》

《巴塞尔协议Ⅰ》的全称是《统一国际银行资本计量和资本标准的国际协议》，1988 年 7 月由美国、英国、法国、德国、日本、比利时、加拿大、荷兰、瑞典、意大利、瑞士、卢森堡等 12 个西方发达国家的中央银行在瑞士巴塞尔签署通过，要求在 1992 年底之前实施最低 8% 资本与风险加权资产比率（资本充足率），称"1988 资本一致方针"。最终，这一框架不仅在成员国而且在几乎所有拥有活跃国际银行的国家都被引入。1993 年 9 月，巴塞尔委员会确认 G10 国家的重要国际银行符合 Basel Ⅰ 规定的最低 8% 的资本充足率的要求，其目的是通过规定银行资本充足率，减少各国规定的资本数量差异，加强对银行资本及风险资产的监管，消除银行间的不公平竞争。该协议主要由资本的构成、风险加权的计算、标准比率的目标和过渡期的实施安排四个部分构成。

10. 什么是《巴塞尔协议Ⅱ》

《巴塞尔协议Ⅱ》称为新巴塞尔资本协定，简称新巴塞尔协议，或称"新协议"，1999 年 6 月提出了一项新的资本充足框架提案。内容针对 1988 年的旧巴塞尔资本协定（Basel Ⅰ）做了大幅修改，从 1999 年开始公布第一版新巴塞尔

第二节 巴塞尔协议的发展历程

协议直到 2004 年 6 月发布，历时 6 年。巴塞尔委员会与银行业代表、监管机构、中央银行和外部观察员进行了广泛磋商最终达成了一致，以期使国际上的风险控管制度标准化，提升国际金融服务的风险管控能力。

11. 什么是《巴塞尔协议Ⅲ》

2008 年国际金融危机发生后，巴塞尔委员会在总结、反思金融危机的原因、改进金融监管时，进一步强化了资本充足率这一工具，不仅提高了资本充足率的要求，而且提高了资本的质量要求，提出了流动性监管等一系列新要求。2009 年 7 月，巴塞尔委员会发布了进一步的一揽子文件，以加强巴塞尔协议Ⅱ的资本框架，特别是在处理某些复杂的证券化头寸、表外工具和交易账户风险方面。2010 年 9 月 12 日，由 27 个国家银行业监管部门和中央银行高级代表组成的巴塞尔银行监管委员会就《巴塞尔协议Ⅲ》的内容达成一致，2010 年 12 月巴塞尔委员会发布《巴塞尔协议Ⅲ：更具稳健性的银行和银行体系的全球监管框架》，全球银行业正式步入巴塞尔协议Ⅲ时代。

12. 巴塞尔协议签订的背景

巴塞尔协议的出台源于前联邦德国赫斯塔特银行（Bankhaus Herstatt）和美国富兰克林国民银行（Franklin National Bank）的倒闭，这是两家著名的国际性银行，它们的倒闭使监管机构在惊愕之余开始全面审视拥有广泛国际业务的银行监管问题。巴塞尔委员会成立基础是为建立银行监管机构之间的国际合作，创立之初的一个重要目标是建立银行监管机构之间的国际合作，缩小国际监管覆盖面的差距。

（1）20 世纪 70 年代，布雷顿森林体系崩溃，多个国家开始实施浮动汇率制和利率市场化，银行经营所面临的市场环境更加复杂。与此同时，银行业国际化的趋势也日益明显，各国金融体系之间的联系日益紧密。1974 年 6 月，德国赫斯塔特（Herstatt）银行等多家著名的国际性银行破产倒闭，引起了全球对银行业国际监管问题的重视。为此，1975 年巴塞尔委员会发布《银行境外机构监管协约》，目的是为各国监管当局之间针对其银行的外国机构在监管方面的合作制定指导方针，并提出提高其效率的方法。协约规定了东道国和母公司（或母国）监管机构对银行的外国分支机构、子公司和合资企业分担监管责任的原则。1983 年 5 月，委员会重新修订了该协约，并更名为《银行境外机构监管原则》。1990 年 4 月，为改善银行监管者之间审慎信息的跨境流动，新增《金融市场参与者监管者之间的信息交流》。1996 年 10 月，BCBS 发布由非 G10 国家和离岸中心的监管者联合起草的《跨境银行监管报告》，提出了克服国际银行跨境业务有效并表监管障碍的建议，同时得到了来自 140 个国家/地区的监管机构的认可，加深了国际监管机构之间的联系。随后《银行境外机构监管原则》还做过多次修改，最近一次修订是在 2012 年 9 月，目前列出 29 条原则，涵盖监管权力、早期干预和及时监管行动的必要性、银行的监管期望以及遵守监管标准。

（2）20 世纪 80 年代初期，拉美债务危机的爆发加剧了巴塞尔委员会的担忧，在国际风险日益增加的情况下，主要国际银行的资产负债比率正在恶化。此时，迫切需要一项多国协议来加强国际银行体系的稳定，并消除因国家资本要求不同而导致的竞争不平等问题。1988 年 7 月，G10 行长批准了资本计量体系，并向委员会成员的监管银行发布，在瑞士巴塞尔签署了《统一国际银行资本计量和资本标准的国际协议》，即《巴塞尔协议Ⅰ》（Basel Ⅰ）。

（3）20 世纪 90 年代，信用风险计量技术突飞猛进，巴塞尔委员会将这些成果进一步应用到资本协议的要求上，提出了新巴塞尔协议。1999 年 6 月，巴塞尔委员会提出了一项新的资本充足框架提案，设立风险与资本动态联系的全面风险管理框架。直到 2004 年 6 月各成员国意见最终达成一致，正式发布《统一资本计量和资本标准的国际协议》即《巴塞尔协议Ⅱ》（Basel Ⅱ）。

（4）2008 年国际金融危机发生后，巴塞尔委员会在总结、反思金融危机的原因、改进金融监管时，进一步强化了资本充足率这一工具，不仅提高了资本充足率的要求，而且提高了资本的质量要求，提出了流动性监管等一系列新要求，2010 年 12 月发布《巴塞尔协议Ⅲ：更具稳健性的银行和银行体系的全球监管框架》，随后又多次修订，2017 年 12 月随着《巴塞尔协议Ⅲ：后危机改革最终方案》的推出，标志着历时近十年的国际资本监管改革基本完成，确立了国际银行业监管的新标杆，国际上将这些要求统称为《巴塞尔协议Ⅲ》（Basel Ⅲ）。

13. 巴塞尔协议是如何发展演变的

巴塞尔委员会是 1974 年由十国集团中央银行行长倡议建立的，其成员包括十国集团中央银行和银行监管部门的代表。自成立以来，巴塞尔委员会制定了一系列重要的银行监管规定，如 1983 年的银行国外机构的监管原则（又称巴塞尔协定，Basel Concordat）和 1988 年的巴塞尔资本协议（Basel Accord）。这些规定不具法律约束力，但十国集团监管部门一致同意在规定时间内在十国集团实施。经过一段时间的检验，鉴于其合理性、科学性和可操作性，许多非十国集团监管部门也自愿遵守巴塞尔协议，特别是那些国际金融参与度高的国家。

1997 年 9 月，《有效银行监管的核心原则》（以下简称《核心原则》）的问

第二节 巴塞尔协议的发展历程

世是巴塞尔委员会历史上又一项重大事件。《核心原则》是由巴塞尔委员会与一些非十国集团国家联合起草,得到世界各国监管机构的普遍赞同,并已获得国际社会普遍认可的银行监管国际标准。至此,虽然巴塞尔委员会不是严格意义上的银行监管国际组织,但事实上已成为银行监管国际标准的制定者。

从1975年9月第一个巴塞尔委员会发布的《银行境外机构监管协约》到1999年6月《新巴塞尔资本协议》(或称"新巴塞尔协议")第一个征求意见稿的出台,再到2017年12月巴塞尔委员会发布的《巴塞尔协议Ⅲ:后危机改革最终方案》(以下简称《最终方案》),并确定于2022年在各成员国实施《最终方案》,时间跨度长达近半个世纪。几十年来,巴塞尔协议的内容不断丰富,反映了监管理念的改革和发展,所体现的监管思想也不断深化。

14. 《巴塞尔协议》Ⅰ至Ⅲ的指导思想是什么

巴塞尔协议Ⅰ和巴塞尔协议Ⅱ主要强调微观风险的分析,是监管制度顺应业务风险管理技术进步的结果,而巴塞尔协议Ⅲ是金融危机驱动的监管革命,体现了国际金融监管改革的整体格局和内在逻辑。银行是经营风险的企业。对于经营中发生的损失,可以分为预期损失和非预期损失。预期损失部分可以通过提取拨备转化为经营成本消化吸收,而对于非预期损失,就必须通过资本吸收。资本决定了银行所能承受的最大风险水平。要想获得持续稳健的增长和发展,就必须准确识别、计量风险水平,持有与之相匹配的资本,这是银行资本监管的基本原理。从1988年的巴塞尔协议到2009年的第三版巴塞尔协议,就逐步确立了这样的指导思想。

15. 巴塞尔协议签订的意义是什么

巴塞尔协议提供了国际银行监管最新的理论框架和改革标准。以"风险为本"的监管理念,从外部对商业银行进行风险控制,以保证银行的安全性和稳定性原则的实现。1988年7月通过《统一国际银行资本计量和资本标准的国际协议》(以下简称《巴塞尔资本协议》),《巴塞尔资本协议》的推出意味着资产负债管理时代向风险管理时代过渡。由于监管思想的深刻、监管理念的新颖、考虑范围的全面以及制定手段和方法的科学合理,《巴塞尔资本协议》成了影响最大、最具代表性的监管准则。此后围绕银行监管产生的核心原则或补充规定等,都是在《巴塞尔资本协议》总体框架下的补充和完善。尽管巴塞尔委员会并不是一个超越成员国政府的监管机构,发布的文件也不具备法律效力,但各国的监管当局都愿意按照巴塞尔的监管原则来约束本国的商业银行。

近年来,我国始终坚持主动对接国际监管规则新标准,并结合我国银行业实际情况,中国银监会 2004 年发布《商业银行资本充足率管理办法》。2012 年结合国际银行业监管改革趋势,开始制定一系列新型监管工具,发布《商业银行资本管理办法(试行)》,主要涉及资本充足率、杠杆率和流动性三个方面,建立了较为完善的资本监管架构体系。

第三节 巴塞尔协议的内容

16.《巴塞尔协议 I》的核心内容是什么

1988 年 7 月巴塞尔资本协议 I 的核心内容有四部分:

(1) 确定资本的构成,即核心资本和附属资本两大类,且附属资本不得超过核心资本的 100%。

(2) 风险档次划分,根据资产信用风险的大小,分为 0、20%、50%、100%。

(3) 设定转换系数,将表外授信业务纳入资本监管。

(4) 规定银行的资本与风险加权总资本之比不得低于 8%,核心资本与风险加权总资产之比不得低于 4%。

17.《巴塞尔协议 II》的核心内容是什么

2004 年 6 月巴塞尔新资本协定《统一资本计量和资本标准的国际协定》的核心内容是资本监管的三大支柱:

(1) 最低资本要求:一是仍采用资本充足率作为银行稳健经营、安全运行的核心指标,增加计算公式中全面反映信用风险、市场风险和操作风险;二是引入计量信用风险的内部评级法。

资本充足率 CAR = (资本 − 扣除项) / (风险加权资产 + 12.5 倍的市场风险资产 + 12.5 倍操作风险资产)

(2) 外部监管:现场检查和非现场监管。加强对机构资本充足率和内部评估过程的监督审查。

(3) 市场约束:有效利用披露作为加强市场纪律和鼓励稳健银行实践的杠杆,即加强信息披露。主要途径是银行披露的信息,包括资本充足率、资本构成、风险敞口及风险管理策略、盈利能力、管理水平及过程等。

18. 《巴塞尔协议Ⅲ》的核心内容是什么

2010年巴塞尔资本协议Ⅲ坚持基于风险的资本监管的逻辑思路,对巴塞尔资本协议Ⅱ做了完善和强化:

(1)增加资本质量和数量要求,最低资本要求中的核心一级资本(普通股和留存收益)要求由2%提至4.5%,另加2.5%的资本保护缓冲和0~2.5%的反周期资本缓冲要求,因此要求可以高达9.5%(对全部资本要求高达13%)。

(2)扩大资本对风险的覆盖范围和提高资本对风险的敏感度,降低监管资本套利的可能性。

(3)以资本为手段来应对监管资本的缺陷(顺周期效应)和系统性风险的挑战,例如资本保护缓冲和反周期资本缓冲,对系统性重要机构提出超额资本要求等。

(4)此外,还将引入杠杆比率、流动杠杆比率和净稳定资金比率的要求,以降低银行系统的流动性风险,加强抵御金融风险的能力。

19. 巴塞尔Ⅲ《最终方案》的核心内容是什么

2017年巴塞尔委员会发布的《巴塞尔协议Ⅲ:后危机改革最终方案》(以下简称《最终方案》)延续了巴塞尔协议"以风险为本"的监管理念,以重构风险加权资产计量框架为切入点,对传统监管框架进行了全方位重塑。对监管框架的修订主要涵盖三个方面:

一是提高信用风险和操作风险标准法的稳健性和风险敏感性,提升银行资本比率的可比性;二是限制内部模型法的使用;三是完成杠杆率修订、完善资本底线要求,作为对风险加权资本比率的补充。

20. 《巴塞尔协议Ⅰ》的主要内容是什么

1988年巴塞尔协议全称为《统一资本衡量和资本标准的国际协议》,其目的是通过规定银行资本充足率,减少各国规定的资本数量差异,加强对银行资本及风险资产的监管,消除银行间的不公平竞争。1988年巴塞尔协议基本内容由四方面组成:

(1)资本的组成。

巴塞尔委员会认为银行资本分为两级:

第一级是核心资本,要求银行资本中至少有50%是实收资本及从税后利润保留中提取的公开储备所组成。

第二级是附属资本,其最高额可等同于核心资本额。附属资本由未公开的储备、重估储备、普通准备金（普通呆账准备金）、带有债务性质的资本工具、长期次级债务和资本扣除部分组成。

（2）风险加权制。

巴塞尔协议确定了风险加权制，即根据不同资产的风险程度确定相应的风险权重，计算加权风险资产总额：

一是确定资产负债表内的资产风险权数，即将不同资产的风险权数确定为五个档次，分别为0、10、20、50、100。

二是确定表外项目的风险权数。确定了1、20、50、100四个档次的信用转换系数，以此再与资产负债表内与该项业务对应项目的风险权数相乘，作为表外项目的风险权数。

（3）目标标准比率。

总资本与加权风险资产之比为8%（其中核心资本部分至少为4%）。银行资本充足率＝总资本/加权风险资产。

（4）过渡期和实施安排。

过渡期从协议发布起至1992年底止，到1992年底，所有从事大额跨境业务的银行资本金要达到8%的要求。

21.《巴塞尔协议Ⅱ》的主要内容是什么

银行业是经营风险的行业。巴塞尔委员会建立了更加具有风险敏感性的新资本协议。新协议将风险扩大到信用风险、市场风险、操作风险和利率风险，并提出"三个支柱"（最低资本规定、监管当局的监督检查和市场纪律），要求资本监管更为准确地反映银行经营的风险状况，进一步提高金融体系的安全性和稳健性。

（1）第一支柱——最低资本规定。

新协议在第一支柱中考虑了信用风险、市场风险和操作风险，并为计量风险提供了几种备选方案。关于信用风险的计量，新协议提出了两种基本方法：第一种是标准法；第二种是内部评级法。内部评级法又分为初级法和高级法，对于风险管理水平较低一些的银行，新协议建议其采用标准法来计量风险，计算银行资本充足率。根据标准法的要求，银行将采用外部信用评级机构的评级结果来确定各项资产的信用风险权利。当银行的内部风险管理系统和信息披露达到一系列严格的标准后，银行可采用内部评级法。内部评级法允许银行使用自己测算的风险要素计算法定资本要求。其中，初级法仅允许银行测算与每个借款人相关的违约概率，其他数值由监管部门提供，高级法则允许银行测算其他必需的数值。类似地，在计量市场风险和操作风险方面，委员会也提供了不

第三节 巴塞尔协议的内容

同层次的方案以备选择。

（2）第二支柱——监管部门的监督检查。

委员会认为，监管当局的监督检查是最低资本规定和市场纪律的重要补充，具体包括：

1）监管当局监督检查的四大原则。

原则一：银行应具备与其风险状况相适应的评估总量资本的一整套程序，以及维持资本水平的战略。

原则二：监管当局应检查和评价银行内部资本充足率的评估情况及其战略，以及银行监测和确保满足监管资本比率的能力。若对最终结果不满足，监管当局应采取适当的监管措施。

原则三：监管当局应希望银行的资本高于最低监管资本比率，并应有能力要求银行持有高于最低标准的资本。

原则四：监管当局应争取及早干预从而避免银行的资本低于抵御风险所需的最低水平，如果资本得不到保护或恢复，则需迅速采取补救措施。

2）监管当局检查各项最低标准的遵守情况。

银行要披露计算信用及操作风险最低资本的内部方法的特点，作为监管当局检查内容之一，监管当局必须确保上述条件自始至终得以满足。委员会认为，对最低标准和资格条件的检查是第二支柱下监管检查的有机组成部分。

3）监管当局监督检查的其他内容包括监督检查的透明度以及对换银行账簿利率风险的处理。

（3）第三支柱——市场纪律。

委员会强调，市场纪律具有强化资本监管，帮助监管当局提高金融体系安全、稳健的潜在作用。

新协议在适用范围、资本构成、风险暴露的评估和管理程序以及资本充足率四个领域制定了更为具体的定量及定性的信息披露内容。监管当局应评价银行的披露体系并采取适当的措施。新协议还将披露划分为核心披露与补充披露。委员会建议，复杂的国际活跃银行要全面公开披露核心及补充信息。关于披露频率，委员会认为最好每半年一次，对于过时失去意义的披露信息，如风险暴露，最好每季度一次，不经常披露信息的银行要公开解释其政策，委员会鼓励利用电子等手段提供的机会，多渠道地披露信息。

22.《巴塞尔协议Ⅲ》的主要内容是什么

2010年9月由27个国家银行业监管部门和中央银行高级代表组成的巴塞尔

银行监管委员会宣布,各方代表就《巴塞尔协议Ⅲ》的内容达成一致。《巴塞尔协议Ⅲ》主要有以下八个方面的内容:

(1)资本定义更趋严格,质量标准大幅提高。《巴塞尔协议Ⅲ》将银行资本分为两级:一级资本和二级资本,取消了原来专门用于市场风险的三级资本。一级资本是维持银行持续经营的资本,主要表现形式必须是普通股和留存收益,创新性工具作为一级资本将被严格限制。二级资本是在银行清算时发挥作用的资本,原来二级资本中的五种划分被取消,改为11条严格的条件,比如偿还顺序列在存款人、一般债权人之后,必须有减记或核销条款,期限不能短于5年,在5年之间要按比例摊销等,这也意味着合格的二级资本将大幅减少。银行必须明确披露一级资本中普通股比例、核心一级资本、权益一级资本等,而且普通股比例必须占主导地位。此外,按照本次资本调整方案,无形资产和递延所得税资产要从普通股项下扣除。

(2)提高最低资本要求。《巴塞尔协议Ⅲ》规定,全球各商业银行的一级资本充足率下限将从现行的4%上调至6%,由普通股构成"核心"的一级资本占银行风险加权资产的下限将从现行的2%提高至4.5%,总资本最低要求仍保持8%,而一级资本与总资本之间的差额应由具有充分吸收损失能力的普通股或其他资本补充。

(3)提出资本留存缓冲和逆周期资本缓冲要求。在最低资本要求基础上,银行应保留2.5%的资本留存缓冲,以更好地应对经济和金融冲击。银行有权在危机时使用资本留存缓冲。资本充足率越趋近最低资本要求,银行的收益分配越会受到限制。

各国可依据自身情况要求银行计提逆周期资本缓冲(占普通股的或其他能充分吸收损失的资本)。逆周期资本缓冲的设置是基于更广泛的宏观审慎目标,保护银行体系免受信贷激增所带来的冲击。逆周期资本缓冲仅在信贷急剧扩张而可能引发系统性风险时使用。

(4)引入杠杆比率。引入杠杆比率指标是为了控制银行业杠杆率的积累,避免去杠杆化过程的不稳定性给金融和经济体系造成的危害。该指标分母不经风险加权,作为资本充足率的附加支持性手段,增加监管时效性并防范可能的模型风险。3%的杠杆率指标经巴塞尔委员会测试校准后,于2018年开始纳入第一支柱要求。

(5)建立流动性监管框架。《巴塞尔协议Ⅲ》的《流动性风险计量、标准和监测的国际框架》提出了两个衡量流动性风险的新指标:流动性覆盖率(LCR)和净稳定资金比率(NSFR)。前者的核心思想是,在压力环境下,银行

第三节 巴塞尔协议的内容

的流动性要能够至少坚持 30 天;而后者反映银行资产与负债的匹配程度,是流动性覆盖率指标的一个补充,鼓励银行减少短期融资的期限错配,增加长期稳定资金来源,增强流动性风险管理能力。

(6)对系统重要性银行增加资本要求。系统重要性银行应在上述最低资本要求的基础上具备更强的吸收损失能力。巴塞尔委员会和金融稳定理事会制定针对系统重要性银行的相关政策,包括额外资本要求、应急资本、自救债券以及大型金融机构分拆和破产制度框架等。

(7)市场风险监管要求大幅提高。市场风险监管改进框架的相关要求更加严格:一是引入在险值(Value at Risk,VaR)概念,明确银行市场风险监管资本至少是压力测试 VaR 的 3 倍与正常情况下 VaR 值 3 倍之和。二是要求计量交易账户的新增风险。三是调整证券化敞口风险权重,大幅提高再证券化资产的风险权重。

(8)过渡期安排。《巴塞尔协议Ⅲ》公布的新资本要求框架的过渡期较长,从 2013 年起分步实施,自 2019 年起全面推行;对于已发行的资本工具采用了较优惠的"祖父条款"安排,这有利于弱化对银行业的冲击和影响,但也淡化了《巴塞尔协议Ⅲ》的实施效果。

23. 巴塞尔Ⅲ《最终方案》的主要变化是什么

2014 年以来,巴塞尔委员会不断推进后危机时期的监管改革,重新构建风险加权资产的计量规则,2017 年 12 月发布了《巴塞尔协议Ⅲ:后危机改革最终方案》。《最终方案》主要有以下变化:

(1)优化资源配置。资本监管不能简单地仅以提高最低资本为要求,商业银行可能会被迫收缩信贷,从而抑制经济增长。为此,2016 年 1 月,巴塞尔委员会成员提出,风险加权资产计量方法改革"不应大幅度提高总体资本要求"。《最终方案》基于实际损失数据,重新确定各类监管给定的风险权重和参数,在不大幅提高总体资本要求的大框架下,增强了资本要求与经济实际的拟合与细化。深化资本导向,释放金融活力,提高银行体系的信贷供给能力和资源配置能力,更有效地提升金融服务实体经济质效。

(2)增强风险计量可比性。国际金融危机期间,许多国际化银行的"先进风险管理工具"并未起到有效计量风险的作用,部分银行逃避了监管、杠杆虚增以及负面影响被放大。为此,巴塞尔委员会修订信用风险标准法和内部评级法,提高标准法的风险敏感性,增强标准法与高级法的逻辑一致性,限制内部评级法的使用,减少对模型的依赖,提升不同银行之间风险加权资产计量的准确性和可比性，进一步增强了金融体系的抗风险能力。

（3）强化市场约束。基于国际金融危机的教训，巴塞尔委员会致力于明确信息披露要求，强化信息披露监管标准、提高商业银行风险信息披露精细化程度的要求。为此，巴塞尔委员会专门成立了信息披露工作组，工作组整合并完成了资本充足率、流动性、杠杆率、大额风险暴露、总损失吸收能力等各项将改革的信息披露要求，统一构建了独立于财务报告的、全球统一的监管信息披露模板。通过强化市场约束、改善市场纪律，最终增强公众对银行体系的信心。

24.《巴塞尔协议》的本质是什么

巴塞尔协议的本质包括三个方面的重要内容：

（1）巴塞尔协议标志着风险管理思想的重大变革。巴塞尔协议是通过资本抵御风险，秉承"以风险为本"的监管理念。1988年的协议提出，银行的资本充足率不能低于8%，核心资本充足率不能低于4%。给人感觉如果银行达到了8%的要求，这家银行就是稳健的，就是好的银行。然而，事实并非如此。很多破产倒闭的银行资本充足率都不低于8%，自然就会有人怀疑。《巴塞尔协议Ⅱ》是希望银行能够建立一个比较稳健、完善的风险管理体系，再结合资本充足率的要求进一步实现稳健的银行体系的目标，这是巴塞尔协议的第一个核心内容，就是要靠完善的风险管理体系来管理和抵御风险。

（2）巴塞尔协议代表了全面风险管理的架构。银行传统的管理理念主要围绕信用风险进行管理，而新的巴塞尔协议里面提出银行要管理好三大基本风险：信用风险、市场风险和操作风险。之所以提出这三大风险不是说其他风险不重要，而是相对来说国际金融领域在这三大风险类型的计量规则上形成了一些共识。除了这三大风险以外，像银行账户利率风险、集中度风险、声誉风险以及流动性风险也都是银行需要管理和实践的内容。为此，新协议提出了银行应建立全面的风险管理体系。

（3）巴塞尔协议使风险管理从定性的管理向定性与定量结合的管理转变。巴塞尔协议比较完整地吸纳了当今风险管理的实践和理论的精华，真正地使风险管理从定性的管理向定性与定量相结合的管理转变。从过去对信用风险的计量，就是给出一个信用评级，多年不变，到现在风险的计量方法、工具发生了很大的变化，取得了长足的进步，最突出的进步体现在对信用风险的计量上。巴塞尔协议吸纳了这些重要的成果，提出了一个科学化的框架，将如何管理风险，如何管理资本，变成了一个可计量的、科学化的体系。

第三节 巴塞尔协议的内容

25. 三个巴塞尔协议有什么不同

（1）《巴塞尔协议Ⅰ》是里程碑式的突破。1988 年制定的《巴塞尔协议Ⅰ》，是金融监管资本发展史上的一个里程碑式的标志性事件。世界金融机构第一次有了一套统一的金融资本监管规则。尽管《巴塞尔协议Ⅰ》作为第一代资本协议，其框架还相当粗糙，不过这一粗糙的框架可能还是适合当时的国际金融市场发展状态的。金融市场，特别是信用衍生品真正得到迅猛发展的是 20 世纪 90 年代中期以后。金融市场的去监管浪潮，以及《格拉斯—斯蒂格尔法案》（Glass–Steagall Act，也称《1933 年银行法》）的废除也都发生在 20 世纪 90 年代末，而《巴塞尔协议Ⅰ》作为最初的国际监管资本协议，其着眼点放在商业银行传统的信贷风险，并没有包含市场风险。《巴塞尔协议Ⅰ》的局限性在于其"一刀切"的做法使其缺乏风险敏感性。因此，《巴塞尔协议Ⅱ》作为替代协议自然就呼之欲出了。

（2）《巴塞尔协议Ⅱ》是风暴前的改革尝试。1999 年开始起草的《巴塞尔协议Ⅱ》建立在三个支柱的基础之上。而最低资本要求的计算只是其中之一。另外两个支柱是监管部门对资本实施情况的核查以及市场约束。关于监管核查，监管遵循一个所谓的内部资本充足评估程序（ICAAP）过程，全面审视银行内部资本充足情况。而市场约束本质上是市场监督，对金融机构的资本充足率进行外部审视。《巴塞尔协议Ⅱ》根据提高风险敏感性的原则，对风险权重的确定进行了更细致的规定。对于违约的定义也做了规定，其中一个核心的要素就是债务支付预期超过 90 天就应该被纳入违约的范畴。《巴塞尔协议Ⅱ》对于证券化产品的资产进行了更细致的规定。《巴塞尔协议Ⅱ》的另一创新是引入了对于操作风险资本要求的规定。

（3）《巴塞尔协议Ⅲ》是金融海啸后的药方。2008 年国际金融危机是银行监管与风险资本的一个分水岭。在此之前，监管部门对银行的监管要求较松，银行通过资产证券化以及信贷衍生品等将大量风险资产移出表外，从而大幅度地减少了资本占用率。即使是《巴塞尔协议Ⅱ》也没有能够充分地堵住这个漏洞，结果导致了 2008 年国际金融危机。在此之后，监管部门意识到之前对于资本监管的巨大漏洞，因此出台了一系列新的监管框架协议，通常统称为《巴塞尔协议Ⅲ》。

26.《巴塞尔协议Ⅲ》的实施意义是什么

（1）资本监管框架不断完善。资本监管是巴塞尔协议始终如一的监管核心，

《巴塞尔协议Ⅲ》以提高银行资本水平和质量为目标,在"三大支柱"框架下构建包括逆周期缓冲资本、资本留存缓冲、系统性重要银行附加资本、杠杆率在内的多层次监管框架,进一步加强银行的风险防控能力。

(2) 资本补充机制建设日益重要。一方面,将监管资本简化为一级资本和二级资本两大类。一级资本包括普通股和留存收益,剔除原一级资本中包括的优先股和创新型股权等,二级资本仅能在清算条件下吸收损失,并且取消附属二级资本和用于吸收市场风险的三级资本。另一方面,提高了核心资本、总资本、资本留存超额资本、逆周期超额资本要求。

(3) 银行经营模式转变步伐加快。迫使银行对盈利模式和资产风险结构进行相应调整,寻求低杠杆、低资本损耗的创新型盈利模式成为决定银行生存与否的关键。银行改变高资本占用型的经营模式和过度依赖批发型信贷业务的状况,拓展资本消耗低的非利息业务,大力发展风险权重较低、资本占用较少、综合回报较高的零售业务、中间业务和表外业务。

第四节　巴塞尔协议的特点

27.《巴塞尔协议Ⅰ》主要有什么特点

1988年巴塞尔协议主要有三大特点:
(1) 确立了全球统一的银行风险管理标准。
(2) 突出强调了资本充足率标准的意义。通过强调资本充足率,促使全球银行经营从注重规模转向资本、资产质量等因素。
(3) 受20世纪70年代发展中国家债务危机的影响,强调国家风险对银行信用风险的重要作用,明确规定不同国家的授信风险权重比例存在差异。

28.《巴塞尔协议Ⅰ》有什么不足

《巴塞尔协议Ⅰ》由于当时金融发展变化的局限,只考虑了信用风险,而事实上银行要承担很多非信用风险性质的风险,包括市场风险、操作风险等。

29.《巴塞尔资本协议Ⅱ》的特点是什么

新巴塞尔资本协议考虑到了银行业的发展变革,特别是考虑了银行混业经营、资产证券化等新业务、新产品发展所产生的影响,是在吸收多方意见后对

第四节 巴塞尔协议的特点

1999年6月公布的原有框架进行修改后的结果。这表明，新协议广泛考虑了当今银行业发展的现状，具有一定的涵盖性。总体上看，新协议体现了以下几个主要特点：

（1）突破了传统银行业限制。新协议本身考虑到控股公司下的不同机构并表问题，在产品方面，涵盖了证券化资产和银行持有证券的资本要求，同时巴塞尔委员会也着手推动与保险业监管机构的合作，以进一步推动新规则的发展。新协议从机构和业务品种方面，推广了经典的最低资本比例的适用范围，这为银行业全能化发展环境下，金融业合并监管的形成确立了重要的政策基础。

（2）更加灵活、更加动态化的规则。新协议允许银行实行内部评级方法，使新的监管规则有一定的灵活性，有利于吸收现代化大型银行管理风险的各种先进经验。新协议为了鼓励对支柱一所确立的资本要求方法进行更新，鼓励银行不断改进风险评估方法，不断发展更为精细的风险评估体系。同时，也鼓励银行在具备充分数据的条件下，采用高级的内部评级方法。新协议有利于促进现代银行业风险管理技术进步。

（3）重视定性和定量的结合，定量的方面更加精细化。新协议以三大支柱构建新的政策架构，并强调三大支柱协调发展的必要性，是定量（资本计算）和定性（对监管过程、银行管理体制的要求和利用市场约束规则）方面的结合。

众所周知，资本定量计算固然重要，但由于数据获取的困难和有些风险难以度量等原因，无法实现完全的计量化。因此，制度建设和过程控制是非常重要的补充。新规则对信息披露也同时强调定量和定性的要求。与1988年的政策框架相比，新协议定量计算更为精细。如内部评级方法中风险估测采用了借款人的违约概率（PD）、借款的特定违约损失（LGD）和违约风险暴露（EAD）等多种变量，银行的风险归并中考虑到各类风险的相关性，将更复杂的非线性关系引入到银行风险测量中，这无疑更合乎实际情况。

30.《巴塞尔协议 II》由哪三大支柱组成

《巴塞尔协议 II》（新协议）由以下三大支柱组成：

（1）第一支柱——最低资本要求。最低资本要求（Minimum Capital Requirements）：最低资本充足率达到8%，而银行的核心资本的充足率应为4%。目的是使银行对风险更敏感，使其运作更有效。其中信用风险资本计提包括标准法、基础内部评级法、进阶内部评级法。

（2）第二支柱——监管当局的监督检查。监察审理程序（Supervisory Review

Process）：监管者通过监测决定银行内部能否合理运行，并对其提出改进的方案。

（3）第三支柱——市场约束。市场约束，即市场自律（Market Discipline）：要求银行提高信息的透明度，使外界对它的财务、管理等有更好的了解。

31. 《巴塞尔协议 II》对三大支柱的要求是什么

（1）第一大支柱：最低资本要求。最低资本充足率要求仍然是新资本协议的重点。该部分涉及与信用风险、市场风险以及操作风险有关的最低总资本要求的计算问题。最低资本要求由三个基本要素构成：受规章限制的资本的定义、风险加权资产以及资本对风险加权资产的最小比率。其中，有关资本的定义和8%的最低资本比率，没有发生变化。但对风险加权资产的计算问题，新协议在原来只考虑信用风险的基础上，进一步考虑了市场风险和操作风险。总的风险加权资产等于由信用风险计算出来的风险加权资产，再加上根据市场风险和操作风险计算出来的风险加权资产。

（2）第二大支柱：监管当局的监督检查。监管部门的监督检查，是为了确保各银行建立起合理有效的内部评估程序，用于判断其面临的风险状况，并以此为基础对其资本是否充足做出评估。监管当局要对银行的风险管理和化解状况、不同风险间相互关系的处理情况、所处市场的性质、收益的有效性和可靠性等因素进行监督检查，以全面判断该银行的资本是否充足。

（3）第三大支柱：市场约束。市场约束的核心是信息披露。市场约束的有效性，直接取决于信息披露制度的健全程度。只有建立健全的银行业信息披露制度，各市场参与者才可能估计银行的风险管理状况和清偿能力。新协议指出，市场纪律具有强化资本监管、提高金融体系安全性和稳定性的潜在作用，并在应用范围、资本构成、风险披露的评估和管理过程以及资本充足率四个方面提出了定性和定量的信息披露要求。对于一般银行，要求每半年进行一次信息披露；而对那些在金融市场上活跃的大型银行，要求它们每季度进行一次信息披露；对于市场风险，在每次重大事件发生之后都要进行相关的信息披露。

32. 《巴塞尔协议 II》的主要目标是什么

巴塞尔协议 II 鼓励银行不仅要识别当前的风险，而且要识别将来的风险，并且改进现有的风险管理体系来管理这些风险，即巴塞尔协议力求建立一个更为前瞻性的资本监管方法。

第四节 巴塞尔协议的特点

巴塞尔协议Ⅱ的主要目标：

（1）增进和维持金融系统的安全与稳健。

（2）强调公平竞争，提高竞争质量。

（3）产生资本充足率评估，采用更完备的计算方法。

（4）优先于国际活跃银行，对其他银行提供有效建议。

33.《巴塞尔协议Ⅱ》有哪些不足

（1）主权风险问题。虽然国际标准的地位下降，但它仍然在银行资产选择中发挥作用，其潜在的影响力仍不可低估。

（2）风险权重问题。若由监管当局确定指标，则很难保证指标选择的客观、公正和科学，若由银行自行决定，这样的问题同样存在。

（3）计量方法的适用性问题。新协议鼓励银行使用基于内部评级的计量方法，但真正具备长期经营记录且拥有足够丰富数据、有高效处理这些数据的强大技术力量的大型银行毕竟属于少数，多数银行还是难以摆脱对外部评级及对当局建议指标的依赖。

（4）监管对象主要还是商业银行。在金融国际化大趋势下，银行混业经营不断涌现，非银行金融机构和非银行金融业务不断攀升，因此，新协议的作用空间还是非常有限的。

34.《巴塞尔协议Ⅲ》主要有什么特点

《巴塞尔协议Ⅲ》与《巴塞尔协议Ⅱ》相比，突出体现了风险敏感性的资本要求和非风险敏感性杠杆率要求相结合，资本监管与流动性监管相结合，微观审慎与宏观审慎相结合。其监管准则的内容主要表现出以下几个特点：

（1）提高银行最低资本要求，增强资本质量。《巴塞尔协议Ⅲ》对国际银行业最大的影响是强化了合格资本定义，显著提高最低资本要求，尤其是增加了一级资本中普通股的最低要求。由普通股构成的"核心"一级资本金占银行风险资产的下限将从现行的2%提高至4.5%，一级资本金的最低占比由原来的4%提升到6%（但一级资本加二级资本的最低要求仍保持原来的8%不变）。二级资本仅在破产清算时承担损失，同时取消三级资本，简化资本结构。另外，扩大了风险资产覆盖范围，即提高"再资产证券化风险暴露"的资本要求，增加压力状态下的风险价值，提高交易业务的资本要求，提高场外衍生品交易（OTC derivatives）和证券融资业务（SFTs）的交易对手信用风险（CCR）的资本要求等。其目的是增强银行资本质量，减少银行债务风险的负荷率及由银行

第二十七章 巴塞尔协议与银行风险监管

风险引起的整个社会的金融风险。

（2）提出新的计量指标，加强流动性风险管理。流动性枯竭是金融危机的主要特征之一。为最大限度地保证银行在各种可能的压力情景下有足够的优质资金维持其流动性，降低银行体系的流动性风险，巴塞尔委员会在2009年12月《流动性风险计量、标准和监测的国际框架（征求意见稿）》中，提出了两个流动性计量指标，即流动性覆盖比率（LCR）和净稳定资金比率（NSFR）。其中LCR为高流动性资产储备与未来30日资金净流出量的比率，用来确定在短期极端压力情境下，银行所持有的无变现障碍的、优质的流动性资产应对资金流失的能力。而净稳定资金比率（NSFR）为可供使用的稳定资金与业务所需的稳定资金的比率，反映了银行中长期资金的稳定程度，通过优化银行资金结构比率以减少短期融资的期限错配，增加长期稳定资金来源，确保各项资产和业务融资，至少具有与它们流动性风险状况相匹配的满足最低限额的稳定资金来源。

（3）设立"资本防护缓冲资金"，提高整个银行业在危机中的恢复能力。新协议规定，建立资本留存缓冲和逆周期缓冲。"资本留存缓冲"全部由扣除递延税项及其他项目后的普通股权益组成，最低标准为2.5%。这意味着银行在满足普通股4.5%、一级资本6%、一级资本和二级资本8%最低要求的基础上，还要再预留2.5%的普通股作为资本留存缓冲，一旦银行的资本留存缓冲比率达不到该要求，监管机构将限制银行拍卖、回购股份和分发红利。因此，此项要求将有效减弱银行在资本头寸恶化时也肆意发放奖金和高红利的行为，建立一个更加安全的资本边际，使银行有更多的资金用来在经济衰退期"吸收"损失。"逆周期缓冲"，作为资本留存缓冲的延伸，将由普通股或其他能完全吸收亏损的高质量资本构成，资本要求设定为0~2.5%，仅在信用过度增长而对系统性风险造成影响时使用。各国监管机构将根据自身情况确定不同时期的逆周期缓冲。

（4）引入杠杆率指标，把控银行风险敞口。杠杆率是指银行一级资本占其表内资产、表外风险敞口和衍生品总风险暴露的比率。其中表外业务通常是指不计入资产负债表内、不形成现实资产负债但能改变损益的业务，包括担保、承诺、金融衍生交易三类业务。在金融危机中，很多达到和超过最低一级资本要求的银行未能在危机中幸存，就是因为在计算一级资本占比中，未考虑表外资产。而有问题的银行交易了大量的表外产品，尤其是复杂衍生产品，使银行在健康的资本充足率背后早已危机重重。为了防止银行过度投机，并有利于掌握风险敞口，巴塞尔银行监管委员会建议将杠杆率最低标准初步定为3%。监测

第四节 巴塞尔协议的特点

从2011年1月1日开始,过渡期为2013年1月1日至2017年1月1日,此阶段为杠杆率的测试期,银行需从2015年起披露其杠杆率。根据过渡期的实施结果,2017年上半年将进行最终调整,并在合理评估和校准的基础上,从2018年1月1日起,将杠杆率加入到巴塞尔协议的第一支柱中。

(5)调低资本充足率的起点,实施差异化过渡期安排。为了防止过快实施更高的资本充足率而影响全球经济的复苏,新出台的《巴塞尔协议Ⅲ》对银行资本充足率的起点指标,即现行的普通股充足率要求达到2%,一级资本充足率要求4%没有改变,但巴塞尔银行监管委员会安排了不断递增的过渡期,并提出了"系统重要性银行"与其他银行有差异的实施方案。要求"系统重要性银行"从2013年1月1日起,普通股充足率最低要求从原来的2%提高到3.5%,一级资本充足率最低要求从原来的4%提高到4.5%;2014年1月1日,普通股充足率最低要求为4.0%、一级资本充足率最低要求为5.5%;2015年1月1日,普通股充足率最低要求为4.5%、一级资本充足率最低要求为6.0%,总资本充足率最低要求仍为8%且不设置过渡期;到2019年开始正常条件下商业银行的普通股(含留存收益)充足率和一级资本充足率最低应达到7%和8%,总资本充足率最低应达到10.5%。

35.《巴塞尔协议Ⅲ》创新之处有哪些

(1)在资本监管、外部监管和市场约束三大监管支柱的基础上,新增了杠杆率监管机制和流动性监管机制。

(2)在资本构成方面,把资本仅分为一级资本和二级资本,取消了三级资本。一级资本包括核心一级资本(普通股、留存收益)和其他一级资本(优先股、其他无期限损失吸收工具)。

(3)在资本监管上,重点关注普通股,突出普通股作为吸收银行损失的重要作用,解决了银行把表内资产转表外的方式来虚增资本充足率的问题。

(4)协议提高了资本充足率,核心一级资本由2%上升到6%,一级资本充足率由4%上升到6%,总资本充足率8%保持不变。

(5)该协议关注信用风险、市场风险、操作风险和流动性风险,提出了两大定量指标——流动性覆盖率和净稳定资金比率来解决流动性风险问题,为流动性风险资本估算提供了具体的操作方法。

(6)《巴塞尔协议Ⅲ》监管理念发生重大变化,由原来仅仅注重微观资本监管过渡到强调宏观审慎监管,并建立了宏观审慎监管的框架。

第五节　巴塞尔协议对监管的影响

36.《巴塞尔协议Ⅲ》对银行业监管有何影响

长期来看,《巴塞尔协议Ⅲ》对中国银行业的长远影响不容忽视,主要是对资本充足率、流动性风险、表外业务三个方面的影响。

(1) 对资本充足率的影响。《巴塞尔协议Ⅲ》要求提高资本充足率,这直接加大了银行压力:商业银行在金融体系以及经济社会发展中发挥着重要的作用,对商业银行进行有效的风险管理以及监管有助于金融体系平稳运行和经济社会的健康发展。巴塞尔协议作为全球重要的银行资本和风险管理标准,对银行识别和管理风险提供一定的准则。我国是作为发展较迅速的经济体,国民经济一直保持在一个较快的经济增速。同时,我国主要以间接融资为主,信贷增长一般为经济增速的1.5倍至2倍。信贷扩张的快速增长,也会造成一定的资本补充的压力。此外,赎回的限制性规定,必须得到监管当局的批准才可进行,这也对银行的经营造成一定的压力。

(2) 对流动性风险的影响。巴塞尔协议重视流动性管理。商业银行为达到新的巴塞尔协议要求,需要进一步增加现金以及超额准备金等资产,保持较高的流动性。新的巴塞尔协议要求,银行更倾向于风险加权系数为零的证券来保证自己的流动性满足监管当局要求,使得商业银行的收益相较于之前会有所下降。盈利性和流动性两者的矛盾,也让商业银行陷入一定的困境。

(3) 对表外业务的影响。《巴塞尔协议Ⅲ》的实施也会对表外业务造成一定的影响,净稳定资金比例的要求,使得表外业务的资金流出数增加。银行为达到监管的要求,可能会尽量放弃相关表外业务和承诺类表外业务。

37.《巴塞尔协议Ⅲ》对银行业监管有什么积极影响

《巴塞尔协议Ⅲ》对我国银行业监管有以下积极影响:

(1) 可以有效预防金融风险,提升银行监管水平。总结金融危机暴露出的监管体系的不足,建立起更加全面的风险管理意识,完善风险管理体系,使金融体系抗风险能力更强。

(2) 对银行业务的影响是全面的。强化资本监管思想,对银行业务的影响是全方位、多角度的,在多领域进行金融监管的完善、补充和创新。

（3）对银行经营管理理念产生深远影响。流动性指标的确定使流动性监管可操作性大大增强，使银行在经营管理中更加重视流动性风险。此外，银行业倾向于转变融资方式和股利分配政策。

（4）宏观金融审慎监管对央行、商业银行以及银保监会产生影响。

（5）更加提高银行在跨境经营等方面的水平。

38.《巴塞尔协议Ⅲ》对银行业监管有什么消极影响

《巴塞尔协议Ⅲ》对银行业监管有以下消极影响：

（1）提升我国银行业发展环境的复杂程度。

（2）对于我国银行业金融机构的稳健经营产生冲击，特别是内在机制还不稳固的中小型银行。

（3）对新兴市场经济国家及其中小银行的不公问题仍然没有解决。

（4）在监管标准等细节问题上，由于尚未完全成熟，在实践中可能会产生一些意想不到的情况，从而影响到银行监管的实际效果。

（5）跨境银行监管的协调问题仍是一把"双刃剑"。

39.《巴塞尔协议Ⅲ》对银行业监管指标有什么影响

《巴塞尔协议Ⅲ》对我国银行业监管指标影响的具体情况如下：

（1）提高银行资本充足率的影响。

1）短期影响。商业银行风险控制和资本充足率的状况得到明显改善，如大型商业银行资本充足率状况大多达标。

2）长期影响。政府为应对金融危机推出系列经济刺激计划，信贷投放力度较大，导致银行资产规模迅速扩张。

（2）建立资本缓冲机制。建立2.5%的资本留存缓冲金和0~2.5%的逆周期资本缓冲金。

（3）对我国银行业资本的影响。《巴塞尔协议Ⅲ》对资本充足率和核心资本充足率提出更高要求，而中国经济的发展对资本补充需求很大，我国银行资本来源渠道较狭窄，制约银行业未来发展。

（4）我国银行业监管思路和措施充分吸收和借鉴《巴塞尔协议Ⅲ》的改革精神，并与国际银行业监管趋势相适应。

1）我国监管当局提出的监管要求无论从指标标准还是过渡期安排上都不低于《巴塞尔协议Ⅲ》，如对核心一级资本充足率、杠杆率等的要求都高于《巴塞尔协议Ⅲ》。

2）我国引入逆周期资本监管框架，包括2.5%的留存超额资本和0~2.5%的逆周期超额资本。

3）增加了系统重要性银行的附加资本要求。

4）在监管部门监督检查框架下提出更审慎的资本要求，以确保资本充分覆盖风险，包括：根据风险判断，针对部分资产组合提出特定资本要求；根据监督检查结果，针对单家银行提出特定资本要求。

第六节 银行风险监管

40. 什么是银行业监管

银行业监管有广义和狭义两种理解。从狭义上讲，银行业监管是指国家金融监管机构对银行业金融机构的组织及其业务活动进行监督和管理的总称。广义的银行业监管则不仅包括国家金融监管机构对银行业金融机构的外部监管和内部监管或自律监管。

41. 银行业监督管理的目标是什么

根据《中华人民共和国银行业监督管理法》第三条规定：银行业监督管理的目标是促进银行业的合法、稳健运行，维护公众对银行业的信心。银行业监督管理应当保护银行业公平竞争，提高银行业竞争能力。

42. 银行业监督管理的目的是什么

通过审慎有效的监管，保护广大存款人和消费者的利益；通过审慎有效的监管，增进市场信心；通过宣传教育工作和相关信息披露，增进公众对现代金融的了解；努力减少金融犯罪。

43. 银行业监督管理的原则是什么

根据《中华人民共和国银行业监督管理法》第四条规定：银行业监督管理机构对银行业实施监督管理，应当遵循依法、公开、公正和效率的原则。

银行业监管的原则是银行业监督管理行为所应遵循的基本准则。我国银行业监管应遵循以下几方面的原则：

（1）依法、公开、公正和效率的原则

第六节　银行风险监管

1）依法原则是指银行业监管机构的监管职权源于法律，并应严格依据法律行使其监管职权，履行监管职能。中国银保监会是国务院银行业监督管理机构，依据《银行业监督管理法》的规定和国务院的授权，统一监督管理银行业金融机构，促进银行业的合法、稳健运行。

2）公开原则是指对银行业的监督管理行为除依法应当保守秘密的以外，都应当向社会公开。这一原则主要包括两方面内容：一是信息的公开披露，这些信息包括监管立法、政策、标准、程序等方面的信息，银行业金融机构依法应当向社会公开的信息，必须公开的金融风险信息，监管结果的信息等；二是监管行为的公开，即监管机关的监管行为、行政执法行为都应当按照法定程序公开进行。

3）公正原则是指所有依法成立的银行业金融机构具有平等的法律地位，监管机关应当依法监管，平等地对待所有的被监管对象。这一原则既包括实体公正也包括程序上的公正。

4）效率原则是指监管机关在监管活动中应合理配置和利用监管资源，提高监管效率，降低监管成本，并在法律规定的期限内完成监管任务。

（2）独立监管原则。独立监管原则是指银行业监督管理机构及其监管工作人员依法独立履行监督管理职责，受法律保护，地方政府、各级政府部门、社会团体和个人不得干涉。在我国现阶段的社会文化和政治、经济体制下，坚持这一原则尤为重要。

（3）审慎监管原则。审慎监管原则是各国银行业监管实践的通行原则，也是巴塞尔银行监管委员会于1997年发布的《银行业有效监管核心原则》的一项重要的核心原则。根据审慎监管原则，银行业监督管理机构应当以认真谨慎的态度对银行的资本充足性、流动性、风险管理、内部控制机制等方面制定标准并进行有效的监督和管理。我国《银行业监督管理法》及其他有关银行业监管法规借鉴国际银行业监管惯例和《银行业有效监管核心原则》的基本精神，确立了银行业审慎监管的原则，以促使我国银行业监管实现规范化、专业化和国际化。

（4）协调监管原则。协调监管原则是指在中央银行、银行业监管机构、证券业监管机构、保险业监管机构之间建立协调合作、互相配合的机制。参与协调监管的各方就维护金融稳定、跨行业监管和重大监管事项等问题定期进行协商，目的在于衔接和协调货币政策以及对银行业、证券业、保险业的监管政策，避免出现监管真空和重复监管，提高监管效率，从而维护整个金融体系的稳定、效率和竞争力。坚持这一原则对于我国当前的金融监管实践具有重要意义。其中,建立监管信息共享机制是监管协调机制的重要组成部分。

(5) 跨境合作监管原则。随着金融国际化的发展,各国金融市场之间的联系和依赖性不断加强,各种金融风险在国家之间相互转移、扩散也在所难免。在此背景下,各国越来越重视国际间银行监管的合作,逐步实施了跨境监管,各种国际性监管组织也纷纷成立,力图制定统一的跨境监管标准。跨境银行合作监管是为了确保所有跨境银行都能得到其母国和东道国监管当局的有效监管,并且,跨境银行的母国和东道国监管当局之间应当建立合理的监管分工和合作,就监管的目标、原则、标准、内容、方法以及实际监管中发现的问题进行协商和定期交流。

44. 风险监管标准由谁制定

巴塞尔协议是巴塞尔银行监管委员会成员,为了维持资本市场稳定、减少国际银行间的不公平竞争、降低银行系统信用风险和市场风险,推出的资本充足比率要求,是巴塞尔委员会制定的在全球范围内实行的主要银行资本和风险监管标准。

45. 银行业监管的基本方法是什么

(1) 非现场监督。非现场监督建立在对单个银行并表的基础上,包括审查和分析各种报告和统计报表。

(2) 现场检查。

1) 包括合规性和风险性检查两大方面。

2) 合规性检查永远是现场检查的基础。

(3) 并表监管:包括境内外业务、表内外业务和本外币业务。

(4) 监管评级:中国的 CAMELS + ,评级结果分 6 级,包括资本充足、资产质量、管理、盈利、流动性和市场风险状况。5 级和 6 级的高风险银行,银保监会持续关注。

46. 什么是中国特色的"CAMELs + "监管评级体系

中国特色的"CAMELs + "监管评级体系,即对银行的资本充足、资产质量、管理、盈利、流动性和市场风险状况六个单项要素进行评级,加权汇总得出综合评级。

第六节 银行风险监管

47. 风险监管的作用有哪些

风险监管的作用有以下几点：

（1）通过对银行机构信息的收集，对业务和各类风险及风险管理程序进行评估。

（2）通过事前对风险的有效识别，可根据每个银行机构的风险特点设计检查和监管方案。

（3）明确监管的风险导向，提高银行管理层对风险管理的关注程度。

（4）根据风险评估判断出高风险领域，有针对性地进行检查，并更多地借鉴内部管理和审计的结果。

（5）把监管重心转移到银行风险管理和内部控制质量的评估上。

（6）明确了非现场监管和现场检查的职责，使二者分工更清晰、结合更紧密。

48. 银行风险管理的内容是什么

银行的风险管理主要是银行评估、管理、解决业务风险，主要内容是风险识别、风险分析与评价、风险控制和风险决策四个方面。

49. 银行业风险监管的内容有哪些

（1）监管银行风险的识别、计量、评价和预警机制：建立风险评价的指标体系并根据定性和定量指标确定风险水平或级别。

（2）建立高风险银行类金融机构的判断和救助体系：建立对此类机构的判断标准，并对此类机构制订风险控制和化解的方案，包含限制业务、调整管理层等。

（3）建立应对支付危机的处置体系，包含停业隔离整顿、给予流动性救助、资产负债重组、关系清算、实施市场退出等。

（4）建立银行类金融机构市场退出机制及金融安全网，包含存款保险体系建设等。

50. 商业银行风险管理的作用有哪些

（1）健全的风险管理体系能为商业银行创造价值。

（2）良好的风险管理能力是商业银行业务发展的原动力。

（3）风险管理可以改变商业银行的经营模式：

1）从粗放经营模式，向精细化管理模式转变。
2）从定性分析，向以定量分析转变。
3）从分散管理的模式，向全面风险管理的模式转变。
4）风险管理能够为商业银行风险定价提供依据。
5）风险管理水平体现了商业银行的核心竞争力。

（4）两大因素决定商业银行的风险承受能力：资本充足率水平和风险管理水平。

51. 银行业监管体制可分为几种类型

世界各国的银行业监管体制可分为两种类型：
（1）设立专门的银行业监管机构，完全分离中央银行的监管职能。
（2）中央银行与其他金融管理机关共同行使金融监管权。

52. 为什么要监管银行

（1）银行的性质决定经营风险较大。银行是依法成立的经营货币信贷业务的金融机构，是商品货币经济发展到一定阶段的产物。银行作为社会资金的中介机构，资金的来源和运用涉及面非常广，风险较大。银行主要经营货币、经营信用。与此相对应，银行的经营有三个特点，也称三性，即安全性、营利性和流动性。随着人们对银行本质的再认识，银行还有另外三个特性，即风险性、脆弱性和外部性。银行经营本身变成了一个非常严肃的风险问题。

（2）银行出现问题对社会影响很大。如果银行出现问题，对整个社会将产生很大的影响，其影响面要比一般企业大得多。一般企业尽管破产对社会有影响，但毕竟影响仅限于上下游企业。这种影响是线性的、逐渐衰减的，并且会随着时间的推移减弱。但一家银行的破产对整个社会的影响是破坏性的，它处于社会网络的中心位置，将金融机构与非金融机构联结在一起。一旦一家银行破产，会对整个网络、各行各业造成冲击。由于银行自身很容易过度膨胀，一旦银行经营出现问题，就会对整个社会产生负面影响。

（3）银行出现风险会波及其他金融企业和客户。银行一旦出现较大风险，首先会影响到其他金融企业，由于银行跟银行之间是交易对手，一家银行破产会波及其他银行和金融机构；其次会影响借款人，会影响企业和个人消费者，而且这种影响还会互相叠加。2008年的金融危机再一次说明了这一问题。同时，因为银行又是整个社会风险的集中地，包括流动性风险、信用风险、市场风险等，这种影响会进一步放大，银行的问题就不再像一般企业那样简单，而是容

第六节 银行风险监管

易对其他金融企业和银行客户产生重大影响。

因此,银行的贷款行为或经营行为需要约束和监管,否则很难防范银行失败对社会的负面影响。

53. 监管思想是如何转变的

巴塞尔委员会1988年7月通过的《统一国际银行资本计量和资本标准的国际协议》(以下简称《巴塞尔资本协议》),反映出报告制定者监管思想的根本转变。

(1) 监管视角从银行体外转向银行体内。此前的协议都注重如何为银行的稳定经营创造良好的国内、国际环境,强调政府的督促作用以及政府间的分工协作,对银行防范风险屏障的资本没有作出任何有实际意义和可行标准的要求。而《巴塞尔报告》则直指主要矛盾和矛盾的主要方面,从资本标准及资产风险两个方面对银行提出明确要求,从而解脱了监管当局劳而无获或收获甚微的尴尬。

(2) 重点监控银行资本充足性。监管重心从母国与东道国监管责权的分配转移到对银行资本充足性的监控。《巴塞尔报告》规定银行必须同时满足总资本和核心资本两个比例要求,总资本和核心资本都必须按明确给定的标准计量和补充,这既是对以往经验教训的深刻总结,也表明报告真正抓住了事物的本质。报告出台以前,各国虽然也对资本金规定了规模要求,但并没有对资本的内涵和外延做出明确规定,这使银行可以轻易地通过会计处理增加银行账面资本金,并实际加大资产与负债的落差,进而加大银行的经营风险。此外,由于资本金还处在原始的静态管理状态,无法形成根据资产和负债的性质及其变动相应调整的机制,因而使这种资本金管理形同虚设,发挥的作用也极其有限。这也从另一个侧面说明此前协议的监管重心只能简单地放在监管责权的分配之上。

(3) 注重资本金监管机制的建设。资本金监管的生命力在于它突破了单纯追求资本金数量规模的限制,建立了资本与风险两位一体的资本充足率监管机制。这表明报告的制定者真正认识到资本是防范风险、弥补风险损失的防线,因而必须将其与风险的载体(资产)有机相连。而资产的风险程度又与资产的性质相关。报告以不同的风险权重将不同风险的资产加以区分,使得同样规模的资产可以对应不同的资本量,或者说同样的资本量可以保障不同规模的资产。资本的保障能力随资产风险权重的不同而异,体现出报告的动态监管思想。针对以往银行通常以金融创新方式扩大表外业务以逃避资本监管的现象,报告认识到监管表外资产的必要,因而首次将表外资产纳入监管。由于当时表外业务的种类、规模及其破坏力有限，报告只能简单地将期限种类各异的表外资产套用表内资产的风险权数来确定其风险权重，并相应提出了资本充足性的要求。

（4）监管标准必须统一。过渡期及各国当局自由度的安排表明，报告真正认识到国际银行体系健全和稳定的重要，各国银行的监管标准必须统一。而这种安排则充分考虑到了银行的国别差异，以防止国际银行间的不公平竞争。

54. 中国银行业风险监管是如何实施的

（1）建立了以资本充足率监管为核心的银行监管体系。从 2004 年开始，中国银监会引入了巴塞尔协议框架，并逐步进行了完善，建立了较为全面和系统的以资本充足率监管为核心的银行监管体系。我国中央银行已按照协议监管中国的银行业，并在专业银行向商业银行过渡的改革中实施。

（2）启动了实施巴塞尔新资本协议的工程。2007 年 2 月 8 日，中国银监会发布了《中国银行业实施新巴塞尔资本协议指导意见》，标志着我国正式启动了实施《巴塞尔新资本协议》的工程。按照我国商业银行的发展水平和外部环境，短期内我国银行业尚不具备全面实施《巴塞尔新资本协议》的条件。因此，中国银监会确立了分类实施、分层推进、分步达标的基本原则。

（3）对商业银行实施分类监管。2012 年 6 月 8 日，根据国务院第 207 次常务会议精神，中国银监会发布《商业银行资本管理办法（试行）》（以下简称《办法》）。该《办法》全面引入第三版巴塞尔资本协议确立的资本监管最新要求，对商业银行实施分类监管。相比原来的资本监管体系，《办法》的创新之处在于：一是根据《巴塞尔协议Ⅲ》规则细化了核心一级资本要求，将银行按照资本充足率分为四大类，实施差别监管；二是借鉴了《巴塞尔协议Ⅱ》的风险分类和监管方法，体现出统筹实施《巴塞尔协议Ⅱ》和《巴塞尔协议Ⅲ》的思路；三是由于初步测试后认为对银行的影响太大，所以融资平台、期限调整、房地产等贷款的风险权重调整就没有纳入第一支柱，而是由原银监会根据现实情况进行自由裁量，表现出较为务实的态度；四是部分规则在反映银行资产的真实风险的同时，还能考虑国内调控政策，针对第一套、第二套房设置了不同的风险权重；五是吸收了《巴塞尔协议Ⅲ》宏观审慎监管的内容，首次明确了储备资本要求和逆周期资本要求，资本监管的动态性特征更加明显。《办法》自 2012 年 1 月 1 日开始实施。为确保中国国内银行平稳实施新的资本监管标准，《办法》规定，系统重要性银行原则上应于 2013 年底前达标，非系统重要性银行应于 2016 年底前达标，给予 2 年和 5 年的过渡期。

（4）发布了相关风险管理的监管制度。中国银监会为了在我国银行实施

第六节　银行风险监管

《巴塞尔协议》对银行风险管理的监管，从 2004 年开始先后发布了多种类的风险监管指引和风险管理办法文件。如《商业银行市场风险管理指引》《商业银行操作风险管理指引》《商业银行流动性风险管理办法》《商业银行集团客户授信业务风险管理指引》《商业银行风险监管核心指标（试行）》《商业银行银行账簿利率风险管理指引》《商业银行流动性风险管理办法》《银行保险机构声誉风险管理办法（试行）》《商业银行信息科技风险管理指引》《商业银行监管评级办法》等。

（5）不断调整金融监管体系。中国也根据巴塞尔协议制订相应的银行监管准则，并根据我国的经济发展不断调整金融监管体系，由原有的"一行三会"转变为"一委一行两会"，即国务院金融稳定发展委员会、中国人民银行、中国银行保险监督管理委员会、中国证券监督管理委员会进行审慎监管。

第二十八章 银行信息科技外包风险监管

第一节 信息科技外包的依据和原则

1. 什么是信息科技外包

信息科技外包是指银行将原本由自身负责处理的信息科技活动委托给服务提供商进行处理的行为。

2. 信息科技外包风险监管的依据是什么

为规范银行的信息科技外包活动，加强信息科技外包风险管控，依据中国银行保险监督管理委员会《银行保险机构信息科技外包风险监管办法》监管信息科技外包风险。

3. 银行与其他第三方合作如何管理

银行与其他第三方合作当中涉及银行重要数据和客户个人信息处理的信息科技活动，按照中国银行保险监督管理委员会《银行保险机构信息科技外包风险监管办法》相关要求进行管理，法律法规另有要求的除外。

4. 如何有效控制由于外包而引发的风险

银行应当建立与本机构信息科技战略目标相适应的信息科技外包管理体系，将信息科技外包风险纳入全面风险管理体系，有效控制由于外包而引发的风险。

5. 信息科技外包时应当坚持什么原则

银行在实施信息科技外包时应当坚持以下原则：

（1）不得将信息科技管理责任、网络安全主体责任外包。
（2）以不妨碍核心能力建设、积极掌握关键技术为导向。
（3）保持外包风险、成本和效益的平衡。
（4）保障网络和信息安全，加强重要数据和个人信息保护。
（5）强调事前控制和事中监督。
（6）持续改进外包策略和风险管理措施。

第二节　信息科技外包治理

6. 信息科技外包风险管理组织架构如何建立

银行应建立覆盖董事会、高管层、信息科技外包风险主管部门、信息科技外包执行团队的信息科技外包及风险管理组织架构，明确相应层级的职责，确保信息科技外包治理架构权责清晰、运转高效、制衡充分。

7. 董事会的职责是什么

银行董事会或其授权设立的专业委员会应负责推动建立信息科技外包及其风险管理体系、审批信息科技外包战略、审议重大外包决策。

8. 高级管理层的职责是什么

高级管理层应负责制定信息科技外包战略，明确信息科技外包风险主管部门和信息科技外包执行团队，明确信息科技外包及其风险管理职责，审议信息科技外包管理流程及制度，监控信息科技外包及其风险管理成效。

9. 信息科技外包风险主管部门的职责是什么

银行应指定信息科技外包风险主管部门，该部门主要职责包括：
（1）根据机构总体风险政策和外包战略，制定信息科技外包风险管理策略、制度和流程。
（2）统筹信息科技外包风险的识别、评估、监测、预警、报告及处置工作。
（3）制订保障外包服务持续性的应急管理方案，并定期组织实施演练。
（4）监督、评价外包执行团队的管理工作，并督促外包风险管理的持续改善。
（5）向董事会（或其专门委员会）或高级管理层汇报信息科技外包相关风

险及管理情况。

10. 信息科技外包执行团队及人员的职责是什么

银行应在信息科技管理部门或信息科技外包活动执行部门内部建立信息科技外包执行团队，并配备足够的具有相应能力和经验的人员履行以下职责：

（1）落实信息科技外包战略。

（2）执行信息科技外包管理制度与流程。

（3）执行服务提供商准入、尽职调查、服务评价和退出管理工作，建立并维护服务提供商关系管理策略。

（4）持续监测外包服务的水平和质量，及时处理服务提供商出现的相关违规和用户投诉。

（5）对外包过程中的关键管理活动进行监控及分析，定期与信息科技外包风险主管部门沟通外包活动及有关风险情况。

11. 如何制定信息科技外包战略

银行应当基于机构的业务战略、信息科技战略、总体外包战略、外包市场环境、自身风险控制能力和风险偏好制定信息科技外包战略，包括但不限于外包原则和策略、不能外包的职能、资源能力建设方案等。

12. 哪些信息科技职能不能外包

银行应当明确不能外包的信息科技职能，涉及信息科技战略管理、信息科技风险管理、信息科技内部审计及其他有关信息科技核心竞争力的职能不得外包。

13. 信息科技外包如何分类管理

银行应当建立信息科技外包活动分类管理机制，针对不同类型的外包活动建立相应的管理和风控策略。信息科技外包原则上划分为咨询规划类、开发测试类、运行维护类、安全服务类、业务支持类等类别。

14. 什么是咨询规划类

咨询规划类包括但不限于信息科技战略规划（含中长期规划）咨询，数据中心（机房）整体建设咨询和规划，信息科技治理（含数据治理）、信息科技风险管理体系、信息安全管理体系、业务连续性管理体系等管理类咨询和规划，

第二节 信息科技外包治理

重要信息系统架构和建设相关的咨询和规划，新兴技术应用咨询和规划。

15. 什么是开发测试类

开发测试类包括但不限于软硬件开发和测试外包（含人力外包），软件即服务形式的外包。

16. 什么是运行维护类

运行维护类包括但不限于数据中心（机房）物理环境的托管或运行维护，软硬件基础设施托管或运行维护，应用系统运行维护，电子机具运行维护，终端等办公设备的运行维护，以及涉及以上运行维护的人力外包。

17. 什么是安全服务类

安全服务类包括但不限于安全运营服务，安全加固服务，安全设备运行维护，安全日志处理与分析，安全测试服务，密钥管理及运行维护，数据安全服务，以及涉及以上服务的人力外包。

18. 什么是业务支持类

业务支持类包括但不限于市场拓展、业务运营（集中作业、呼叫中心等）、企业管理、资产处置、数据处理、数据利用等业务外包或第三方合作当中涉及银行的重要数据或客户个人信息处理的信息科技活动，法律法规另有要求的除外。

19. 信息科技重要外包有哪些

银行应对信息科技外包活动及相关服务提供商进行分级管理，对重要外包和一般外包采取差异化管控措施。下列信息科技外包活动原则上属于重要外包：

（1）信息科技工作整体外包，仅保留必要的管理团队和核心职能。
（2）数据中心（机房）整体外包。
（3）涉及基础设施和信息系统整体架构发生重大变化的信息科技外包。
（4）核心业务系统开发测试和运行维护的整体外包。
（5）信息科技战略规划（含中长期规划）咨询外包。
（6）安全运营的整体外包。
（7）涉及集中存储或处理银行重要数据和客户个人敏感信息的外包。
（8）直接影响实时服务、影响账务准确性的重要信息系统外包。

(9) 其他对机构业务运营具有重要影响的外包。

20. 如何明确外包终止退出策略

银行应考虑重要外包终止的可能性，并制定退出策略。退出策略应至少明确：
(1) 可能造成外包终止的情形。
(2) 外包终止的业务影响分析。
(3) 终止交接安排。

第三节 信息科技外包准入

21. 信息科技外包如何评估

银行应当充分评估拟开展的信息科技外包活动与信息科技外包战略的一致性，充分评估拟开展的信息科技外包活动相关风险，就是否实施外包作出审慎决策。重要外包应至少向高管层报告并经过审批。

22. 如何明确服务提供商的准入标准

银行应根据信息科技外包战略，结合风险评估情况，明确服务提供商的准入标准，对备选服务提供商进行筛选，审慎引入集中度风险较高或增加机构整体风险的服务提供商。

23. 如何对备选服务提供商做好尽职调查

银行应在签订合同前，对重要外包的备选服务提供商深入开展尽职调查，必要时可聘请第三方机构协助调查。在服务提供商经营状况未发生重大变化的前提下，尽职调查结果原则上一年内有效。尽职调查应包括但不限于：
(1) 服务提供商的技术和行业经验、人员及能力。
(2) 服务提供商的内部控制和管理能力。
(3) 服务提供商的网络和信息安全保障能力。
(4) 服务提供商的持续经营状况。
(5) 服务提供商及其母公司或实际控制人遵守国家和银保监会相关法律法规要求的情况。
(6) 服务提供商过往配合银行审计、评估、检查及监管机构监督检查情况。

第三节　信息科技外包准入

（7）服务提供商与银行的关联性。

24. 什么是非驻场外包

非驻场外包是指服务提供商不在银行场所提供服务的外包形式。

25. 对于非驻场外包重点调查哪些内容

对于符合重要外包条件的非驻场外包，应当进一步重点调查如下内容：
（1）服务提供商对银行与其他机构的设施、系统和数据是否有明确、清晰的边界。
（2）服务提供商是否有管理制度和技术措施保障银行数据的完整性和保密性。
（3）服务提供商对涉及银行的服务器、存储、网络设备、操作系统、数据库、中间件等软硬件基础设施是否具有最高访问权限。
（4）服务提供商是否拥有或可能拥有业务系统的最高管理权限或访问权限，是否能够浏览、获取重要数据或客户个人敏感信息。
（5）服务提供商是否有完善的灾难恢复设施和应急管理体系，是否有业务连续性安排。
（6）服务提供商是否存在不正当竞争或规避监管的情形。

26. 什么是跨境外包

跨境外包是指服务提供商在境外其他国家或地区实施信息科技外包服务的行为。

27. 选择跨境外包时如何评估

银行在选择跨境外包时，应当充分评估服务提供商所在国家或地区的政治、经济、社会、法律、文化等经营环境。涉及信息跨境存储、处理和分析的，应遵守我国有关法律法规的规定。

28. 对于关联外包和同业外包有什么要求

对于关联外包和同业外包，银行不得降低对服务提供商的要求，严格防范利益冲突和利益输送。

29. 什么是关联外包

关联外包是指银行的母公司或其所属集团子公司、关联公司或附属机构作为服务提供商，为其提供信息科技外包服务的行为。

30. 什么是同业外包

同业外包是指依法设立的由银保监会监管的银行为其他同行业金融机构提供外包服务的行为。

31. 信息科技外包合同应当明确哪些内容

银行在信息科技外包合同或协议中应当明确以下内容，包括但不限于：

（1）服务范围、服务内容、服务要求、工作时限及安排、责任分配、交付物要求以及后续合作中的相关限定条件，服务质量考核评价约定。

（2）合规、内控及风险管理要求，对法律法规及银行内部管理制度的遵守要求，监管政策的通报贯彻机制。

（3）服务持续性要求，服务提供商的服务持续性管理目标应当满足银行业务连续性目标要求。

（4）银行对服务提供商进行风险评估、监测、检查和审计的权利，以及服务提供商承诺接受银保监会对其所承担的银行外包服务的监督检查。

（5）合同变更或终止的触发条件，合同变更或终止的过渡安排。

（6）外包活动中相关信息和知识产权的归属权以及允许服务提供商使用的内容及范围，对服务提供商使用合法软、硬件产品的要求。

（7）资源保障条款。

（8）安全保密和消费者权益保护约定，包括但不限于禁止服务提供商在合同允许范围外使用或者披露银行的信息，服务提供商不得将银行数据以任何形式转移、挪用或谋取外包合同约定以外的利益。

（9）争端解决机制、违约及赔偿条款，跨境外包应明确争议解决时所适用的法律及司法管辖权，原则上应当选择中国仲裁机构、中国法院管辖，适用中国法律解决纠纷。

（10）报告条款，至少包括常规报告内容和报告频度，突发事件时的报告路线、报告方式及时限要求。

32. 涉及外包服务分包时有什么要求

银行应当在合同或协议中明确要求服务提供商不得将外包服务转包或变相转包。在涉及外包服务分包时应当要求：

（1）不得将外包服务的主要业务分包。

（2）主服务提供商对服务水平负总责，确保分包服务提供商能够严格遵守外包合同或协议。

（3）主服务提供商对分包服务提供商进行监控，并对分包服务提供商的变更履行通知或报告审批义务。

第四节 信息科技外包监控评价

33. 对外包服务过程如何监控

银行应当对外包服务过程进行持续监控，及时发现和纠正服务过程中存在的各类异常情况。

34. 如何确保监控信息和评价结果数据

银行应当建立明确的信息科技外包服务目录、服务水平协议以及服务水平监控评价机制，确保相关监控信息和评价结果的真实性和完整性，且数据至少保存到服务结束后三年。

35. 信息科技外包服务监控指标有哪些

银行应当对信息科技外包服务建立服务效能和质量监控指标，并进行相应监控。常见指标包括：

（1）信息系统和设备及基础设施的可用率。

（2）故障次数、故障解决率、故障的响应时间、故障的解决时间。

（3）服务的次数、客户满意度。

（4）业务需求的及时完成率、程序的缺陷数、需求变更率。

（5）外包人员工作饱和率、外包人员的考核合格率。

（6）网络和信息安全指标、业务连续性指标。

36. 如何监控服务提供商

银行应当对服务提供商的财务、内控及安全管理进行持续监控，关注其因破产、兼并、关键人员流失、投入不足和管理不善等因素引发的财务状况恶化及内部管理混乱等情况，防范外包服务意外终止或服务质量的急剧下降。

37. 外包服务出现异常情况时如何处理

银行监控到信息科技外包服务出现异常情况时，应当及时督促服务提供商采取纠正措施；情节严重或未及时纠正的，应当及时约谈服务提供商高管人员并限期整改。对于逾期未整改的服务提供商，应当暂停或取消其服务资格，并向银保监会或其派出机构报告。

38. 对于关联外包如何纳入业绩评价范围

对于关联外包，银行董事会和高级管理层应当推动母公司或所属集团将外包服务质量纳入对服务提供商的业绩评价范围，建立外包服务重大事件问责机制。

39. 外包服务到期前后如何评估和评价

银行应在信息科技外包服务到期前，就是否继续外包进行评估决策。外包服务结束时，银行应对服务提供商进行评价，评价结果作为服务提供商后续准入的重要参考依据。对具有持续性特点的外包服务，银行终止外包或更换服务提供商前，应制订周密的退出和交接计划。

第五节　信息科技外包风险管理

40. 如何识别信息科技外包可能产生的风险

银行应建立并持续完善风险管理制度和流程，充分识别并评估信息科技外包可能产生的风险，包括但不限于：

（1）科技能力丧失。过度依赖外包导致失去科技控制及创新能力，影响业务创新与发展。

（2）业务中断。支持业务运营的外包服务无法持续提供导致业务中断。

（3）数据泄露、丢失和篡改。因服务提供商的不当行为或其服务的信息系统遭受网络攻击，导致银行重要数据或客户个人信息泄露、丢失和篡改。

（4）资金损失。因服务提供商的不当行为或其服务的信息系统遭受网络攻击，导致银行客户资金被盗取。

（5）服务水平下降。由于外包服务质量问题或内外部协作效率低下，使得信息科技服务水平下降。

（6）可能导致的战略、声誉、合规等其他风险。

41. 如何建立风险控制、缓释或转移措施

针对可能给业务连续性管理造成重大影响的重要外包服务，银行应当事先建立风险控制、缓释或转移措施，包括但不限于：

（1）事先制订退出策略和供应链安全保障方案，并在外包服务实施过程中持续收集服务提供商相关信息，尽早发现可能导致服务中断或服务质量下降的情况。

（2）明确措施和方法，在服务提供商服务质量不能满足合同要求的情况下，保障获取其外包服务资源的优先权。

（3）要求服务提供商提供必要的应急和灾备资源保障，制定应急处理预案并在预案中明确为银行提供应急响应和恢复的优先级，原则上应为最高级。

（4）组织服务提供商参与应急计划编制和应急演练，至少每年在综合性演练或专项演练中纳入一个或多个服务提供商开展一次相关演练。

（5）考虑预先在银行内部配置相应的人力资源，掌握必要的技能，以在外包服务中断期间自行维持最低限度的服务能力。

42. 如何制定和落实网络和信息安全管理措施

银行应当制定和落实网络和信息安全管理措施，包括但不限于：

（1）对服务提供商和外包人员进行网络和信息安全教育或培训，增强网络和信息安全意识，服务提供商应与银行签订安全保密协议，外包人员应签署安全保密承诺书。

（2）明确外包活动需要访问或使用的信息资产，按"必须知道"和"最小授权"原则进行访问授权，严格管控远程维护行为。

（3）对信息系统开发交付物（含拥有知识产权的源代码）进行安全扫描和检查。

（4）对客户信息、源代码和文档等敏感信息采取严格管控措施，对敏感信息泄露风险进行持续监测。

（5）对服务提供商所提供的模型、算法及相关信息系统加强管理，确保模型和算法遵循可解释、可验证、透明、公平的原则。

（6）定期对外包活动进行网络和信息安全评估。

43. 如何降低外包服务集中度风险

银行应识别对本机构具有集中度风险的外包服务及其提供商，积极采用分散外包活动、注重外包项目知识产权保护、提高自身研发运维能力、储备潜在替代服务提供商等手段，减少对个别外包服务提供商的依赖，降低集中度风险。

44. 如何对重要的非驻场外包服务进行检查

银行应当对符合重要外包标准的非驻场外包服务进行实地检查，原则上每三年覆盖所有重要的非驻场外包服务。对具有行业集中度性质的服务提供商，银行可采取联合检查、委托检查等形式，减少重复性工作，减轻服务提供商的检查负担。

45. 外包风险管理评估有何要求

银行每年应当至少开展一次全面的信息科技外包风险管理评估，并向董事会或高级管理层提交评估报告。

46. 如何开展外包及其风险管理的审计

银行应当开展信息科技外包及其风险管理的审计工作，定期对信息科技外包活动进行审计，至少每三年覆盖所有重要外包。发生重大外包风险事件后应当及时开展专项审计。银行应承担内部审计职能和责任，内部审计项目可委托母公司或同一集团下属子公司实施，或聘请独立第三方实施。

第六节 信息科技外包监管

47. 如何向监管机构上报信息科技外包活动

银行开展以下信息科技外包活动时，应当在外包合同签订前 20 个工作日向银保监会或其派出机构的信息科技监管部门报告：
（1）信息科技工作整体外包。
（2）数据中心（机房）整体外包。
（3）涉及基础设施和信息系统整体架构发生重大变化的外包。
（4）信息科技战略规划（含中长期规划）咨询外包。

(5) 符合重要外包条件的非驻场外包、关联外包和跨境外包。

(6) 其他银保监会认为重要的信息科技外包。

48. 信息科技外包监管报告的材料有哪些

(1) 外包服务基本情况包括：

1) 外包服务名称。

2) 外包服务类型：咨询规划类、开发测试类、运行维护类、安全服务类、业务支持类等。

3) 外包服务的主要内容。

4) 实施方式：驻场外包、非驻场外包。

5) 影响的业务类型：渠道管理类、客户管理类、产品管理类、财务管理类、决策支持类、共享支持类等。

6) 外包服务起止时间。

(2) 服务提供商基本情况包括：

1) 服务提供商全称、国别。

2) 尽职调查报告。

3) 法人代表。

4) 注册资本。

5) 上级机构/母机构。

6) 成立时间。

7) 企业性质。

8) 统一社会信用代码。

(3) 外包风险评估报告。

银保监会规定的其他材料。

49. 发生哪些重大风险事件时应向监管机构报告

银行信息科技外包活动中发生以下重大风险事件时，应当按照相关突发事件监管报告要求，向银保监会或其派出机构报告：

(1) 银行重要数据或客户个人信息泄露。

(2) 数据损毁或者重要业务运营中断。

(3) 由于不可抗力或服务提供商重大经营、财务问题，导致或可能导致多家银行外包服务中断。

(4) 重要外包服务非正常中断、终止或其服务提供商非正常退出。

（5）因服务提供商不当行为或其服务的信息系统遭受网络攻击或其他原因，造成银行客户重大资金损失。

（6）发现重大的服务提供商违法违规事件。

（7）银保监会规定需要报告的其他重大事件。

相关突发事件报告要求中没有规定的，在24小时内向银保监会或其派出机构报告。

50. 监管机构如何对外包风险进行监管

（1）银保监会及其派出机构对银行信息科技外包风险进行独立评估，对银行信息科技外包工作进行监督和检查，并纳入监管综合评价体系。对于检查发现涉嫌违法事项的有关单位和个人，依照相关法律规定实施延伸检查。

（2）银保监会及其派出机构持续监测银行业信息科技外包风险状况，建立行业和区域集中度风险监测与核查机制，对重大或共性风险及时向行业发布风险提示，积极防范因信息科技外包可能引发的区域性、系统性风险。根据风险状况，银保监会及其派出机构可以要求银行与服务提供商会谈，就其外包服务和风险相关的重大事项作出说明。

（3）银保监会及其派出机构可组织或责令银行对承担银行信息科技外包服务的服务提供商进行现场核查，也可由银行委托其他第三方机构以审计的形式实施。银保监会建立信息共享机制，及时向行业通报现场核查情况。

（4）对于经监管评估、监督检查或现场核查风险较高的信息科技外包服务，银保监会及其派出机构可以对银行采取风险提示、约见谈话、监管质询、要求暂缓和停止相关外包活动等措施。对具有重大违法违规情形的服务提供商，银保监会可通报行业，必要时将有关情况移交司法机关。

（5）银行违反《银行保险机构信息科技外包风险监管办法》要求的，银保监会及其派出机构依法予以纠正，并视情况予以问责或处罚。